Entgeltfortzahlungsgesetz
Basiskommentar

Peter Wedde
Olaf Kunz

Entgeltfortzahlungsgesetz

Basiskommentar
mit Nebengesetzen

3. Auflage

Bund-Verlag

Bibliografische Information Der Deutschen Bibliothek
Die Deutsche Bibliothek verzeichnet diese Publikation
in der Deutschen Nationalbibliografie;
detaillierte bibliografische Daten sind im Internet
über http://dnb.ddb.de abrufbar.

3., überarbeitete und aktualisierte Auflage 2003

©1994 by Bund-Verlag GmbH, Frankfurt am Main
Lektorat: Stefan Soost
Herstellung: Inga Tomalla, Frankfurt am Main
Umschlag: Angelika Richter, Heidesheim
Satz: Satzbetrieb Schäper GmbH, Bonn
Druck: Ebner & Spiegel GmbH, Ulm
Printed in Germany 2003
ISBN 3-7663-3478-6

Alle Rechte vorbehalten,
insbesondere die des öffentlichen Vortrags,
der Rundfunksendung, der Fernsehausstrahlung,
der fotomechanischen Wiedergabe und der Speicherung,
Verarbeitung und Nutzung in elektronischen Systemen
auch einzelner Teile.

www.bund-verlag.de

Vorwort

Die soziale Absicherung von Arbeitern und Angestellten gegen die finanziellen Risiken und Ausfälle bei Erkrankungen war lange ein heiß umkämpftes Feld gewerkschaftlichen Handelns. Ähnliches gilt für die Bezahlung des Arbeitsausfalls an gesetzlichen Feiertagen. Betrachtet man diesen Bereich des Arbeitsrechts aus dem historischen Blickwinkel, muss man feststellen, dass Arbeitgeber naturgemäß kein Interesse daran hatten, die Arbeitnehmer gegen das Risiko einer Erkrankung finanziell abzusichern. Für die Beschäftigten und ihre Familien hieß dies, beim Ausfall des verdienenden Arbeitnehmers schnell in existentielle Not zu geraten.

Das Entgeltfortzahlungsrecht, das bis zum In-Kraft-Treten der ersten Version des EFZG am 1. 6. 1994 galt, beinhaltete eine Fülle von Ungerechtigkeiten und Ungereimtheiten, die vor allem zu Lasten der Arbeiter gingen.

Zumindest diese Ungleichbehandlung wurde mit Verkündung des EFZG im Jahre 1994 beendet, indem eine uneingeschränkte und gleiche Anwendbarkeit für alle Arbeitnehmer einschließlich der Auszubildenden geschaffen wurde. Allerdings verband sich schon mit der ersten Fassung des EFZG nicht nur eine »gleiche Entgeltfortzahlung für alle«, sondern auch eine Verschlechterung der Rechtspositionen für die Angestellten (beispielsweise Vorlage der Arbeitsunfähigkeitsbescheinigung oder des ärztlichen Attests).

Dieser Kurs der Einschränkung von Rechtspositionen der Beschäftigten wurde mit der Neufassung des Gesetzes zum 25. 9. 1996 fortgesetzt. Besonders deutlich wird dies an der einschneidenden Reduzierung der Höhe des im Krankheitsfall fortzuzahlenden Entgelts von 100 % auf 80 %, aber auch an den vom Gesetz vorgesehenen gesetzlichen Möglichkeiten der Gegenrechnung von Urlaubstagen gegen Krankheitstage. Durch das Korrekturgesetz 1998 wurde vor allem die Höhe der Entgeltfortzahlung wieder auf 100 % festgeschrieben und ein großer Teil der Änderungen zurückgenommen.

Unverändert geblieben ist in der aktuellen Fassung des Gesetzes die Entgeltfortzahlung an Feiertagen, die sich bisher im Feiertagslohnzahlungsgesetz fand. Auch hier besteht nunmehr eine unterschiedslose Anwendbarkeit auf alle Arbeitnehmer. Damit entfallen die bisher im Detail bestehenden Unterschiede und Nachteile für Gruppen von Arbeitnehmern.

Der Gesetzgeber hat anlässlich der gesetzlichen Neufassung aber wiederum die Chance vertan, sich vom sog. Bummelparagraphen zu trennen, der ein Produkt des faschistischen Deutschlands ist und Arbeitnehmern vorsätzliche Arbeitsversäumnis per se unterstellt. Der Text der Vorschrift, die im Feiertagslohnzahlungsgesetz enthalten war, findet sich in der jetzt geltenden Fassung unverändert als § 2 Abs. 3 wieder.

Die vorliegende 3. Auflage dieses Kommentars bleibt seinem Ziel treu, allen Betroffenen juristische Handlungshilfe zu geben. Unser Dank gebührt denjenigen, die uns bei der Erstellung dieses Kommentars mit Rat und Tat zur Seite standen. Mit dem Dank verbinden wir die Bitte an alle Leser, uns Ideen, Hinweise und Kritik mitzuteilen, die wir gern in eine Neuauflage einfließen lassen.

Axel Gerntke und Helmut Platow sind mit der 2. Auflage aus dem Autorenteam ausgeschieden. Wir bedanken uns bei ihnen für die langjährige konstruktive und erfreuliche Zusammenarbeit.

Eppstein/Ts. / Frankfurt, im Februar 2003   Peter Wedde / Olaf Kunz

Inhaltsverzeichnis

Vorwort	5
Abkürzungsverzeichnis	8
Literaturverzeichnis	13
Einleitung	17

1. Entgeltfortzahlungsgesetz (EFZG)

§ 1	Anwendungsbereich	29
§ 2	Entgeltzahlung an Feiertagen	45
§ 3	Anspruch auf Entgeltfortzahlung im Krankheitsfall	69
§ 4	Höhe des fortzuzahlenden Arbeitsentgelts	111
§ 4a	Kürzung von Sondervergütungen	130
§ 5	Anzeige- und Nachweispflichten	135
§ 6	Forderungsübergang bei Dritthaftung	152
§ 7	Leistungsverweigerungsrecht des Arbeitgebers	165
§ 8	Beendigung des Arbeitsverhältnisses	171
§ 9	Maßnahmen der medizinischen Vorsorge und Rehabilitation	181
§ 10	Wirtschaftliche Sicherung für den Krankheitsfall im Bereich der Heimarbeit	192
§ 11	Feiertagsbezahlung der in Heimarbeit Beschäftigten	199
§ 12	Unabdingbarkeit	206
§ 13	Übergangsvorschrift	214

2. Lohnfortzahlungsgesetz (LFZG)	215
3. Berufsausbildungsgesetz (BBiG)	241
4. Bürgerliches Gesetzbuch (BGB)	244
5. Bundesurlaubsgesetz (BUrlG)	251
6. Seemannsgesetz (SeemG)	254
Stichwortverzeichnis	256

Abkürzungsverzeichnis

a. A.	anderer Auffassung
a. a. O.	am angegebenen Ort
Abl.	Amtsblatt
a. E.	am Ende
a. F.	alte Fassung; alter Fassung
AFG	Arbeitsförderungsgesetz
AGB	Allgemeine Geschäftsbedingungen; Arbeitsgesetzbuch der Deutschen Demokratischen Republik
AiB	Arbeitsrecht im Betrieb
allg.	allgemein
Anh.	Anhang
AP	Arbeitsrechtliche Praxis
ArbG	Arbeitsgericht
ArbGG	Arbeitsgerichtsgesetz
ArbKrankhG	Gesetz zur Verbesserung der wirtschaftlichen Sicherung im Krankheitsfall
AR-Blattei	Arbeitsrecht-Blattei
ArbPlSchG	Arbeitsplatzschutzgesetz
ArbuR, AuR	Arbeit und Recht
ArbZG	Arbeitszeitgesetz
ArEV	Arbeitsentgeltverordnung
ARSt	Arbeitsrecht in Stichworten (Entscheidungssammlung)
Art.	Artikel
AU-Bescheinigung	Arbeitsunfähigkeits-Bescheinigung
AU-Richtlinie	Arbeitsunfähigkeits-Richtlinien
AÜG	Arbeitnehmerüberlassungsgesetz
AZV	Arbeitszeitverkürzung
BAG	Bundesarbeitsgericht
BAG GS	Großer Senat des Bundesarbeitsgerichts
BAGE	Amtliche Sammlung der Entscheidungen des Bundesarbeitsgerichts
BArbBl.	Bundesarbeitsblatt
BAT	Bundesangestelltentarifvertrag

Bay.	Bayerisches
BayRS	Bayerische Rechtssammlung
BB	Betriebsberater
BBG	Bundesbeamtengesetz
BBiG	Berufsbildungsgesetz
Bearb.	Bearbeiter
Beil.	Beilage
BErzGG	Bundeserziehungsgeldgesetz
BeschFG	Beschäftigungsförderungsgesetz
BetrVG	Betriebsverfassungsgesetz
BGB	Bürgerliches Gesetzbuch
BGBl.	Bundesgesetzblatt
BGH	Bundesgerichtshof
BGHSt	Amtliche Sammlung der Entscheidungen des Bundesgerichtshofs in Strafsachen
Bln.	Berlin
BMTV	Bau-Manteltarifvertrag
BMV-Ä	Bundesmanteltarifvertrag Ärzte
BR	Betriebsrat
BR-Drucks.	Bundesrats-Drucksache
BRTV	Bundesrahmentarifvertrag
BSeuchG	Bundesseuchengesetz
BSG	Bundessozialgericht
BSGE	Amtliche Sammlung der Entscheidungen des Bundessozialgerichts
BSHG	Bundessozialhilfegesetz
Bsp.	Beispiel; Beispiele
BT-Drucks.	Bundestags-Drucksache
Buchst.	Buchstabe
BUlrG	Bundesurlaubsgesetz
BVerfG	Bundesverfassungsgericht
BVerfGE	Amtliche Sammlung der Entscheidungen des Bundesverfassungsgerichts
BVG	Bundesversorgungsgesetz
bzw.	beziehungsweise
DB	Der Betrieb
d.h.	das heißt
EEK	Entscheidungssammlung zur Entgeltfortzahlung im Krankheitsfall
EFZG	Entgeltfortzahlungsgesetz
EGBGB	Einführungsgesetz BGB
EignungsübungsG	Eignungsübungsgesetz
Einl.	Einleitung
EntwicklHG	Entwicklungshilfegesetz

EU	Europäische Union
EuGH	Europäischer Gerichtshof
evtl.	eventuell
EWG	Europäische Wirtschaftsgemeinschaft
EzA	Entscheidungssammlung zum Arbeitsrecht
EzA-SD	Entscheidungssammlung zum Arbeitsrecht – Schnelldienst
EzB	Entscheidungssammlung zum Berufsbildungsrecht
ff.	fortfolgende
FLZG	Feiertagslohnzahlungsgesetz
Fn.	Fußnote
GBl.	Gesetzblatt
GesO	Gesamtvollstreckungsordnung
GewO	Gewerbeordnung
GG	Grundgesetz
ggf.	gegebenenfalls
grds.	grundsätzlich
GS	Großer Senat
HAG	Heimarbeitsgesetz
Hess.	Hessisches
HGB	Handelsgesetzbuch
Hlbs.	Halbsatz
hM	herrschende Meinung
HRG	Hochschulrahmengesetz
HzA	Handbuch zum Arbeitsrecht
i.d.F.	in der Fassung
i.d.Lit.	in der Literatur
i.d.R.	in der Regel
IfSG	Infektionsschutzgesetz
IG	Industriegewerkschaft
i.S.d.	im Sinne des (der)
i.V.m.	in Verbindung mit
insbes.	insbesondere
insges.	insgesamt
Kap.	Kapitel
KAPOVAZ	Kapazitätsorientierte variable Arbeitszeit
KO	Konkursordnung
KSchG	Kündigungsschutzgesetz
KUG	Kurzarbeitergeld
K/W	Kunz/Wedde

LadSchlG	Ladenschlussgesetz
LAG	Landesarbeitsgericht
LAGE	Entscheidungssammlung der Landesarbeitsgerichte
LFZG	Lohnfortzahlungsgesetz
Lit.	Literatur
MDR	Monatsschrift für deutsches Recht
med.	medizinisch
Münch. Hdb.	Münchner Handbuch
Münch. Komm.	Münchner Kommentar
MuSchG	Mutterschutzgesetz
m.w.H.	mit weiteren Hinweisen
m.w.N.	mit weiteren Nachweisen
NachwG	Nachweisgesetz
n. F.	neue Fassung
NJW	Neue Juristische Wochenschrift
Nr.	Nummer
Nrn.	Nummern
NZA	Neue Zeitschrift für Arbeitsrecht
NZA-RR	Neue Zeitschrift für Arbeitsrecht – Rechtsprechungsprobe
o. g.	oben genannte
PflegeVG	Pflege-Versicherungsgesetz
RABl.	Reichsarbeitsblatt
RAG	Reichsarbeitsgericht
RdA	Recht der Arbeit
RGBl.	Reichsgesetzblatt
Rn.	Randnummer
Rspr.	Rechtsprechung
RVO	Reichsversicherungsordnung
S.	Seite
Saarl.	Saarland
Schl.-H.	Schleswig-Holstein
SchwbG	Schwerbehindertengesetz
SeemG	Seemannsgesetz
SeuchRneuG	Gesetz zur Neuordnung seuchenrechtlicher Vorschriften
SGB	Sozialgesetzbuch
sog.	so genannt; so genannte
st. Rspr.	ständige Rechtsprechung

StGB	Strafgesetzbuch
StVG	Straßenverkehrsgesetz
TVG	Tarifvertragsgesetz
TzBfG	Teilzeit- und Befristungsgesetz
u. U.	unter Umständen
v.	vom
VerglO	Vergleichsordnung
v. H.	vom Hundert
VO	Verordnung
VVG	Versicherungsvertragsgesetz
w. N.	weitere Nachweise
WRV	Weimarer Reichsverfassung
z. B.	zum Beispiel
ZDG	Zivildienstgesetz
ZiP	Zeitschrift für Wirtschaftsrecht
zit.	zitiert
ZPO	Zivilprozessordnung
z. Zt.	zur Zeit

Literaturverzeichnis

AK-GG, Alternativkommentar zum Grundgesetz der Bundesrepublik Bd. 1, Deutschland, Neuwied/Darmstadt 1984 (zit.: AK-GG-Bearbeiter).

Asshoff/Bachner/Kunz, Europäisches Arbeitsrecht im Betrieb, Köln 1996.

Bemm/Lindemann, Seemannsgesetz und Tarifverträge für die deutsche Seeschiffahrt, 3. Aufl., Uelzen 1991.

Bichlmeier/Engberding/Oberhofer, Insolvenzhandbuch, Frankfurt/M. 1998.

Brecht, Heimarbeitsgesetz, Kommentar, München 1977 (zit.: Brecht-HAG).

Brecht, Lohnfortzahlung für Arbeiter, 3. Aufl., Herne/Berlin 1979.

Brecht, EFZG, Entgeltfortzahlung an Feiertagen und im Krankheitsfall, München 1995.

BSWW, Blanke/Schüren/Wank/Wedde, Handbuch Neue Beschäftigungsformen, Baden-Baden 2002.

Däubler, Tarifvertragsrecht, 3. Aufl., Baden-Baden 1993.

Däubler, Das Arbeitsrecht 2, 10. Aufl., Reinbek bei Hamburg 1995 (zit.: AR 2).

Däubler/Kittner/Lörcher, Internationale Arbeits- und Sozialordnung 2. Aufl., Köln 1994.

Dersch/Neumann, Bundesurlaubsgesetz, 8. Aufl., München 1997.

Dirksen, Das Feiertagsrecht, Göttingen 1961.

DKK, Däubler/Kittner/Klebe, Betriebsverfassungsgesetz, Kommentar, 8. Aufl., Frankfurt/M. 2002 (zit.: Bearb. in DKK).

Doetsch/Schnabel/Paulsdorff, Lohnfortzahlungsgesetz, 6. Aufl., Bergisch Gladbach 1983.

Dreher/Tröndle/Fischer, Strafgesetzbuch und Nebengesetze, 51. Aufl., München 2003.

EEK, Sabel, Entscheidungssammlung zur Entgeltfortzahlung an Arbeiter und Angestellte bei Krankheit, Kur und anderen Arbeitsverhinderungen, Bonn/Bad Godesberg 1995.

ErfK, Dieterich/Hanau/Schaub (Hrsg.), Erfurter Kommentar zum Arbeitsrecht, 2. Aufl., München 2001 (zit.: ErfK/Bearbeiter).

Färber/Klischan, Lohnzahlung an Feiertagen, Gesetz zur Regelung der Lohnzahlung an Feiertagen, Feiertagsgesetze in Bund und Ländern, München 1985.

Feichtinger, Entgeltfortzahlung im Krankheitsfalle. Schriften zur Arbeitsrecht-Blattei. Wiesbaden 1999, Bd. 16.

Festschrift für Hilger/Stumpf, München 1983.

FKHES, Fitting/Kaiser/Heither/Engels/Schmidt, Betriebsverfassungsgesetz, Handkommentar, 21. Aufl., München 2002.

Frey, Die Feiertagsbezahlung, 2. Aufl., Köln 1959.

GK-BetrVG, Fabricius/Kraft/Wiese/Kreutz, Betriebsverfassungsgesetz, 7. Aufl., Neuwied/Krieftel/Berlin 2002.

GK-BUrlG, Stahlhacke/Bachmann/Bleistein/Berscheid, Gemeinschaftskommentar zum Bundesurlaubsgesetz, 5. Aufl., Neuwied/Berlin/Krieftel 1992 (zit.: Bearb. in GK).

GK-EFZR, Birk/Prütting/Sprang/Steckhan, Gemeinschaftskommentar zum Entgeltfortzahlungsrecht, Neuwied/Krieftel/Berlin 1993 (zit.: GK-EFZR-Bearb.).

GKK, Geyer/Knorr/Krasney, Entgeltfortzahlung, Krankengeld, Mutterschaftsgeld, 7. Aufl., Regensburg (Loseblatt, Stand Februar 2003).

GK-TzA, Becker/Danne/Lipke/Mikosch/Steinwedel, Gemeinschaftskommentar zum Teilzeitarbeitsrecht, Neuwied/Darmstadt 1987 (zit.: GK-TzA-Bearbeiter).

Gola, Entgeltfortzahlungsgesetz, 2. Aufl., Frechen-Königsdorf.

Gotthardt, Arbeitsrecht nach der Schuldrechtsreform, München 2002.

Gröninger/Rost, Heimarbeitsrecht, Kommentar, Frankfurt/M. 1976.

Hauck/Haines, Gesetzliche Krankenversicherung. Kommentar. Berlin 1989.

Helml, Entgeltfortzahlungsgesetz, Heidelberg 1995.

Herkert, Berufsbildungsgesetz, Loseblattkommentar, Berlin/Bonn/Regensburg, Stand Febr. 1994.

Hueck/Nipperdey, Lehrbuch des Arbeitsrechts, Band 1, 7. Aufl., Berlin/Frankfurt 1963.

KDHK, Kaiser/Dunkl/Hold/Kleinsorge, Entgeltfortzahlungsgesetz, 5. Aufl., Köln 2000.

Kass. Hdb., Leinemann (Hrsg.), Kasseler Handbuch zum Arbeitsrecht, 2. Aufl. 2000 (zit.: Kass.Hdb. – Bearbeiter).

Kehrmann/Pelikan, Lohnfortzahlungsgesetz, 2. Aufl., München 1972.

Kempen/Zachert, Tarifvertragsgesetz, 3. Aufl., Köln 1997.

Kittner, Arbeits- und Sozialordnung, Ausgewählte und eingeleitete Gesetzestexte, 28. Aufl., Köln 2003.

Kittner/Däubler/Zwanziger, Kündigungsschutzgesetz, Kommentar für die Praxis, 5. Aufl., Frankfurt/M. 2001.

Kittner/Zwanziger, Arbeitsrecht, Handbuch für die Praxis, Frankfurt a.M. 2001 (zit.: Kittner/Zwanziger – Bearbeiter).

Knopp/Kraegeloh, Berufsbildungsgesetz, 3. Aufl., Köln/Berlin/Bonn/München 1990.

KR-Bearbeiter, Becker/Etzel/Fischermeyer/Friedrich/Lipke/Pfeifer/Rost/Spilger/Weigand/Wolff, Gemeinschaftskommentar zum Kündigungsschutz und sonstigen kündigungsrechtlichen Vorschriften, 5. Aufl., Neuwied 1998 (zit.: KR-Bearb.).

Leibholz/Rinck/Hesselberger, Grundgesetz, BVerfG-Rechtsprechungs-Kommentar, 7. Aufl., Köln 1993.

Leinemann/Linck, Urlaubsrecht, Heidelberg 1995.

Lohre/Mayer/Stevens-Bartol (Hrsg.), Arbeitsförderung – Sozialgesetzbuch III, Frankfurt/M. 2000.

Löwisch/Rieble, Tarifvertragsgesetz, München 1992.

Marienhagen, Lohnfortzahlungsgesetz, 3. Aufl., Heidelberg 1991.

Marienhagen/Künzl, Entgeltfortzahlungsgesetz, Neuwied/Krieftel/Berlin (Loseblatt, Stand Mai 2002).

Mattner, Sonn- und Feiertagsrecht. 2. Aufl., Köln/Berlin/Bonn/München 1991.

Maunz/Dürig/Herzog/Scholz, Kommentar zum Grundgesetz, Loseblatt, München 1991.

Maus/Schmidt, Heimarbeitsgesetz, Kommentar, 3. Aufl., München 1976.

Maydell/Ruland (Hrsg.), Sozialrechtshandbuch (SRH), 2. Aufl., Neuwied/Krieftel/Berlin 1996.

Meyer, Kapazitätsorientierte Variable Arbeitszeit (KAPOVAZ), Neuwied/Frankfurt 1989.

Müller/Berenz, Entgeltfortzahlungsgesetz, 2. Aufl., Bergisch Gladbach 1997.

Münch. Hdb., Münchner Handbuch Arbeitsrecht, Band I, 2. Aufl., München 2000 (zit.: Bearb., Münch. Hdb.).

Münch. Komm., Münchner Kommentar, Bürgerliches Gesetzbuch Bd. 3,

1. Halbband (§§ 433–651 k), 2. Aufl., München 1988 (zit. Münch. Komm.-Bearb.).

Natzel, Berufsbildungsrecht, 3. Aufl., Stuttgart 1982.

Neumann/Pahlen, Schwerbehindertengesetz, 8. Aufl., München 1992.

Nikisch, Arbeitsrecht, Band 1, 3. Aufl., Tübingen 1961.

Otten, Heim- und Telearbeit, München 1996.

Palandt-Bearbeiter, Bürgerliches Gesetzbuch, bearbeitet von Bassenge, Brudermüller, Diederichsen, Edenhofer, Heinrichs, Heldrich, Putzo, Sprau, Thomas, Weidenkaff, 62. Aufl., München 2003.

Schaub, Arbeitsrechtshandbuch, 10. Aufl., München 2002.

Schmatz/Fischwasser/Geyer/Knorr, Vergütung der Arbeitnehmer bei Krankheit und Mutterschaft, 6. Aufl., Berlin 1992 (Loseblatt, Stand Okt. 1993).

Schmitt, Lohnfortzahlungsgesetz und Bestimmungen zur Gehaltsfortzahlung, München 1992.

Schmitt, EFZG, Entgeltfortzahlungsgesetz, 4. Aufl., München 1999.

SKTW, Schmidt/Koberski/Tiemann/Wascher, Heimarbeitsgesetz, 4. Aufl., München 1998.

Sozialrecht, Handbuch des Fachanwalts, bearbeitet von Brand/Gröne/Güttler/Hambüchen (Hrsg.) Krasney/Lange/Loytved/Sprang/Wolf, 2. Aufl., Neuwied 1990 (zit.: Bearb.-Sozialrecht).

Stahlhacke/Doetsch/Klein/Flockermann/Gersch, Handbuch zum Arbeitsrecht, Loseblatt, Neuwied, Stand 1994.

Staudinger, Kommentar zum Bürgerlichen Gesetzbuch, 12. Aufl., 1989.

Stöhr, Die Lohnfortzahlung an gesetzlichen Feiertagen, Göttingen 1964.

Ulber, Arbeitnehmerüberlassungsgesetz und Arbeitnehmerentsendegesetz, 2. Aufl., Frankfurt/M. 2002.

Wedde, Telearbeit, München 2002.

Wedde, Entwicklung der Telearbeit, Gutachten, Bonn/Eppstein 1997.

Wiedemann/Stumpf, Tarifvertragsgesetz, TVG, 6. Aufl., München 1999.

Wohlgemuth/Sarge, Berufsbildungsgesetz, Kommentar für die Praxis, Köln 1987.

Worzalla/Süllwald, Kommentar zur Entgeltfortzahlung, 2. Aufl., Berlin 1998.

Zachert/Metzke/Hamer, Die Aussperrung. Zur rechtlichen Zulässigkeit und praktischen Durchsetzungsmöglichkeiten eines Aussperrungsverbots, Köln 1978.

Zöllner/Loritz, Arbeitsrecht, 5. Aufl., München 1998.

Einleitung

Inhaltsübersicht Rn.

I. Entgeltfortzahlung im Krankheitsfall und für gesetzliche Feiertage 1
II. Entwicklung der Ansprüche auf Entgeltfortzahlung . 2–12
   1. Entgeltfortzahlung an gesetzlichen Feiertagen ... 3– 7
   2. Entgeltfortzahlung im Krankheitsfall 8–11
   3. Europäische Entgeltfortzahlungsregelungen 12
III. Regelungsziele des EFZG 13–34
   1. Das EFZG a. F. vom 1. Juni 1994 13–23
   2. Veränderung des EFZG zum 1. Oktober 1996 ... 24–28
   3. Die Neufassung des EFZG zum 1. Januar 1999 .. 29–31
   4. Aktuelle gesetzliche Neuregelungen 32–34

I. Entgeltfortzahlung im Krankheitsfall und für gesetzliche Feiertage

Mit der zum 1. Juni 1994 in Kraft getretenen ersten Fassung des EFZG hat der Gesetzgeber eine einheitliche Regelung zur Fortzahlung der Arbeitsvergütung an gesetzlichen Feiertagen und im Krankheitsfall geschaffen, durch die die Gruppe der Arbeiter, Angestellten und in der Berufsausbildung befindlichen Arbeitnehmer sowie die Gruppe der nach dem HAG Beschäftigten erfasst werden.

Die 1994 erfolgte Neufassung der Entgeltfortzahlung erfuhr schon nach zwei Jahren einschneidende Änderungen. Die zum 1. Oktober 1996 wirksame Novelle zeichnete sich insbesondere durch eine Kürzung der Höhe der Entgeltfortzahlung im Krankheitsfall auf 80 % des Arbeitsentgelts aus. Ein großer Teil der novellierten Regelungen wurde nach dem Bonner Regierungswechsel im Herbst 1998 durch das Gesetz zu Korrekturen in der Sozialversicherung und zur Sicherung der Arbeitnehmerrechte (BGBl. I S. 3843) mit Wirkung zum 1. Januar 1999 zurückgenommen (vgl. Rn. 28 ff.). Vor allem die Höhe der Entgeltfortzahlung wurde durch das Gesetz wieder auf 100 % festgeschrieben.

Die Regelungen zur Entgeltfortzahlung an gesetzlichen Feiertagen ist hingegen unverändert geblieben.

Einleitung

II. Entwicklung der Ansprüche auf Entgeltfortzahlung

2 Die Regelungen zur Fortzahlung des Arbeitsentgelts im Krankheitsfall und an Feiertagen haben unterschiedliche normative Wurzeln. Ihre Ursprünge lassen sich auf unterschiedliche Zeitpunkte datieren. Gemein ist ihnen, dass ein verbindlicher Zahlungsanspruch für einen Teil der Beschäftigten (Angestellte im Bereich der Entgeltfortzahlung im Krankheitsfall und Arbeiter und Angestellte bezüglich der Entgeltfortzahlung an gesetzlichen Feiertagen) erst in den 30er Jahren dieses Jahrhunderts begründet wurde.

1. Entgeltfortzahlung an gesetzlichen Feiertagen

3 Die Verankerung arbeitsfreier Sonn- und Feiertage in unserem arbeitsrechtlichen Regelungssystem lässt sich auf zwei unterschiedliche Wurzeln zurückführen: Die kirchliche Verehrung des Sonntags und die sozialpolitische Forderung nach arbeitsfreien Ruhetagen für Arbeitnehmer durch die Arbeiterbewegung. Aufgrund der Bindung an religiöse Feiertage kann die gesetzliche Regelung zur Entgeltfortzahlung an Feiertagen auf die längere Entwicklungsgeschichte zurückblicken (vgl. Mattner, S. 7 ff.). Der größte Teil der heute arbeitsfrei gestalteten gesetzlichen Feiertage ist kirchlichen Ursprungs. Ein gesetzlicher Schutz von einzelnen Feiertagen lässt sich schon für das Mittelalter nachweisen. So sah etwa die Polizeiverordnung des Markgrafen Johann von Küstrin aus dem Jahre 1540 die Schließung von Gastwirtschaften an Feiertagen vor. Das Preußische Allgemeine Landrecht aus dem Jahre 1794 regelte in den §§ 35 und 358, dass der Staat die Unterlassung von Arbeit an Tagen von Kirchenfesten bestimmen konnte (vgl. Mattner, S. 16 m. w. N.).

4 Die Grundlage des bis heute gültigen Sonn- und Feiertagsschutzes legte die Gewerbeordnung für den Norddeutschen Bund vom 21. 6. 1869 durch § 105 Satz 2, der sinngemäß als § 105 a GewO bis heute gilt. Verfassungsrechtlich verankert wurde der Schutz der Sonn- und Feiertage erst durch die Festschreibung in Art. 139 WRV im Jahre 1919. Die Formulierung »Der Sonntag und die staatlich anerkannten Feiertage bleiben als Tage der Arbeitsruhe und der seelischen Erhebung gesetzlich geschützt« ist gem. Art. 140 GG Bestandteil des Grundgesetzes und aktuell gültige Grundlage gesetzlichen Handelns.

5 Der Schutz der Sonn- und Feiertage durch die WRV ist indes nicht mit der Festschreibung eines Vergütungsanspruchs für die ausgefallene Arbeit gleichzusetzen. Sieht man von den Fällen ab, in denen Tarifverträge oder freiwillige Abmachungen eine Feiertagsvergütung sicherten, hatten Arbeitnehmer, die auf der Basis von Stunden- oder Tagelohn beschäftigt waren, bis zur Mitte der dreißiger Jahre des letzten Jahrhunderts für den Arbeitstag, der infolge eines gesetzlichen Feiertags ausgefallen war, keinen Anspruch auf Entgeltfortzahlung. Das Privileg bezahlter Feiertage hatten nur die wenigen Angestellten mit festen Wochen- oder Monatsgehältern (Färber/Klischan, S. 25). Erst mit der Verabschiedung des fa-

Einleitung

schistischen »Gesetzes über die Lohnzahlung am nationalen Feiertag des deutschen Volkes« von 26. 4. 1934 (RABl. I S. 373), das die Bezahlung des als gesetzlichen Feiertag anerkannten 1. Mai regelte, wurde für diesen Tag ein allgemeiner Anspruch auf Feiertagslohn begründet. Dieser wurde durch die »Anordnung des Beauftragten für den Vierjahresplan über die Lohnzahlung an Feiertagen« vom 3. 12. 1937 (RABl. I. S. 320) auch auf den Neujahrstag, den Oster- und Pfingstmontag sowie auf den 1. und 2. Weihnachtsfeiertag ausgedehnt.

Nach dem Ende des faschistischen deutschen Staates gab es regional unterschiedliche Regelungen des Feiertagsentgelts. In einigen Bundesländern galt die Anordnung des Beauftragten für den Vierjahresplan aus dem Jahre 1937 weiter (Nordrhein-Westfalen, Niedersachsen, Schleswig-Holstein, Hamburg). Andere (Bayern, Württemberg-Baden, Hessen, Bremen, Baden-Württemberg-Hohenzollern und das Rheinland) hatten weiter gehende eigene Regelungen geschaffen (vgl. Färber/Klischan, S. 26; Schmitt, Einl. Rn. 11). Der uneinheitlichen Situation trat 1950 der Bundesrat mit seinem Entwurf eines »Gesetzes zur Regelung der Lohnfortzahlung an Feiertagen« entgegen (BR-Drucks. Nr. 738/50, 837/50 und 866/50; Kraegeloh, DB 51, 642; Witting, BArbBl. 51, 338). Nach längerer Diskussion im Bundesrat und Bundestag trat das FLZG am 3. 9. 1951 in Kraft (vgl. ausführlich Färber/Klischan, S. 127). Bis zum In-Kraft-Treten des EFZG erfuhr das FLZG nur eine grundlegende Änderung durch die Einfügung des Satzes 2 in § 1 Abs. 1 FLZG im Rahmen des Haushaltsstrukturgesetzes vom 18. 12. 1975 (BGBl. I S. 3091). Hierdurch wurde erreicht, dass Arbeitgeber auch während laufender Kurzarbeitsperioden weiter zur Entgeltzahlung für die aufgrund eines Feiertags ausgefallene Arbeitszeit verpflichtet waren. Damit wollte der Gesetzgeber der Möglichkeit von Arbeitgebern entgegentreten, Kurzarbeit so zu planen, dass die Zahlung von Feiertagsvergütungen vermieden wurde (vgl. die amtliche Begründung, BT-Drucks. 7/4127, S. 51).

6

Da sich aus den spezifischen Gegebenheiten auf See Besonderheiten ergeben, enthält das Seemannsgesetz (vgl. unter 6.) spezifische Regelungen zum Feiertagsentgelt. Weitere Sonderregelungen finden sich in zahlreichen Tarifverträgen, etwa für das Baugewerbe und für das Hotel- und Gaststättengewerbe.

7

2. Entgeltfortzahlung im Krankheitsfall

Das Recht über die Fortzahlung des Arbeitsentgelts im Krankheitsfalle reicht für die Gruppe der Angestellten zurück auf die erste gesetzliche Regelung, die das Allgemeine Deutsche Handelsgesetzbuch von 1861 für Handlungsgehilfen brachte (vgl. KDHK, Einl. Rn. 2 ff.). Mit dem »Gesetz betreffend Abänderung der Gewerbeordnung« vom 1. 6. 1891 (RGBl. I S. 261) wurden die §§ 133 a ff. in die Gewerbeordnung eingefügt und somit auch eine Entgeltfortzahlungsregelung für gewerbliche Angestellte be-

8

Einleitung

gründet (§ 133c GewO). Durch die Schaffung des BGB im Jahre 1896 wurden diese Vorschriften gem. § 616 BGB auf alle Arbeitnehmer erstreckt. Diese dispositiven Regelungen konnten allerdings abbedungen werden. Erst durch die Notverordnung vom 1. 12. 1930 (RGBl. I S. 517) und vom 5. 6. 1930 (RGBl. I S. 279) galt die Unabdingbarkeit für Angestellte (vgl. ausführlich Schmitt, EFZG, Einl. Rn. 30 ff., KDHK, Einl. Rn. 3; KW, Einl. Rn. 11). Arbeiter, für die diese Regelung nicht übernommen wurde, erhielten aufgrund der regelmäßig vom Arbeitgeber in Anspruch genommenen Abdingbarkeit nur 50 v. H. des Grundlohns als Krankengeld. Außerdem galt für sie eine dreitägige Karenzzeit, als deren Folge Krankengeld erst ab dem vierten Tag gezahlt wurde (KDHK, Einl. Rn. 3).

Die Forderung der Gewerkschaften nach einer unabdingbaren sechswöchigen Lohnfortzahlung auch für Arbeiter (vgl. Entschließung Nr. 21, 3. ordentlicher DGB-Bundeskongress 1954) konnte zunächst nicht durchgesetzt werden. Ein dahingehender Entwurf der SPD wurde 1956 im Deutschen Bundestag abgelehnt. Vom 24. 10. 1956 bis 14. 2. 1957 traten ca. 34 000 Arbeiter in einen 16-wöchigen Streik, um insbesondere der Forderung der IG Metall nach tarifvertraglich geregelter Lohnfortzahlung im Krankheitsfalle Nachdruck zu verleihen (dazu Hermsdorf, Der Gewerkschafter 1/87, 7 ff. sowie ausführlich die Dokumentation »Streik der Metaller in Schleswig-Holstein 1956/57«, herausgegeben vom Vorstand der IG Metall, Frankfurt 1978). Mit dem Ergebnis konnte zwar noch keine völlige Gleichstellung der Arbeiter mit den Angestellten erreicht werden, allerdings wurde mit dem Streik und dem damit verbundenen gewerkschaftspolitischen Erfolg der Grundstein für eine bessere gesetzliche Regelung geschaffen (vgl. Wedde, ArbuR 96, 426).

9 Mit dem »Gesetz zur Verbesserung der wirtschaftlichen Sicherung der Arbeiter im Krankheitsfalle« vom 26. 6. 1957 (BGBl. I S. 649) wurden Lohnfortzahlungsansprüche für Arbeiter festgeschrieben. Danach musste der Arbeitgeber für den Zeitraum von sechs Wochen einen Zuschuss zum Krankengeld bis zur Höhe von 90 % des Nettoverdienstes zahlen. Durch die »gespaltene Lösung« wurde der Arbeitgeber nicht primär zur Lohnfortzahlung verpflichtet (Schmitt, EFZG, Einl. Rn. 36). Zudem setzte diese Zahlung erst mit dem dritten Tag der Arbeitsunfähigkeit ein.

Eine weitere Verbesserung trat durch das Gesetz vom 12. 7. 1961 (BGBl. I S. 913) ein, mit dem der zweite Karenztag abgeschafft und eine Aufstockung des Zuschusses auf 100 % des Nettoverdienstes festgeschrieben wurde (KDHK, Einl. Rn. 6; Schmitt, EFZG Einl. Rn. 37). Eine weitere Angleichung der Rechte von Arbeitern an die von Angestellten im Rahmen des Entwurf eines »Gesetzes über die Fortzahlung des Arbeitsentgelts im Krankheitsfall« (Lohnfortzahlungsgesetz) scheiterte (Schmitt EFZG, Einl. Rn. 39; KDHK, Einl. Rn. 7).

10 Unter der Regierung der großen Koalition wurde schließlich 1969 das Lohnfortzahlungsgesetz geschaffen, das die Weiterzahlung des Entgelts

Einleitung

für Arbeiter zwar regelte, aber nicht zu einer rechtlichen Gleichstellung mit den Angestellten führte. Das Gesetz ersetzte dabei die vorher bestehende teils sozialversicherungsrechtliche Lösung der Lohnfortzahlung durch eine rein arbeitsrechtliche (KDHK, Einl. Rn. 8).

Die bestehenden Unterschiede wurden dann 1990 zumindest für die neuen Bundesländer bereinigt. Anlässlich des Umbruchs der ehemaligen DDR verabschiedete die Volkskammer am. 22. Juni 1990 die §§ 115 a ff. AGB (vgl. AGB vom 16. 6. 1977, GBl. I Nr. 18, S. 185, in der Fassung vom 22. 6. 1990, GBl. I Nr. 35, S. 371), die die Entgeltfortzahlung für Arbeitnehmer zwar in Anlehnung an die bestehenden Vorschriften der Bundesrepublik regelten, die Unterscheidung zwischen Arbeitern und Angestellten sowie zwischen den verschiedenen Gruppen von Angestellten jedoch nicht mehr beinhalteten. Mit dem Vertrag vom 31. 8. 1990 zwischen der Bundesrepublik Deutschland und der Deutschen Demokratischen Republik über die Herstellung der Einheit Deutschlands (Einigungsvertrag), verkündet durch Gesetz vom 23. 9. 1990 (BGBl. II S. 885), wurde im Bereich der Entgeltfortzahlung bei Krankheit die grundsätzliche Weitergeltung der §§ 115 a ff. AGB festgeschrieben. Durch den Einigungsvertrag hatten die bisher in der Bundesrepublik Deutschland geltenden Regelungen zur Entgeltfortzahlung keine Änderungen erfahren. (Zur Entwicklung insgesamt vgl. Schmitt, EFZG, Einl. Rn. 47 ff.; KDHK, Einl. Rn. 9 ff.; Schulin, Münch. Hdb. Bd. I, § 82 Rn. 1 ff.)

11

Eine einheitliche Entgeltfortzahlung im Krankheitsfall wurde erst durch das EFZG a. F. geschaffen, das am 1. 6. 1994 in Kraft trat. Neben der Einbeziehung der Regelungen für die Entgeltfortzahlung an Feiertagen war das Ziel des neuen Gesetzes vor allem die Vereinheitlichung der in viele Einzelvorschriften zersplitterten Rechtsgrundlagen zur Entgeltfortzahlung im Krankheitsfall. Insbesondere sollte mit dem Gesetz die als verfassungswidrig angesehene Ungleichbehandlung zwischen Arbeitern und Angestellten sowie die unterschiedliche Rechtslage zwischen alten und neuen Bundesländern beseitigt werden (KDHK, Einl. Rn. 13 m. w. N.).

11a

3. Europäische Entgeltfortzahlungsregelungen

In den Ländern der Europäischen Union erfolgen die Entgeltfortzahlungen aufgrund unterschiedlicher Regelungen. Überwiegend ist der Anspruch auf Lohn und Gehalt bei Krankheit in Tarifverträgen normiert (z. B. Belgien, Irland, Portugal, Spanien). In den Niederlanden ist die Entgeltfortzahlung gesetzlich geregelt. Einen gesetzlichen Anspruch haben auch italienische Angestellte, während für Arbeiter in Italien tarifvertragliche Regelungen gelten. Großbritannien hat ein Mischsystem, in dem der Staat einen Sockelbetrag garantiert, der dann oftmals tarifvertraglich aufgestockt wird. Aufgrund des arbeitsrechtlichen Systems wird die Entgeltfortzahlung (mit Ausnahme des Sockelbetrages in Großbritannien) aus-

12

Einleitung

schließlich von den Arbeitgebern finanziert. Sowohl die Höhe der Entgeltfortzahlung bei Krankheit als auch die Anspruchsdauer fallen in den EU-Ländern unterschiedlich aus. So wird in Belgien, Dänemark, Deutschland, den Niederlanden und Luxemburg die Vergütung bei Krankheit 100%ig fortgezahlt (in Luxemburg allerdings nur bei den Angestellten). Frankreichs Arbeitnehmer erhalten eine 90%ige Entgeltfortzahlung, während die Beschäftigten in Griechenland nur 50% ihrer Vergütung bekommen. Die Dauer der Entgeltfortzahlung ist ebenfalls sehr unterschiedlich. Sie beträgt beispielsweise für Angestellte in Luxemburg drei Monate, während in Belgien eine volle Weiterzahlung nur für eine Woche erfolgt. Ein absoluter Vergleich ist wegen der teilweise tarifvertraglichen, aber auch einzelvertraglichen Regelungen in einigen Ländern nicht möglich (vgl. Übersicht im Euro-Atlas des Bundesministeriums für Arbeit und Sozialordnung, November 1998; Birk/Abele/Kasel-Seibert, ZIAS 87, 45 ff., 159 ff.; Salowsky/Seffen, RdA 94, 244).

III. Regelungsziele des EFZG

1. Das EFZG a. F. vom 1. Juni 1994

13 Auch wenn es auf den ersten Blick verwundert, muss man feststellen, dass die erste Fassung des EFZG von 1994 ihr Entstehen entscheidend dem Willen der CDU/FDP-Koalition verdankt, eine von den Arbeitnehmern finanzierte Pflegeversicherung zu schaffen (vgl. dazu insgesamt BT-Drucks. 12/5798). Durch die Verabschiedung des EFZG sollte nicht nur das zersplitterte und nach einzelnen Arbeitnehmergruppen differenzierte Lohnfortzahlungssystem vereinheitlicht und die missbräuchliche Inanspruchnahme von Lohnfortzahlung im Krankheitsfall bekämpft, sondern zugleich auch die Finanzierung der Pflegeversicherung gesetzlich festgeschrieben werden (BT-Drucks. 12/5798, S. 1). Sowohl das von der Regierungskoalition ursprünglich favorisierte Modell der Finanzierung durch Einführung von zwei entgeltlosen Karenztagen im Fall von Erkrankungen als auch das anschließend vertretene Modell der Finanzierung durch ein um 20 % gekürztes Feiertagsentgelt für zehn gesetzliche Feiertage pro Jahr sollten unmittelbar im EFZG ihren Niederschlag finden (vgl. BT-Drucks. 12/5798, S. 21 ff.). Beide Modelle machten es notwendig, die unterschiedlichen Regelungen zur Entgeltfortzahlung zu vereinheitlichen.

14 Die geplante Vereinheitlichung lag auch wegen der bestehenden Unübersichtlichkeit der Entgeltfortzahlungsmaterie nah. Das bis zur Verkündung des EFZG geltende Recht der Entgeltfortzahlung im Krankheitsfalle für Arbeitnehmer war beispielsweise dadurch gekennzeichnet, dass für die verschiedenen Gruppen wie Arbeiter, kaufmännische, gewerbliche und sonstige Angestellte, Auszubildende und Seeleute spezifische Regelungen galten, die zudem noch in verschiedenen Gesetzen (LFZG, BGB, HGB, GewO) enthalten waren. Dazu kamen unterschiedliche rechtliche Anspruchsgrundlagen in den alten und neuen Bundesländern.

Einleitung

Dieser durch unterschiedliche Rechtspositionen für die verschiedenen **15** Beschäftigungsarten geprägten Situation standen verfassungsrechtliche Bedenken entgegen. Folgt man etwa der Entscheidung des BVerfG zur Verfassungswidrigkeit unterschiedlicher Kündigungsfristen für Arbeiter und Angestellte (vgl. BVerfG v. 16. 11. 1982, NJW 83, 617 und v. 30. 5. 1990, NZA 90, 721), wäre auch für den Bereich der Entgeltfortzahlung eine ungleiche Behandlung der verschiedenen Beschäftigtengruppen nur dann zulässig, wenn zwischen ihnen Unterschiede von solchem Gewicht und solcher Art bestehen, die eine ungleiche Behandlung rechtfertigen könnten. Für eine solche Differenzierung, die den Verstoß gegen das auch im Arbeitsrecht anwendbare Gleichbehandlungsgebot rechtfertigen könnte, gibt es keine verfassungsrechtlich tragfähige Rechtfertigung (vgl. dazu die amtl. Begründung BT-Drucks. 12/5263, S. 12 sowie ausführlich KDHK, Einl. Rn. 13 m. w. N.).

Eine Neuregelung der Entgeltfortzahlung war mit Blick auf einschlägiges **16** EG-Recht auch für die Gruppe der geringfügig Beschäftigten notwendig, die gem. § 1 Abs. 3 Nr. 2 LFZG vom Anwendungsbereich der Lohnfortzahlung ausgeschlossen waren und in der überproportional stark Frauen vertreten sind (BAG v. 9. 10. 1991, NZA 92, 259). Nach der Rechtsprechung des Europäischen Gerichtshofs (vgl. Urteil v. 13. 7. 1989, NZA 90, 437) steht Art. 119 EWG-Vertrag nationalen Regelungen entgegen, die geringfügig Beschäftigte von der Entgeltfortzahlung ausnehmen, wenn es dadurch zu nicht durch objektive Faktoren zu rechtfertigenden Diskriminierungen kommt (vgl. BT-Drucks. 12/5263, S. 9; BAG v. 9. 10. 1991, NZA 92, 259; Schmitt, EFZG, Einl. Rn. 98 ff.).

Vor dem Hintergrund dieser kontroversen Diskussion verwundert es schon **17** fast, dass es in diesem Umfeld mit dem EFZG gelungen ist, ein Gesetz zu verabschieden, das einheitliche Entgeltfortzahlungsrechte für unterschiedliche Gruppen von Beschäftigten schafft und die Regelungen des Lohnfortzahlungsgesetzes und des Feiertagslohngesetzes in einem Gesetz zusammenfasst. Auf dem Gebiet der Lohnfortzahlung im Krankheitsfall hat es zudem die unterschiedlichen Regelungen beseitigt, die bisher für die Gruppen der Arbeiter und Angestellten, aber auch innerhalb dieser Gruppen (z.B. für technische und kaufmännische Angestellte gem. § 133c GewO bzw. § 63 HGB) galten, und realisierte damit für diesen Bereich die längst überfällige Gleichbehandlung. Die nach dem Einigungsvertrag fortbestehenden unterschiedlichen Regelungen in den alten und neuen Bundesländern wurden ebenfalls angepasst.

Zusammengefasst wurden auch die vorher in verschiedenen Gesetzen zu **18** findenden Regelungen zur sozialen Sicherung an gesetzlichen Feiertagen und bei Krankheit für die im Bereich der Heimarbeit auf Grundlage des HAG beschäftigten Arbeitnehmer (vgl. §§ 10 und 11). Das Gesetz übernahm allerdings nahezu unverändert die unzureichenden Regelungen des § 2 FLZG bzw. des § 8 LFZG. Die Höhe der zu zahlenden Beträge wurde zwar geringfügig angehoben, es bleibt aber das Problem, dass die Zuschlä-

Einleitung

ge von den Beschäftigten in der Regel als Lohnbestandteile angesehen werden und nicht zuletzt wegen der unzureichenden Bezahlung überhaupt nicht zur sozialen Absicherung eingesetzt werden können.

19 Die angestrebte Finanzierung der Pflegeversicherung tangierte das EFZG a. F. nicht mehr. Die die Arbeitgeber als Folge der Einführung der Pflegeversicherung treffende finanzielle Belastung wird gem. § 58 SGB XI (vom 26. 5. 1994 BGBl. I S. 1014) nunmehr dadurch kompensiert, dass ein bundesweiter Feiertag, der stets auf einen Werktag fällt, aufgehoben wird (mit Ausnahme des Freistaats Sachsen wurde in allen Bundesländern der Buß- und Bettag aufgehoben; vgl. § 2 Rn. 4). Dafür wurden die noch im Entwurf des EFZG vom 10. 12. 1993 (BR-Drucks. 911/93, S. 2 f.) enthaltenen §§ 2 a und 2 b, die die Absenkung der Entgeltzahlung an Feiertagen regeln sollten, ersatzlos gestrichen (KDHK, Einl. Rn. 15 ff.; Schmitt, Einl. Rn. 103 ff.).

20 Arbeitnehmer haben nach dem EFZG seit dem 1. Juni 1994 für die Arbeitszeit, die durch gesetzliche Feiertage ausfällt, ebenso einen Entgeltanspruch gegen ihren Arbeitgeber wie für die ersten sechs Wochen einer krankheitsbedingten Arbeitsunfähigkeit. Der krankheitsbedingten Arbeitsunfähigkeit stehen Maßnahmen der medizinischen Vorsorge und Rehabilitation (»Kur«) gleich, die ein Träger der gesetzlichen Renten-, Kranken- oder Unfallversicherung, eine Verwaltungsbehörde der Kriegsopferversorgung oder ein sonstiger Sozialleistungsträger bewilligt hat (vgl. § 9). Weiterhin sind auch nicht rechtswidrige Sterilisationen und Schwangerschaftsabbrüche als unverschuldete Arbeitsunfähigkeit anzusehen, die Ansprüche auf Entgeltfortzahlung gem. § 3 auslösen (vgl. § 3 Rn. 140 ff.).

21 Das EFZG hat mit § 5 eine einheitliche Pflicht zur Vorlage einer Arbeitsunfähigkeitsbescheinigung für alle Arbeitnehmer eingeführt. Damit wird zwar einerseits die Gleichbehandlung der Arbeiter, die gem. § 3 LFZG auch bisher schon zur Vorlage einer solchen Bescheidung verpflichtet waren, mit den Angestellten hergestellt. Allerdings nur um den hohen Preis, dass nun auch diese unter den Voraussetzungen des § 5 eine Bescheinigung vorlegen müssen.

22 Die Vorschriften des EFZG können gem. § 12 regelmäßig nur zugunsten der Arbeitnehmer bzw. der in Heimarbeit Beschäftigten verändert werden. § 4 Abs. 4 sieht als einzige Ausnahme von dieser Regel lediglich tarifvertragliche Vereinbarungen zur Bemessungsgrundlage für die Höhe des fortzuzahlenden Entgelts vor. Damit werden Mindestnormen festgelegt, die dem Existenzschutz der Arbeitnehmer dienen.

23 Etwas verwirrend wird die gesetzliche Grundlage der Entgeltfortzahlung im Krankheitsfall durch die teilweise Weitergeltung des alten LFZG. Aufgehoben wurden mit der Verkündung des EFZG nur die §§ 1 bis 9 LFZG. Der zweite Abschnitt, der den Ausgleich der Arbeitgeberaufwendungen regelt, gilt unverändert fort (vgl. unter 2.). Diese Situation bringt von der gesetzlichen Unübersichtlichkeit abgesehen allerdings auf der juristischen Ebene keine entscheidenden Neuerungen mit sich. Dies gilt auch für die neuen Bundesländer, in denen der zweite Abschnitt des LFZG schon bisher anwendbar war (vgl. Einigungsvertrag vom 31. 8. 1990 Anlage II, K, AP. VIII Sachgebiet A Abschnitt III Nr. 4).

2. Veränderung des EFZG zum 1. Oktober 1996

Zum 1. 10. 1996 wurde das EFZG bezüglich der Entgeltfortzahlung im Krankheitsfall in entscheidenden Punkten zu Lasten der Arbeitnehmer verändert. Kernpunkt der Novelle war die Reduzierung des Anspruchs von 100 % auf 80 % des dem Arbeitnehmer bei der für ihn maßgebenden regelmäßigen Arbeitszeit zustehenden Arbeitsentgelts gem. § 4 Abs. 1 Satz 1 EFZG n.F. Dieser Anspruch entstand zudem gem. dem neu eingefügten § 3 Abs. 3 erstmals nach vierwöchiger ununterbrochener Dauer des Arbeitsverhältnisses (vgl. § 3 Rn. 123ff.; vgl. auch Figge, DB 96, 2334).

Neu geschaffen wurde mit § 4 Abs. 1 a bis c weiterhin eine »Wahlmöglichkeit« für erkrankte Arbeitnehmer, durch die ein »Tausch« von je fünf Krankheitstagen gegen einen Urlaubstag erfolgen konnte. In diesen Fällen sollte es bei der ungekürzten Höhe der Entgeltfortzahlung bleiben.

Gem. der Neuregelung in § 4a sollten bei Krankheit auch Vereinbarungen über die Kürzung von Leistungen zulässig sein, die der Arbeitgeber zusätzlich zum laufenden Arbeitsentgelt erbringt.

Gesetzgeberisches Ziel der Novelle war eine Entlastung der Arbeitgeber von den als zu hoch erachteten Kosten der Entgeltfortzahlung im Krankheitsfall. Die Beschränkung der Entgeltfortzahlung auf 80 % und die Einführung einer Wartezeit sollten nach Auffassung der Regierungsparteien einer missbräuchlichen Inanspruchnahme entgegenwirken und damit zu einer Senkung der Fehlzeiten führen. Eine Beeinträchtigung der notwendigen Existenzsicherung der Arbeitnehmer wurde nicht gesehen (Begründung des Gesetzentwurfs BT-Drucks. 13/4612, S. 10). Die novellierte Fassung hatte nur gut zwei Jahre Bestand.

3. Die Neufassung des EFZG zum 1. Januar 1999

Nach dem Bonner Regierungswechsel im Herbst 1998 wurde mit dem **Gesetz zur Korrektur in der Sozialversicherung und zur Sicherung der Arbeitnehmerrechte** (BGBl. I, S. 3843) für den Bereich des EFZG der Rechtszustand weitgehend wiederhergestellt, der vor der 1996 erfolgten Novelle bestand. Von den im Rahmen des Arbeitsrechtlichen Beschäftigungsförderungsgesetz 1996 erfolgten Veränderungen wurden neben der Klarstellung in § 3 Abs. 1 Satz 1 insbesondere die § 3 Abs. 3 (vierwöchige Wartezeit, vgl. § 3 Rn. 149ff.) und der § 4b (nunmehr als neuer § 4a) beibehalten.

Durch das Gesetz zur Korrektur in der Sozialversicherung und zur Sicherung der Arbeitnehmerrechte aufgehoben wurden die Regelungen zur

Einleitung

Reduzierung der Entgeltfortzahlung im Krankheitsfall. Damit sollte die aus Sicht des Gesetzgebers als Folge der Absenkung auf 80 % feststellbare Ungleichbehandlung zwischen tarifgebundenen Arbeitnehmern und Beschäftigten aus tariffreien Bereichen beseitigt werden (vgl. BR-Drucks. 956/98; Schaub, NZA 1999, 177).

30 Im Ergebnis besteht damit hinsichtlich der Höhe der Entgeltfortzahlung im Krankheitsfall wieder die gleiche Situation wie bei der Schaffung des EFZG im Jahre 1994. Alle vom Gesetz erfassten Arbeitnehmer einschließlich der zur Berufsausbildung Beschäftigten haben einen einheitlichen Anspruch auf Entgeltfortzahlung in ungekürzter Höhe. Problematisch ist diese Situation in der Praxis für die Beschäftigten, die diesen ungekürzten Schutz auch nach der Novelle im Jahre 1996 durch entsprechende tarifvertragliche Regelungen hatten, soweit hier im Einzelfall von Gewerkschaftsseite materielle Zugeständnisse gemacht worden sind (ausführlich Bispinck, Soziale Sicherheit 1997, 335), für die es nunmehr keinen unmittelbaren Ausgleich gibt.

4. Aktuelle gesetzliche Neuregelungen

31 Seit Verkündung des Gesetzes zur Korrektur in der Sozialversicherung und zur Sicherung der Arbeitnehmerrechte erfolgte bis heute nur eine weitere unmittelbare Änderung des EFZG: Im Zusammenhang mit der zum 19. Juni 2001 erfolgten **Zusammenfassung des gesamten Schwerbehindertenrechts im SGB IX** (BGBl. I S. 1045) wurde mit Wirkung zum 1. Juli 2001 in § 9 Abs. 1 Satz 1 die Beschränkung auf »stationäre« Behandlungen ersatzlos gestrichen.

32 Die Schaffung des SGB IX führte auch zur einzigen Veränderung des LFZG, dessen § 10 Abs. 2 sprachlich an die geänderte Gesetzeslage angepasst wurde (vgl. § 10 LFZG Rn. 17ff.).

33 **Auswirkungen** auf den Regelungsrahmen des EFZG haben jedoch Novellierung anderer Gesetze. So verlängert sich etwa aufgrund des **Schuldrechtsmodernisierungsgesetzes** vom 26. 11. 2001 (BGBl. I S. 3138) durch die neu gefasste Regelung des § 195 BGB die Verjährungsfrist für Ansprüche nach dem EFZG auf drei Jahre (vgl. § 3 Rn. 34). Durch die in den §§ 305ff. BGB neu in das Gesetz aufgenommenen Regelungen über **Allgemeine Geschäftsbedingungen** wird für arbeitsvertraglich vereinbarte Ausschlussfristen die Möglichkeit der Inhaltskontrolle eröffnet (vgl. § 3 Rn. 23).

34 Die vom Bundestag am 7. Juni 2002 beschlossene Änderung einzelner Vorschriften der **GewO**, die zum 1. Januar 2003 in Kraft getreten ist, beinhaltet in § 106 GewO nunmehr Aussagen zum Weisungsrecht des Arbeitgebers, die im Zusammenhang mit der Feststellung der Arbeitsunfähigkeit relevant werden können (vgl. § 3 Rn. 51). Gleiches gilt für die nunmehr in § 108 GewO enthaltenen Festlegungen zu Zeitpunkt und Inhalt der Abrechnung durch den Arbeitgeber (vgl. § 3 Rn. 32).

Einleitung

Mit der Ablösung des BSeuchG durch das **Infektionsschutzgesetz** (IfSG), **35** die mit Wirkung zum 1. Januar 2001 erfolgt ist (vgl. Gesetz zur Neuordnung Seuchenrechtlicher Vorschriften – SeuchRNeuG, BGBl. I S. 1045), wurde ein spezialgesetzlicher Ausgleichsanspruch für die Personen begründet, die wegen eines Beschäftigungsverbots keiner Arbeit nachgehen können (vgl. § 3).

Die mit Gesetz vom 23. Oktober 2000 (BGBl. I S. 1426) im Rahmen des **36** BErzGG erfolgte Umwandlung des einer Mutter zustehenden Erziehungsurlaubs in eine beiden Elternteilen zugängliche **Elternzeit** kann Auswirkungen auf in dieser Zeit bestehenden Anspruch auf Entgeltfortzahlung haben (vgl. § 3 Rn. 71).

Durch das **Zweite Gesetz für moderne Dienstleistungen am Arbeits-** **37** **markt** (Hartz 2, BGBl. I S. 4621) wurde § 10 Abs. 3 LFZG um eine Regelung für geringfügig Beschäftigte ergänzt.

1. Entgeltfortzahlungsgesetz[*]

§ 1
Anwendungsbereich

(1) Dieses Gesetz regelt die Zahlung des Arbeitsentgelts an gesetzlichen Feiertagen und die Fortzahlung des Arbeitsentgelts im Krankheitsfall an Arbeitnehmer sowie die wirtschaftliche Sicherung im Bereich der Heimarbeit für gesetzliche Feiertage und im Krankheitsfall.

(2) Arbeitnehmer im Sinne dieses Gesetzes sind Arbeiter und Angestellte sowie die zur ihrer Berufsbildung Beschäftigten.

Inhaltsübersicht   Rn.

I.	Allgemeines	1
II.	Regelungsbereich	2– 6
	1. Feiertage	3– 5
	2. Krankheitsfall	6
III.	Räumlicher Anwendungsbereich	7–17
	a) Grenzüberschreitende Tätigkeiten	8–15
	b) Freiheit der Rechtsformwahl	16–17
IV.	Persönlicher Anwendungsbereich	18–70
	1. Arbeitnehmer	19–52
	a) Arbeiter und Angestellte	19–41
	b) Auszubildende	42–52
	2. Heimarbeit	53–70

I. Allgemeines

Die einleitende Vorschrift des EFZG bezieht sowohl verschiedene Gruppen von Beschäftigten als auch unterschiedliche Tatbestände, die Entgelt-

---

[*] Alle aufgeführten Paragraphenangaben ohne Gesetzesbezeichnung beziehen sich auf das Gesetz über die Zahlung des Arbeitsentgelts an Feiertagen und im Krankheitsfall (Entgeltfortzahlungsgesetz – EFZG) in der Fassung v. 25. 9. 1996 (BGBl. I S. 1476) zuletzt geändert durch Art. 38 des Gesetzes v. 19. 6. 2001 (BGBl. I S. 1046). Soweit Regelungen der ersten Fassung des EFZG v. 26. 5. 1994 (BGBl. I S. 1014, 1065) angesprochen werden, sind diese durch den Zusatz »a. F.« kenntlich gemacht.

fortzahlungsansprüche auslösen, unterschiedslos in den Geltungsbereich dieses Gesetzes ein und hat dadurch das vorher durch verschiedene Regelungen unübersichtliche Recht der alten Lohn- und Gehaltsfortzahlung bereinigt (zu den unterschiedlichen Regelungen vor dem EFZG Schliemann, ArbuR 94, 317). Ziel der gesetzlichen Neuregelung war die Angleichung der Rechte aller Arbeitnehmergruppen, die Anpassung an europarechtliche Vorgaben sowie eine Vereinheitlichung des Rechts in den alten und neuen Bundesländern (KDHK, § 1 Rn. 1). Die Regelungen des EFZG sind indes nicht abschließend. Ergänzende bzw. abweichende normative Vorgaben finden sich für seemännische Beschäftigte im SeemG (vgl. unter 6.) und für Auszubildende im BBiG (vgl. unter 3.).

II. Regelungsbereich

2 Das EFZG beinhaltet eine Reihe unterschiedlicher Regelungskomponenten. So knüpft etwa die zu leistende Entgeltfortzahlung durch ihre Bezugnahme auf den **gesetzlichen Feiertag** und auf den **Krankheitsfall** an zwei unterschiedliche Tatbestände an. Die Sicherstellung des Einkommens erfolgt für die vom EFZG erfassten Beschäftigten auf verschiedenen Wegen. Für **Arbeitnehmer** sieht das Gesetz eine **Fortzahlung des Arbeitsentgelts** an gesetzlichen **Feiertagen** und im **Krankheitsfall** vor. In beiden Fällen steht den Arbeitnehmern ihr normales Entgelt, das sie ohne Feiertag oder Krankheit erhalten hätten, nach dem Entgeltausfallprinzip weiter zu (vgl. dazu § 4 Rn. 6 ff.). Der Anspruch auf Entgeltfortzahlung gegen den Arbeitgeber ist für den Krankheitsfall auf sechs Wochen begrenzt (vgl. § 3 Rn. 117). Einen anderen Weg hat der Gesetzgeber für die **Gruppe der nach dem HAG Beschäftigten** gewählt. Sie erhalten Zuschläge zum Lohn, den sie eigenständig zur wirtschaftlichen Sicherung für den Arbeitsausfall an Feiertagen oder bei Krankheit einsetzen sollen (vgl. hierzu die §§ 10 und 11).

1. Feiertage

3 Das **EFZG definiert keinen** eigenen **Feiertagsbegriff**. Auch in anderen einschlägigen gesetzlichen Regelungen findet sich keine **einheitliche Definition**. Es ist vielmehr von staatlich anerkannten Feiertagen (Art. 140 GG i.V.m. Art. 139 WRV), von staatlich anerkannten allgemeinen Feiertagen (§ 193 BGB), von gesetzlichen Feiertagen (§ 9 Abs. 1 ArbZG, § 2 LadSchlG und § 84 Abs. 2 SeemG) oder von allgemeinen Feiertagen (§§ 188, 216, 222, 761 ZPO) die Rede.

4 Trotz der fehlenden gesetzlichen Definition und der unterschiedlichen Begriffe ist der **Anwendungsbereich des EFZG** eindeutig **durch die gesetzlichen Feiertage vorgegeben**, die durch Bundes- oder Landesrecht festgelegt sind (vgl. ausführlich § 2 Rn. 3 ff.).

5 Liegt ein **staatlich anerkannter Feiertag** vor und fällt deshalb Arbeitszeit aus, steht **Arbeitnehmern** im Sinne des Abs. 2 gegenüber ihrem Arbeitgeber ein **Zahlungsanspruch** auf das **übliche Arbeitsentgelt** zu (vgl. dazu ausführlich § 2 Rn. 38 ff.). Die im Bereich der **Heimarbeit nach dem HAG Beschäftigten** haben hingegen nur einen Anspruch auf regelmäßige **Zuschläge** zum Lohn zur sozialen Absicherung an Feiertagen (vgl. dazu § 11).

2. Krankheitsfall

Obwohl das Gesetz im Zusammenhang mit der Entgeltfortzahlung im Krankheitsfall explizit auf den Begriff der Krankheit Bezug nimmt, enthält es keine eigene Definition. Auch in anderen Gesetzen, etwa im Bereich des Arbeits- oder Sozialrechts, hält man vergeblich nach einer Definition Ausschau. Durch den **Verzicht auf eine verbindliche Definition** soll eine laufende Anpassung dessen, was allgemein unter Krankheit verstanden wird, an die fortschreitenden medizinischen Erkenntnisse und an die Wandlung im sozialrechtlichen Denken ermöglicht werden.

6

Aus diesem Regelungsdefizit folgen unterschiedliche Definitionen der Krankheit im medizinischen und im rechtlichen Bereich. Als **Krankheit im medizinischen Sinne** ist jeder **regelwidrige körperliche oder geistige Zustand**, d. h. jedes körperlich-organische (physische) oder auch seelische **(psychische) Fehlverhalten**, zu verstehen, der einer Heilbehandlung bedarf (vgl. ausführlich § 3 Rn. 39).

III. Räumlicher Anwendungsbereich

Das **EFZG** kommt **für alle in der BRD Beschäftigten** zur vollen Anwendung. Das Gesetz übernimmt damit Bewährtes aus der bisher geltenden Gesetzeslage. Alle Arbeitnehmer, die in der Bundesrepublik Deutschland tätig werden, haben **ohne Rücksicht auf ihre Staatsangehörigkeit** oder die ihres Arbeitgebers einen Anspruch auf Entgeltfortzahlung (vgl. BAG v. 13. 5. 1959, AP Nr. 4 Internationales Privatrecht, Arbeitsrecht; LAG Hamm v. 13. 5. 1987, DB 87, 1496; KDHK, § 1 Rn. 65).

7

a) Grenzüberschreitende Tätigkeiten

Für Beschäftigte aus dem Bereich der EU wird diese unterschiedslose Regelung im Übrigen schon durch Art. 7 der EWG-Verordnung 1612/68 v. 15. 10. 1968 über die Freizügigkeit der Arbeitnehmer innerhalb der Gemeinschaft (Abl. EG Nr. L 257, zuletzt geändert durch die VO (EWG) 2434/92, Abl. EG 1992 Nr. L 245/1; abgedruckt bei Däubler/Kittner/Lörcher, Nr. 411) vorgegeben (zur Freizügigkeit der Arbeitnehmer vgl. ausführlicher Asshoff/Bachner/Kunz, S. 83 ff.). Aber auch für Beschäftigte aus Staaten außerhalb der EU gebietet dies der verfassungsrechtlich durch Art. 3 GG verbürgte Gleichbehandlungsgrundsatz. Wer in der BRD als Arbeitnehmer tätig wird, hat damit unterschiedslos einen Anspruch auf Entgeltzahlung an gesetzlichen Feiertagen und im Fall der Krankheit gem.

8

den §§ 2ff. Entsprechendes gilt für die Zuschlagszahlungen des Auftraggebers im Bereich des HAG gem. den §§ 10 und 11.

9 Mit Blick auf das zusammenwachsende Europa kommt der Frage der räumlichen **Anwendbarkeit des EFZG bei grenzüberschreitender Tätigkeit** eine zunehmend große Bedeutung zu. Diese Feststellung gilt erst recht mit Blick auf die unterschiedlichen Regelungen zur Lohnfortzahlung, die es schon im Bereich der EU gibt (vgl. etwa die Übersicht im Euro-Atlas des Bundesministeriums für Arbeit und Sozialordnung, November 1998; Salousky/Seffen, RdA 1994, 244).

10 Einen **Anspruch** auf Entgeltfortzahlung **haben Arbeitnehmer** nach dem EFZG auch dann, **wenn sie** von ihrem in der Bundesrepublik Deutschland ansässigen Arbeitgeber **vorübergehend** (etwa für Montagearbeiten) **ins Ausland entsandt werden**. In diesen Fällen bleibt das deutsche Arbeitsverhältnis in seinem Kerntatbestand unbeeinträchtigt (BAG v. 25. 4. 1978, AP Nr. 16 Internationales Arbeitsrecht; KDHK, § 1 Rn. 67; Marienhagen EFZG, § 1 Rn. 8). Will der Arbeitgeber hingegen für die Dauer der kurzzeitigen Auslandstätigkeit eine landesspezifische Anpassung erreichen, bedarf dies der ausdrücklichen Vereinbarung zwischen den Parteien des Arbeitsvertrags.

11 Grundsätzlich ist eine solche **Abweichung vom deutschen Recht** bei der Tätigkeit im Ausland nach den Grundsätzen des internationalen Arbeitsrechts **möglich**, die sich in den durch das Gesetz zur Neuregelung des Internationalen Privatrechts vom 27. 7. 1986 (BGBl. I S. 1142) modifizierten Art. 27ff. EGBGB niederschlagen. Für die Gestaltung der Rechtsbeziehung zwischen Arbeitgeber und Arbeitnehmer **bei der Entsendung ins Ausland** kommt es damit entscheidend darauf an, welches Recht arbeitsvertraglich vereinbart worden ist. Dabei sind **drei Varianten** denkbar:

12 – Ist **deutsches Recht vereinbart** worden, findet gem. Art. 27 EGBGB das EFZG für die im Ausland verrichtete Tätigkeit uneingeschränkt Anwendung (so auch GKK, § 1 Rn. 41).

13 – Wurde **keine Rechtswahl getroffen** und liegen **keine überzeugenden Anhaltspunkte dafür** vor, dass die Parteien **deutsches Recht** für die Tätigkeit im Ausland gerade **nicht vereinbaren wollten**, gilt gem. Art. 30 Abs. 2 Ziff. 1 EGBGB das **Recht des Staates**, in dem der **Arbeitnehmer für gewöhnlich seine Arbeit verrichtet**. In Fällen gewerbsmäßiger Arbeitnehmerüberlassung ist auf das Recht am Sitz des Überlassungsunternehmens abzustellen. Gibt es Filialen, Betriebe oder Betriebsteile in Deutschland, gilt das EFZG unter Berücksichtigung der vorstehenden Aspekte (ähnlich KDHK, § 1 Rn. 68). Ist keine eindeutige Zuordnung möglich, weil etwa die Tätigkeit generell länderübergreifend erfolgt, gilt gem. Art. 30 Abs. 2 Ziff. 2 EGBGB das Recht des Staates, in dem sich die Niederlassung befindet, die den Arbeitnehmer eingestellt hat (GKK, § 1 Rn. 41, § 1 Rn. 16; KDHK, § 1 Rn. 60). Mangels abweichender Vereinbarung gilt damit für einen in Deutschland eingestellten Beschäftigten das EFZG auch dann, wenn er für längere Zeit ins Ausland entsandt wird, solange sein Arbeitgeber ein in Deutschland befindliches Unternehmen bzw. ein hier befindlicher Betrieb ist. Eine andere Bewertung kann sich ergeben, wenn der einstellende Arbeitgeber sich zwar in Deutschland befindet, der Arbeitsvertrag und die Inhalte des Arbeitsverhältnisses aber insgesamt auf die Gegebenheiten in einem anderen Staat abgestimmt sind.

Dies kann etwa dann der Fall sein, wenn ein französischer Beschäftigter nur zur Vertragsunterzeichnung nach Deutschland reist, die Arbeitsleistung aber von Anfang an in einer Betriebsstätte an seinem Wohnort in gleicher Weise erbringt wie seine dort mit einem französischen Vertrag tätigen Kollegen. In diesen derzeit noch seltenen Fällen könnte sich aus Art. 30 Abs. 2 2. Hlbs. EGBGB wegen der engen Verbindung des Arbeitsvertrags und des Arbeitsverhältnisses nach einer Gesamtwürdigung der Umstände eine Anwendbarkeit des französischen Rechts ergeben. **14**

– Ist bei der Tätigkeit für einen deutschen Arbeitgeber im Ausland das **Recht des Gaststaates** vereinbart oder kommt aufgrund der vorstehend beschriebenen Gesamtwürdigung wegen der Nähe zu einem fremden Recht deutsches Arbeitsrecht nicht zur Anwendung, darf sich dadurch für die Beschäftigten **kein Verlust des arbeitsrechtlichen Schutzrahmens** ergeben. Die Freiheit der Rechtsformwahl darf nicht dazu führen, dass die Beschäftigten dem Schutzrahmen des deutschen Arbeitsrechts entzogen werden (so auch KDHK, § 1 Rn. 66; GKK, § 1 Rn. 41). Damit wird **Umgehungsversuchen** deutscher Arbeitgeber ein **gesetzlicher Riegel** für die Fälle **vorgeschoben**, dass sie durch entsprechende Vereinbarungen für den Bereich der Entgeltfortzahlung eine Schlechterstellung ihrer Beschäftigten erreichen wollen. Im Einzelfall kann die Beurteilung, ob eine solche Schlechterstellung vorliegt, jedoch schwierig sein, da immer eine Gesamtwürdigung bzw. ein Gesamtvergleich der unterschiedlichen rechtlichen Regelungsbereiche erfolgen muss. Nur wenn danach die ausländischen Regelungen zur Entgeltfortzahlung schlechter sind als nach diesem Gesetz, ergibt sich die zwingende Anwendbarkeit des EFZG. Bleiben hingegen nur einzelne Regelungen hinter dem Standard des EFZG zurück, während andere sich auf höherem Niveau bewegen, wird man im Einzelfall eine Anwendbarkeit dieses Gesetzes verneinen müssen. **15**

b) Freiheit der Rechtsformwahl

Eine **Freiheit der Rechtsformwahl** für das Rechtsverhältnis zwischen Arbeitgebern und Arbeitnehmern in Deutschland **lässt sich aus Art. 27 EGBGB nicht ableiten** (ähnlich GKK, § 1 Rn. 41; KDHK, § 1 Rn. 66). Hier würde eine Abweichung vom EFZG oder anderen Schutzgesetzen sowohl im eindeutigen Widerspruch zum Umgehungsschutz des Art. 30 Abs. 1 EGBGB als auch zur **Unabdingbarkeitsvorgabe** stehen, die das EFZG selbst enthält (vgl. § 12). Die beschriebenen Regelungen bleiben damit auf die Tätigkeit im Ausland beschränkt. **16**

17 Die **gleichen Grundsätze** gelten **für den Bereich des HAG**, auch wenn hier die praktischen Anwendungsfälle zur Zeit sicher noch beschränkt sind. Wird beispielsweise ein **Heimarbeiter** im grenznahen Bereich aus dem Ausland für einen Auftraggeber in Deutschland tätig, hat er beim Vorliegen der übrigen Voraussetzungen einen Anspruch gem. den §§ 10 und 11. Im umgekehrten Fall richten sich seine Ansprüche u. U. nach dem Recht, das im Land des Auftraggebers gilt.

IV. Persönlicher Anwendungsbereich

18 Das **Gesetz regelt die Entgeltfortzahlung** an Feiertagen und bei Krankheit **für Arbeiter, Angestellte** und die zu ihrer **Berufsausbildung Beschäftigten (»Arbeitnehmer«)** sowie für den Bereich der **Heimarbeit**. Die bestehenden Rechtsansprüche sind allerdings unterschiedlich ausgestaltet. Während die unter den Begriff der **Arbeitnehmer** gefassten Beschäftigten einen **umfassenden Anspruch auf Entgeltfortzahlung** haben (vgl. § 3), erfolgt für den Bereich der Heimarbeit nach dem HAG die **soziale Sicherung** für Feiertage und Krankheiten **durch die regelmäßige Zahlung von Zuschlägen** zur normalen Vergütung, die die Beschäftigten selbst zur Vorsorge einsetzen sollen (vgl. §§ 10, 11). Da diese Zuschläge in der Praxis aber von den Heimarbeitern aufgrund der schlechten Bezahlung als Teil der Vergütung gesehen und nicht als Vorsorgebeträge zurückgelegt werden, besteht im Bereich des HAG ein erhebliches Problemfeld. Der verbindlichen Zuordnung zur Gruppe der Arbeitnehmer bzw. zu der nach dem HAG Beschäftigten kommt deshalb für den Umfang der Entgeltfortzahlung entscheidende Bedeutung zu.

1. Arbeitnehmer

a) Arbeiter und Angestellte

19 Das Gesetz fasst unter den Begriff der **Arbeitnehmer** unterschiedslos alle Arbeiter und Angestellten sowie die zu ihrer Berufsausbildung Beschäftigten (vgl. hierzu Rn. 35 ff.). Auf den zeitlichen Umfang der Beschäftigung kommt es dabei nicht mehr an. Auch **Teilzeitarbeitnehmern oder geringfügig und kurzzeitig Beschäftigten** steht im Bereich des EFZG der **volle Anspruch auf Entgeltfortzahlung** zu (vgl. BT-Drucks. 12/5798, S. 2). Dies folgt im Übrigen auch aus dem allgemeinen Diskriminierungsverbot für Teilzeitarbeit gem. § 4 TzBfG.

20 Eine **gesetzliche Definition des Arbeitnehmers** findet sich allerdings im EFZG ebensowenig wie in anderen arbeitsrechtlichen Gesetzen. Nach der allgemein anerkannten arbeitsrechtlichen Definition ist **Arbeitnehmer, wer aufgrund eines privatrechtlichen Vertrags oder eines gleichgestellten Rechtsverhältnisses zur Arbeit im Dienste eines anderen verpflichtet ist** (vgl. u. a. BAG v. 19. 5. 1960, AP Nr. 7 zu § 5 ArbGG 1953; v. 9. 5. 1984, 24. 6. 1992, AP Nrn. 45, 61 zu § 611 BGB Abhängigkeit; Hueck/Nipperdey, Bd. I S. 34 f.; BSWW, S. 10 ff.; Richardi, Münch.

Hdb. Bd. I, § 24 Rn. 12 ff., jeweils m. w. N.; zu aktuellen Problemen der Abgrenzung vgl. Rn. 31).

Der **Vertragsabschluss** kann (soweit nicht etwa Tarifverträge Formvorschriften enthalten) nach deutschem Recht **ausdrücklich** (mündlich oder schriftlich) **oder stillschweigend** (konkludent) durch ein entsprechendes tatsächliches Verhalten erfolgen (vgl. Schaub, § 32 III). § 2 Abs. 1 NachwG verpflichtet den Arbeitgeber, dem Arbeitnehmer binnen eines Monats einen schriftlichen Vertrag auszuhändigen. **21**

Für die Arbeitnehmereigenschaft ist es **unerheblich, ob der Arbeitsvertrag** mit Mängeln behaftet und deshalb **anfechtbar oder gar nichtig ist** (Richardi, Münch. Hdb. Bd. I, § 24 Rn. 15; DKK-Trümner, § 5 Rn. 9; KDHK, § 1 Rn. 11). Beim fehlerhaft zustande gekommenen Arbeitsvertrag ist das so genannte **faktische Arbeitsverhältnis** (vgl. Schaub, § 35 III 3) für die Vergangenheit wie ein fehlerfreies zu behandeln. Dem Arbeitnehmer können wegen seines Vertrauens in ein fehlerfreies Arbeitsverhältnis Vergütungsansprüche nicht rückwirkend versagt werden. Dies gilt auch dann, wenn der Arbeitnehmer wegen Erkrankung an der Arbeitsleistung verhindert war (vgl. BAG v. 18. 4. 1968, AP Nr. 32 zu § 63 HGB). **22**

Das Merkmal »**aufgrund eines privatrechtlichen Vertrages oder eines gleichgestellten Rechtsverhältnisses**« dient der Abgrenzung der Arbeitnehmer von anderen Personengruppen, die zwar auch abhängige Arbeit leisten, deren Arbeitsleistung aber eine andere Rechtsgrundlage hat (vgl. zur konstitutiven Wirkung des Abschlusses eines »Arbeitsverhältnisses« LAG Köln v. 28. 4. 1995, ArbuR 96, 412). So erbringen **Beamte** ihre Leistung aufgrund eines öffentlich-rechtlichen Dienst- und Treueverhältnisses (Art. 33 GG). Ansprüche im Krankheitsfall ergeben sich bei ihnen aus **speziellen beamtenrechtlichen Regelungen** (vgl. Schaub, § 8 II 2). Ähnliches gilt grundsätzlich auch für **Richter, Soldaten, Wehr- und Zivildienstleistende**, bei denen sich Entgeltfortzahlungsansprüche ebenfalls aus den entsprechenden öffentlich-rechtlichen Vorschriften ergeben (z. B. Deutsches Richtergesetz, Soldatengesetz, Wehrpflichtgesetz, Zivildienstgesetz; vgl. Richardi, Münch. Hdb. Bd. I, § 24 Rn. 98; GKK, § 1 Rn. 33 f.). **Entwicklungshelfer**, die aufgrund eines Entwicklungsdienstvertrages nach § 4 EntwicklHG (vgl. Gesetz v. 18. 6. 1969, BGBl. I S. 549 sowie BAG v. 27. 4. 1977, AP Nr. 1 zu § 611 BGB Entwicklungshelfer) tätig sind, stehen zum Träger des Entwicklungsdienstes nicht in einem Arbeitsverhältnis. Allerdings kann zwischen dem Entwicklungshelfer und dem ausländischen Projektträger ein Arbeitsverhältnis bestehen (BAG v. 27. 4. 1977, AP Nr. 1 zu § 611 BGB Entwicklungshelfer). Teilnehmer an einem freiwilligen ökologischen oder sozialen Jahr sind keine Arbeitnehmer. Gem. § 4 des Gesetzes zur Förderung eines freiwilligen ökologischen Jahres bzw. § 15 des Gesetzes zur Förderung eines freiwilligen sozialen Jahres gelten für diese Beschäftigten aber das Bundesurlaubsgesetz und die Arbeitsschutzbestimmungen entsprechend (KDHK, § 1 Rn. 47 f.). Personen, die aufgrund eines **öffentlich-rechtlichen Gewaltverhältnisses** **23** zur Arbeit verpflichtet sind, werden ebenfalls nicht aufgrund eines privatrechtlichen Vertrages tätig. In **Sicherungsverwahrung Genommene**, in einer **Heil- und Pflegeanstalt Untergebrachte** oder **Fürsorgezöglinge** sind deshalb dann **nicht als Arbeitnehmer** zu qualifizieren, wenn sie die Arbeit im Rahmen der Anstaltsgewalt leisten.

24 Das Gleiche soll nach vorherrschender Auffassung für Strafgefangene gelten (vgl. Schaub, § 8 II 2). Die Qualifikation dieser Gruppe als »Nicht«-Arbeitnehmer vermag allerdings nicht zu überzeugen, zumal die Gefahr eines »Lohndumpings« nicht von der Hand zu weisen ist. Deshalb bleibt abzuwarten, ob in Zukunft nicht doch eine Veränderung der Qualifikation festzustellen ist. **Strafgefangene** sind allerdings in der Regel **dann Arbeitnehmer**, wenn sie nach § 39 Abs. 1 StVollzG als sog. **Freigänger** im Rahmen eines freien Beschäftigungsverhältnisses für den Betriebsinhaber tätig sind (LAG Baden-Württemberg v. 15. 9. 1988, NZA 89, 886; KDHK, § 1 Rn. 60). Personen, deren Zahlung einer öffentlichen Unterstützung von der Verrichtung gemeinnütziger Arbeiten abhängig gemacht wird, sind zumeist ebenfalls keine Arbeitnehmer (vgl. Schaub, § 8 II 2). Bei den **im Rahmen der Sozialhilfe Beschäftigten** (§ 19 BSHG) kommt ein echtes **Arbeitsverhältnis** zustande, wenn der Hilfe Suchende ein übliches Arbeitsentgelt erhält (KDHK, § 1 Rn. 45). Ein **öffentlich-rechtliches Beschäftigungsverhältnis** liegt dann vor, wenn dem Sozialhilfeberechtigten eine Hilfe zum Lebensunterhalt zuzüglich einer angemessenen Entschädigung für Mehraufwendungen gewährt wird (Richardi, Münch. Hdb. Bd. I, § 24 Rn. 103 m. w. N.).

25 Fraglich und nur im Einzelfall zu entscheiden ist, ob mithelfende **Familienangehörige** aufgrund eines privatrechtlichen Vertrages oder nur aus Gefälligkeit aufgrund ihrer familienrechtlichen Bindungen (§§ 1356, 1619 BGB) tätig werden. Werden Dienstleistungen erbracht, die über die familienrechtlichen Bindungen hinausgehen, kann ein Arbeitsverhältnis bestehen (Menken, DB 93, 161; KDHK, § 1 Rn. 48). Dies ist etwa der Fall, wenn ein Familienangehöriger an jedem Tag oder den ganzen Tag mitarbeitet (Schmitt, § 1 Rn. 14).

26 Problematisch kann die Rechtslage bei **vereinsrechtlich gebundenen Krankenschwestern** sein. Nach Ansicht des BAG soll die Rote-Kreuz-Schwester keine Arbeitnehmerin sein, da sie ihre Arbeitsleistung in der Regel aufgrund ihrer vereinsrechtlichen Mitgliedschaft in der Schwesternschaft erbringt (BAG v. 18. 2. 1956, AP Nr. 1 zu § 5 ArbGG 1953; v. 3. 6. 1975, AP Nr. 1 zu § 5 BetrVG 1972 Rotes Kreuz; v. 20. 2. 1986, AP Nr. 2 zu § 5 BetrVG 1972 Rotes Kreuz). Dieser Auffassung wird zu Recht entgegengehalten, dass für diese Beschäftigten ein normales Arbeitsverhältnis anzunehmen ist, wenn sie wie vergleichbare Beschäftigte am Arbeitsmarkt auftreten und Arbeitsverträge abschließen (DKK-Trümner, § 5 Rn. 143 ff.; KDHK, § 1 Rn. 56). Für so genannte **Gastschwestern**, d. h. Krankenschwestern, die nicht mitgliedschaftlich gebunden sind, erkennt das BAG dies an (BAG v. 4. 7. 1979, AP Nr. 10 zu § 611 BGB Rotes Kreuz).

Beschäftigte, die bei Trägern von **Arbeitsbeschaffungsmaßnahmen** (§ 260 SGB III) arbeiten, sind Arbeitnehmer, denn die Beziehungen zwischen den vom Arbeitsamt vermittelten Arbeitnehmern und dem Arbeitgeber, der sie beschäftigt, richten sich nach den Vorschriften des Arbeitsrechts (Schaub, § 8 II 2; KDHK, § 1 Rn. 19; GKK, § 1 Rn. 13). Arbeitnehmer sind auch die in **Beschäftigungsgesellschaften** tätigen Personen (Schaub, § 8 II 2). **27**

Für **Telearbeit** ergeben sich keine Besonderheiten. Es kommen die üblichen Abgrenzungskriterien in Betracht (KDHK, § 1 Rn. 63). Wird sie von Arbeitnehmern oder von nach dem HAG Beschäftigten erbracht, kommt das Gesetz uneingeschränkt zur Anwendung (zu Möglichkeiten der Telearbeit und zur Abgrenzung der Beschäftigungsverhältnisse vgl. ausführlich Wedde, S. 5 ff.). **28**

Der Beschäftigte muss zur **Leistung von Arbeit** verpflichtet sein. Der Begriff **Arbeit** ist dabei wirtschaftlich zu verstehen. Es kann eine geistige, eine körperliche Betätigung oder jedes Verhalten sein, das im Wirtschaftsleben als Arbeit qualifiziert wird. Arbeit im Sinne der Arbeitnehmerdefinition kann daher auch von einem **Malermodell** geleistet werden oder aber bei reiner **Arbeitsbereitschaft** (BAG v. 10. 6. 1959, AP Nr. 5 zu § 7 AZO; Schaub, § 8 II 1 ff. und § 45 IV 3; Schmitt, § 1 Rn. 16) vorliegen. Rein spielerische oder sportliche Betätigung wird dagegen in der Regel nicht als Arbeit qualifiziert. Etwas anderes gilt allerdings dann, wenn die sportliche Betätigung fremdbestimmt geleistet wird, wie etwa bei **Sportlehrern**, Lizenz- oder Vertragsamateur-**Fußballspielern** (vgl. ArbG Bocholt v. 7. 12. 1988, DB 89, 1423; Schaub, § 186 IV; KDHK, § 1 Rn. 10). **29**

Maßgeblich ist, dass ein Arbeitnehmer **nur seine Arbeitsleistung**, nicht aber die Herstellung eines Werkes schuldet. Der Verpflichtung, einen konkreten Arbeitserfolg zu schulden und nicht nur seine Arbeitsleistung zu erbringen, liegt in der Regel ein **Werkvertrag** im Sinne der §§ 631 ff. BGB zugrunde (Richardi, Münch. Hdb. Bd. I, § 24 Rn. 14). **30**

Die aufgrund eines privatrechtlichen Vertrages geschuldete Arbeitsleistung muss **im Dienste eines anderen geleistet werden** (vgl. Hueck/Nipperdey, § 9 III 3). Dabei unterscheidet sich ein Arbeitnehmer vom Unternehmer oder freien Mitarbeiter nach der Rechtsprechung des BAG durch die **persönliche Abhängigkeit**, die insbesondere durch die Einbindung in die betriebliche Organisation begründet wird (BAG v. 28. 2. 1962, 9. 5. 1984, AP Nrn. 1, 45 zu § 611 BGB Abhängigkeit; kritisch zum Begriff »persönliche Abhängigkeit« BSWW-Wank, S. 10 ff. m. w. N.; zu weiteren Abgrenzungsmethoden Schaub, § 8 II 3). **31**

Das entscheidende Indiz für die persönliche Abhängigkeit ist die **Weisungsgebundenheit**. Je stärker die **Weisungsbefugnis des Arbeitgebers** hinsichtlich des Arbeitsortes, der Arbeitszeit, der Arbeitsdauer und der **32**

Arbeitsausführung ist, umso größer wird der Umfang der persönlichen Abhängigkeit sein. Je höher dieser Grad der persönlichen Abhängigkeit ist, desto eher wird man auch von einer Arbeitnehmerstellung sprechen können (vgl. insbesondere BAG v. 28. 2. 1962, 13. 12. 1962, 3. 10. 1975, 8. 10. 1975, AP Nrn. 1, 3, 15, 18 zu § 611 BGB Abhängigkeit). Weitere **wesentliche Abgrenzungskriterien** sind die **zeitliche und räumliche Eingliederung in den Betriebsablauf** (vgl. BAG v. 3. 10. 1975, 21. 9. 1977, 13. 1. 1983, 9. 5. 1984, AP Nrn. 15, 24, 42, 43, 45 zu § 611 BGB Abhängigkeit). So sprechen beispielsweise die Einordnung unter einen bestehenden Produktionsplan, die betriebliche Gleichbehandlung, die erforderliche Zusammenarbeit mit anderen Beschäftigten für die Eingliederung in den Betriebsablauf und mithin für eine Arbeitnehmereigenschaft.

33 Die Unterordnung unter andere im Dienste des Arbeitgebers stehende Personen, Form der Vergütung (Zeitlohn oder Einzelhonorar), Abführung von Sozialversicherungsbeiträgen, Urlaubsgewährung etc. (vgl. Schaub, § 8 II 3) können zusätzliche Indizien sein, um eine Arbeitnehmerstellung zu bejahen oder zu verneinen.

34 Man wird allerdings anhand nur eines Kriteriums nicht immer eindeutig die Arbeitnehmerstellung positiv oder negativ feststellen können. Das Kriterium der Eingliederung in den Betriebsablauf scheitert z. B. bei der **Telearbeit**, obwohl die Beschäftigten in der Regel dennoch als Arbeitnehmer zu qualifizieren sind, da sie z. B. mittels der EDV mit dem Betrieb vernetzt sind bzw. mit diesem kommunizieren können und auch weisungsgebundene Tätigkeiten verrichten (vgl. Wedde, S. 23 ff.). Notwendig ist deshalb immer eine Gesamtschau der Tätigkeit (so schon BAG v. 28. 2. 1962, AP Nr. 1 zu § 611 BGB Abhängigkeit; vgl. auch KDHK, § 1 Rn. 22).

35 Als Arbeitnehmer zu qualifizieren sind auch **Außenarbeitnehmer**, die aus betrieblichen oder persönlichen Gründen regelmäßig außerhalb des Betriebs ihres Arbeitgebers tätig werden, dabei aber wie betriebliche Arbeitnehmer persönlich und sachlich den Weisungen ihres Arbeitgebers unterliegen. Außenarbeitnehmer sind beispielsweise Vertriebs- oder Servicemitarbeiter, die bei Kunden oder Auftraggebern tätig werden und ihre Vor- und Nachbereitungen zu Hause durchführen (vgl. Schaub, § 10 I 4 m. w. N.). **Außenarbeitnehmer** sind jedoch anders als die nach dem HAG Beschäftigten wie betriebliche Arbeitnehmer **persönlich abhängig** und haben deshalb wie diese den vollen Anspruch auf Entgeltfortzahlung nach diesem Gesetz.

36 Ähnlich wie die Außenarbeitnehmer sind auch die im **Bereich der Heimarbeit** (vgl. dazu Rn. 53 ff.) bei Hausgewerbetreibenden bzw. bei diesen Gleichgestellten tätigen **fremden Hilfskräfte** aufgrund ihrer persönlichen Abhängigkeit als **Arbeitnehmer** anzusehen und werden deshalb von der vollen Anwendbarkeit des Gesetzes gem. § 2 Abs. 6 HAG i. V. m. § 1 Abs. 2 EFZG erfasst.

EFZG § 1

Nicht zur Gruppe der Arbeitnehmer gehören die so genannten **arbeitneh-** **37** **merähnlichen Personen** (KDHK, § 1 Rn. 33; GKK, § 1 Rn. 28; BSWW-Wank, S. 68 f.). Als arbeitnehmerähnliche Personen werden Beschäftigte bezeichnet, die mangels persönlicher Abhängigkeit keine Arbeitnehmer, mangels wirtschaftlicher Selbständigkeit aber auch keine echten Unternehmer sind (vgl. ausführlich Schaub, § 9 I ff.). Auf die Gruppe finden die Regelungen des **EFZG keine Anwendung.** Allerdings ist zu beachten, dass es zugunsten dieser Rechtsform **keine Freiheit der Rechtsformwahl** gibt. Besteht trotz abweichender vertraglicher Vereinbarung tatsächlich eine persönliche Abhängigkeit, die auf ein Arbeitsverhältnis hindeutet, oder liegt eine Beschäftigung nach dem HAG vor, scheidet eine Qualifikation als arbeitnehmerähnliche Person aus (zum Rechtsformzwang ausführlich BAG v. 8. 6. 1967, AP Nr. 6 zu § 611 BGB Abhängigkeit).

Zunehmende Probleme bereitet in der Praxis die zutreffende juristische **38** Zuordnung der sog. **Scheinselbständigkeit** (vgl. etwa Dostal, MittAB 4/1995; Linnekohl, BB 1999, 48; Leuchten, DB 1999, 381). Das Schlagwort steht für unterschiedliche selbständige Tätigkeiten, die im Grenzbereich zwischen Arbeitnehmereigenschaft und echter Selbständigkeit angesiedelt sind. Scheinselbständige sind Erwerbstätige, die vertraglich als Selbständige behandelt werden, de facto aber wie Arbeitnehmer in persönlicher Abhängigkeit arbeiten (vgl. »Entwurf eines Gesetzes zur Bekämpfung der Scheinselbständigkeit« der Länder Hessen und Nordrhein-Westfalen vom 23. 10. 1996, BR-Drucks. 793/96, 6). Die so Beschäftigten werden in der Praxis im Rahmen von »Werkverträgen«, »Aufträgen«, »Franchise-Verträgen« oder sonstiger Vereinbarungen tätig (ausführlich Dietrich, S. 68 ff.; Steinmeyer, S. 17 ff.; Wedde 1997, S. 48 ff., jeweils m. w. N.), ohne tatsächlich über die persönliche Unabhängigkeit zu verfügen, die echte Selbständigkeit auszeichnet. In Wirklichkeit handelt es sich in den meisten Fällen um **»selbständige Arbeitnehmer«**, die persönlich und wirtschaftlich abhängig sind. Deshalb unterfallen sie uneingeschränkt dem Schutzbereich des EFZG (zur juristischen Durchsetzung vgl. Rn. 53).

Die Rechtsprechung hat in folgenden **Einzelfällen** (vgl. weitere ausführ- **39** liche Beispiele bei Schmitt, § 1 Rn. 32) die **Arbeitnehmereigenschaft bejaht** für: **Assessor,** der halbtags in einer Anwaltskanzlei arbeitet (BSG v. 30. 11. 1978, AP Nr. 31 zu § 611 BGB Abhängigkeit; LAG Hamm v. 20. 7. 1989, DB 90, 691 m. w. N.), **Bühnen- und Szenenbildner** (BAG v. 3. 10. 1975, AP Nr. 17 zu § 611 BGB Abhängigkeit; LAG Bln. v. 16. 8. 1983, AP Nr. 44 Abhängigkeit), **Chefarzt** (BAG v. 27. 7. 1961, AP Nr. 24 zu § 611 BGB Ärzte), **Croupier,** der aus dem Tronc entlohnt wird (BAG v. 30. 6. 1966, AP Nr. 1 zu § 611 BGB Croupier), **Detektiv** (BGH v. 22. 5. 1990; BB 90, 1793 f.), **Franchise-Nehmer** (BGH v. 4. 11. 1998, ArbuR 1999, 29 zu »Eismännern«), **Fotomodell** (BSG v. 12. 12. 1990, NZA 91, 907 ff.), **Nachrichtensprecher** (BAG v. 28. 6. 1973, AP Nr. 10 zu § 611 BGB Abhängigkeit), **Fußballspieler,** der zu festgesetzten Zeiten trainieren und spielen muss (ArbG Bocholt v. 7. 12. 1988, DB 89, 1423; LAG Hamm

v. 30. 8. 1989, DB 90, 739; BAG v. 10. 5. 1990, AP Nr. 51 zu § 611 BGB Abhängigkeit), **Lizenzfußballspieler** (BAG v. 16. 1. 1971, AP Nr. 29 zu § 138 BGB), **Vertragsamateure** (BAG v. 10. 5. 1990, NZA 91, 308), **Rechtsanwalt**, der in fremder Kanzlei Arbeitszeit einhalten muss und dem Mandate zugewiesen werden (LAG Baden-Württemberg v. 14. 3. 1985, BB 85, 1534; LAG Bln. v. 16. 12. 1986, NZA 87, 488 f.; Hess. LAG v. 16. 3. 1990, BB 90, 2492, verneint für einen Rechtsanwalt, der Partner in einer Anwaltssozietät ist, BAG v. 15. 4. 1993, AP Nr. 65 zu § 611 BGB Abhängigkeit; vgl. auch Thüringer LAG v. 22. 9. 1998, BB 1999, 322), **Referendare** in Nebenbeschäftigung (ArbG Berlin v. 16. 9. 1966, BB 67, 538), ständig beschäftigter **Rundfunksprecher** (BAG v. 28. 6. 1973, 3. 10. 1975, AP Nrn. 10, 15 zu § 611 BGB Abhängigkeit; BSG v. 22. 11. 1973, AP Nr. 11 zu § 611 BGB Abhängigkeit), **Versicherungsvertreter** (BAG v. 21. 1. 1966, AP Nr. 2 zu § 92 HGB; BSG v. 29. 1. 1981, AP Nr. 4 zu § 92 HGB), **Werkstudent** (BAG v. 1. 12. 1967, AP Nr. 25 zu § 1 FeiertagslohnzahlungsG; LAG Düsseldorf v. 17. 4. 1956, BB 57, 41), im **Abrufarbeitsverhältnis** (LAG Düsseldorf v. 5. 12. 1988, DB 89, 1343), **Zeitungsausträger** (vgl. BAG v. 29. 1. 1992, DB 92, 1429 ff.).

40 Dagegen wurde die **Arbeitnehmereigenschaft verneint** bei: **Bereitschaftsarzt** für Blutproben (BSG v. 22. 2. 1973, AP Nr. 9 zu § 539 RVO), **Bezirksstellen-Lottoleiter** (BSG v. 1. 12. 1977, AP Nr. 27 zu § 611 BGB Abhängigkeit), **Dozent** an einer Volkshochschule (BAG v. 26. 1. 1977, 23. 9. 1981, 25. 8. 1982, AP Nrn. 13, 22, 32 zu § 611 BGB Lehrer, Dozenten), **Künstlern** auf geselligen Veranstaltungen eines Betriebes (BAG v. 6. 12. 1974, AP Nr. 14 zu § 611 BGB Abhängigkeit), **Lehrern und Dozenten** (BAG v. 26. 1. 1977, AP Nr. 13 zu § 611 BGB Lehrer, Dozenten), **Lektor**, der frei über die Arbeitszeit verfügen kann (BAG v. 27. 3. 1991 – 5 AZR 194/90), **Lotsen** (BGH v. 28. 9. 1972, AP Nr. 1 zu § 611 BGB Lotse), **Tankstellenbesitzer** (BSG v. 11. 8. 1966, AP Nr. 5 zu § 611 BGB Abhängigkeit).

41 Mit dem Arbeitnehmerbegriff ist nicht zwingend **die ausschließliche berufsmäßige Arbeitsleistung** verbunden. So kann ein **Rechtsreferendar**, der aufgrund seiner beamtenrechtlichen Stellung (Beamter auf Widerruf) nicht als Arbeitnehmer zu qualifizieren ist, durchaus bei einem Rechtsanwalt eine Nebenbeschäftigung ausüben und somit dort die Arbeitnehmereigenschaft erfüllen (zu weiteren Einzelfällen vgl. Schaub, § 8 III).

b) Auszubildende

42 Das EFZG bezieht gem. Abs. 2 ausnahmslos alle nach dem BBiG **zum Zwecke der Berufsausbildung Beschäftigten** als **Arbeitnehmer** ausdrücklich in seinen Geltungsbereich ein. Die Vorschrift des § 12 Abs. 1 Satz 1 Nr. 2 b und Satz 2 BBiG a. F. zur Fortzahlung der Vergütung im Krankheitsfall, die im Detail unterschiedliche Regelungen vorsah, ist neu gefasst worden (vgl. BBiG unter 3.).

EFZG § 1

Bis zum In-Kraft-Treten des EFZG war nach dieser Vorschrift für die Frage der Entgeltfortzahlung danach zu differenzieren, ob die Ausbildung für einen Angestellten- oder für einen Arbeiterberuf erfolgte. Diese auch unter dem Gesichtspunkt des allgemeinen Gleichbehandlungsgebots fragwürdige Differenzierung und Schlechterstellung einer Gruppe ist durch die Regelung in Abs. 2 beendet worden. **Für die Entgeltfortzahlung** im Krankheitsfall und an Feiertagen ist es **nunmehr ohne Bedeutung, welcher Ausbildungsberuf** ausgeübt wird. Die Aufhebung der Trennung zwischen der Ausbildung in Angestellten- und Arbeiterberufen folgt der generellen Gleichstellung von Arbeitern und Angestellten durch das EFZG.

43

Als Arbeitnehmer im Sinne des EFZG **anspruchsberechtigt** sind damit auch alle Personen, die als Auszubildende gem. den §§ 3 ff. BBiG zum Zwecke der Berufsausbildung beschäftigt werden, ohne dabei in einem Arbeitsverhältnis zu stehen. **Nicht** als **Auszubildende** im Sinne des BBiG anzusehen sind allerdings gem. § 2 Abs. 2 BBiG diejenigen Personen, deren **Berufsausbildung in einem öffentlich-rechtlichen Dienstverhältnis** oder **auf** einem **Kauffahrtschiff** erfolgt. Für sie gelten die öffentlich-rechtlichen Regelungen bzw. die des SeemG (vgl. SeemG unter 6.).

44

Weitere Voraussetzung für die Qualifikation als Auszubildender im Sinne von § 1 ist, dass für einen **anerkannten Ausbildungsberuf** und nach einer Ausbildungsordnung (vgl. §§ 25 ff. BBiG) ausgebildet wird (KDHK, § 1 Rn. 38).

45

Ausnahmen von diesem »Anerkennungsgrundsatz« sind gem. § 28 Abs. 2 und 3 BBiG nur möglich, wenn Jugendliche unter 18 Jahren auf den Besuch weiterführender Bildungsgänge vorbereitet werden oder wenn zur Entwicklung und Erprobung neuer Ausbildungsformen und Ausbildungsberufe der Bundesminister für Wirtschaft und Technologie oder ein anderer Fachminister im Einvernehmen mit dem Bundesminister für Bildung und Wissenschaft nach Anhörung des Ständigen Ausschusses des Bundesinstituts für Berufsbildung durch Rechtsverordnung zulässt.

46

Neben den Auszubildenden steht **auch Personen, die gem. § 19 BBiG** in anderen Vertragsverhältnissen außerhalb eines Arbeitsverhältnisses **eingestellt werden**, um berufliche Kenntnisse, Fertigkeiten oder Erfahrungen zu erwerben, ohne dass es sich um eine Berufsausbildung im Sinne des BBiG handelt, ein Rechtsanspruch auf Entgeltfortzahlung im Krankheitsfall zu. Zu diesem Personenkreis gehören insbesondere **Praktikanten** und **Volontäre** sowie die sog. **Anlernlinge** (vgl. BAG v. 19. 6. 1974, AP Nr. 3 zu § 3 BAT).

47

Nach der Rechtsprechung ist **Praktikant**, wer sich, ohne eine systematische Berufsausbildung zu absolvieren, einer bestimmten Tätigkeit und Ausbildung im Rahmen einer Gesamtausbildung unterzieht, weil er diese für die Zulassung zum Studium oder zu einer Prüfung nachweisen muss.

48

EFZG § 1

Der Ausbildungszweck ist bei der Absolvierung eines Praktikums vorrangig (BAG v. 5. 8. 1965, AP Nr. 2 zu § 21 KSchG; Schmitt, § 1 Rn. 35).

49 **Volontär** ist nach § 82 a HGB, wer ohne Lehrling oder Anlernling zu sein außerhalb eines Arbeitsvertrags unentgeltlich im Dienste eines anderen mit kaufmännischen Arbeiten beschäftigt wird (vgl. BAG v. 5. 8. 1965, AP Nr. 2 zu § 21 KSchG; Schaub, § 16 III). Vom Praktikanten unterscheidet sich der Volontär im Wesentlichen dadurch, dass seine betriebliche Tätigkeit keinen geordneten Teilabschnitt einer Gesamtausbildung darstellt (Schmitt, § 1 Rn. 35).

50 Die Ausbildung von **Anlernlingen** erfolgt vorwiegend im gewerblich-technischen und im kaufmännischen Bereich und verfolgt einen engeren Ausbildungszweck als bei »echten« Auszubildenden. Ihnen sollen Berufskenntnisse auf einem begrenzten Gebiet vermittelt werden, damit sie nach Abschluss der Anlernzeit die volle Arbeitsleistung erbringen können (vgl. Kittner/Zwanziger-Lakies, § 134, Rn. 210). Mit Blick auf die umfassende Anwendbarkeit des BBiG ist die Unterscheidung zwischen Auszubildenden und Anlernlingen nahezu überholt (zutreffend Schaub, § 16 Rn. 2).

51 **Nicht** vom Geltungsbereich des BBiG **erfasst** werden **Werkstudenten und -schüler**, da diese nicht zur Berufsausbildung, sondern im Rahmen eines Arbeitsverhältnisses beschäftigt werden (Schaub, § 16 V), es sei denn, es handelt sich um ein Praktikum, das im Rahmen ihres Ausbildungsgangs vorgeschrieben ist (vgl. dazu Rn. 48) und dann gem. § 19 BBiG zur Einbeziehung in dieses Gesetz führen würde (a. A. KDHK, § 1 Rn. 40, die unter Berufung auf BAG v. 20. 2. 1975, AP Nr. 2 zu § 611 BGB Abhängigkeit, die Gruppe wegen der nicht erstmaligen Ausbildung ausnehmen wollen). **Nicht anwendbar** ist das BBiG weiterhin auf sog. **Arbeitsstipendiaten**, die etwa ihre Diplom- oder Examensarbeit als Teil ihrer Hochschul- oder Universitätsausbildung in einem Betrieb oder Unternehmen schreiben und dafür dort eine Vergütung erhalten (Scherer, NZA 86, 283). Das Gesetz findet gem. § 19 BBiG auch nicht auf die **Teilnehmer** an **Fortbildungs- und Umschulungsmaßnahmen** Anwendung. Diese sind als Arbeitnehmer zu qualifizieren (vgl. BAG v. 20. 2. 1975, AP Nr. 2 zu § 611 BGB Ausbildungsbeihilfe).

52 Da **Werkstudenten und -schüler, Arbeitsstipendiaten** und **im Rahmen von Aus- und Fortbildungsmaßnahmen Beschäftigte als Arbeitnehmer** ebenfalls in den Genuss der Entgeltfortzahlung kommen (vgl. Schaub, § 16 V; Schmitt, § 1 Rn. 37), ist die Abgrenzung dieser Gruppe gegenüber den Auszubildenden in der praktischen Konsequenz für die Frage des Anwendungsbereichs ohne Bedeutung.

2. Heimarbeit

53 Neben dem Entgeltschutz für Arbeitnehmer sieht das Gesetz auch die **wirtschaftliche Sicherung** der **nach dem HAG Beschäftigten** für Feiertage und Krankheitsfälle vor. Bezüglich der Definition von Feiertagen und

EFZG § 1

der Krankheit gelten die gleichen Grundsätze wie auch für Arbeitnehmer (vgl. §§ 2 Rn. 3 ff. und 3 Rn. 39 ff.). Für die **Art und Höhe des Feiertagsentgelts** geben allerdings die **§§ 10 und 11 EFZG Sonderregelungen** vor, die sich grundlegend von denen für Arbeitnehmer unterscheiden.

Die Festlegung der aus dem Kreis der **vom HAG erfassten Beschäftigten** ergibt sich aus den **Definitionen der §§ 1, 2 HAG**. Das EFZG erfasst allerdings entgegen dem Wortlaut des Abs. 1 **nicht alle nach** dem HAG **beschäftigten Personen**. Durch die Regelungen der §§ 10 und 11 wird der Kreis der Anspruchsberechtigten vielmehr auf die **Heimarbeiter** und **Hausgewerbetreibenden** gem. § 1 Abs. 1 a, b HAG sowie auf die ihnen gem. § 1 Abs. 2 a bis c HAG **Gleichgestellten** begrenzt (vgl. § 10 Rn. 6 ff. und § 11 Rn. 2 ff.). 54

Der sich damit ergebende Ausschluss ist allerdings **für die fremden Hilfskräfte** gem. § 2 Abs. 6 HAG in der praktischen Konsequenz **ohne Bedeutung**, da diese aufgrund ihrer persönlichen Abhängigkeit **Arbeitnehmer** sind (KDHK, § 10 Rn. 22; GKK, § 10 Rn. 8; Schmitt, § 10 Rn. 25). 55

Ohne Anspruch auf Entgeltfortzahlung nach diesem Gesetz sind hingegen **die mithelfenden Familienangehörigen**, die ebenso wie Heimarbeiter, Hausgewerbetreibende und Gleichgestellte arbeiten, es sei denn, sie sind selbst Heimarbeiter im Sinne von § 2 Abs. 1 HAG. Aus § 1 geht diese Ausgrenzung zwar nicht hervor, **§ 10** macht jedoch durch seine **abschließende Aufzählung der Anspruchsberechtigten** deutlich, dass andere Beschäftigte im Bereich der Heimarbeit nicht erfasst werden (vgl. dazu § 10 Rn. 8; Marienhagen, EFZG, § 10 Rn. 14; KDHK, § 10 Rn. 22; Schmitt, EFZG, § 10 Rn. 24). 56

Keinen Anspruch nach diesem Gesetz haben weiterhin 57

– **Gleichgestellte**, deren Gleichstellung sich nicht auf die Entgeltregelung erstreckt,

– **gleichgestellte Zwischenmeister** gem. § 1 Abs. 2 d HAG,

– **Außenarbeitnehmer**, die echte Arbeitnehmer gem. § 1 Abs. 2 HAG sind (vgl. Rn. 29) und

– **fremde Hilfskräfte** der Hausgewerbetreibenden oder der diesen Gleichgestellten gem. § 1 Abs. 6 HAG (vgl. § 10 Rn. 8).

Die Definition der Heimarbeitereigenschaft enthält § 2 Abs. 1 HAG. **Erwerbsmäßig** im Sinne dieser Vorschrift ist jede **mechanische oder manuelle Tätigkeit**, die auf eine gewisse **Dauer** angelegt und auf die **Bestreitung des Lebensunterhaltes** des Beschäftigten gerichtet ist. Auch typische Angestellten- und Bürotätigkeiten und insbesondere auch neue Formen der Telearbeit werden von diesem Begriff erfasst (ausführlich Wedde, S. 44 ff. m. w. N.). 58

Die **selbstgewählte Arbeitsstätte** kann die eigene (auch nur angemietete) Wohnung bzw. eine andere selbstgewählte Betriebsstätte sein. Sie **muss** 59

EFZG § 1

von der des Arbeitgebers räumlich und tatsächlich getrennt sein und darf nicht seiner Kontrolle unterliegen (vgl. SKTW, § 2 Rn. 13 f.). Die Zahlung eines **Aufwendungsersatzes** für die benutzten Räume oder die verbrauchte Energie durch den Auftraggeber ist vielmehr der Heimarbeitereigenschaft nur dann abträglich, wenn sie die persönliche Unabhängigkeit des Beschäftigten beeinträchtigt und sein Verfügungsrecht einschränkt (SKTW, § 2 Rn. 14).

60 Der **Heimarbeiter unterliegt** bei seiner Tätigkeit **nicht dem Direktionsrecht** des Auftraggebers und kann deshalb Zeit, Ort und Arbeitsablauf unabhängig von Weisungen selbst festlegen und gestalten (SKTW, § 2 Rn. 7). Der Auftraggeber kann allenfalls generelle Anweisungen zur Arbeitsdurchführung oder zum Abgabetermin erteilen, nicht aber detaillierte Vorgaben – wie z. B. über die in einem bestimmten Zeitraum zu erledigende Arbeitsmenge – machen (Brecht-HAG, § 2 Rn. 19).

61 Heimarbeiter können ihre Aufträge unter **Mithilfe von Familienangehörigen** erledigen. Ihr Arbeitgeber ist jedoch nicht der Auftraggeber, sondern der Heimarbeiter, der auch das volle Risiko für die einwandfreie Herstellung und Ausführung der Aufträge trägt.

62 **Vom Arbeitnehmer unterscheidet sich der Heimarbeiter** durch seine **persönliche Selbständigkeit**, die insbesondere in der zeitlichen und räumlichen Unabhängigkeit vom Auftraggeber ihren Niederschlag findet. **Nicht zu den Heimarbeitern** gehören die persönlich abhängigen **Außenarbeitnehmer**, auch wenn diese wie ein Heimarbeiter zu Hause tätig werden (vgl. Rn. 35). **Vom selbständigen Gewerbetreibenden oder Unternehmer unterscheidet sich der Heimarbeiter dadurch**, dass er **nicht für den Absatzmarkt** arbeitet und dass er **kein kaufmännisches Risiko** trägt. Dieses trifft im vollen Umfang den Auftraggeber, der den Anstoß zur Arbeit gibt und dem der Heimarbeiter seine Arbeitsergebnisse zur alleinigen Verwertung überlässt (Maus/Schmidt, § 2 Rn. 6; Otten, § 2 Rn. 43).

63 Die Definition des Hausgewerbetreibenden enthält § 2 Abs. 2 HAG. Die dort angesprochene Beschäftigung von weiteren Mitarbeitern ist keine zwingende Voraussetzung für die Qualifikation als Hausgewerbetreibender (BAG v. 27. 10. 1972, AP Nr. 8 zu § 2 HAG; SKTW, § 2 Rn. 27; Otten, § 2 Rn. 46).

64 **Vom Heimarbeiter unterscheidet sich der Hausgewerbetreibende** durch seine **Unternehmereigenschaft** (Brecht-HAG, § 2 Rn. 26; Maus/Schmidt, § 2 Rn. 27; Otten, § 2 Rn. 72). Im konkreten Einzelfall ist anhand aller Umstände des Einzelfalls darauf abzustellen, ob der zu Beurteilende nach seinem sozialen und wirtschaftlichen Status dem Heimarbeiter nahesteht, ohne selbst als solcher qualifiziert werden zu können (BAG v. 15. 12. 1960, 27. 10. 1972, AP Nrn. 2, 8 zu § 2 HAG; AP Nr. 2 zu § 2 HAG; vgl. SKTW, § 2 Rn. 29; Otten, § 2 Rn. 47 f.; Wedde, S. 47 ff.).

65 Im Unterschied zu »echten« Selbständigen muss der Hausgewerbetreibende **wesentliche eigene Mitarbeit am Stück** leisten. Seine Tätigkeit darf

sich also nicht nur auf kaufmännische oder unternehmerische Arbeiten wie Auftragsbeschaffung, Auftragsablieferung, Buchhaltung usw. beschränken (Brecht-HAG, § 2 Rn. 32).

Vom Wirkungsbereich der Vorschrift werden auch die nach § 1 Abs. 2a bis c HAG **Gleichgestellten** (vgl. KW, § 10 Rn. 27ff.) erfasst. Eine gesetzliche Gleichstellung ist immer dann möglich, wenn eine **besondere Schutzbedürftigkeit** der Beschäftigten vorliegt, die es rechtfertigt, den (ohnehin nur begrenzten) Schutzrahmen des HAG anzuwenden. **66**

Die **Gleichstellung** erfolgt **auf Antrag** der Beschäftigten. Entschieden wird vom zuständigen Heimarbeiterausschuss gem. § 4 HAG. Besteht kein solcher Ausschuss, entscheidet gem. § 2 Abs. 5 HAG die zuständige Arbeitsbehörde der Beteiligten. **67**

Für die Gleichgestellten gelten die **allgemeinen Schutzbestimmungen des HAG** sowie die speziellen Vorschriften über die Entgeltregelung, den Entgeltschutz und die Auskunftspflicht über Entgelte im gleichen Umfang wie für Heimarbeiter und Hausgewerbetreibende. Allerdings kann dieser gesetzliche Rahmen durch die **Gleichstellungsentscheidung** auf einzelne Vorschriften beschränkt oder auf weitere Vorschriften des Gesetzes ausgedehnt werden (vgl. ausführlich KW, § 10 Rn. 32 f.). **68**

Für die Feststellung der sozialen Schutzbedürftigkeit ist das Ausmaß der bestehenden **wirtschaftlichen Abhängigkeit** vom Auftraggeber von entscheidender Bedeutung (vgl. Otten, § 1 Rn. 14 ff.). Kennzeichen wirtschaftlicher Abhängigkeit ist u.a., dass die Beschäftigten nach der Höhe ihrer Vergütung sowie nach Art und Dauer ihrer Tätigkeit vom Auftraggeber abhängig sind (in diesem Sinne Schaub, § 9 I). Für ihre Feststellung sind die Abhängigkeit von einem oder mehreren Auftraggebern, die Möglichkeit des unmittelbaren Zugangs zum Absatzmarkt, die Höhe und die Art der Eigeninvestition, der Umsatz sowie die Zahl fremder Hilfskräfte von Bedeutung. **69**

Ohne Anspruch auf Entgeltfortzahlung nach diesem Gesetz sind im Bereich der Heimarbeit die **mithelfenden Familienangehörigen**, die ebenso wie Heimarbeiter, Hausgewerbetreibende und Gleichgestellte arbeiten. Aus § 1 geht diese Ausgrenzung zwar nicht hervor. § 10 macht jedoch durch seine abschließende Aufzählung der Anspruchsberechtigten deutlich, dass andere Beschäftigte im Bereich der Heimarbeit nicht erfasst werden (vgl. § 10 Rn. 8; KDHK, § 10 Rn. 21; Schmitt, § 10 Rn. 24). **70**

§ 2
Entgeltzahlung an Feiertagen

(1) Für Arbeitszeit, die infolge eines gesetzlichen Feiertages ausfällt, hat der Arbeitgeber dem Arbeitnehmer das Arbeitsentgelt zu zahlen, das er ohne den Arbeitsausfall erhalten hätte.

(2) Die Arbeitszeit, die an einem gesetzlichen Feiertag gleichzeitig infolge von Kurzarbeit ausfällt und für die an anderen Tagen als an

gesetzlichen Feiertagen Kurzarbeitergeld geleistet wird, gilt infolge eines gesetzlichen Feiertages nach Absatz 1 als ausgefallen.

(3) Arbeitnehmer, die am letzten Arbeitstag vor oder am ersten Arbeitstag nach Feiertagen unentschuldigt der Arbeit fernbleiben, haben keinen Anspruch auf Bezahlung für diese Feiertage.

Inhaltsübersicht

Rn.

I.	Allgemeines	1– 2
II.	Anspruchsvoraussetzungen	3–54
	1. Gesetzlicher Feiertag	3– 7
	2. Arbeitsort	8–12
	3. Persönlicher Geltungsbereich/Bestehen eines Arbeitsverhältnisses	13–20
	4. Kausalität	21–54
III.	Höhe des Feiertagsentgelts	55–65
IV.	Kurzarbeit und Feiertagsentgelt (Abs. 2)	66–68
V.	Unentschuldigtes Fernbleiben (Abs. 3)	69–85
VI.	Unabdingbarkeit der Ansprüche auf Feiertagsentgelt	86–87

I. Allgemeines

1 Die Vorschrift stellt sicher, dass Arbeitnehmer an Feiertagen trotz des Wegfalls der Arbeitsverpflichtung ihren Anspruch auf Arbeitsentgelt behalten. Ziel der Norm ist damit die wirtschaftliche Kompensation des ansonsten aufgrund der Arbeitsfreiheit eintretenden Entgeltausfalls (vgl. KDHK, § 2 Rn. 2).

2 Die Vorschrift beinhaltet im Wesentlichen normative Festlegungen zu drei Sachverhalten:

– Die **Pflicht des Arbeitgebers** zur **Weiterzahlung des Entgelts**, wenn die Arbeit infolge eines gesetzlichen Feiertags ausfällt (Abs. 1).

– Kollisionsregeln für die Fälle des **Zusammentreffens von Kurzarbeit** und **Feiertage** (Abs. 2).

– Vorgaben zum **Wegfall des Zahlungsanspruchs**, wenn Arbeitnehmer der Arbeit vor oder nach einem Feiertag **unentschuldigt fernbleiben** (Abs. 3).

II. Anspruchsvoraussetzungen

1. Gesetzlicher Feiertag

3 Voraussetzung für das Entstehen eines Zahlungsanspruchs des Arbeitnehmers gegen seinen Arbeitgeber ist das Vorliegen **eines gesetzlichen Feiertags**. Eine **gesetzliche Definition** des Begriffs **fehlt** im EFZG ebenso wie in anderen gesetzlichen Regelungen. Es findet sich im Gegenteil in ver-

EFZG § 2

schiedenen Regelungen eine Vielfalt von uneinheitlichen Begriffen wie etwa »Staatlich anerkannte allgemeine Feiertage« (§ 193 BGB), »Staatlich anerkannte Feiertage« (Art. 140 GG i.V.m. Art. 139 WRV), »Gesetzliche Feiertage« (§ 9 Abs. 1 ArbZG, § 2 LadSchlG und § 84 Abs. 3 SeemG) oder »Allgemeine Feiertage« (§§ 188, 222, 761 ZPO). Eine Diskussion der unterschiedlichen Definitionen ist jedoch ohne praktische Relevanz, da den Begriffen ein klar umrissener einheitlicher Tatbestand zugrunde liegt. Gesetzliche Feiertage, die einerseits zum Ruhen der Arbeitspflichten des Arbeitnehmers und andererseits zu Zahlungspflichten des Arbeitgebers führen, sind durch Bundes- oder Landesrecht eindeutig festgelegt. Kirchliche und sonstige Feier- oder Festtage ohne besondere rechtliche Anerkennung lösen hingegen keine Rechtsansprüche der Arbeitnehmer nach dem EFZG aus (vgl. Boewer, Münch. Hdb. Bd. 1, § 81 Rn. 4; KDHK, § 2 Rn. 5, Schmitt, § 2 Rn. 20).

Die Anerkennung kirchlicher Feiertage und solcher mit überwiegend kultureller Zielrichtung obliegt gem. Art. 73 und 74 GG der Ländergesetzgebung (vgl. AK-GG-Preuß, Rn. 69 zu Art. 140/Art. 136–139, 141 WRV). Die Einrichtung von nationalen bundesweiten Feiertagen wie dem 1. Mai oder dem 3. Oktober obliegt hingegen der Bundesgesetzgebung (vgl. AK-GG-Preuß, Rn. 69 zu Art. 140/Art. 136–139, 141 WRV; Maunz/Dürig/Herzog/Scholz, Rn. 1 zu Art. 140/139 WRV). **4**

Bundesweite gesetzliche Feiertage sind Neujahr, Karfreitag, Ostermontag, Christi Himmelfahrt, 1. Mai, Pfingstmontag, 3. Oktober und 25./26. Dezember. Bis auf den 3. Oktober, der durch Bundesgesetz Feiertag ist, ergeben sich alle anderen Feiertage aus landesgesetzlichen Regelungen (KDHK, § 2 Rn. 4). **5**

Länderspezifisch als gesetzliche Feiertage **anerkannt sind** **6**

- **Heilige Drei Könige** (6. 1.) in Baden-Württemberg, Bayern, Sachsen-Anhalt;

- **Fronleichnam** in Baden-Württemberg, Bayern, Hessen, Nordrhein-Westfalen, Rheinland-Pfalz, Saarland landesweit sowie in Mecklenburg-Vorpommern, Sachsen, Sachsen-Anhalt und Thüringen in Gemeinden mit überwiegend katholischer Bevölkerung;

- **Mariä Himmelfahrt** im Saarland landesweit sowie in Bayern in Gemeinden mit überwiegend katholischer Bevölkerung;

- **Reformationstag** (31. 10.) in Brandenburg, Mecklenburg-Vorpommern, Sachsen, Sachsen-Anhalt, Thüringen und

- **Allerheiligen** (1. 11.) in Baden-Württemberg, Bayern, Nordrhein-Westfalen, Rheinland-Pfalz und Saarland (vgl. insgesamt Palandt-Heinrichs, § 193 Rn. 6 sowie die Übersichten bei KDHK, § 2 Rn. 4; Marienhagen, EFZG, § 2 Rn. 3).

- **Buß- und Bettag** in Sachsen. In allen übrigen Ländern ist dieser Feiertag aufgrund der Vorgabe des § 58 Abs. 2 SGB XI zum Ausgleich der mit den Arbeitgeberbeiträgen zur Pflegeversicherung verbundenen Belastungen gestrichen worden (GKK, § 2 Rn. 20).

In der Stadt Augsburg ist nach dem bayerischen Gesetz über den Schutz der Sonn- und Feiertage vom 21. Mai 1980 (BayRS 1131–3-I) der **8. August (Friedenstag)** gesetzlicher Feiertag.

7 **Keine gesetzlichen Feiertage** sind der **24. Dezember** (Heilig Abend, vgl. BAG v. 30. 5. 1984, AP Nr. 45 zu § 1 FeiertagslohnfortzahlungsG; ggf. sind aber anderweitige tarif- oder einzelvertragliche Regelungen zu beachten), **religiöse Feiertage anderer Religionen** oder **ausländische gesetzliche Feiertage** (vgl. KDHK, § 2 Rn. 5).

2. Arbeitsort

8 Grundsätzlich ist für die Festlegung von Feiertagen immer der **Sitz des Arbeitsverhältnisses maßgebend**, der in der Regel dem **Betriebssitz** entspricht (LAG Düsseldorf, BB 64, 597; DB 63, 522; Schaub, § 107; Boewer, Münch. Hdb. Bd. I, § 79 Rn. 5; Frey, S. 21 m. w. N., KDHK, § 2 Rn. 7; Schmitt, § 2 Rn. 21). Gilt am **Wohnort eines Arbeitnehmers** ein gesetzlicher Feiertag, **am Betriebssitz des Arbeitgebers** hingegen **nicht**, so muss er arbeiten und hat keinen Anspruch auf Feiertagsentgelt. Im umgekehrten Fall hat er frei und erhält Feiertagsentgelt. Die Regelung ist insgesamt sachgerecht und stellt keine unbillige Benachteiligung einzelner Beschäftigter dar.

9 An kirchlichen Feiertagen, die keine gesetzlichen sind, besteht **Arbeitspflicht**. In einigen Landesgesetzen wird aber bekenntniszugehörigen Arbeitnehmern ein Anspruch auf unbezahlte Freistellung zum Zwecke der Religionsausübung eingeräumt (vgl. KDHK, § 2 Rn. 7).

10 Die gesetzlichen Feiertage am Betriebssitz sind auch für **Außenarbeitnehmer** maßgeblich. Werden sie beispielsweise während eines an ihrem Betriebssitz geltenden Feiertages für einen **kurzzeitigen** Einsatz in einem feiertagsfreien Nachbarbundesland tätig, fallen die üblichen Feiertagszuschläge zum Entgelt an. Ggf. ist das Arbeitsverbot gem. der §§ 9 ff. ArbZG zu beachten. Ähnliches gilt, wenn am Betriebssitz kein Feiertag gilt, dafür aber am Ort des Einsatzes. Da in diesen Fällen der Feiertag ursächlich für den Ausfall der Arbeitszeit ist, muss der Arbeitgeber auch hierfür Feiertagsentgelt zahlen (im Ergebnis wie hier KDHK, § 2 Rn. 7).

11 Ausnahmen gelten, wenn Arbeitnehmer für **längere Einsätze** in ein feiertagsfreies Bundesland entsandt worden sind. Dann ist auf **Feiertage am Einsatzort** abzustellen (vgl. auch Boewer, Münch. Hdb. Bd. I, § 81 Rn. 6; KDHK, § 2 Rn. 7). Teilt ein Arbeitgeber Außenarbeitnehmer allerdings gezielt so ein, dass sie an Tagen, die am Betriebsort Feiertage sind, in feiertagsfreien Bundesländern tätig werden müssten, besteht wegen der dann gegebenen **Umgehung** arbeitsrechtlicher Regeln keine Arbeitspflicht und ein voller Anspruch auf Zahlung des Feiertagsentgelts. Arbeitet der Arbeitnehmer in diesen Fällen im feiertagsfreien Bundesland, stehen ihm **vertragliche** oder **tarifliche Feiertagszuschläge** zu. Im konkreten Einzelfall können sich zu Lasten des betroffenen Arbeitnehmers erhebliche Beweisprobleme ergeben, etwa wenn der Arbeitgeber für die ganze Woche, in der ein landesspezifischer Feiertag liegt, eine Abordnung in ein feiertagsfreies Bundesland vornimmt.

Werden Arbeitnehmer **längerfristig** (aber nicht dauerhaft) **ins Ausland** 12
entsandt und unterliegen sie dabei deutschem Arbeitsstatut, gilt weiterhin deutsches Arbeitsrecht (vgl. BAG v. 27. 8. 1989, AP Nr. 28 Internationales Privatrecht, Arbeitsrecht). Damit kommen auch die Regelungen zum Feiertagsentgelt im vollen Umfang zur Anwendung. Der Anspruch nach § 2 orientiert sich dabei allerdings ausschließlich an den ausländischen Feiertagen und besteht ohne Rücksicht darauf, ob dieser auch bei uns als Feiertag anerkannt ist (vgl. Stöhr, S. 203 m.w.N.). Dagegen besteht kein Anspruch auf Feiertagsentgelt und Arbeitsfreistellung für inländische Feiertage, die am längerfristigen ausländischen Montageort keine Feiertage sind (Brecht, EFZG, § 2 Rn. 5, geht von der stillschweigenden Vereinbarung deutschen Rechts aus; a. A. Boewer, Münch. Hdb. Bd. I, § 81 Rn. 6; Schmitt, § 2 Rn. 23; KDHK, § 2 Rn. 8, die einen Entgeltfortzahlungsanspruch insgesamt verneinen und zur Lösung des Problems auf individual- oder kollektivrechtliche Vereinbarungen verweisen). Werden ausländische Arbeitnehmer in Deutschland tätig, besteht kein Anspruch bezüglich der Feiertage im Heimatland.

3. Persönlicher Geltungsbereich/Bestehen eines Arbeitsverhältnisses

Fällt Arbeit wegen eines gesetzlichen Feiertags aus, hat der Arbeitgeber 13
den Arbeitsverdienst zu zahlen, den Arbeitnehmer ohne den feiertagsbedingten Arbeitsausfall erhalten hätten (BAG v. 26. 7. 1979, AP Nr. 34 zu § 1 FeiertagslohnzahlungsG; Schaub, § 104 I. 1; KDHK, § 2 Rn. 29; Schmitt, § 2 Rn. 50, jeweils m. w. N.). Das Gesetz begründet einen **unmittelbaren Anspruch** der **Arbeitnehmer gegen den Arbeitgeber**. Durch die Einbeziehung der zu ihrer **Berufsausbildung Beschäftigten** (»Auszubildende«) ist der Anwendungsbereich dieser Vorschrift erweitert worden. Für die nach dem **HAG Beschäftigten** sieht § 11 gesonderte Regelungen vor (vgl. dort). Für seemännische Beschäftigte bestimmt § 84 Abs. 4 SeemG, dass als Feiertage innerhalb des Geltungsbereichs des Grundgesetzes die gesetzlichen Feiertage des Liegeortes gelten, während außerhalb des Geltungsbereichs des Grundgesetzes und auf See die Feiertage des Registrierhafens als gesetzliche Feiertage gelten (Schmitt, § 2 Rn. 24).

Die Arbeitnehmereigenschaft als Voraussetzung eines Anspruchs auf Fei- 14
ertagsentgelt setzt das Bestehen eines **Arbeits- oder Ausbildungsverhältnisses** voraus (zum Arbeitsverhältnis ausführlich § 1 Rn. 19 ff.). Diese

Voraussetzung wird zwar im Gesetz nicht explizit erwähnt. Sie leitet sich aber daraus ab, dass eine vertragliche Verpflichtung zur Arbeitsleistung an einem Feiertag bestehen muss, damit überhaupt ausgefallene Arbeitszeit vergütet werden kann (vgl. in diesem Sinne auch KDHK, § 2 Rn. 9 ff.; GKK, § 2 Rn. 4).

15 **Unerheblich** für das Bestehen des Anspruchs ist die **Dauer** des Arbeitsverhältnisses. Feiertagsentgelt muss **vom ersten Tag** einer Tätigkeit als Arbeitnehmer an gezahlt werden (BAG v. 14. 7. 1967, AP Nr. 24 zu § 1 FeiertagslohnzahlungsG). Damit steht das Feiertagsentgelt auch **Aushilfskräften** zu, die nur kurzfristig beschäftigt werden (vgl. Boewer, Münch. Hdb. Bd. I, § 81 Rn. 9; KDHK, § 2 Rn. 10; GKK, § 2 Rn. 6 m. w. N.).

16 Eine Ausnahme gilt für **Gelegenheitsarbeitnehmer**, die ausdrücklich nur für einen Tag vor oder nach einem gesetzlichen Feiertag eingestellt werden, sofern für diese am Feiertag kein Arbeitsverhältnis besteht (BAG v. 14. 7. 1967, AP Nr. 24 zu § 1 FeiertagslohnzahlungsG; Gola, § 2 Anm. 3.2; Gross, AuR 54, 366; Schmitt, § 2 Rn. 14; Trinkner, BB 67, 460 ff.). Beschäftigt ein Arbeitgeber Gelegenheitsarbeitnehmer allerdings vor und nach einem Feiertag (etwa am 2. und 4. Oktober), spricht dies regelmäßig für das Bestehen eines Arbeitsverhältnisses am gesetzlichen Feiertag und damit für einen Anspruch auf Feiertagsentgelt (so auch KDHK, § 2 Rn. 10; Trinkner, BB 67, 400 und Gross, ArbuR 54, 366 ff. gehen für diese Fälle von der Fiktion eines Arbeitsverhältnisses aus). Nur eine solche Beurteilung hilft, unbillige Vertragsgestaltungen zu Lasten der Beschäftigten zu vermeiden. Im Streitfall kann es hilfreich sein, abzuschätzen, ob die Gelegenheitstätigkeit ohne den Feiertag an diesem stattgefunden hätte. Setzt etwa der Gelegenheitsarbeitnehmer die vor dem Feiertag begonnene Arbeit nach diesem fort, liegt ein zusammenhängendes Arbeitsverhältnis vor (BAG v. 14. 7. 1967, AP Nr. 24 zu § 1 FeiertagslohnzahlungsG). Etwas anderes wird nur gelten können, wenn der Arbeitgeber ihn nach Erledigung der Arbeit am Arbeitstag vor dem Feiertag auffordert, nach diesem erneut nachzufragen, ob neue Aufgaben anfallen, und wenn beide Einsätze in keinem Zusammenhang stehen (in diesem Sinne auch Färber/Klischan, S. 37; KDHK, § 2 Rn. 10).

17 Ist ein Arbeitnehmer in mehreren **verschiedenen Teilzeitarbeitsverhältnissen** tätig, steht ihm der Anspruch gegenüber jedem seiner Arbeitgeber zu (BAG v. 9. 7. 1959, AP Nr. 5 zu § 1 FeiertagslohnzahlungsG; Boewer, Münch. Hdb. Bd. I, § 81 Rn. 9; Schmitt, § 2 Rn. 15).

18 Werden flexible Arbeitszeitgestaltungen gem. § 12 TzBfG wie etwa die kapazitätsorientierte variable Arbeitszeit (**KAPOVAZ**) gewählt, bei der von vornherein nur das Gesamtvolumen der Arbeitszeit festliegt, orientiert sich der Zahlungsanspruch daran, ob der Arbeitnehmer am Feiertag zur Arbeit eingeteilt worden wäre (vgl. zu KAPOVAZ auch Marth, Mitbestimmung 85, 230 ff.; Malzahn, AuR 85, 137; Meyer, S. 31 ff.; allgemein Boewer, Münch. Hdb. Bd. I, § 81 Rn. 9; KDHK, § 9 Rn. 25;

Schaub, § 104 III 2b). Kommt es im Einzelfall zu Beweisproblemen, kann ggf. auf eine Durchschnittsbetrachtung zurückgegriffen werden, die feststellt, ob der Arbeitnehmer in der Vergangenheit typischerweise an dem Wochentag, der auf den Feiertag fällt, zur Arbeit abgerufen wurde oder nicht.

Beendet ein Arbeitnehmer sein zu einem gesetzlichen Feiertag geschlossenes **Arbeitsverhältnis unmittelbar nach dem Feiertag** wieder, entfällt sein Anspruch auf Feiertagsentgelt, wenn der Arbeitgeber den Nachweis erbringen kann, dass der Vertragsschluss nur dem Ziel diente, in den Genuss des Feiertagsentgelts zu kommen. Die Beurteilung hat sich an den allgemeinen arbeitsrechtlichen Regelungen zur Beendigung von (Probe-)Arbeitsverhältnissen zu orientieren (in diesem Sinne Färber/Klischan, S. 35). **19**

Feiertagsvergütung ist auch dann zu zahlen, wenn ein Arbeitsverhältnis **mit einem Feiertag beginnt** (etwa bei Vertragsbeginn 1. Januar) **oder endet** (etwa einem Ostermontag, der auf den letzten Tag des Monats fällt). Ist vertraglich vereinbart, dass die unbefristete Tätigkeit erst zum 2. Januar beginnen soll, erwächst kein Anspruch auf Feiertagsentgelt für den 1. Januar (KDHK, § 2 Rn. 10). Das Gleiche gilt, wenn das Arbeitsverhältnis durch Kündigung unmittelbar vor einem gesetzlichen Feiertag endet. Allerdings bleibt aufgrund der gesetzlichen Kündigungsfristen des § 622 BGB oder im Einzelfall bestehender tariflicher oder sonstiger gesetzlicher Fristen (etwa nach dem SGB IX) für gezielte Umgehungsstrategien nur ein theoretischer Spielraum. Relevant wird diese Frage aber, wenn ein Arbeitnehmer **wirksam befristet** ist (etwa für das Weihnachtsgeschäft bis zum 24. Dezember). Wegen des Fehlens eines Arbeitsverhältnisses nach dem 24. Dezember würde ihm dann kein Feiertagsentgelt für die beiden Weihnachtsfeiertage zustehen (vgl. Boewer, Münch. Hdb. Bd. I, § 81 Rn. 9; KDHK, § 2 Rn. 10). **20**

4. Kausalität

Voraussetzung für das Entstehen des Anspruchs auf Zahlung eines Feiertagsentgelts ist, dass der **Feiertag** als alleinige Ursache **kausal für den Ausfall der Arbeitszeit** ist (BAG v. 6. 4. 1982, 19. 4. 1989, AP Nrn. 36, 62 zu § 1 FeiertagslohnzahlungsG; KDHK, § 2 Rn. 11; Schaub, § 104 I; Schmitt, § 2 Rn. 27). Liegt diese Voraussetzung vor, soll der Arbeitnehmer nach dem Entgeltausfallprinzip (vgl. Rn. 55 ff.) die Vergütung erhalten, die er ohne Feiertag verdient hätte. **21**

Die Frage der **Kausalität** ist in erster Linie **relevant**, wenn eine **Zahlung** des Arbeitsentgelts auf der Basis der geleisteten Arbeitsstunden (Akkordvergütung) **bzw.** eines **Tageslohns** erfolgt oder zum Wochen- oder Monatsfestgehalt schwankende Provisionszahlungen, Überstundenvergütungen o. ä. hinzukommen (so auch Schmitt, § 2 Rn. 52). Allerdings können grundsätzlich auch von einem festen Wochen- oder Monatsentgelt antei- **22** lige Abzüge vorgenommen werden, wenn ein Beschäftigter an einem Feiertag nicht zur Arbeit in der Lage gewesen wäre und damit die Arbeitszeit nicht ausschließlich wegen des Feiertags ausgefallen ist (vgl. Rn. 55 ff.).

23 **Keine Kausalität** und damit **keine Zahlungspflicht** des Arbeitgebers liegt vor, wenn die Arbeit an einem Feiertag aus anderen Gründen ausgefallen und damit kein Arbeitszeitausfall entstanden wäre. Dies kann beispielsweise der Fall sein, wenn ein Arbeitnehmer aus persönlichen oder betrieblichen Gründen nicht hätte arbeiten können. Durch diese Einschränkung soll eine ungerechtfertigte Besserstellung einzelner Arbeitnehmer vermieden werden. Allerdings sind für die Prüfung des Zahlungspflichtausschlusses **nur reale Gegebenheiten** zu berücksichtigen, **nicht** aber **rein hypothetische Ursachen** oder Verläufe. Es ist damit nicht zu prüfen, was eventuell geschehen wäre, wenn kein Feiertag vorgelegen hätte, sondern nur das zu berücksichtigen, was sicher eingetreten wäre (BAG. v. 1. 10. 1989, NZA 92, 163).

24 Keinen Anspruch auf Feiertagsentgelt hat beispielsweise ein nach geleisteten Stunden bezahlter Arbeitnehmer im Einzelhandel, der auf Basis eines rollierenden Systems innerhalb einer 6-Tage-Woche immer nur fünf Tage arbeiten muss und dessen dienstplanmäßiger freier Tag auf einen Feiertag fällt (BAG v. 16. 3. 1988, AP Nr. 19 zu § 1 TVG Tarifverträge: Einzelhandel; KDHK, § 2 Rn. 27; Schmitt, § 2 Rn. 37). Hat hingegen ein Arbeitnehmer regelmäßig an einem langen Samstag zu arbeiten und fällt dieser auf einen gesetzlichen Feiertag, besteht Anspruch auf Feiertagslohn, wenn am darauf folgenden langen Samstag gearbeitet werden muss (BAG v. 10. 7. 1996, BB 96, 2521 zum Arbeitsausfall wegen des arbeitsfreien Samstags am 1. 5. 1993).

25 Dagegen besteht die Zahlungspflicht fort, wenn die Arbeit im Betrieb an einem Feiertag aus **außerbetrieblichen Gründen** wie etwa einem Stromausfall nicht möglich wäre. Derartige Vorfälle fallen allein unter das allgemeine **Betriebsrisiko des Arbeitgebers**, das dieser gem. § 615 Satz 3 BGB zu tragen hat (vgl. hierzu Wedde, AiB 2002, 272).

26 Ein Wegfall der Zahlungspflicht für das Feiertagsentgelt aufgrund einer **persönlichen Arbeitsverhinderung** tritt nur dann ein, wenn der Arbeitnehmer durch einen in seiner Person liegenden Grund **durch eigenes Verschulden** an der Arbeitsleistung verhindert war (vgl. unter 4., § 616 BGB). Auch hier gilt, dass die verschuldete Arbeitsverhinderung nicht nur hypothetisch vorgelegen hat, sondern tatsächlich eingetreten sein muss. Dies dürfte **ausnahmsweise** etwa der Fall sein, wenn ein Arbeitnehmer seinen Wohnsitz auf einer Nordseeinsel hat, auf dem Festland arbeitet und seinen Betrieb wegen Eisgangs und Sturms, der die Einstellung des Wasser- und Luftverkehrs mit sich bringt, an einem Feiertag nicht erreichen könnte. Im Zweifel muss allerdings der **Arbeitgeber den Beweis erbrin-**

EFZG § 2

gen, dass es dem Arbeitnehmer an einem Feiertag nicht möglich gewesen wäre, zur Arbeit zu erscheinen.

Die **Frage der Kausalität** wird in einzelnen **Fallgruppen** besonders relevant: **27**

Probleme bei der Feststellung des Kausalzusammenhangs ergeben sich insbes. im Handel bei allen Formen der **Abrufarbeit** (z. B. bei KAPO-VAZ), da es der Arbeitgeber hier in vielen Fällen in der Hand hat, die Arbeitnehmer so einzuteilen, dass sie am Feiertag nach dem Dienstplan arbeitsfrei hätten, mit der Folge, dass sein Zahlungsanspruch entfällt, wenn die Vergütung auf Basis der tatsächlich geleisteten Arbeitsstunden erfolgt.

Arbeitnehmern steht bei Abrufarbeit **Feiertagsentgelt zu**, wenn sie beim Vorliegen eines Werktags statt eines Feiertags zur Arbeit eingeteilt worden wären und der Abruf nur wegen des Feiertags unterblieben ist (BAG v. 3. 5. 1983, AP Nr. 39 zu § 1 FeiertagslohnzahlungsG; KDHK, § 2 Rn. 26). Im Einzelfall können sich allerdings zu Lasten der Beschäftigten erhebliche **Beweisprobleme** ergeben, wenn der Arbeitgeber beispielsweise vorträgt, dass auch ohne den Feiertag keine Einteilung zur Arbeit stattgefunden hätte. Sofern bestehende betriebliche oder tarifliche Regelungen keinen verbindlichen Ausweg weisen, bietet es sich in derartigen Fällen an, eine **Durchschnittsbetrachtung** der Vergangenheit vorzunehmen. Wurde ein Arbeitnehmer beispielsweise in den Wochen vor Ostern immer am Freitag angefordert, steht ihm Feiertagsentgelt für den arbeitsfreien Karfreitag zu. Bestreitet der Arbeitgeber bei dieser Konstellation seinen Zahlungsanspruch, trifft ihn die **Beweislast** dafür, dass in der Woche vor Ostern aus **feiertagsfernen Gründen kein Abruf** erfolgt wäre (so auch KDHK, § 2 Rn. 26). War hingegen der Montag für einen Arbeitnehmer immer arbeitsfrei, entfällt sein Anspruch auf Feiertagsentgelt für den Ostermontag, es sei denn, er kann nachweisen, dass er etwa wegen der Erkrankung eines Kollegen zur Arbeit herangezogen worden wäre (BAG v. 7. 9. 1956, AP Nr. 2 zu § 56 BetrVG; v. 27. 9. 1983 AR-Blattei D Feiertage, Entscheidung 47; zur Beweislast Boewer, Münch. Hdb. Bd. I, § 81 Rn. 30; BAG v. 10. 1. 1991, NZA 92, S. 163). **28**

Als **Bezugsrahmen** für die Durchschnittsbetrachtung kann, ähnlich wie bei der Festlegung der Höhe der Feiertagsvergütung (vgl. Rn. 55 ff.), auf einen Zeitraum von einem bis zu drei Monaten zurückgegriffen werden. Die gleiche Situation folgt teilweise aus tariflichen Regelungen. **29**

Ähnliche Probleme wie bei der Abrufarbeit ergeben sich bei **rollierenden Arbeitszeitsystemen**, die beispielsweise im Einzelhandel praktiziert werden, um die Fünftagewoche der Beschäftigten mit der sechstägigen Öffnungszeit der Geschäfte in Einklang zu bringen (KDHK, § 2 Rn. 27; Schaub, § 105 III 27 b; Boewer, Münch. Hdb. Bd. I, § 81 Rn. 10). Aber auch die Modelle der **Arbeitszeitverkürzung** gehören hierher. Sieht der Einsatzplan für einzelne Arbeitnehmer an einem Feiertag keine Arbeit vor, entfällt ihr Anspruch auf Feiertagsvergütung. Da die Einsatzpläne in der **30**

EFZG § 2

Regel langfristig angelegt oder durch Betriebsvereinbarungen bzw. Tarifverträge geregelt sind, bleibt allerdings für gezielte Umgehungsstrategien von Arbeitgebern wenig Raum.

31 Kommen Abrufarbeit und rollierende Arbeitszeitsysteme zur Anwendung, hat der **Betriebsrat** in Fragen der Verteilung der Arbeitszeit auf einzelne Wochentage, aber auch hinsichtlich der konkreten Aufstellung der Einsatz- und Rollierpläne ein **Mitbestimmungsrecht** gem. § 87 Abs. 1 Nr. 2 BetrVG (vgl. DKK-Klebe, § 87 Rn. 80ff.; FKHE, § 87 Rn. 110ff.; Boewer, Münch. Hdb. Bd. I, § 81 Rn. 10). Es besteht insbesondere hinsichtlich **Einzelfragen** wie etwa der, ob in einem Rolliersystem oder einem Schichtdienst anderer Art gearbeitet werden soll, ob freie Tage jeweils auf gleiche Wochentage fallen sollen, wie groß die Anzahl der rollierenden Gruppen ist, welche Beschäftigten diesen zugeordnet werden und welche freien Tage auf Feiertage fallen können (BAG v. 31. 1. 1989, AP Nr. 31 zu § 87 BetrVG 1972 Arbeitszeit; v. 31. 1. 1989, AP Nr. 15 zu § 87 BetrVG 1972 Tarifvorrang; v. 25. 7. 1989, NZA 89, 979).

32 Fällt ein gesetzlicher Feiertag mit einem **bezahlten Erholungsurlaub** zusammen, besteht in der Regel der volle Anspruch auf Feiertagsengelt. § 3 Abs. 2 BUrlG bestimmt insoweit eindeutig, dass Sonn- und Feiertage nicht als gesetzliche Urlaubstage gelten und auf diese angerechnet werden können (BAG v. 6. 5. 1963, AP Nr. 15 zu § 1 FeiertagslohnzahlungsG; Boewer, Münch. Hdb. Bd. I, § 81 Rn. 11; KDHK, § 2 Rn. 15; Schmitt, § 2 Rn. 44). Eine **Ausnahme** gilt nur, wenn aus betrieblichen Gründen auch während eines Feiertags gearbeitet würde. Ist der Arbeitnehmer etwa in einem Bewachungsunternehmen tätig und müsste er ohne den Erholungsurlaub nach dem allgemeinen Dienstplan am 3. Oktober arbeiten, ist der Feiertag nicht für den Arbeitsausfall ursächlich. Damit stünde ihm auch kein Feiertagsentgelt während des Erholungsurlaubs zu (vgl. BAG v. 14. 5. 1964, AP Nr. 94 zu § 611 Urlaubsrecht).

33 Befindet sich ein **Arbeitnehmer in einem** von ihm **gewünschten unbezahlten Urlaub** bzw. **Sonderurlaub**, hat er für dessen Dauer keinen Anspruch auf Feiertagsentgelt, sofern nicht anderweitige vertragliche, betriebliche oder tarifliche Regelungen bestehen (KDHK, § 2 Rn. 18; Schmitt, § 2 Rn. 46). Dies folgt aus dem Ruhen der gegenseitigen Pflichten aus dem Arbeitsverhältnis für diesen Zeitraum. Erfolgt die unbezahlte Beurlaubung hingegen auf ausdrücklichen **Wunsch des Arbeitgebers**, besteht der Anspruch auf Feiertagsentgelt fort (vgl. BAG v. 6. 4. 1982, AP Nr. 36 zu § 1 FeiertagslohnzahlungsG). Beginnt der unbezahlte Sonderurlaub nach einem Feiertag oder endet er vor einem solchen, steht dem Arbeitnehmer das Feiertagsentgelt grundsätzlich zu, wenn nicht auf seinen ausdrücklichen Wunsch hin eine Einbeziehung des Feiertags in den Sonderurlaub vereinbart wurde (BAG v. 27. 7. 1973, 6. 4. 1982, AP Nrn. 30, 36 zu § 1 FeiertagslohnzahlungsG; im Ergebnis auch KDHK, § 2 Rn. 18; Schaub, § 104 I 1; Boewer, Münch. Hdb. Bd. I, § 81 Rn. 12). Nur eine solche Regelung steht im Einklang mit dem arbeitsrechtlichen **Gleichbe-**

EFZG § 2

handlungsgrundsatz, der der Annahme entgegensteht, dass sich ein Arbeitnehmer auf den Wegfall des Feiertags im Gegensatz zu arbeitenden Kollegen freiwillig einlässt (so auch KDHK, § 2 Rn. 18).

Liegt an einem Feiertag eine **krankheitsbedingte Arbeitsunfähigkeit** 34 vor, steht dem Arbeitnehmer gem. § 4 Abs. 2 (vgl. § 4 Rn. 47 ff.) für diesen Tag Feiertagsentgelt gem. § 2 Abs. 1 zu (BAG v. 19. 4. 1989, AP Nr. 62 zu § 1 FeiertagslohnzahlungsG). Mit dieser Regelung sollte eine »Gleichbehandlung« aller Arbeitnehmer erreicht werden, weil durch sie ausgeschlossen wird, dass arbeitsunfähig erkrankte Arbeitnehmer, die ansonsten am Feiertag zuschlagpflichtige Tätigkeiten verrichtet hätten, eine höhere Vergütung an Feiertagen erhalten als arbeitsfähige Arbeitnehmer, die an diesem Tag nicht zur Arbeit eingeteilt worden wären (vgl. die amtliche Begründung des Ausschusses für Arbeit und Sozialordnung zur Einfügung dieser Vorschrift, BT-Drucks. 12/5798, S. 26).

Arbeitnehmer erhalten während einer Erkrankung gem. dieser Regelung 35 für Feiertage ein ungekürztes Arbeitsentgelt. § 4 Abs. 1 kommt insoweit mit Blick auf den eindeutigen Gesetzeswortlaut nicht zur Anwendung (zur Berechnung vgl. Rn. 55 ff.).

Fallen **Schichtarbeit** und **gesetzlicher Feiertag** zusammen, ist nicht nur 36 auf die Schichtzeit am Feiertag selbst abzustellen. Es ist vielmehr von einer **Gesamtbetrachtung** auszugehen. Diese Auslegung ergibt sich unmittelbar aus dem Gesetzeswortlaut, der von der Arbeitszeit spricht, die »infolge eines gesetzlichen Feiertags ausfällt«. Fällt etwa in einem Dreischichtbetrieb die Nachtschicht, die um 23.00 Uhr beginnen würde, wegen des folgenden Feiertags aus, steht dem betroffenen Arbeitnehmer Feiertagsentgelt für die gesamte Schicht zu, da der Feiertag die Ursache für den Gesamtausfall ist. Das Gleiche gilt umgekehrt, wenn der Arbeitsbeginn der Nachtschicht an einem Feiertag liegt und diese deshalb insgesamt ausfällt (so auch BAG v. 26. 1. 1962, AP Nr. 13 zu § 1 FeiertagslohnzahlungsG; vgl. auch Boewer, Münch. Hdb. Bd. I, § 81 Rn. 15; Schaub, § 104 I 1; KDHK, § 2 Rn. 24). **Kein Anspruch** auf Feiertagsentgelt besteht, **wenn Sonntag und Feiertag zusammenfallen** und ein Arbeitnehmer deshalb auch ohne den Feiertag nicht gearbeitet hätte (siehe aber Rn. 40).

Bei der Beurteilung, ob im **Schichtbetrieb Feiertagsentgelt** zu zahlen ist, 37 ist § 9 Abs. 2 ArbZG zu beachten. Nach dieser Vorschrift kann in mehrschichtigen Betrieben mit regelmäßiger Tag- und Nachtschicht Beginn oder Ende der Sonn- und Feiertagsruhe um bis zu sechs Stunden vor- oder zurückverlegt werden, wenn für die auf den Beginn der Ruhezeit folgenden 24 Stunden der Betrieb ruht. Die Vorschrift eröffnet die Möglichkeit, festzulegen, welche Schicht im Zusammenhang mit einem Feiertag ausfällt. Je nach Ausgestaltung einer betrieblichen oder tariflichen Regelung kann an einem Feiertag entweder bis 6.00 Uhr morgens oder ab 18.00 Uhr abends gearbeitet werden.

EFZG § 2

38 **Feiertagsentgelt** und den Anspruch auf Ausfall einer Schicht stehen den Beschäftigten **nur einmal** zu (BAG v. 26. 1. 1962, AP Nr. 13 zu § 1 FeiertagslohnzahlungsG; KDHK, § 2 Rn. 25). Hinsichtlich der konkreten Nachtschicht, die wegen des Feiertags ausfällt, hat der Betriebsrat ein Mitbestimmungsrecht gem. § 87 Abs. 1 Nr. 2 BetrVG. Damit kann er nicht nur über die ausfallende Schicht, sondern auch über deren personelle Besetzung mitbestimmen (so DKK-Klebe, § 87 Rn. 84; ähnlich FKHES, § 87 Rn. 122).

39 Fällt die Arbeit an einem Feiertag im Bereich des **Baugewerbes** aus **witterungsbedingten Gründen** aus, kann dies den Wegfall des Anspruchs auf Feiertagsentgelt nach sich ziehen (GKK, § 2 Rn. 27 f., sind der Auffassung, dass in jedem Fall ein Anspruch auf Feiertagsentgelt besteht). Es ist allerdings zu prüfen, ob der Arbeitgeber in vergleichbaren Fällen oder bei vergleichbarer Witterungslage die Arbeit ohne das Vorliegen eines Feiertags ebenfalls hätte infolge des schlechten Wetters ausfallen lassen müssen bzw. wie sich ein verständiger Arbeitgeber verhalten würden (BAG. v. 12. 11. 1958, AP Nr. 5, zu § 1 FeiertagslohnzahlungsG Berlin; v. 16. 7. 1959, AP Nr. 6 zu § 1 FeiertagslohnzahlungsG; KDHK, § 2 Rn. 28). Im Einzelfall sind bei der Bewertung des Feiertagsentgeltanspruchs auch **betriebliche Vereinbarungen oder tarifliche Regelungen** zu beachten (BAG v. 14. 5. 1986, AP Nr. 49 zu § 1 FeiertagslohnzahlungsG). Ggf. besteht ein Anspruch auf Überbrückungsgeld (vgl. § 3 Rn. 58).

40 Fällt der gesetzliche Feiertag auf einen **Sonntag**, steht den Arbeitnehmern **Feiertagsentgelt** zu, deren **Arbeitszeit** am Sonntag **wegen des Feiertags ausfällt** (BAG v. 26. 7. 1979, AP Nr. 34 zu § 1 FeiertagslohnzahlungsG). Unter diese Fallgruppe sind beispielsweise Arbeitnehmer im Gastronomiebereich zu fassen, deren regelmäßige Tätigkeit an Sonntagen wegen der feiertagsbedingten Schließung ihres Betriebs am ersten Weihnachtstag unterbleibt (vgl. Boewer, Münch. Hdb. Bd. I, § 81 Rn. 13; Schaub, § 104 I 1).

41 **Wird ein Betrieb bestreikt** und fällt in die Dauer des Arbeitskampfes ein Feiertag, besteht für Streikteilnehmer **kein Anspruch auf Feiertagsentgelt** (BAG v. 31. 5. 1988, AP Nr. 56 zu § 1 FeiertagslohnzahlungsG). Der Wegfall des Anspruchs folgt aus der Auffassung des BAG, wonach während eines rechtmäßigen Streiks bzw. Arbeitskampfs die Hauptpflichten aus dem Arbeitsvertrag der vom Arbeitskampf unmittelbar betroffenen Arbeitsvertragsparteien suspendiert sind (BAG GS v. 28. 1. 1955, AP Nr. 1 zu Art. 9 GG Arbeitskampf; BAG v. 7. 6. 1988, AP Nr. 107 zu Art. 9 GG Arbeitskampf). **Voraussetzung** für den individuellen Wegfall des Feiertagsentgelts ist allerdings, dass der einzelne Arbeitnehmer **konkludent** (durch Niederlegung der Arbeit) oder **ausdrücklich** (durch Mitteilung oder sonstige öffentliche Willensäußerung) **gegenüber dem Arbeitgeber erklärt**, dass er sich am Arbeitskampf beteiligt und deshalb seine Arbeitspflichten suspendiert (BAG v. 31. 5. 1988, AP Nr. 56 zu § 1 FeiertagslohnzahlungsG; v. 15. 1. 1991 NZA 91, 604; KDHK, § 2 Rn. 21; Boewer,

Münch. Hdb. Bd. I, § 81 Rn. 18; a.A. Schmitt, § 2 Rn. 34, der auf die tatsächliche Arbeitsaufnahme nach dem Feiertag abstellt). Fehlt eine konkludente oder ausdrückliche Erklärung, besteht der Anspruch auf Feiertagsentgelt fort. Der Streikaufruf der Gewerkschaft oder der Streikbeginn allein führt nicht zum Wegfall des Anspruchs, wenn der einzelne Arbeitnehmer nicht selbst aktiv handelt (vgl. auch § 3 Rn. 57 ff.).

Ist vom Streik **nur ein Teil des Betriebs erfasst**, haben die Arbeitnehmer **42** einen **Anspruch auf Feiertagsentgelt**, die in einem nicht vom Arbeitskampf betroffenen Bereich hätten arbeiten können (BAG v. 10. 12. 1986, AP Nr. 51 zu § 1 Feiertagslohnzahlungsg; KDHK, § 2 Rn. 22).

Der **Anspruch** auf Feiertagsentgelt **besteht auch**, wenn ein Arbeitskampf **43** und die damit verbundenen **Streikmaßnahmen** erst unmittelbar **nach einem Feiertag beginnen** oder **vorher enden**. Teilt eine Gewerkschaft beispielsweise dem Arbeitgeber, in dessen Betrieb regelmäßig nur von Montag bis Freitag gearbeitet wird, mit, dass ein Streik am Freitag vor Pfingsten ausgesetzt wird und ggf. erst am Dienstag fortgesetzt werden soll, haben die Arbeitnehmer einen Anspruch auf Feiertagsentgelt für den Pfingstmontag (BAG v. 26. 10. 1971, AP Nr. 44 zu Art. 9 GG Arbeitskampf; v. 31. 5. 1988, AP Nr. 56 zu § 1 Feiertagslohnzahlungsg; v. 11. 5. 1993 NZA 93, 809; KDHK, § 2 Rn. 20).

Gleiches gilt, wenn ein Arbeitnehmer seinem Arbeitgeber vor einem **44** Feiertag **erklärt**, dass er sich nicht weiter am Streik beteiligt, seine Arbeit wieder aufnehmen will, und wenn der Arbeitgeber ihn beschäftigen könnte (BAG v. 15. 1. 1991, NZA 91, 604). Jedem Arbeitnehmer ist es insoweit unbenommen, jederzeit selbst über seine Streikteilnahme zu entscheiden. Beendet er diese, werden alle Rechte und Pflichten aus dem Arbeitsvertrag einschließlich der Ansprüche nach dem EFZG wieder wirksam (so auch Boewer, Münch. Hdb. Bd. I, § 81 Rn. 18; KDHK, § 2 Rn. 21; enger Schmitt, § 2 Rn. 34).

Der **Anspruch auf Feiertagsentgelt** soll auch **bei einer Aussperrung** **45** durch den Arbeitgeber entfallen, wenn eine unmittelbare Betroffenheit vorliegt oder wenn trotz nur mittelbarer Betroffenheit (vgl. dazu § 3 Rn. 58) eine Fortsetzung des Betriebs nicht möglich wäre und wenn der Feiertag in den Aussperrungszeitraum fällt. Zur Begründung dieser abzulehnenden Position führt das BAG an, dass nicht der gesetzliche Feiertag, sondern die Aussperrung alleinige Ursache für den Ausfall der Arbeit ist (BAG v. 31. 5. 1988, AP Nr. 57 zu § 1 Feiertagslohnfortzahlungsg, vgl. auch Boewer, Münch. Hdb. Bd. I, § 81 Rn. 18; Schmitt, § 2 Rn. 31; Schaub, § 104 I 1). Bei der Prüfung der Rechtmäßigkeit einer Aussperrung ist allerdings von engen Maßstäben auszugehen. Von gewerkschaftlicher Seite wird zutreffend vertreten, dass Aussperrungen nicht durch Art. 9 Abs. 3. GG gedeckt und damit grundsätzlich unrechtmäßig sind. Wie beim Streik gilt allerdings auch hier, dass ein Anspruch auf Feiertagsentgelt besteht, wenn die Aussperrung nach einem Feiertag beginnt oder vorher endet.

46 Befindet sich ein Arbeitnehmer **während eines Streiks oder einer Aussperrung** in einem vorher bewilligten **Erholungsurlaub**, steht ihm der Anspruch auf Feiertagsentgelt für alle in den Urlaub fallenden Feiertage zu (BAG v. 31. 5. 1988, AP Nr. 58 zu § 1 FeiertagslohnzahlungsG, Boewer, Münch. Hdb. Bd. I, § 81 Rn. 18). Problematisch sind allerdings die Fälle, in denen ein Feiertag der erste oder letzte Tag eines Erholungsurlaubs ist und der Arbeitgeber zu dieser Zeit aussperrt. Hier ist darauf abzustellen, für welchen Zeitraum der Erholungsurlaub vorab bewilligt wurde.

47 Ist beispielsweise der Urlaub ab dem 3. Oktober genehmigt und wird ab dem 25. September ausgesperrt, fällt der Feiertag in den Erholungsurlaub und ist damit ohne Rücksicht auf den Arbeitskampf zu bezahlen. Ist der Urlaub hingegen ausdrücklich erst ab dem 4. Oktober bewilligt, wäre (unter Berücksichtigung der nicht überzeugenden Positionen des BAG) die Aussperrung und nicht der Feiertag Ursache für den Arbeitszeitausfall mit der Folge, dass eine Entgeltfortzahlung durch den Arbeitgeber erfolgt. Gleiches würde entsprechend gelten, wenn der Erholungsurlaub unmittelbar vor einem Feiertag endet (BAG v. 31. 5. 1988, AP Nr. 58 zu § 1 FeiertagslohnfortzahlungsG).

48 Fällt in die Zeit der **Aussperrung** ein Feiertag, an den sich ein weiterer Arbeitstag als sog. **Brückentag** vor einem Wochenende anschließt (etwa Feiertag am Donnerstag/Freitag Brückentag), der nach einer Betriebsvereinbarung unter Anrechnung eines gesetzlichen oder eines tariflich vereinbarten Urlaubstages arbeitsfrei sein sollte, ist zu differenzieren, wie die Vereinbarung ausgestaltet ist. Stellt sie ausdrücklich darauf ab, dass die Arbeitsruhe bereits am Feiertag beginnt, ist wie bei einem längeren Erholungsurlaub davon auszugehen, dass der Arbeitgeber Feiertagsentgelt zahlen muss. Wird hingegen nur eine Vereinbarung zum Brückentag getroffen, entfällt mit der vorher beginnenden Aussperrung auch der Zahlungsanspruch des Arbeitnehmers für den vorherigen Feiertag (vgl. BAG v. 31. 5. 1988, AP Nr. 57 zu § 1 FeiertagslohnzahlungsG; Boewer, Münch. Hdb. Bd. I, § 81 Rn. 18; KDHK, § 2 Rn. 19).

49 Im Zusammenhang mit der Vereinbarung von Urlaubs- und Brückentagen ist zu beachten, dass Betriebsräte gem. § 87 Abs. 1 Nr. 5 BetrVG bei der Aufstellung allgemeiner Urlaubsgrundsätze und damit auch bei der Festlegung von Brückentagen ein **Mitbestimmungsrecht** gem. § 87 Abs. 1 Nr. 3 haben (vgl. DKK-Klebe, § 87 Rn. 112 ff.).

50 Die Aussperrungserklärung eines Arbeitgebers stellt in keinem Fall zugleich auch den Widerruf eines einmal bewilligten Erholungsurlaubs dar. Dieser ist vielmehr **nur in Ausnahmefällen** zulässig, an deren Vorliegen strenge Voraussetzungen zu stellen sind (BAG v. 12. 10. 1961, AP Nr. 84 zu § 611 BGB Urlaubsrecht; v. 31. 5. 1988, AP Nr. 58 zu § 1 FeiertagslohnzahlungsG). Ein Widerruf oder ein Rückruf aus einem schon begonnenen Urlaub kommt nur bei unvorhergesehenen Ereignissen bzw. in Notfällen in Betracht (BAG v. 29. 1. 1960, AP Nr. 12 zu § 123 GewO; v. 12. 10. 1961, AP Nr. 84 zu § 611 BGB Urlaubsrecht).

Auch die Streikteilnahme eines Arbeitnehmers vor Beginn seines Erholungsurlaubs führt nicht zum Wegfall des Urlaubsanspruchs und des Anspruchs auf Zahlung von Feiertagsentgelt für Feiertage, die während des Urlaubs stattfinden. Eine Ausnahme kann nur dann gegeben sein, wenn der Arbeitnehmer während seines Erholungsurlaubs unmittelbar vor und nach dem Feiertag am Streik teilnimmt (BAG v. 15. 1. 1991 NZA 91, 604 ff.). Allerdings ist zu beachten, dass dem Arbeitnehmer in diesen Fällen zwar die Feiertagsentlohnung verlorengeht, dass aber der volle Anspruch auf den bezahlten Erholungsurlaub während der Streikphase ansonsten unangetastet bleibt (in diesem Sinne BAG v. 31. 5. 1988, AP Nr. 58 zu § 1 FeiertagslohnzahlungsG). Es ist Arbeitnehmern unbenommen, während ihres Erholungsurlaubs an rechtmäßigen Arbeitskämpfen teilzunehmen, da dadurch der Erholungszweck des Urlaubs erkennbar nicht gefährdet wird. **51**

Die gleichen Grundsätze wie für einen bewilligten Erholungsurlaub gelten in der Zeit von Aussperrung und Streik auch für **anderweitige bezahlte Arbeitsfreistellungen**. So hat ein Arbeitnehmer ohne Rücksicht auf die hypothetische Klärung der Frage, ob er sich am Streik beteiligt hätte, einen Anspruch auf Fortzahlung des **Arbeits- und Feiertagsentgelts**, wenn er etwa während dieser Zeit an einer vor dem Arbeitskampf bewilligten Schulungsveranstaltung gem. § 37 Abs. 6 BetrVG teilnimmt (BAG v. 15. 1. 1991 NZA 91, 604; Boewer, Münch. Hdb. Bd. I, § 81 Rn. 18). **52**

Führt ein **Arbeitskampf** zu **mittelbaren Störungen** in Betrieben, Betriebsteilen oder Unternehmen, die nicht direkt vom Streik betroffen sind, und wird dort deshalb die Fortsetzung des Betriebs ganz oder teilweise unmöglich oder wirtschaftlich unzumutbar, soll nach der Rechtsprechung jede Partei das jeweils auf sie entfallende Arbeitskampfrisiko selbst tragen, sofern diese Fernwirkung das Kräfteverhältnis der unmittelbar kampfführenden Parteien beeinflussen könnte (vgl. grundlegend BAG v. 22. 12. 1980, AP Nr. 70 und 71 zu Art. 9 GG Arbeitskampf). Ist dies der Fall, besteht nach der (abzulehnenden) Rechtsprechung **kein Anspruch auf Feiertagsentgelt**. Ansonsten bleibt er unangetastet. **53**

Eine andere Situation entsteht, wenn wegen der arbeitskampfbedingten Störungen **Kurzarbeit** erfolgt. Erhalten Arbeitnehmer gem. §§ 169 ff. SGB III Kurzarbeitergeld, muss der Arbeitgeber ihnen gem. Abs. 2 dieser Vorschrift für Feiertage eine Feiertagsvergütung in Höhe des Kurzarbeitergeldes zahlen (vgl. zum Zusammentreffen von Kurzarbeit und Feiertag allgemein und zu den Zahlungsmodalitäten Rn. 66 ff.). Dies gilt selbst dann, wenn er ohne den Feiertag nach den Grundsätzen der Arbeitskampfrisikolehre zur Verweigerung des Arbeitsentgelts berechtigt gewesen wäre. Beim Feiertagsentgelt handelt es sich nach der Rechtsprechung um **54**

EFZG § 2

anfallende Nebenkosten des Arbeitgebers, die in keinem Zusammenhang mit der arbeitskampfbedingten Betriebsstörung stehen und daher zu keiner ins Gewicht fallenden Störung der Kampfparität führen können (BAG v. 20. 7. 1982, AP Nr. 38 zu § 1 FeiertagslohnzahlungsG; ebenso KDHK, § 2 Rn. 23).

III. Höhe des Feiertagsentgelts

55 Die **Höhe des Feiertagsentgelts** bemisst sich nach dem **Entgeltausfallprinzip**. Der Arbeitnehmer hat einen Anspruch auf die Vergütung einschließlich aller Bestandteile, die er erhalten hätte, wenn er ohne den Feiertag gearbeitet hätte (BAG v. 25. 7. 1979, 24. 9. 1986 und 19. 4. 1989 AP Nrn. 33, 50 und 62 zu § 1 FeiertagslohnzahlungsG). Für die Zahlung des Feiertagsentgelts ist es grundsätzlich unerheblich, ob ein festes Monats- bzw. Wochengehalt oder leistungsabhängige Vergütungen auf Stunden- oder Tagesbasis gezahlt werden.

56 Zur Vergütung gehören alle Leistungen, denen Entgeltcharakter zukommt, einschließlich anfallender Zuschläge aller Art wie etwa Hitzezuschläge, steuerpflichtige Nahauslösungen sowie geldwerte Sachbezüge, die angemessen abzugelten sind (BAG v. 24. 9. 1986, AP Nr. 50 zu § 1 FeiertagslohnzahlungsG; LAG Düsseldorf v. 7. 4. 1953, BB 53, 386; Boewer, Münch. Hdb. Bd. I, § 81 Rn. 22; KDHK, § 2 Rn. 29; Schmitt, § 2 Rn. 70 ff.). **Nicht zur Vergütung** gehörend und damit nicht anrechnungsfähig sind Beträge, die ausschließlich Aufwendungsersatzcharakter für tatsächlich entstandene Kosten haben wie **etwa Spesen- und Fahrtkosten** (vgl. Boewer, Münch. Hdb. Bd. I, § 81 Rn. 22; Schmitt, § 2 Rn. 81; zur Rechtsnatur des Anspruchs vgl. § 3 Rn. 12).

57 Weitgehend unproblematisch ist die Festlegung der Höhe des zu zahlenden **Feiertagsentgelts** beim Vorliegen fester Bezüge für einen längeren Zeitabschnitt. Erhalten Arbeitnehmer ohne Rücksicht auf die Zahl der geleisteten Stunden oder Tage ein fixes **Wochen- oder Monatsgehalt**, erleiden sie durch den Arbeitsausfall an gesetzlichen Feiertagen keinen Entgeltausfall, da die Feiertagsvergütung in ihren regulären gleich bleibenden Bezügen enthalten ist (vgl. BAG. v. 25. 3. 1966, AP Nr. 19 zu § 1 FeiertagslohnzahlungsG; Boewer, Münch. Hdb. Bd. I, § 81 Rn. 21; KDHK, § 2 Rn. 30). Eine solche Regelung ist praktikabel und genügt dem Grundsatz, dass Beschäftigte durch den Feiertag weder besser noch schlechter gestellt werden sollen (Schaub, § 104 III 1). Voraussetzung ist allerdings, dass die Vergütung unabhängig von anfallenden Feiertagen gleich hoch bleibt. Feiertagsspezifische Gehaltsabzüge wären als Umgehung der gesetzlichen Regelung unzulässig (vgl. zur Unabdingbarkeit der Vorschrift Rn. 86 ff. und § 12 Rn. 3 ff.).

58 **Weniger eindeutig** ist die Festlegung des Feiertagsentgelts, **wenn** das **Einkommen** von Arbeitnehmern **schwankt**. Das kann trotz Zahlung eines festen Gehalts der Fall sein, wenn regelmäßig zusätzlich Vergütungs-

EFZG § 2

bestandteile wie etwa Mehrarbeits- bzw. Überstundenzulagen oder Verkaufsprovisionen gezahlt werden (KDHK, § 2 Rn. 31). Gleiches gilt, wenn die normale Vergütung ausschließlich oder unmittelbar aus der tatsächlichen Arbeitsleistung abgeleitet wird und demzufolge Akkord-, Stunden- bzw. Prämienzahlungen oder Provisionen gezahlt werden. In diesen Fällen ist ein **hypothetischer Verdienst** anzusetzen und für die Berechnung des Feiertagsentgelts zugrunde zu legen (BAG v. 29. 9. 1971, AP Nr. 28 zu § 1 FeiertagslohnzahlungsG; KDHK, § 2 Rn. 31, verweisen auf eine Ermittlung im Wege der Schätzung gem. § 287 Abs. 2 ZPO). Dazu ist, sofern nicht ohnehin einschlägige tarifliche Regelungen bestehen, ein Bezugszeitraum zu wählen, der repräsentativ für die durchschnittliche Vergütung ist (so auch KDHK, § 2 Rn. 31).

Das BAG hält bei **Akkord-, Stunden- bzw. Prämienlöhnen** einen Bezugszeitraum von vier Wochen vor dem Feiertag für ausreichend (BAG v. 29. 9. 1971, AP Nr. 28 zu § 1 FeiertagslohnzahlungsG). Er muss allerdings immer repräsentativ für den durchschnittlichen Verdienst sein. Bei stärkeren Verdienstschwankungen in den vier Wochen vor einem Feiertag kann deshalb die Heranziehung eines größeren Bezugszeitraums angebracht sein, um zu einem sachgerechten Ausgleich zu kommen (Boewer, Münch. Hdb. Bd. I, § 81 Rn. 22, hält einen Bezugszeitraum von 13 Wochen bzw. drei Monaten für sachgerecht; vgl. zu diesem Zeitraum auch § 4 Rn. 3 ff.). Bestehen einschlägige Tarifverträge, sind dort evtl. enthaltene Berechnungsmodi für die Entgeltfortzahlung im Krankheitsfall oder ähnliche Fälle für die Festsetzung der Feiertagsvergütung heranzuziehen (BAG v. 29. 9. 1971, AP Nr. 28 zu § 1 FeiertagslohnzahlungsG). **59**

Werden Arbeitnehmer in **Akkordkolonnen** tätig, deren Besetzung wechselt und für deren einzelne Mitglieder das individuelle Einkommen sich nicht eindeutig bestimmten lässt, steht jedem Kolonnenmitglied der durch die Zahl der Gesamtmitglieder geteilte Bruchteil des Gesamt-Kolonnenverdienstes zu, der ohne den Feiertag gezahlt worden wäre (BAG v. 28. 2. 1984, AP Nr. 43 zu § 1 FeiertagslohnzahlungsG). **60**

Erfolgt die Tätigkeit teilweise oder ausschließlich auf **Provisionsbasis**, haben Arbeitnehmer gegen den Arbeitgeber einen Anspruch auf Zahlung des am Feiertag eintretenden Provisionsausfalls. Der Arbeitgeber kann ihnen insoweit nicht erfolgreich entgegenhalten, dass sie die am Feiertag ausfallende Arbeit vor- bzw. nacharbeiten können (BAG v. 4. 6. 1969, 17. 4. 1975, AP Nrn. 27, 32 zu § 1 FeiertagslohnfortzahlungsG; KDHK, § 2 Rn. 34). Die Höhe des Anspruchs ist wie bei Akkord- oder Stundenlohn im Rahmen einer Durchschnittsberechnung zu bestimmen, die mindestens den letzten Monat vor dem Feiertag berücksichtigt (BAG v. 17. 4. 1975, AP Nr. 32 zu § 1 FeiertagslohnfortzahlungsG). Schwankt die Höhe der Provision stark, etwa weil es sich um eine Tätigkeit im saisonalen Bereich handelt, ist auch hier die Wahl eines längeren Bezugszeitraums sachgerechter (vgl. Boewer, Münch. Hdb. Bd. I, § 81 Rn. 22). Es können wie bei der Berechnung beim Akkord 13 Wochen bzw. drei Monate als relevanter **61**

EFZG § 2

Bezugszeitraum angemessen sein. In besonderen Fällen kann auch auf die Provision im letzten Jahr abgestellt werden (BAG v. 1. 7. 1963, 29. 1. 1971, AP Nrn. 27, 28 zu § 1 FeiertagslohnfortzahlungsG).

62 Berechnungsprobleme können sich auch bei **flexiblen Arbeitszeit- oder Schichtmodellen** ergeben. Sofern keine tariflichen oder andere kollektivrechtlichen Berechnungsvorgaben existieren (vgl. dazu BAG v. 14. 12. 1988 NZA 90, 277), gelten die allgemeinen Grundsätze zur Durchschnittsberechnung. Wird beispielsweise die Arbeitszeitverkürzung von zwei Stunden pro Woche unter Beibehaltung der 40-Stunden-Woche und des 8-Stunden-Tags durch Gewährung von freien Tagen umgesetzt, ist den Arbeitnehmern für den Feiertag ein achtstündiger Arbeitstag zu vergüten (BAG v. 2. 12. 1987, AP Nr. 52 zu § 1 FeiertagslohnzahlungsG; Schaub, § 104 III 2 b; KDHK, § 2 Rn. 27; Schmitt, § 2 Rn. 57). Fällt der Feiertag mit einem für den einzelnen Arbeitnehmer wegen der Arbeitszeitverkürzung ohnehin arbeitsfreien Tag zusammen, steht ihm kein Feiertagsentgelt zu, da er für diesen Tag keinen Verdienstausfall hat (BAG v. 16. 3. 1988, AP Nr. 19 zu § 1 TVG Tarifverträge: Einzelhandel; KDHK, § 2 Rn. 27; Schmitt, § 2 Rn. 58).

63 Wird die an Feiertagen ausfallende **Arbeitszeit vor- oder nachgearbeitet** und erhält der Arbeitnehmer dafür Überstundenzuschläge, ist das Feiertagsentgelt nur auf Basis der üblichen Normalarbeitszeit zu berechnen (BAG v. 23. 9. 1960, 3. 5. 1983, AP Nrn. 12, 39 zu § 1 Feiertagslohnzahlungs G). Fallen die Überstundenzuschläge ohne Bezug zum Feiertag an, sind sie hingegen bei der Berechnung voll zu berücksichtigen. Werden regelmäßig **Überstunden** geleistet und wären sie auch am Arbeitstag angefallen, der durch den Feiertag ausgefallen ist, steht dem Arbeitnehmer auch ein entsprechendes Feiertagsentgelt zu (KDHK, § 2 Rn. 33; Schmitt, § 2 Rn. 54).

64 Mangels bestehender vertraglicher Bindung (vgl. Boewer, Münch. Hdb. Bd. I, § 81 Rn. 9; KDHK, § 2 Rn. 9 ff.) **keinen Anspruch** auf Feiertagsentgelt hat ein **Arbeitnehmer**, der zwar in der Woche vor einem Feiertag wie alle anderen Beschäftigten die an einem bevorstehenden Feiertag ausfallende Arbeitszeit vorarbeitet und dafür Überstundenzuschläge erhält, dessen **Arbeitsverhältnis** aber am Tag **vor dem Feiertag endet** (beispielsweise bei Arbeitsende zum 30. April und »Vorarbeit« für den Arbeitsausfall am 1. Mai).

65 Eine **Pauschalierung des Feiertagsentgelts** in der Form, dass ein regelmäßiger und fester Lohnzuschlag gezahlt wird, ist nicht grundsätzlich unzulässig, sofern es keine anderweitigen tarifvertraglichen Regelungen gibt (BAG v. 22. 10. 1973, 28. 2. 1984, AP Nrn. 31, 43 zu § 1 FeiertagslohnzahlungsG). Voraussetzung ist jedoch, dass der **Zuschlag** von vornherein **eindeutig als solcher erkennbar und zudem geeignet** ist, den gesetzlichen Anspruch auf Feiertagsentgelt voll zu erfüllen. Das ist nur dann der Fall, wenn der Anspruch durch Zuschlagzahlung zeitnah ausgeglichen wird. Keine zulässige Pauschalierung liegt hingegen vor, wenn für den Arbeitnehmer aufgrund der Ausgestaltung des Zuschlags nicht erkennbar ist, welche Anteile dem Ausgleich des Feiertagsentgelts dienen. Enthält der gezahlte Zuschlag mehrere Komponenten wie etwa Fahrtkosten, Ablösebeträge usw., die nicht detailliert gegeneinander abzugrenzen sind, liegt eine unzulässige Form der Pauschalierung vor (vgl. in diesem Sinne auch Boewer, Münch. Hdb. Bd. I, § 81 Rn. 25; KDHK, § 2 Rn. 37; Schaub, § 104 III 4).

IV. Kurzarbeit und Feiertagsentgelt (Abs. 2)

Fällt ein **Feiertag** mit **Kurzarbeit** zusammen, geht die Zahlung von **66** Feiertagsentgelt durch den Arbeitgeber dem Kurzarbeitergeld des Arbeitsamts **vor**. Unter den Begriff Kurzarbeit werden vorübergehende Verkürzungen der regelmäßigen Minderung der Entgeltansprüche der Arbeitnehmer gefasst (vgl. Boewer, Münch. Hdb. Bd. I, § 81 Rn. 16). Durch diese Regelung wollte der Gesetzgeber Arbeitgebern entgegentreten, die Kurzarbeit gezielt so planten, dass die Belastungen der Feiertagsvergütung ebenfalls auf die Bundesanstalt für Arbeit abgewälzt wurden (vgl. die amtliche Begründung BT-Drucks. 7/4127 S. 51).

Nach der Regelung des Abs. 2 erhält der Arbeitnehmer von seinem Arbeit- **67** geber beim Zusammentreffen von Kurzarbeit und Feiertag ein **Feiertagsentgelt in Höhe des Kurzarbeitergeldes**. Das **Feiertagsentgelt** ist den Arbeitnehmern **brutto für netto** auszuzahlen. Anfallende Lohnsteuer und die Sozialabgaben trägt vollständig der Arbeitgeber (BAG v. 8. 5. 1984, AP Nr. 44 zu § 1 FeiertagslohnzahlungsG; ausführlich KDHK, § 2 Rn. 41 ff.). Diese Lastenverteilung wird der Überlegung gerecht, dass ein Arbeitnehmer infolge der Feiertagsruhe nicht schlechter gestellt werden darf, als wenn er Kurzarbeitergeld erhalten hätte. Deshalb steht ihm eine Vergütung zu, die nicht durch Lohnsteuer oder gesetzliche Sozialabgaben geschmälert wird (vgl. Boewer, Münch. Hdb. Bd. I, § 81 Rn. 23; KDHK, § 2 Rn. 39 ff.; Schmitt, § 2 Rn. 69).

Fallen **Krankheit, Feiertag und Kurzarbeit zusammen**, steht dem be- **68** troffenen Arbeitnehmer nur der entgangene Verdienst zu, den er ohne die Erkrankung erhalten hätte (BAG. v. 19. 4. 1989, AP Nr. 62 zu § 1 FeiertagslohnzahlungsG). Ihm ist deshalb **Kurzarbeitergeld** zu zahlen, wobei auch hier das vorstehend beschriebene Nettoprinzip gilt. Er erhält deshalb das Kurzarbeitergeld, das er ohne die Erkrankung erhalten hätte. Durch diese Regelung soll eine Besser- und Schlechterstellung des erkrankten Arbeitnehmers an Feiertagen gegenüber seinen arbeitenden Kollegen vermieden werden (vgl. in diesem Sinne auch Boewer, Münch. Hdb. Bd. I, § 81 Rn. 17 m. w. N.). Erfolgt hingegen im Arbeitsbereich des kranken Arbeitnehmers keine Kurzarbeit, steht ihm ein Feiertagsentgelt auf Basis des ungekürzten Einkommens zu.

V. Unentschuldigtes Fernbleiben (Abs. 3)

69 Die Vorschrift geht als Relikt aus der Nazizeit auf den sog. **»Bummelerlass«** v. 16. 3. 1940 zurück und war dort zur »Straffung der Arbeitsdisziplin« aus wehrwirtschaftlichen Gründen eingeführt worden (vgl. Boewer, Münch. Hdb. Bd. I, § 81 Rn. 27; Schaub, § 104 Rn. II 1 Fn. 20). Der der Vorschrift schon in ihren Ursprüngen innewohnende Bestrafungscharakter wird noch heute zu ihrer Rechtfertigung ins Feld geführt (so etwa Gola, § 2 Anm. 5.1; Schmitt, § 2 Rn. 109). Auch bei der aktuellen Neufassung des Gesetzes hat es der Gesetzgeber unterlassen, sich von dieser überholten Vorschrift zu verabschieden und damit einen Schlussstrich unter ein Stück unselige Rechtsgeschichte zu ziehen.

70 Die Vorschrift kommt zur Anwendung, wenn Arbeitnehmer am letzten Arbeitstag **vor oder** am ersten Arbeitstag **nach einem Feiertag unentschuldigt fehlen**. Die Vorschrift bezieht sich nur auf gesetzliche Feiertage (vgl. hierzu Rn. 3 ff.). Entschuldigte Fehlzeiten bleiben unberücksichtigt. Fehlt ein Arbeitnehmer unentschuldigt, entfällt sein Anspruch auf Feiertagsentgelt.

71 Erster oder letzter Arbeitstag ist der Tag, an dem vor oder nach dem Feiertag eine **Arbeitspflicht** des Arbeitnehmers bestanden hat (BAG v. 16. 6. 1965, 28. 10. 1966, AP Nrn. 18, 23 zu § 1 FeiertagslohnzahlungsG; Boewer, Münch. Hdb. Bd. I, § 81 Rn. 26; Schaub, § 104 II). Nach der Rechtsprechung entfällt der Entgeltanspruch für einen Feiertag auch dann, wenn zwischen dem Fehltag und dem Feiertag ein Wochenende oder ein Urlaubstag liegt. Bleibt etwa ein Arbeitnehmer aus einem Betrieb, in dem von Montag bis Freitag gearbeitet wird, am Freitag vor Pfingsten unentschuldigt der Arbeit fern, hat er keinen Anspruch auf die Bezahlung des Pfingstmontags. Das Gleiche soll gelten, wenn zwischen dem Fehltag und dem Feiertag **ein Urlaubstag** liegt, da auch hier auf den letzten maßgeblichen Arbeitstag abzustellen ist (vgl. in diesem Sinne BAG v. 16. 6. 1965, AP Nr. 18 zu § 1 FeiertagslohnzahlungsG; Boewer, Münch. Hdb. Bd. I, § 81 Rn. 26; Schmitt, § 2 Rn. 104 ff.).

72 Ruht in einem Betrieb zwischen Weihnachten und Neujahr die Arbeit völlig und fehlt ein Arbeitnehmer unmittelbar vor oder nach diesem Zeitraum unentschuldigt, soll er nach der Rechtsprechung sowohl den Entgeltanspruch für die Weihnachtsfeiertage als auch für den Neujahrstag verlieren (BAG v. 16. 6. 1965, 6. 4. 1982, AP Nrn. 18, 37 zu § 1 FeiertagslohnzahlungsG, KDHK, § 2 Rn. 50). Dieses Ergebnis ist mit Blick auf den arbeitsrechtlichen Gleichbehandlungsgrundsatz nicht überzeugend, stellt es doch eine **mehrfache Sanktion** wegen eines einmaligen Fehlverhaltens dar und macht die Höhe der »Bestrafung« von Zufälligkeiten wie der Lage von Feiertagen abhängig. Solange es bei der Regelung des Abs. 3 bleibt, wäre es sachgerechter, den Entgeltanspruch nur für den Feiertag entfallen zu lassen, der aufgrund zeitlicher Nähe in unmittelbarem Zusammenhang mit dem Fehltag steht.

EFZG § 2

Fehlt ein Arbeitnehmer unentschuldigt **zwischen zwei Feiertagen** (beispielsweise ein Verkäufer, der am Ostersamstag unentschuldigt nicht zur Arbeit erscheint), kann die gesetzlich normierte Bestrafung nur in eine Richtung wirken. Er verliert deshalb nur den Anspruch für einen der beiden Feiertage (so auch Krüger, RdA 59, 424; a. A. das BAG v. 16. 6. 1965, AP Nr. 18 zu § 1 FeiertagslohnzahlungsG, das sich für einen Wegfall des Entgeltanspruchs an beiden Tagen ausspricht; ebenso Boewer, Münch. Hdb. Bd. I, § 81 Rn. 26 und Schmitt, § 2 Rn. 114). Nur eine solche auf **einen Feiertag gerichtete** Regelung ist sachgerecht und ohne das Risiko der »Doppelbestrafung«. 73

Der Anspruch auf Feiertagsentgelt bleibt bestehen, wenn das Arbeitsversäumnis unmittelbar vor oder nach einem längeren Erholungsurlaub erfolgt und **in die Urlaubszeit ein Feiertag fällt** (so Schaub, § 104 II). 74

Die derzeitige Rechtsprechung und die Stimmen in der Literatur zum Wegfall des Feiertagsentgelts in den Fällen des Abs. 3 sind für die Praxis insgesamt unbefriedigend. Die Sanktionen, die den Arbeitnehmer treffen, sind ohne erkennbaren sachlichen Grund uneinheitlich. Wenn der Gesetzgeber diese **fragliche Bestrafungsvorschrift** auf Dauer beibehalten will, wäre es sachgerecht, eine klare gesetzliche Höchstgrenze für Sanktionen festzulegen (etwa Begrenzung auf einen Feiertag). Dies wäre beispielsweise der Fall, wenn pro unentschuldigtem Fehltag ein Feiertagsentgelt entfallen würde. Nur durch eine solche eindeutige Regelung wäre eine Gleichbehandlung aller Arbeitnehmer gewährleistet. 75

Die **Fehlzeit**, die zum Wegfall des Anspruchs führt, muss sich nach der abzulehnenden Rechtsprechung **nicht auf den vollen Arbeitstag** erstrecken. Während noch das RAG davon ausging, dass Voraussetzung des Wegfalls eines Feiertagsentgelts das Versäumnis eines vollen Arbeitstags sei (RAG v. 13. 2. 1942, RAGE 26, 89), wird es inzwischen **als ausreichend für die Anwendbarkeit dieser Vorschrift** angesehen, **wenn ein** Arbeitnehmer **mehr als die Hälfte der für ihn maßgeblichen Arbeitszeit** vor oder nach einem Feiertag **unentschuldigt versäumt** hat (BAG v. 28. 6. 1966, AP Nr. 23 zu § 1 FeiertagslohnzahlungsG; KDHK, § 2 Rn. 50; Schmitt, § 2 Rn. 118). Dabei soll es nach Auffassung des BAG unerheblich sein, ob das unentschuldigte Arbeitsversäumnis zeitlich unmittelbar an den Feiertag anschließt, also in der zweiten Hälfte des Arbeitstages vor oder in der ersten Hälfte des Arbeitstages nach dem Feiertag erfolgt. Entscheidend soll der Gesamtumfang sein. Es sollen deshalb beide an den Feiertag anschließenden Werktage insgesamt berücksichtigt werden können (BAG v. 28. 10. 1966, AP Nr. 23 zu § 1 FeiertagslohnzahlungsG; Boewer, Münch. Hdb. Bd. I, § 81 Rn. 27; Schmitt, § 2 Rn. 113). Ein rechtserhebliches Fernbleiben soll auch dann vorliegen können, wenn ein Arbeitnehmer trotz physischer Anwesenheit im Betrieb seine Arbeitsleistung rechtswidrig verweigert (LAG Düsseldorf v. 11. 10. 1957, AR-Blattei D Feiertage E 5; Boewer, Münch. Hdb. Bd. I, § 81 Rn. 27; Frey, ArbuR 60, 190; Schmitt, § 2 Rn. 114). 76

EFZG § 2

77 Dass eine Gesamtbetrachtung zweier Arbeitstage zulässig sein soll, ohne dass es darauf ankommt, ob die Fehlzeiten an den Feiertag anschließen, ist im Ergebnis nicht überzeugend. Dieser Argumentationslinie zu folgen hieße, sich von der Kausalität beider Ereignisse zu verabschieden. Es wäre deshalb sachgerechter, **Abs. 3 nur anzuwenden, wenn ein unmittelbarer zeitlicher Zusammenhang zwischen Fehlzeit und Feiertag besteht**. Dies wäre etwa der Fall, wenn ein Arbeitnehmer am Nachmittag vor dem Feiertag und/oder am Vormittag danach unentschuldigt fehlt und diese Fehlzeiten insgesamt mehr als fünfzig Prozent der Arbeitszeit beider Arbeitstage ausmachen (vgl. in diesem Sinne auch LAG Düsseldorf v. 11. 10. 1957, BB 58, 157). Dagegen bliebe der Anspruch auf Feiertagsentgelt bestehen, wenn ein Arbeitnehmer am Vormittag des Arbeitstages vor oder am Nachmittag des Arbeitstages nach dem Feiertag unentschuldigt fehlt, da eine »Bestrafung« durch Entzug des Feiertagsentgelts in diesem Fall völlig unsachgemäß ist (so auch KDHK, § 2 Rn. 50).

78 **Ohne Einfluss auf das Feiertagsentgelt** ist in jedem Fall ein **unentschuldigtes Fernbleiben unterhalb der Schwelle eines halben Arbeitstages**. Damit bleibt der Anspruch unberührt, wenn ein Arbeitnehmer vor oder nach einem Feiertag in geringerem Umfang zu spät kommt oder vorzeitig geht (so auch Schmitt, § 2 Rn. 118).

79 Die Vorschrift ist nur bei **unentschuldigten Fehlzeiten** anwendbar. Ein Arbeitnehmer fehlt unentschuldigt, wenn eine **objektive Vertragsverletzung** vorliegt und dem Arbeitnehmer **subjektiv ein Verschulden** zur Last zu legen ist (BAG v. 28. 10. 1966, AP Nr. 23 zu § 1 Feiertagslohnzahlungsg). Der Arbeitnehmer muss sich allerdings nur Ereignisse zurechnen lassen, die er zu vertreten hat. Kann er etwa wegen extremer Witterungsbedingungen oder technischer Pannen (z.B. Ausfall der S-Bahn wegen Oberleitungsschäden nach einem Sturm) nicht zur Arbeit erscheinen, liegt Unmöglichkeit vor, so dass nach § 275 BGB die Arbeitspflicht entfällt. Der Feiertagsentgeltanspruch bleibt bestehen (so auch Boewer, Münch. Hdb. Bd. I, § 81 Rn. 28; Schmitt, § 2 Rn. 125).

80 Eine **objektive Vertragsverletzung ist** hingegen **gegeben**, wenn kein stichhaltiger Grund für das Fernbleiben von der Arbeit vorliegt (BAG v. 14. 6. 1957, AP Nr. 2 zu § 1 Feiertagslohnzahlungsg). Das ist etwa der Fall, wenn der Arbeitnehmer vor einem Feiertag seine Arbeit vorzeitig ohne Genehmigung des Arbeitgebers beendet, um ein Betriebsfest zu besuchen oder einem Familienangehörigen bei Renovierungsarbeiten zu helfen.

81 Neben die objektive Vertragsverletzung muss das **subjektive Verschulden** des Arbeitnehmers treten, damit der Anspruch auf Feiertagsentgelt entfällt (BAG v. 28. 10. 1966, AP Nr. 23 zu § 1 Feiertagslohnzahlungsg). Geht ein Arbeitnehmer beispielsweise davon aus, dass er nach der geltenden Gleitzeitregelung am Tag vor einem Feiertag den Betrieb schon um 12.00 Uhr statt wie üblich um 16.30 Uhr verlassen kann, und verkennt er dabei, dass diese Regelung ausdrücklich nur an Freitagen anwendbar ist, ist dies ein entschuldbarer Fehler und kein subjektives Verschulden (ähnlich Schmitt, § 2 Rn. 126). Ein subjektives Verschulden ist auch dann nicht gegeben, wenn ein Arbeitnehmer auf der Rückfahrt aus einem Kurzurlaub am Abend des Feiertages eine Autopanne hat und deshalb seinen Betrieb erst am Mittag des nächsten Tages erreichen kann. Derartige nicht vorhersehbare Vorfälle hat ein Arbeitnehmer im Rahmen von Abs. 3 nicht zu vertreten.

Im Rahmen der Prüfung, ob ein subjektives Verschulden vorliegt, ist auch darauf abzustellen, ob es einen **ursächlichen Zusammenhang** zwischen der **Arbeitsversäumnis** und dem **Feiertag** gab. Nur eine solche Prüfung wird Sinn und Zweck der Vorschrift, nämlich der Bestrafung »bummelnder« Arbeitnehmer (vgl. Rn. 69 ff.), gerecht. Besteht kein ursächlicher Zusammenhang zwischen Feiertag und Arbeitsversäumnis, spricht dies gegen eine Anwendbarkeit der Vorschrift (vgl. in diesem Sinne Nikisch, Anm. zu AP Nr. 23 zu § 1 FeiertagslohnzahlungsG). **82**

Nach Sinn und Wortlaut der Vorschrift besteht **keine Verpflichtung** des Arbeitnehmers, seinem Arbeitgeber maßgebliche **Entschuldigungsgründe unverzüglich mitzuteilen**. Die vom BAG geforderte unverzügliche Entschuldigung (BAG v. 14. 6. 1957, AP Nr. 2 zu § 1 FeiertagslohnzahlungsG mit zustimmender Anm. von Frey) findet im Gesetzestext keine Stütze (ebenso Boewer, Münch. Hdb. Bd. I, § 81 Rn. 28; KDHK, § 2 Rn. 47; im Ergebnis wohl auch Schaub, § 104 II, der eine unverzügliche Mitteilungspflicht erst ab der Mitteilung des Arbeitgebers sieht, kein Feiertagsentgelt zahlen zu wollen). Der Entgeltanspruch muss damit nicht schon deshalb entfallen, weil ein Arbeitnehmer dem Arbeitgeber einen berechtigten Entschuldigungsgrund erst mitteilt, wenn er feststellt, dass keine Zahlung für den Feiertag erfolgt. Andererseits kann der Arbeitgeber die Zahlung des Feiertagsentgelts so lange zurückstellen, bis ihm die Entschuldigung des Arbeitnehmers vorliegt (vgl. Boewer, Münch. Hdb. Bd. I, § 81 Rn. 29; KDHK, § 2 Rn. 47; Gola, § 2 Anm. 5.2). **83**

Fehlt ein Arbeitnehmer unentschuldigt im Sinne des Abs. 3, hat er **keinen Anspruch auf Feiertagsentgelt**. Wird das Arbeitsentgelt auf **Stunden-, Akkord- oder Provisionsbasis** gezahlt (vgl. Rn. 59 ff.), **entfällt** die **Leistungspflicht** des Arbeitgebers für die auf den Feiertag entfallende Arbeitszeit. Erfolgt hingegen die Zahlung einer **leistungsunabhängigen Vergütung**, etwa auf Wochen- oder Monatsbasis, ist der Arbeitgeber berechtigt, diese **im entsprechenden Verhältnis** zu **kürzen**. Dieses Vorgehen folgt aus dem arbeitsrechtlichen Gleichbehandlungsgrundsatz. Würde man die Bezieher von festen Gehältern von der Kürzung ausschließen, führte dies zu einer nicht zu rechtfertigenden Diskriminierung der Bezieher von Leistungsentgelt (vgl. in diesem Sinne auch Boewer, Münch. Hdb. Bd. I, § 81 Rn. 29; KDHK, § 2 Rn. 53; Schmitt, § 2 Rn. 130 f.). Arbeitgeber sind nach einem unentschuldigten Fehlen deshalb **84**

berechtigt, von festen Wochen- oder Monatsgehältern **Vergütungsabzüge für die versäumte Arbeitszeit und für den Feiertag** vorzunehmen.

85 Der abzuziehende Vergütungsanteil ist bei einem Monatsgehalt in der Weise zu berechnen, dass dessen Höhe durch die Zahl der jeweiligen Arbeitstage einschließlich der gesetzlichen Feiertage geteilt und der so ermittelte Tagesbetrag mit der Anzahl der tatsächlich gearbeiteten Tage bzw. Tagesanteile multipliziert wird (so auch Schmitt, § 2 Rn. 131). Fallen etwa die beiden Weihnachtsfeiertage (bei insgesamt 23 Werktagen) auf Werktage und fehlt ein Arbeitnehmer am 27. Dezember unentschuldigt, ist das Monatsgehalt durch 23 zu dividieren und anschließend mit 21 zu multiplizieren. Der somit gewonnene Betrag ist auszuzahlen. Bei der Zahlung eines Wochenlohnes ist der Betrag entsprechend durch die Zahl der üblichen Arbeitstage zu multiplizieren (vgl. dazu BAG v. 14. 8. 1985, AP Nr. 40 zu § 63 HGB; Boewer, Münch. Hdb. Bd. I, § 81 Rn. 29).

VI. Unabdingbarkeit der Ansprüche auf Feiertagsentgelt

86 Die **Ansprüche** auf Entgeltfortzahlung **können** individual- oder kollektivrechtlich **nicht zum Nachteil der Arbeitnehmer eingeschränkt oder verändert werden**. Einzelvertragliche Vereinbarungen, die Verschlechterungen des Zahlungsanspruchs der Arbeitnehmer gegenüber ihrem Arbeitgeber zur Folge hätten, sind damit ebenso unzulässig und unwirksam wie tarifliche Regelungen. Damit ist etwa ein Passus im Arbeitsvertrag, der unbezahlten Urlaub von Weihnachten bis Neujahr mit der Folge vorsieht, dass der Arbeitgeber kein Feiertagsentgelt für diesen Zeitraum zahlen muss (vgl. in diesem Sinne BAG v. 6. 4. 1982, AP Nr. 36 zu § 1 FeiertagslohnzahlungsG), ohne zwingende rechtliche Wirkung. Auch die Tarifvertragsparteien können damit nur Regelungen treffen, die Verbesserungen des Feiertagsentgelts für die Arbeitnehmer mit sich bringen. Diese können insbesondere auch im Ausschluss der Reduzierung der »Bummelregelung« bestehen, da sich so für die Beschäftigten eine Verbesserung ihrer Position ergibt (so auch Frey, S. 69; KDHK, § 2 Rn. 54, verweisen zutreffend auf das Günstigkeitsprinzip).

87 Der Anspruch auf **Feiertagsentgelt** unterliegt als **Bestandteil der Arbeitsvergütung den üblichen Verjährungsfristen**. Er verjährt deshalb gem. §§ 195, 201 BGB nach drei Jahren. Die Verjährungsfrist beginnt gem. § 199 BGB mit dem Ende des Jahres, in dem die Arbeitsvergütung fällig geworden ist. Damit verjährt beispielsweise der Anspruch eines Arbeitnehmers auf Zahlung des Feiertagsentgelts für den Neujahrstag 2003 erst mit dem 31. 12. 2006. Im Einzelfall kann sich jedoch aus tariflichen Verfallklauseln eine kürzere Verjährungsfrist ergeben (vgl. dazu Schaub, § 104 III 5).

§ 3
Anspruch auf Entgeltfortzahlung im Krankheitsfall

(1) Wird ein Arbeitnehmer durch Arbeitsunfähigkeit infolge Krankheit an seiner Arbeitsleistung verhindert, ohne dass ihn ein Verschulden trifft, so hat er Anspruch auf Entgeltfortzahlung im Krankheitsfall durch den Arbeitgeber für die Zeit der Arbeitsunfähigkeit bis zur Dauer von sechs Wochen. Wird der Arbeitnehmer infolge derselben Krankheit erneut arbeitsunfähig, so verliert er wegen der erneuten Arbeitsunfähigkeit den Anspruch nach Satz 1 für einen weiteren Zeitraum von höchstens sechs Wochen nicht, wenn

1. er vor der erneuten Arbeitsunfähigkeit mindestens sechs Monate nicht infolge derselben Krankheit arbeitsunfähig war, oder

2. seit Beginn der ersten Arbeitsunfähigkeit infolge derselben Krankheit eine Frist von zwölf Monaten abgelaufen ist.

(2) Als unverschuldete Arbeitsunfähigkeit im Sinne des Absatzes 1 gilt auch eine Arbeitsverhinderung, die infolge einer nicht rechtswidrigen Sterilisation oder eines nicht rechtswidrigen Abbruchs der Schwangerschaft eintritt. Dasselbe gilt für einen Abbruch der Schwangerschaft, wenn die Schwangerschaft innerhalb von zwölf Wochen nach der Empfängnis durch einen Arzt abgebrochen wird, die schwangere Frau den Abbruch verlangt und dem Arzt durch eine Bescheinigung nachgewiesen hat, dass sie sich mindestens drei Tage vor dem Eingriff von einer anerkannten Beratungsstelle hat beraten lassen.

(3) Der Anspruch nach Absatz 1 entsteht nach vierwöchiger ununterbrochener Dauer des Arbeitsverhältnisses.

Inhaltsübersicht

		Rn.
I.	Allgemeines	1– 7
II.	Entgeltfortzahlung bei Arbeitsunfähigkeit infolge Krankheit (§ 3 Abs. 1)	8–139
	1. Anspruchsberechtigter Personenkreis	8– 10
	2. Anspruchsverpflichteter	11
	3. Rechtsnatur des Anspruchs	12– 37
	4. Arbeitsverhinderung durch Arbeitsunfähigkeit infolge Krankheit (§ 3 Abs. 1 Satz 1)	38– 81
	a) Krankheit	39– 41
	b) Arbeitsunfähigkeit	42– 52
	c) Arbeitsverhinderung infolge Krankheit (Kausalität)	53– 54
	d) Einzelfälle	55– 81
	5. Unverschuldete Arbeitsunfähigkeit	82–112
	a) Verschulden	82– 88
	b) Einzelfälle	89–110

　　　　c) Beweislastregeln 111–112
　6. Entgeltfortzahlungszeitraum 113–123
　　　　a) Beginn 113–116
　　　　b) Dauer 117
　　　　c) Ruhendes Arbeitsverhältnis 118–121
　　　　d) Ende 122–123
　7. Wiederholte Arbeitsunfähigkeit 124–139
　　　　a) Grundsätze 124
　　　　b) Dieselbe Krankheit 125–127
　　　　c) 6-Monats-Zeitraum (§ 3 Abs. 1 Satz 2 Nr. 1) . 128–131
　　　　d) 12-Monats-Zeitraum (§ 3 Abs. 1 Satz 2 Nr. 2) . 132–134
　　　　e) Verhältnis 6-/12-Monats-Zeiträume 135
　　　　f) Verschiedene Arbeitsverhältnisse 136
　　　　g) Andere Erkrankungen 137–138
　　　　h) Beweislastregeln 139
III. Arbeitsunfähigkeit infolge Sterilisation oder des
　　Abbruchs der Schwangerschaft (§ 3 Abs. 2) 140–148
IV. Vierwöchige ununterbrochene Dauer des Arbeits-
　　verhältnisses als Anspruchsvoraussetzung (§ 3 Abs. 3) 149–153

I. Allgemeines

1 Am 1. 6. 1994 trat das EFZG in Kraft und vereinheitlichte damit die alten Vorschriften zur Lohn- und Gehaltsfortzahlung. Insbesondere die teilweise unterschiedliche Behandlung zwischen Angestellten und Arbeitern wurde damit beseitigt. Bis zu diesem Zeitpunkt waren die zentralen Normen der Lohn- bzw. Gehaltsfortzahlung § 1 Abs. 1 des Lohnfortzahlungsgesetzes (LFZG) sowie § 115a Abs. 1 des Arbeitsgesetzbuchs der DDR (vgl. zur geschichtlichen Entwicklung der Entgeltfortzahlung insgesamt Einl. Rn. 8 ff.). Seit dem 1. 6. 1994 legt **§ 3 Abs. 1 die Grundsätze zur Entgeltfortzahlung im Krankheitsfalle** fest. Diese Norm stellt damit die Kernvorschrift des Entgeltfortzahlungsrechts im Krankheitsfalle dar.

2 Die **Entgeltfortzahlung bei Arbeitsunfähigkeit** dient nicht nur Individualinteressen des Arbeitnehmers, sondern **verfolgt auch öffentliche Interessen** und ist deshalb **Eingriffsnorm** i. S. v. Art. 34 EGBGB (BAG v. 12. 12. 2001, DB 02, 1989). Ohne den gegen den Arbeitgeber gerichteten Entgeltfortzahlungsanspruch nach § 3 Abs. 1 könnte der Arbeitnehmer die Zahlung von Krankengeld von der Krankenkasse verlangen. Deren Verpflichtung zur Zahlung des Krankengelds bei Arbeitsunfähigkeit des Arbeitnehmers ruht, solange der Versicherte Zahlungen vom Arbeitgeber erhält (§ 49 Abs. 1 SGB V). § 3 dient damit ganz wesentlich der Entlastung der gesetzlichen Krankenkassen (BAG v. 12. 12. 2001, DB 02, 1989; bereits BGH v. 19. 6. 1952, BGHZ 7, 30; Boecken, Münch. Hdb. Bd. I,

EFZG § 3

§ 82 Rn. 32) und damit aller Beitragszahler. Deren Entlastung liegt im gesamtgesellschaftlichen Interesse (BAG v. 12. 12. 2001, DB 02, 1989 m. w. H. auf die Literatur).

§ 3 Abs. 1 regelt den Anspruch dem Grunde nach und zwar grundsätzlich für den **Zeitraum von sechs Wochen**. Die Höhe der Entgeltfortzahlung ergibt sich aus § 4 bzw. aufgrund einer anwendbaren tariflichen Regelung (vgl. KDHK, § 3 Rn. 2, Schmitt, § 3 Rn. 7). Der Entgeltfortzahlungsanspruch hat **keine besondere eigenständige Rechtsnatur** (vgl. GKK, § 3 Rn. 7). Das bedeutet, dass er nichts anderes ist, als der aufrecht erhaltene Anspruch auf Arbeitsentgelt, der in jeder Hinsicht dessen rechtlichen Charakter teilt (vgl. BAG v. 16. 1. 2002, DB 02, 797; näher dazu Rn. 12 ff.). Für den Entgeltfortzahlungsanspruch sind demgemäß die gleichen Rechtsgrundsätze wie z. B. Erfüllungsort, Fälligkeit etc. (vgl. Rn. 14 ff.) anzuwenden, die auch bei dem »normalen« Vergütungsanspruch gelten. Insbesondere im Hinblick auf die Verjährungsvorschriften (vgl. Rn. 34) und die Ausschlussfristen (vgl. Rn. 22 ff.) hat das **Gesetz zur Modernisierung des Schuldrechts** (Schuldrechtsmodernisierungsgesetz) vom 26. 11. 2001 (BGBl. I S. 3138), das im Wesentlichen am 1. 1. 2002 in Kraft getreten ist, Auswirkungen auf den Anspruch nach dem EFZG (vgl. zum Schuldrechtsmodernisierungsgesetz Einl. Rn. 33).

§ 3 Abs. 1 Satz 2 regelt die Fälle, in denen der Arbeitnehmer erneut wegen einer Fortsetzungserkrankung arbeitsunfähig wird. § 3 Abs. 2 sichert den Entgeltfortzahlungsanspruch für die Arbeitsunfähigkeit, die infolge Sterilisation oder Abbruchs der Schwangerschaft unverschuldet eintritt.

Der Anspruch auf Entgeltfortzahlung setzt nach § 3 Abs. 3 voraus, dass ein **vierwöchiges ununterbrochenes Arbeitsverhältnis** besteht (vgl. Rn. 149 ff.). Die **Wartezeit** ist mit dem Arbeitsrechtlichen Beschäftigungsförderungsgesetz vom 25. September 1996 (BGBl. I S. 1476) eingefügt worden und ist auch nicht durch das Gesetz zu Korrekturen in der Sozialversicherung und zur Sicherung der Arbeitnehmerrechte (sog. »Korrekturgesetz«) von 19. Dezember 1998 (BGBl. I S. 3843) zurückgenommen worden (vgl. insgesamt Einl. Rn. 24 ff.). Diese Einschränkung bedeutet daher nach wie vor einen wesentlichen Nachteil für die Arbeitnehmer, die innerhalb der ersten vier Wochen des Arbeitsverhältnisses erkranken. Sie haben keinen Anspruch auf Entgeltfortzahlung nach dem EFZG. Es können sich aber z. B. Ansprüche aus einem anwendbaren Tarifvertrag, aus dem Einzelarbeitsvertrag oder aus dem allgemeinen Gleichbehandlungsgrundsatz ergeben. Bis zum Ablauf der Wartezeit kann der Arbeitnehmer gegebenenfalls Krankengeld in Anspruch nehmen (vgl. Rn. 150).

Unabhängig von der Wartezeit nach § 3 ist der Anspruch auf Fortzahlung des Arbeitsentgelts im Krankheitsfall an folgende **Voraussetzungen** geknüpft: Die Arbeitnehmerin muss **infolge Krankheit** (vgl. Rn. 39 ff.) bzw. Sterilisation oder Abbruch der Schwangerschaft **arbeitsunfähig sein** (vgl.

EFZG § 3

Rn. 140 ff.) und die Arbeitsunfähigkeit **darf nicht durch die Arbeitnehmerin verschuldet** sein (vgl. Rn. 82 ff.).

Stellt sich heraus, dass die Voraussetzungen des § 3 nicht vorliegen, so kann ein Entgeltfortzahlungsanspruch auf Grund des § 616 Abs. 1 BGB möglich sein.

7 Das EFZG findet durch die im Rahmen von § 1 Abs. 2 festgeschriebene Zuordnung zur Gruppe der Arbeitnehmer ausdrücklich auch auf die zu ihrer **Berufsbildung Beschäftigten** Anwendung. Zu beachten ist dabei aber auch die Regelung des § 12 BBiG (vgl. § 12 BBiG). Von den §§ 3 ff. abweichende Anspruchsgrundlagen bestehen noch für die in **Heimarbeit Beschäftigte** sowie ihnen Gleichgestellte (vgl. § 1 Rn. 53 ff., §§ 10, 11) und **Schiffsbesatzungsmitglieder**, für die die Sonderregelungen des SeemG Anwendung finden (vgl. § 48 SeemG).

II. Entgeltfortzahlung bei Arbeitsunfähigkeit infolge Krankheit (§ 3 Abs. 1)

1. Anspruchsberechtigter Personenkreis

8 § 3 gilt grundsätzlich für alle Arbeitnehmer i.S. des § 1 Abs. 2. Teilweise abweichende bzw. zusätzliche Entgeltfortzahlungsbestimmungen bestehen lediglich **für seemännisch Beschäftigte** (vgl. § 48 SeemG), **für Heimarbeiter** (vgl. § 10) und für **Auszubildende** (vgl. § 12 BBiG).

9 **Arbeitnehmer** im Sinne dieses Gesetzes sind **Arbeiter** und **Angestellte** (einschließlich der **Außenarbeitnehmer;** vgl. ausführlich § 1 Rn. 18 ff., 35) sowie die zu ihrer **Berufsausbildung Beschäftigten**. Damit ist festgelegt, dass das Gesetz für diesen Personenkreis unterschiedslos gilt.

10 Nach der im Arbeitsrecht allgemein verwandten Definition ist Arbeitnehmer, **wer aufgrund eines privatrechtlichen Vertrages oder eines gleichgestellten Rechtsverhältnisses zur Arbeit im Dienste eines anderen verpflichtet ist** (BAG v. 19. 5. 1960, AP Nr. 7 zu § 5 ArbGG; zu § 611 BGB Abhängigkeit; Hueck/Nipperdey, Bd. I, S. 34 f.; Nickisch, Bd. I, S. 91 ff.; Zöllner, § 34 III; Richardi, Münch. Hdb. Bd. I, § 24 Rn. 1 ff; vgl. ausführlich dazu § 1 Rn. 19 ff.). Das Merkmal **»aufgrund eines privatrechtlichen Vertrages«** grenzt Arbeitnehmer von solchen Personengruppen ab, die zwar auch Arbeit in Abhängigkeit leisten, deren Beschäftigung aber keine privatrechtliche Grundlage hat wie z.B. Beamte oder Richter. Für die Feststellung der Arbeitnehmereigenschaft ist weiterhin erforderlich, dass der Beschäftigte **zur Leistung von Arbeit** verpflichtet ist, nicht aber beispielsweise die Herstellung eines Werkes schuldet. Weiterhin muss die geschuldete Arbeit **im Dienste eines anderen** geleistet werden. Dabei ist für die »Abhängigkeit« des Arbeitnehmers die Weisungsbefugnis des Arbeitgebers ein wesentliches Kriterium (vgl. ausführlich zum allgemein verwandten Arbeitnehmerbegriff § 1 Rn. 19 ff.).

2. Anspruchsverpflichteter

Anspruchsverpflichteter ist der **Arbeitgeber** (vgl. BAG v. 12. 12. 2001, DB 02, 1989). Da der Entgeltfortzahlungsanspruch auch diesbezüglich nicht anders zu behandeln ist als der »normale« Vergütungsanspruch, hat derjenige den Anspruch auf Entgeltfortzahlung im Krankheitsfall zu erfüllen, gegen den sich auch sonst der Vergütungsanspruch richtet. So ist z. B. bei **Leiharbeitnehmern** Anspruchsverpflichteter der Verleiher (§ 1 Abs. 1 Satz 1, § 11 Abs. 1 Nr. 7 AÜG; vgl. dazu Ulber, AÜG, § 11 Rn. 4, 27). **11**

3. Rechtsnatur des Anspruchs

§ 3 Abs. 1 Satz 1 gewährt dem Arbeitnehmer unter den Voraussetzungen des EFZG Anspruch auf Entgeltfortzahlung für die Zeit der Arbeitsunfähigkeit bis zur Dauer von sechs Wochen. Dieser Anspruch ist nicht zu verwechseln mit dem Anspruch auf Krankengeld der Krankenkasse. **12**

Der gesetzliche Entgeltfortzahlungsanspruch im Krankheitsfall ist der während der Arbeitsunfähig **aufrecht erhaltene Vergütungsanspruch** und teilt dessen rechtliches Schicksal (BAG v. 16. 1. 2002, DB 02, 797; die teilweise unterschiedlichen Auffassungen in der Literatur bezüglich der Rechtsnatur des Anspruchs kommen im Hinblick auf die Auswirkungen zum gleichen Ergebnis, vgl. zum Meinungsstreit in der Literatur Kunz/Wedde, § 3 Rn. 19). **13**

Der **Entgeltfortzahlungsanspruch unterliegt** demgemäß grundsätzlich **den gleichen Regelungen und Rechtsgrundsätzen, die auch bei dem »normalen« Vergütungsanspruch gelten** (KDHK, § 3 Rn. 184; GKK, § 3 Rn. 7; Schmitt, § 3 Rn. 158). Fragen, die im Zusammenhang mit dem Arbeitsentgelt entstehen, wie Ausschlussfristen (Rn. 16 ff.), Erfüllungsort (Rn. 27), Fälligkeit (Rn. 28), Insolvenz (Rn. 29 f.), Lohn- bzw. Gehaltsabrechnung (Rn. 31 f.), Pfändbarkeit (Rn. 33), Verjährung (Rn. 34), Zuständigkeit der Arbeitsgerichte (Rn. 37), werden daher bei der Entgeltfortzahlung im Krankheitsfalle grundsätzlich nicht anders beantwortet. **14**

Beinhaltet **ein Tarifvertrag** eine **Ausschlussfrist** für die Geltendmachung der Vergütung und ist dieser auf das Arbeitsverhältnis des Arbeitnehmers **anwendbar**, weil er für **allgemein verbindlich** erklärt worden ist (§ 5 Abs. 4 TVG) oder beide Parteien tarifgebunden sind (§ 4 Abs. 1 Satz 1 TVG) oder weil der Arbeitsvertrag des Arbeitnehmers die Geltung des Tarifvertrags vorsieht, dann gilt die **Ausschlussfrist auch für den Entgeltfortzahlungsanspruch** (BAG v. 30. 3. 1962, AP Nr. 28 zu § 4 TVG Ausschlussfristen; v. 15. 11. 1973, DB 73, 2352; BAG v. 16. 1. 2001, DB 2002, 797; GKK, § 3 Rn. 17; KDHK, § 3 Rn. 190). **15**

Erfasst die **tarifliche Ausschlussklausel** in einem Manteltarifvertrag »alle übrigen Ansprüche«, sind das jedenfalls die Ansprüche aus dem Manteltarifvertrag und die mit ihm konkurrierenden gesetzlichen Ansprüche (BAG v. 16. 1. 2002, DB 02, 797). Etwas anderes gilt allerdings dann, **16**

EFZG § 3

wenn die Ausschlussfrist nur für »Ansprüche aus diesem Tarifvertrag« gelten soll. Eine solche ausdrückliche Beschränkung im Wortlaut einer Tarifnorm hat zur Folge, dass nur tarifliche, nicht aber vertragliche und gesetzliche Ansprüche der Arbeitnehmer und Arbeitgeber erfasst werden (BAG v. 15. 11. 2001, DB 02, 900). Für die Frage, ob die tarifliche Ausschlussfrist auch für den Entgeltfortzahlungsanspruch gilt, ist daher der **genaue Wortlaut des Tarifvertrages entscheidend**.

17 Ist in einer tariflichen **zweistufigen Ausschlussfrist** vorgesehen, dass der Anspruch (in der ersten Stufe) zunächst gegenüber dem Arbeitgeber geltend gemacht werden muss, so ist die Geltendmachung auch dann wirksam, wenn der Anspruch selbst erst nach dieser Geltendmachung fällig wird (BAG v. 26. 9. 2001, AP Nr. 160 zu § 4 TVG Ausschlussfristen). Macht ein Arbeitnehmer einen Anspruch vor **Fälligkeit** schriftlich geltend, so beginnt bei einer zweistufigen Ausschlussfrist (§ 16 BRTV-Bau) die Frist für die gerichtliche Geltendmachung nicht vor Fälligkeit des Anspruchs (BAG v. 26. 9. 2001, AP Nr. 160 zu § 4 TVG Ausschlussfristen).

18 Bestimmt eine tarifliche Ausschlussfrist, dass Zahlungsansprüche innerhalb bestimmter Fristen gerichtlich geltend gemacht werden müssen, so genügt dem nur die **fristgerechte Zahlungsklage**. Eine Feststellungsklage, die nur einzelne Vorfragen klärt, aber mögliche weitere Streitfragen nicht zur Entscheidung stellt, wahrt die Frist nicht. Auch eine Klageänderung bzw. Klageerweiterung wirkt nicht als Geltendmachung auf den Zeitpunkt der früheren Klageerhebung zurück (BAG v. 16. 1. 2002, DB 02, 797).

19 Nach älterer Rechtsprechung galt die tarifliche Ausschlussfrist auch, wenn der Tarifvertrag für allgemein verbindlich erklärt wurde und der Arbeitnehmer weder Kenntnis von der Existenz noch dem Inhalt dieses Tarifvertrages besaß (BAG v. 8. 1. 1970, DB 70, 687). Mit In-Kraft-Treten des Nachweisgesetzes (NachwG) am 28. 7. 1995 hat der Arbeitgeber aber nach § 2 Abs. 1 NachwG die Verpflichtung, die wesentlichen **Vertragsbedingungen schriftlich niederzulegen**, die Niederschrift zu unterzeichnen und dem Arbeitnehmer auszuhändigen. Nach § 2 Abs. 1 Nr. 10 NachwG ist in die Niederschrift auch ein Hinweis auf den anwendbaren Tarifvertrag aufzunehmen. Kommt der Arbeitgeber dieser Verpflichtung nicht nach und verliert der Arbeitnehmer Zahlungsansprüche wegen Unkenntnis der Ausschlussfrist, so kann der Arbeitnehmer den dadurch entstandenen Schaden als **Schadensersatzanspruch** nach § 286 Abs. 1, § 284 Abs. 2, § 249 BGB gegen den Arbeitgeber geltend machen. Der Arbeitnehmer ist im Wege der Naturalrestitution so zu stellen, wie er bei rechtzeitigem Nachweis gestanden hätte (BAG v. 17. 4. 2002, NZA 02, 1096; v. 29. 5. 2002, NZA 02, 1360).

20 Die tariflichen Ausschlussfristen gelten gem. §§ 404, 412 BGB auch für und gegen denjenigen, auf den der Entgeltfortzahlungsanspruch übergeht (KDHK, § 3 Rn. 190), so z. B. der **Träger der Krankenversicherung**, wenn der Anspruch auf nach § 115 Abs. 1 SGB X auf ihn übergegangen ist

(BAG v. 24. 5. 1973, DB 73, 1752). Auch der **Arbeitgeber** ist ggf. an die Ausschlussfrist gebunden, z. B. bei Rückforderungsansprüchen (vgl. BAG v. 31. 1. 2002, EzA-SD 02, Nr. 19, 16; vgl. Rn. 16 ff.).

Die durch das **Schuldrechtsmodernisierungsgesetz** v. 26. 11. 2001 im Wesentlichen am 1. 1. 2002 in Kraft getretenen Regelungen haben hinsichtlich **tariflicher Ausschlussfristen** keine Auswirkungen, da nach § 310 Abs. 4 Satz 1 BGB Tarifverträge nicht kontrollfähig sind (vgl. Reinecke, DB 02, 583). **21**

Ist im **Einzelarbeitsvertrag** eine Ausschlussfrist vereinbart, die sich auf den normalen Vergütungsanspruch erstreckt, so gilt diese Ausschlussfrist auch für den Entgeltfortzahlungsanspruch nach dem EFZG (KDHK, § 3 Rn. 191). Nach dem In-Kraft-Treten des Schuldrechtsmodernisierungsgesetzes v. 26. 11. 2001 finden auch die Gesetzesregelungen über die **Allgemeinen Geschäftsbedingungen** (§§ 305 ff. BGB) auf Dauerschuldverhältnisse (also auch Arbeitsverträge) Anwendung (vgl. Gotthardt, Rn. 209 ff.; Richardi, NZA 02, 1057). Dies gilt seit dem 1. 1. 2003 auch für Arbeitsverhältnisse, die vor dem 1. 1. 2002 entstanden sind (Art. 229 § 5 EGBGB n. F.; vgl. BAG v. 27. 2. 2002, DB 02, 1720). **22**

Arbeitsvertragliche Ausschlussfristen unterliegen damit der Inhaltskontrolle nach § 307 BGB, wenn Allgemeine Geschäftsbedingungen in den Arbeitsvertrag einbezogen sind. Das ist dann der Fall, wenn der Arbeitgeber in einer Vielzahl von Verträgen vorformulierte Vertragsbedingungen bei Abschluss des Vertrages stellt (§ 305 Abs. 1 BGB). Bestimmungen in den Allgemeinen Geschäftsbedingungen und damit auch Ausschlussfristen sind dann unwirksam, wenn sie den Arbeitnehmer entgegen den Geboten von Treu und Glauben unangemessen benachteiligen (§ 307 Abs. 1 BGB). Einzelvertragliche Ausschlussfristen, die branchenüblichen tariflichen Regelungen entsprechen, verstoßen i. d. R. nicht gegen das Gebot von Treu und Glauben (vgl. LAG München v. 20. 2. 1986, NZA 87, 206; KDHK, § 3 Rn. 191). **23**

Eine einzelvertragliche Verfallklausel, welche die schriftliche Geltendmachung von Ansprüchen aus dem Arbeitsverhältnis innerhalb eines Monats nach Fälligkeit des Anspruchs und bei Ablehnung des Anspruchs oder Nichtäußerung binnen zweier Wochen die gerichtliche Geltendmachung des Anspruchs innerhalb eines weiteren Monats verlangt, hat der zehnte Senat des BAG (allerdings mit dem deutlichen Hinweis auf die – damalige – Nichtanwendbarkeit der AGB-Inhaltskontrolle auf Arbeitsverträge) für zulässig erachtet (BAG v. 13. 12. 2000, DB 01, 928). Diese Rechtsprechung dürfte nunmehr unter der Einbeziehung der AGB-Inhaltskontrolle auf Arbeitsverträge und unter Berücksichtigung der Verlängerung der Verjährungsfristen für Ansprüche des Arbeitnehmers nicht mehr aufrechtzuerhalten sein. **24**

Der fünfte Senat des BAG (BAG v. 29. 11. 1995, DB 86, 989) hatte eine vertragliche Ausschlussfrist von vier Wochen für »sehr kurz« gehalten, **25** deren Anwendbarkeit im Streitfalle er jedoch nicht wegen ihrer »Kürze«, sondern deshalb verneint, weil sie als so genannte Überraschungsklausel nicht Vertragsbestandteil geworden war. Nach § 305c BGB werden Bestimmungen in Allgemeinen Geschäftsbedingungen dann nicht Vertragsbestandteil, wenn sie nach den Umständen, insbesondere nach dem äußeren Erscheinungsbild des Vertrages so ungewöhnlich sind, dass der Vertragspartner mit ihnen nicht zu rechnen brauchte.

26 Von der Inhaltskontrolle ausgenommen sind Vertragsklauseln, die auf einen Tarifvertrag als Ganzen Bezug nehmen (vgl. zur Bereichsausnahme für Tarifverträge § 310 Abs. 4 BGB; Däubler, NZA 01, 1329).

27 **Erfüllungsort** ist wie bei der Vergütungszahlung grundsätzlich der Betrieb des Arbeitgebers. Jedoch ist im Rahmen der heutigen bargeldlosen Lohn- und Gehaltszahlung davon auszugehen, dass nur noch in den wenigsten Fällen die Vergütung im Betrieb ausgezahlt wird. Sollte dies noch der Fall sein, so wird man allerdings den Arbeitgeber aufgrund seiner Fürsorgepflicht für verpflichtet halten müssen, dem erkrankten Arbeitnehmer die Vergütung zu überbringen bzw. zu überweisen (§ 270 Abs. 1 BGB; vgl. Nikisch, Bd. 1, § 29 VII 4; Kehrmann/Pelikan, § 1 LFZG Rn. 75; GKK, § 3 Rn. 13). Der **Betriebsrat** hat gem. § 87 Abs 1 Nr. 4 BetrVG ein **echtes Mitbestimmungsrecht** hinsichtlich **Zeit, Ort** und **Art der Auszahlung** der Arbeitsentgelte, soweit dieses nicht durch Gesetz oder Tarifvertrag (z.B. bindende Festsetzung nach § 19 HAG) geregelt ist. Dabei kann auch geregelt werden, auf welchem Wege arbeitsunfähig erkrankte Arbeitnehmer ihr Entgelt erhalten sollen (GK-Wiese, § 87 Rn. 429; DKK-Klebe, § 87 Rn. 107). Das Mitbestimmungsrecht erstreckt sich dabei auch auf die Frage der **Kostentragung (Kontoführungsgebühren** etc.) für die bargeldlose Lohn- bzw. Gehaltszahlung (vgl. BAG v. 12. 11. 1997, NZA 98, 497; DKK-Klebe, § 87 Rn. 109; FKHES, § 87 Rn. 179 ff.).

28 Kommen tarifliche, betriebliche oder einzelvertragliche Vereinbarungen zur Anwendung, so richtet sich die **Fälligkeit des Anspruchs** nach diesen Regelungen. Bestehen keine Vereinbarungen, so gilt § 614 BGB, wonach die Vergütung nach der Dienstleistung oder, wenn sie nach Zeitabschnitten bemessen ist, nach dem Ablauf der einzelnen Zeitabschnitte zu entrichten ist. Der Entgeltfortzahlungsanspruch wird daher in der Regel zu **den normalen Zahlungsterminen fällig** (BAG v. 20. 8. 1980, DB 81, 111); bei monatlicher Abrechnung wird der Entgeltfortzahlungsanspruch also auch monatlich fällig, bei wöchentlicher Abrechnung wöchentlich.

29 Am **1. 1. 1999 hat die Insolvenzordnung** vom 5. 10. 1994 (BGBl. I S. 2866) zuletzt geändert durch Art. 11 des Gesetzes vom 13. 12. 2001 (BGBl. I S. 3574) die über 120 Jahre bestehende Konkursordnung und weitere Insolvenzgesetze (Sozialplankonkursgesetz, Gesamtvollstreckungsordnung, Vergleichsordnung) ersetzt. Damit wird auch das Nebeneinander von Ost- und Westrecht beseitigt (vgl. hierzu Heinze, NZA 99, 57).

30 In der **Insolvenz folgt der Entgeltfortzahlungsanspruch** rechtlich den Regeln, die für das Arbeitsentgelt bestehen (Feichtinger, Rn. 804). Entgeltforderungen aus dem Zeitpunkt vor der Insolvenzeröffnung sind Insolvenzforderungen nach § 38 InsO. Der bis dato bestehende Vorrang der Lohn- und Gehaltsforderungen wurde abgeschafft. **Insolvenzgeld** nach § 183 Abs. 1 SGB III kann gegenüber dem Arbeitsamt dann beantragt werden, wenn die Forderung aus den letzten drei Monaten vor der **Insolvenzeröffnung** stammt (Feichtinger, Rn. 804; GKK, § 3 Rn. 25). Die EG-Richtlinie über den Schutz der Arbeitnehmerrechte in der Insolvenz ist weitergehender, da sie Entgeltansprüche aus den letzten drei Monaten vor dem **Verfahrensantrag** vorsieht. Ggf. entsteht so ein europarechtlicher Anspruch aus Staatshaftung, da die Insolvenzordnung nicht richtlinienkonform umgesetzt wurde (vgl. Heinze, NZA 99, 57).

Entgeltforderungen die aus der Zeit **nach Insolvenzeröffnung** stammen, sind **Masseverbindlichkeiten** nach § 55 Abs. 1 Nr. 2 InsO (vgl. ausführlich zur Rangfolge, Geltendmachung und Anmeldung von Arbeitnehmerforderungen bei Insolvenz Bichlmeier/Engberding/Oberhofer, S. 222 ff.).

31 Zur **schriftlichen Lohnabrechnung** kann der Arbeitgeber durch Tarifvertrag, Betriebsvereinbarung, betriebliche Übung oder aufgrund des Arbeitsvertrags verpflichtet sein. Arbeitnehmer können gem. § 82 Abs. 2 BetrVG vom Arbeitgeber verlangen, dass ihnen die **Berechnung** und **Zusammensetzung ihres Arbeitsentgelts erläutert wird**. Dabei können sie ein Mitglied des Betriebsrats hinzuziehen.

32 Am 7. 6. 2002 hat der Bundestag (BGBl. I S. 3412) mit der Änderung der **Gewerbeordnung** eine Reihe von arbeitsrechtlichen Vorschriften novelliert, die am 1. 1. 2003 in Kraft getreten sind (vgl. Perreng, AiB 02, 521; Wisskirchen, DB 02, 1886). Nach § 6 Abs. 2 GewO gelten die »Allgemeinen arbeitsrechtlichen Grundsätze«, die in den §§ 105–110 GewO normiert sind, für alle Arbeitnehmer.

§ 108 GewO enthält dabei die Vorschrift über die **Abrechnung des Arbeitsentgelts**. Die Regelung knüpft an die bisherige Abrechnungspflicht des § 134 Abs. 2 GewO a. F. an (vgl. zur alten Vorschrift Kunz/Wedde, § 3 Rn. 24). § 108 GewO regelt nunmehr detailliert den Abrechnungszeitpunkt und Inhalte der Abrechnung, zu der der Arbeitgeber verpflichtet ist. Die Verpflichtung besteht im Gegensatz zur alten Regelung (§ 134 Abs. 2 GewO a. F. erforderte die Beschäftigung von 20 Arbeitnehmern) unabhängig davon, wie viel Arbeitnehmer der Arbeitgeber beschäftigt (vgl. Schöne, NZA 02, 829). Die Abrechnung ist in Textform zu erteilen und hat Mindestangaben über den Abrechnungszeitraum und die Zusammensetzung des Arbeitsentgelts einschließlich der Art und Höhe der Zuschläge, Zulagen, sonstige Vergütungen, Art und Höhe der Abzüge, Abschlagszahlungen sowie Vorschüsse zu enthalten (§ 108 Abs. 1 GewO).

33 Da die Vergütung im Krankheitsfall Arbeitsentgelt ist, unterliegt sie dem **Pfändungsschutz**, den das übliche Arbeitsentgelt auch genießt (§§ 850 ff.

EFZG § 3

ZPO). In der Höhe, in der der Entgeltfortzahlungsanspruch nicht der **Pfändung** unterliegt, kann er weder abgetreten (§ 400 BGB) noch durch Rechtsgeschäft verpfändet werden (§ 1274 Abs. 2 BGB), noch ist eine Aufrechnung gegen einen Entgeltfortzahlungsanspruch zulässig, wenn die Forderung nicht der Pfändung unterworfen ist (§ 394 BGB).

34 Mit dem Schuldrechtsmodernisierungsgesetz v. 26. 11. 2001 hat sich auch das Verjährungsrecht im BGB grundlegend verändert. Nach § 195 n. F. BGB beträgt die **regelmäßige Verjährungsfrist drei Jahre**. Dies gilt auch für Ansprüche aus dem Arbeitsverhältnis (Däubler, NZA 01, 1329). Das bedeutet, dass sich die Verjährungsfrist für Entgeltansprüche und damit für Entgeltfortzahlungsansprüche nach dem EFZG für den Arbeitnehmer von zwei auf drei Jahre verlängert (Übergangsvorschriften s. Art. 229 § 6 EGBGB). Auch für den Arbeitgeber gilt diese dreijährige Verjährungsfrist. Damit wurde die bis dato bestehende Ungleichbehandlung abgeschafft. Der Beginn der regelmäßigen Verjährungsfrist richtet sich nach § 199 BGB. Das bedeutet, dass die Verjährungsfrist mit dem Schluss des Jahres beginnt, in dem der Anspruch entstanden ist (§ 199 Abs. 1 Nr. 1 BGB) und der Gläubiger von den den Anspruch begründenden Umständen und der Person des Schuldners Kenntnis erlangt oder ohne grobe Fahrlässigkeit erlangen müsste (§ 199 Abs. 1 Nr. 2 BGB). Ist beispielsweise der Anspruch am 15. 3. 2003 entstanden, so beginnt die Verjährung am 31. 12. 2003 um 24.00 Uhr und endet am 31. 12. 2006 um 24.00 Uhr (vgl. Palandt-Heinrichs, BGB § 199 Rn. 1). Zu beachten sind aber immer auch die tariflichen oder einzelvertraglichen Ausschlussfristen (vgl. Rn. 15 ff., 22 ff.).

35 Sind Entgeltfortzahlungen vom Arbeitgeber geleistet worden, obwohl er hierzu nicht verpflichtet war (z. B. weil objektiv keine Arbeitsunfähigkeit vorgelegen hat), kann er das fortgezahlte Entgelt nach den Vorschriften der ungerechtfertigten Bereicherung (§§ 812 ff. BGB) zurückfordern (KDHK, § 3 Rn. 196). Auch der Anspruch des Arbeitgebers aus **ungerechtfertigter Bereicherung** gem. §§ 812 ff. BGB auf Rückzahlung von zu viel bezahlter Entgeltfortzahlung verjährt nach drei Jahren. Verlangt ein Arbeitgeber vom Arbeitnehmer die vom Arbeitgeber gezahlten Entgeltfortzahlungsbeiträge zurück, weil der Arbeitnehmer nach Auffassung des Arbeitgebers nicht arbeitsunfähig erkrankt war, so trägt der Arbeitgeber die volle Darlegungs- und Beweislast für seine Behauptungen (LAG Bremen v. 28. 8. 1999, EzA-SD 99, Nr. 24, 12).

36 Auch Ansprüche auf **Rückzahlung überzahlter Entgeltbeträge** sind Ansprüche aus dem Arbeitsverhältnis und unterliegen entsprechenden **tariflichen Ausschlussfristen** (BAG v. 19. 3. 1986, AP Nr. 67 zu § 1 LohnFG; BAG v. 27. 3. 1996, DB 97, 235). Der Arbeitnehmer kann sich gegenüber dem Rückforderungsanspruch auf den Wegfall der Bereicherung berufen, wenn die Voraussetzungen des § 818 Abs. 3 BGB gegeben sind (KDHK, § 3 Rn. 198). Leistet der Arbeitgeber **Zahlungen unter Vorbehalt** und fordert das unter Vorbehalt gezahlte Entgelt zurück, so können sich Arbeitnehmer nicht auf den Wegfall der Bereicherung berufen, es sei denn, sie haben dem Vorbehalt widersprochen (vgl. BAG v. 27. 3. 1996, DB 97, 235). Eine einseitige Vorbehaltserklärung des Arbeitgebers schiebt den Beginn der tarifvertraglichen Ausschlussfrist für die Geltendmachung des Rückforderungsanspruchs nicht hinaus (vgl. BAG v. 27. 3. 1996, DB 97, 235).

Für Streitigkeiten über den Entgeltfortzahlungsanspruch sind gem. § 2 Abs. 1 Nr. 3a ArbGG die **Arbeitsgerichte zuständig**. Dies gilt ebenso im Falle des gesetzlichen Forderungsübergangs, wenn der Arbeitgeber während der Krankheit des Arbeitnehmers dessen Anspruch auf Fortzahlung des Arbeitsentgelts nicht erfüllt und die Krankenkasse Krankengeld oder die Berufsgenossenschaft Verletztengeld gezahlt hat (§ 115 SGB X; GKK, § 3 Rn. 29 f.). **37**

4. Arbeitsverhinderung durch Arbeitsunfähigkeit infolge Krankheit (§ 3 Abs. 1 Satz 1)

Der **Anspruch auf die Entgeltfortzahlung** im Krankheitsfall ist gem. § 3 an folgende Voraussetzungen geknüpft: Es muss eine **Krankheit** vorliegen (Rn. 39ff.), die Krankheit muss zur **Arbeitsunfähigkeit** führen (Rn. 42ff.; zur Ausnahme vgl. § 9) und die krankheitsbedingte Arbeitsunfähigkeit muss kausal, d. h. die **alleinige Ursache für die Arbeitsverhinderung** sein (Rn. 53 f.). **38**

a) Krankheit

Eine **gesetzliche Definition** des Begriffs **Krankheit** gibt es weder in arbeitsrechtlichen noch in sozialversicherungsrechtlichen Gesetzen. **Medizinisch** ist Krankheit **jeder regelwidrige körperliche oder geistige Zustand**, d. h. jedes physische oder psychische Fehlverhalten, das einer Heilbehandlung bedarf (z. B. Behinderungen der Greiffunktion der linken Hand – BAG v. 14. 1. 1972, DB 72, 635; Schielen – BAG v. 5. 4. 1976, DB 76, 1386; Schuppenflechte – BAG v. 9. 1.1985, DB 85, 977; BAG v. 26. 7. 1989, DB 90, 229; Lepke, NZA-RR 99, 57; Reinecke, DB 98, 130). Regelwidrig ist ein körperlicher oder geistiger Zustand im oben genannten Sinne dann, wenn er nach allgemeiner Erfahrung unter Berücksichtigung eines natürlichen Verlaufs des Lebenswegs nicht bei jedem anderen Menschen gleichen Alters und Geschlechts zu erwarten ist (KDHK, § 3 Rn. 27). Die physische oder psychische Abhängigkeit von **Alkohol (Alkoholismus, Trunksucht)** ist jedenfalls dann als Krankheit zu werten, wenn der Arbeitnehmer seine Selbstkontrolle verloren hat und den gewohnheitsmäßigen, übermäßigen Alkoholgenuss trotz besserer Einsicht nicht mehr aufgeben oder reduzieren kann (BAG v. 7. 12. 1972, DB 73, 579; v. 1. 6. 1983, DB 83, 2420; v. 9. 4. 1987, DB 87, 1815; v. 11. 11. 1987, DB 88, 402; v. 26. 7. 1989, NZA 90, 140 m. w. N.). **Die Abhängigkeit von Drogen** oder **Nikotin** kann eine Krankheit sein (vgl. LAG Düsseldorf v. 19. 4. 1972, DB **39**

72, 1073; BAG v. 17. 4. 1985, DB 86, 976). **Unfruchtbarkeit und Zeugungsunfähigkeit** sind regelwidrige Körperzustände und daher eine Krankheit (vgl. BSG v. 28. 4. 1967, BSGE 26, 240; BGH v. 17. 12. 1986, NJW 87, 703; ArbG Düsseldorf v. 5. 6. 1986, NJW 86, 2394; KDHK, § 3 Rn. 53; a. A. Müller/Roden, NZA 89, 128).

40 Nicht regelwidrig ist eine normal verlaufende **Schwangerschaft** (BAG v. 14. 11. 1984, DB 85, 710; Reinecke, DB 98, 130). Eine **Krankheit** kann allerdings dann vorliegen, **wenn die Schwangerschaft anormal verläuft**, d. h., wenn über das übliche Maß hinausgehende Beschwerden oder sonstige krankhafte Störungen auftreten (BAG v. 14. 10. 1954, AP Nr. 1 zu § 13 MuSchG; BAG v. 14. 11. 1984, DB 85, 710). **Keine Krankheit** liegt vor bei einer medizinisch nicht erforderlichen so genannten **Schönheitsoperation** (LAG Hamm v. 23. 7. 1986, BB 1986, 2061; LAG Hamm v. 9. 3. 1988, DB 88, 1455). **Etwas anderes gilt** nur dann, **wenn die Schönheitsoperation notwendig ist**, um einen psychischen Leidenszustand von nicht unerheblichem Gewicht zu beseitigen oder zu lindern (Schulin, Münch. Hdb. Bd. I, § 81 Rn. 25).

41 **Unerheblich** für das Merkmal der **Krankheit** ist, auf **welcher Ursache** das Krankheitsgeschehen beruht (vgl. BAG v. 11. 11. 1987, AP Nr. 75 zu § 616 BGB; LAG Düsseldorf v. 19. 4. 1972, DB 72, 1073; Rollenschläger/Kressel, ArbuR 88, 203 ff.). **Gründe der Krankheit wie Alkoholsucht, Schlägerei, Unfall** (zu weiteren Ursachen vgl. GKK, § 3 Rn. 43) spielen für den Begriff der Krankheit grundsätzlich keine Rolle. Sie können allerdings im Einzelfall für die Frage des Verschuldens von Bedeutung sein (dazu Rn. 82 ff.) und u. U. dazu führen, dass ein Entgeltfortzahlungsanspruch gegen den Arbeitgeber ausscheidet.

b) Arbeitsunfähigkeit

42 Die **Krankheit wird arbeitsrechtlich** erst dann **relevant, wenn sie zur Arbeitsunfähigkeit führt** (BAG v. 26. 7. 1989, DB 90, 229). Der Begriff der **Arbeitsunfähigkeit** ist im EFZG nicht näher definiert. § 3 Abs. 1 Satz 1 gleicht aber in seiner Formulierung dem Recht der gesetzlichen Krankenversicherung (§ 44 Abs. 1 Satz 1 SGB V: »Wenn die Krankheit … arbeitsunfähig macht«). Daher kann bei den Arbeitsunfähigkeitsbegriffen des EFZG und des SGB V von einer sachlichen Identität gesprochen werden (vgl. BAG v. 14. 1. 1972, DB 72, 635; BSG GS v. 16. 12. 1981, DB 82, 288; zur geschichtlichen Entwicklung der Begriffsdefinition vgl. Boecken, Münch. Hdb. Bd. I, § 83 Rn. 35 ff.).

43 Danach ist **Arbeitsunfähigkeit** gegeben, **wenn ein Krankheitsgeschehen den Arbeitnehmer außerstande setzt, die ihm** nach dem Inhalt des Arbeitsverhältnisses (Arbeitsvertrag) **obliegende Arbeit zu verrichten**, oder wenn er diese Arbeit nur unter der Gefahr, in absehbarer naher Zeit seinen Zustand zu verschlimmern, fortsetzen könnte (BAG v. 14. 1. 1972, DB 72, 635; v. 26. 7. 1989, DB 90, 229; ebenso KDHK, § 3 Rn. 34). Eine

Beschreibung des Begriffs der Arbeitsunfähigkeit findet sich auch in den Richtlinien des Bundesausschusses der Ärzte und Krankenkassen über die Beurteilung der Arbeitsunfähigkeit und die Maßnahmen zur stufenweisen Wiedereingliederung (AU-Richtlinien) v. 3. 9. 1991 (BArbBl. 1991 Nr. 11 S. 28; abgedruckt bei GKK, § 44 Rn. 75 SGB V).

Die Frage, ob **Arbeitsunfähigkeit** vorliegt oder nicht, ist **nach objektiven Gesichtspunkten zu beurteilen**. Die Kenntnis oder subjektive Wertung des Arbeitnehmers oder des Arbeitgebers kann nicht ausschlaggebend sein (GKK, § 3 Rn. 48, 59; Schulin, Münch. Hdb. Bd. I, § 81 Rn. 37). Maßgeblich ist vielmehr die vom **Arzt nach objektiven medizinischen Kriterien vorzunehmende Bewertung** (BAG v. 26. 7. 1989, NZA 90, 140; GKK, § 3 Rn. 48, 59). Durfte sich der Arbeitnehmer aufgrund einer falschen Diagnose des behandelnden Arztes für arbeitsunfähig halten, so ist das Arbeitsentgelt vom Arbeitgeber fortzuzahlen (ArbG Ludwigshafen v. 11. 5. 1971, DB 71, 1872; Kehrmann/Pelikan, § 1 LFZG Rn. 36; a. A. LAG Düsseldorf, DB 75, 1464; KDHK, § 3 Rn. 50; GKK, § 3 Rn. 59; Schmitt, § 3 Rn. 44). Die Gegenansicht verkennt, dass der Irrtum des Arbeitnehmers hier auf einer – wenn auch falschen – Diagnose des Arztes beruht, auf die sich der Arbeitnehmer im Rahmen des Vertrauensverhältnisses Arzt-Patient letztlich verlassen können muss.

Arbeitsunfähigkeit liegt jedenfalls dann **vor, wenn der Körper- oder Geisteszustand** als solcher den **Arbeitnehmer an der Arbeitsleistung hindert** (z. B. Schlaganfall). Arbeitsunfähigkeit setzt aber nicht den gesundheitlichen Zusammenbruch voraus, der den Arbeitnehmer unmittelbar daran hindert, die vertragsgemäße Arbeitsleistung zu erbringen (BAG v. 26. 7. 1989, DB 90, 229). Es **genügt** auch eine absehbare **Verschlimmerungs- oder Rückfallgefahr** oder aber **unzumutbare Schmerzen** und **sonstige Erschwernisse**, z. B. wenn ein Zimmererhelfer nur unter Schmerzen seine Arbeit verrichten kann und seinen verletzten Finger ständig abstreizen muss, um jede Berührung mit den Arbeitsmaterialien zu vermeiden, und wenn daraufhin die ärztliche Behandlung fortgesetzt werden muss (BAG v. 1. 6. 1983, DB 83, 2203). Auch **mittelbare Krankheitsauswirkungen** können zur Arbeitsunfähigkeit führen, etwa dann, wenn eine – für sich allein die Erbringung der Arbeitsleistung nicht hindernde – Krankheit im medizinischen Sinn (z. B. Schielen; vgl. Rn. 39) **stationäre Krankenhauspflege** erforderlich macht (BAG v. 14. 1. 1972, DB 72, 635; v. 5. 4. 1976, DB 76, 1386; v. 9. 1. 1985, DB 85, 977; w. N. bei Boecken, Münch. Hdb. Bd. I, § 83 Rn. 36 Fn. 116 f.). Maßgeblich ist dabei der ursächliche Zusammenhang zwischen der Krankheit und der zur Arbeitsunfähigkeit führenden Behandlung. So ist die **Kurzsichtigkeit** keine Krankheit, die zur Arbeitsunfähigkeit führt, da die Kurzsichtigkeit durch das Tragen einer Brille korrigiert werden kann und somit die Arbeitsleistung erbracht werden kann (ArbG Frankfurt a.M. v. 23. 5. 2000, BB 00, 2101). Bei einer **Schönheitsoperation** kann es am Merkmal der krankheitsbedingten Arbeitsunfähigkeit fehlen, wenn die Behandlung aus anderen Gründen als zur Beseitigung eines regelwidrigen Gesundheitszustandes durchgeführt wird (LAG Hamm v. 23. 7. 1986, BB 86, 206; v. 9. 3. 1988, DB 88, 1455; vgl. auch Rn. 40).

46 Dem Grundsatz folgend, dass bei jeder erforderlichen Krankenpflege Arbeitsunfähigkeit vorliegt (vgl. GKK, § 3 Rn. 49), muss auch **bei notwendiger ambulanter Behandlung** Arbeitsunfähigkeit angenommen werden (BAG v. 9. 1. 1985, DB 85, 977; ähnlich Marienhagen/Künzl, § 3, Rn. 8, für den Fall der Heilbehandlung eines Körperteils, dessen volle Funktionstüchtigkeit für die Erfüllung der vertraglich geschuldeten Arbeitsleistung nicht erforderlich ist; Boecken, Münch. Hdb. Bd. I, § 83 Rn. 38; differenziert ErfK-Dörner, § 3 Rn. 20; ähnlich Reinecke, AuA 1996, 339; widersprüchlich GKK, § 3 Rn. 50, 52; KDHK, § 3 Rn. 33, 36 f.; Schmitt, § 3 Rn. 41, 42; a. A. noch die ältere Rspr. des BAG v. 29. 4. 1984, DB 1984, 1687; Müller/Berenz, Rn. 24; Worzalla/Süllwald, Rn. 16; Brill, NZA 1984, 281). Die ablehnende Ansicht kann nicht überzeugen, denn das Ziehen einer Trennungslinie zwischen ambulanter und **stationärer Behandlung** ist von sich heraus nicht erklärbar. Das Aufrechterhalten dieser Unterscheidung könnte zu dem paradoxen Fall führen, dass ein gewissenhafter Arbeitnehmer, der sich krankheitsvorbeugend bzw. im Anfangsstadium der Krankheit ambulant behandeln lässt, keinen Entgeltfortzahlungsanspruch hat, weil das Tatbestandsmerkmal Arbeitsunfähigkeit verneint wird, hingegen ein Arbeitnehmer, der sich nicht ambulant behandeln lässt und daraufhin (u. U. sogar für einen längeren Zeitraum) arbeitsunfähig erkrankt, den Entgeltfortzahlungsanspruch zugestanden bekommt. So auch das BAG (v. 9. 1. 1985, DB 85, 977), das ausführt: »Bei einer in Abständen von ein bis zwei Wochen vorbeugend durchgeführten ambulanten Bestrahlungstherapie gegen eine in unberechenbaren Schüben auftretende erhebliche Krankheit (Schuppenflechte) liegt Arbeitsunfähigkeit im Sinne des § 1 Abs. 1 Satz 1 LFZG auch dann vor, wenn der Arbeiter zwar bei den einzelnen Behandlungen nicht arbeitsunfähig ist, das Unterlassen der Behandlung seinen Zustand aber in absehbarer naher Zeit zur Arbeitsunfähigkeit zu verschlechtern droht.« Demgemäß muss auch bei einer ambulanten Heilbehandlung Arbeitsunfähigkeit angenommen werden.

47 Krankheitsbedingte Arbeitsunfähigkeit im Sinne des Entgeltfortzahlungsrechts kann eintreten, wenn der Arbeitnehmer zwar (noch) nicht arbeitsunfähig ist, die zur Behebung seiner **Krankheit erforderliche Behandlung** ihn jedoch wegen ihrer besonderen Art an der zukünftigen Arbeitsleistung hindert (BAG v. 9. 1. 1985, DB 85, 977 m. w. N.). Arbeitsunfähigkeit i. S. v. § 3 Abs. 1 kann daher auch dann vorliegen, wenn sich der regelwidrige Zustand nur auf einen bestimmten Körperteil beschränkt, dessen Funktionsfähigkeit für die Erfüllung der vertraglich geschuldeten Arbeitsleistung nicht unbedingt notwendig ist, wenn aber zugleich eine Heilbehandlung für diesen Körperteil erforderlich ist, die im Betrieb des Arbeitgebers nicht durchgeführt werden kann (LAG Frankfurt a. M. v. 17. 1. 1990, DB 90, 1727; Marienhagen/Künzl, § 3 Rn. 8; KDHK 35 f.).

Arbeitsunfähigkeit kann auch dann vorliegen, wenn der Arbeitnehmer **48** wegen einer Krankheit zwar im Prinzip die geschuldete Arbeitsleistung, z. B. Arbeiten am PC, als solche erbringen, jedoch effektiv an der vertraglich geschuldeten Arbeitsleistung (vgl. hierzu Rn. 43, 50 ff.) gehindert ist, weil er »nur« den Weg **zur Arbeitsstätte nicht zurücklegen** kann, z. B. wegen eines gebrochenen Beines (vgl. Boecken, Münch. Hdb. Bd. I, § 83 Rn. 40; Kunz/Wedde § 3 Rn. 53; a. A. BAG v. 7. 8. 1970, DB 70, 1980; GKK, § 3 Rn. 54; Schmitt, § 3 Rn. 51; Müller/Berenz, § 3 Rn. 22; Worzalla/Süllwald, § 3 Rn. 16). Die gegenteilige Auffassung vermag nicht zu überzeugen, denn der Arbeitnehmer, der aufgrund einer Krankheit den Weg zum Betrieb nicht zurücklegen kann, wird an der Ausübung seiner Arbeitsleistung gehindert und ist deshalb arbeitsunfähig. Ein Verweis auf § 616 BGB würde eine Schlechterstellung des Arbeitnehmer bedeuten, da § 616 BGB z. B. vertraglich abbedungen werden kann und der erkrankte Arbeitnehmer dann schutzlos wäre. Etwas anderes kann allerdings dann gelten, wenn der Arbeitnehmer die geschuldete Arbeitsleistung auch zu Hause erbringen kann (z. B. Telearbeit) und der Arbeitgeber dem Arbeitnehmer diese Möglichkeit anbietet.

Arbeitsunfähigkeit liegt weiterhin vor, wenn ein Arbeitnehmer seine **49** Arbeitsleistung **wegen** eines **Defekts des technischen Hilfsmittels**, auf das er angewiesen ist (z. B. Bein- oder Zahnprothese), nicht erbringen kann (BSG v. 23. 11. 1971, NJW 72, 1157; LAG Düsseldorf v. 10. 1. 1971, BB 77, 1652; GKK, § 3 Rn. 51). Ein **gesetzliches Beschäftigungsverbot** (z. B. nach dem IfSG, vgl. Rn. 62) schließt Ansprüche auf Entgeltfortzahlung nicht aus, wenn es die Folge einer Erkrankung (z. B. offene Tuberkulose) ist (BAG v. 26. 4. 1978, DB 78, 2179; KDHK, § 3 Rn. 65; ausführlich zu Beschäftigungsverboten GKK, § 3 Rn. 55, 87 ff.; vgl. auch Rn. 62 ff.).

Bei der Beurteilung, ob **Arbeitsunfähigkeit** vorliegt, ist i. d. R. die **ver- 50 traglich geschuldete Arbeitsleistung** wesentlich (BAG v. 25. 6. 1981, DB 81, 2628). Dies lässt sich direkt aus § 3 Abs. 1 Satz 1 folgern, der ausdrücklich von der Verhinderung des Arbeitnehmers an **seiner Arbeitsleistung** spricht. So kann z. B. eine Fußverletzung bei einem Maurer zur Arbeitsunfähigkeit führen, dagegen nicht unbedingt bei einem Arbeitnehmer, der eine sitzende Berufstätigkeit (z. B. am PC) ausübt. Arbeitsunfähigkeit liegt grundsätzlich dann vor, wenn der Arbeitnehmer »die ihm nach dem Arbeitsvertrag obliegende Arbeit« wegen der Krankheit nicht verrichten kann (BAG v. 26. 7. 1989, DB 90, 229).

Der **Arbeitgeber darf nicht** ohne weiteres einem für die geschuldete **51** Arbeitsleistung arbeitsunfähigen Arbeitnehmer **andere Tätigkeiten**, die er während der Krankheit auszuüben imstande wäre, zuweisen, um sich von seiner Vergütungsfortzahlungspflicht nach dem EFZG zu befreien (GKK, § 3 Rn. 57; ausführlich dazu KDHK, § 3 Rn. 44 f.). Entscheidend sind die im Arbeitsvertrag festgelegten Aufgaben und das sog. **Direktionsrecht** des Arbeitgebers, das er nur nach billigem Ermessen (§ 315 BGB) ausüben darf (LAG Hamm v. 20. 7. 1988, DB 89, 1293; vgl. zur einzelvertraglichen Arbeitsverpflichtung und zum Direktionsrecht ausführlich Boecken, Münch. Hdb. Bd. I, § 83 Rn. 42 ff.). Mit der Neufassung der Gewerbeordnung (vgl. Rn. 32) und der Festlegung allgemeiner arbeitsrechtlicher Grundsätze ist auch das Weisungsrecht des Arbeitgebers in § 106 GewO näher umschrieben worden. Das Weisungsrecht kann demnach überhaupt nur ausgeübt werden, soweit die Arbeitsbedingungen nicht durch Arbeitsvertrag, Bestimmungen einer Betriebsvereinbarung, eines anwendbaren Tarifvertrages oder gesetzliche Vorschriften festgelegt sind. Bei der **Zuweisung anderer Tätigkeiten** sind die **Mitbestimmungsrechte des Betriebsrats** (insbesondere § 99 BetrVG) zu beachten.

52 Das EFZG kennt nach wie vor **grundsätzlich keine Teilarbeitsunfähigkeit**. Auch wenn der Arbeitnehmer infolge der Krankheit seine vertraglichen Verpflichtungen nur teilweise entweder beschränkt auf bestimmte Tätigkeiten oder nur in einem zeitlich verringerten Ausmaß erbringen kann, ist Arbeitsunfähigkeit gegeben (BAG v. 29. 1. 1992, DB 92, 1478; KDHK, § 3 Rn. 46; vgl. ausführlich Schmitt, § 3 Rn. 46 ff., der nach qualitativer und quantitativer Abweichung differenziert). Eine Teilleistung des Arbeitnehmers kommt als vertraglich geschuldete Leistung nur dann in Betracht, wenn es dem Arbeitgeber nach dem Arbeitsvertrag gestattet ist, dem Arbeitnehmer eine Teilarbeit zuzuweisen, oder wenn Arbeitgeber und Arbeitnehmer einverständlich den ursprünglichen Arbeitsvertrag entsprechend geändert haben. Leistet der Arbeitnehmer einen Teil der Arbeit, so hat er in diesen Fällen Anspruch auf Entgeltfortzahlung in Höhe der ursprünglichen Vergütung abzüglich des anderweitigen Verdienstes für den Teil der Tätigkeit, den er noch leisten kann (vgl. BAG v. 25. 10. 1973, DB 74, 342; BAG v. 25. 6. 1981, AP Nr. 52 zu § 616 BGB; LAG Rheinland-Pfalz, v. 4. 11. 1991, NZA 92, 169; KDHK, § 3 Rn. 46).

c) Arbeitsverhinderung infolge Krankheit (Kausalität)

53 Der Entgeltfortzahlungsanspruch setzt voraus, dass »die **krankheitsbedingte Arbeitsunfähigkeit** die **alleinige** und **ausschließliche Ursache für den Ausfall der Arbeitsleistung** und damit für den Verlust des Vergütungsanspruchs **bildet**« (st. Rspr. des BAG, vgl. v. 22. 8. 1967, AP Nr. 42 zu § 1 ArbKrankhG; BAG v. 19. 1. 2000, NZA 00, 771, und zur überwiegenden Meinung in der Literatur GKK, § 3 Rn. 62). An der alleinigen Ursächlichkeit der krankheitsbedingten Arbeitsunfähigkeit fehlt es, wenn die Arbeit zumindest auch aus einem anderen Grund nicht geleistet worden ist. Ob die Arbeitsleistung allein wegen der krankheitsbedingten Arbeitsunfähigkeit nicht erbracht worden ist, muss anhand eines **hypothetischen Kausalverlaufs** geprüft werden. Es ist daher zu fragen, ob die Arbeitsleistung erbracht worden wäre, wenn der Arbeitnehmer nicht arbeitsunfähig krank gewesen wäre (BAG v. 26. 6. 1996, DB 96, 2133 – für eine fehlende Arbeitserlaubnis; vgl. dazu auch Rn. 63). Aus der Formulierung des Abs. 1 Satz 1 letzter Hlbs. »... so hat er Anspruch auf Entgelt-

fortzahlung im Krankheitsfall durch den Arbeitgeber ...« geht hervor, dass ein Entgeltfortzahlungsanspruch nur dann bestehen kann, wenn der Arbeitnehmer ohne die Arbeitsunfähigkeit einen Entgeltanspruch gehabt hätte (**Lohn- bzw. Entgeltausfallprinzip**, vgl. § 4 Rn. 3 f.).

War **nicht die krankheitsbedingte Arbeitsunfähigkeit die auslösende Ursache** für die Verhinderung an der Arbeitsleistung, sondern war der Arbeitnehmer aus anderen Gründen an der Arbeit verhindert, so besteht i. d. R. kein Anspruch auf Entgeltfortzahlung nach dem EFZG. Ein **Vergütungsanspruch** kann jedoch **nach anderen Bestimmungen** gegeben sein; insbesondere wenn die Gründe in der Person des Arbeitnehmers liegen (z. B. außerordentliche Vorkommnisse in der Familie, gerichtliche oder behördliche Ladungen, Verpflichtungen als ehrenamtlicher Richter), kann ein Anspruch beispielsweise aus § 616 BGB gegeben sein (vgl. GKK, § 3 Rn. 63 ff.; Schmitt, § 3 Rn. 58 ff.).   54

d) Einzelfälle

Altersteilzeit

Die Entgeltfortzahlung im Krankheitsfall bei der Altersteilzeit kann insbesondere in der **Arbeitsphase** Probleme aufwerfen (vgl. ausführlich Kerschbaumer/Rubbert/Tiefenbacher, ArbuR 1999, 93). Nach § 49 Abs. 1 Nr. 6 SGB V ruht der Krankengeldanspruch in der Zeit der Freistellungsphase.   55

Annahmeverzug

Kommt der Arbeitgeber in **Annahmeverzug**, weil er die angebotene Leistung des Arbeitnehmers nicht annimmt, so hat der Arbeitnehmer auch während der Arbeitsunfähigkeit Anspruch auf Entgeltfortzahlung, weil er ohne die Krankheit einen Entgeltanspruch nach § 615 BGB hätte (zum Annahmeverzug und Arbeitsunfähigkeit BAG v. 24. 11. 1994, AiB 1995, 534; vgl. GKK, § 3 Rn. 78; KDHK, § 3 Rn. 61; Boecken, Münch. Hdb., Bd. I, § 88 Rn. 61). Ist allerdings ein Arbeitnehmer, der Ansprüche aus Annahmeverzug geltend macht, objektiv aus gesundheitlichen Gründen außerstande, die arbeitsvertragliche Leistung zu erbringen, so kann das fehlende Leistungsvermögen nicht allein durch die subjektive Einschätzung des Arbeitnehmers ersetzt werden, er sei trotzdem gesundheitlich in der Lage, einen Arbeitsversuch zu unternehmen (BAG v. 29. 10. 1998, NZA 99, 377).   56

Arbeitskampf

Im **Arbeitskampf** und speziell bei der Bewertung der **Aussperrung** ist auch bezüglich der Entgeltfortzahlung zwischen mittelbar und unmittelbar betroffenen Arbeitsverhältnissen zu unterscheiden. Nur **mittelbar betroffene Betriebe** sind solche, die als Folge eines Arbeitskampfes in anderen Betrieben ihren Betrieb stilllegen, weil sie von Zulieferungen oder von der Abnahme durch vom Arbeitskampf unmittelbar betroffene Betriebe abhängig sind (sog. **kalte Aussperrung**). Stellt ein Betrieb seine Produktion   57 bzw. seine Tätigkeiten im Rahmen einer kalten Aussperrung ein und ist ihm deshalb die Beschäftigung seiner Mitarbeiter zeitweise unmöglich oder unzumutbar, so **entfällt seine Verpflichtung zur Entgeltfortzahlung nur dann, wenn** sich der betroffene Betrieb in einer einem bestreikten Betrieb vergleichbaren Situation befindet und der Arbeitsausfall nicht durch eine vernünftige vorausschauende Planung (oder z. B. durch Lagerhaltung; vgl. GKK, § 3 Rn. 82) vermieden werden kann (vgl. BAG v. 7. 11. 1975, DB 76, 776; BAG v. 22. 12. 1980 – 1 ABR 2/79 und 76/79 – DB 81, 321 und 327; a. A. KDHK, § 3 Rn. 62). Da Arbeitskämpfe grundsätzlich nicht ad hoc auftreten, sondern in gewisser Weise **berechenbar** sind, weil sie vom Zeitrahmen her erst nach Ende der Friedenspflicht eintreten können, ist für einen umsichtigen Unternehmer der durch eine kalte Aussperrung evtl. eintretende Arbeitsausfall in der Regel vorhersehbar und somit auch durch eine vernünftige Planung vermeidbar (vgl. auch das Mitbestimmungsrecht des Betriebsrats bei Veränderung der Arbeitszeit im Arbeitskampf gem. § 87 Abs. 1 Nrn. 2 und 3 BetrVG; dazu ausführlich DKK-Klebe, § 87 Rn. 92 ff.).

58 Vom **Arbeitskampf unmittelbar betroffene Betriebe** sind diejenigen, die direkt bestreikt oder von einer (sog. heißen) **Aussperrung** erfasst werden. Nach zutreffender gewerkschaftlicher Ansicht ist die **Aussperrung** als Willkürmittel der Unternehmer ein Angriff auf die Existenz und Menschenwürde jedes Ausgesperrten und mithin generell unzulässig (vgl. dazu Kittner/Zwanziger-Kittner, Arbeitsrecht, § 155 Rn. 10 ff.). Das BAG hat zwar in seinen Grundsatzentscheidungen v. 10. 6. 1980 (DB 80, 1266, 1274, 1355, 2040; vgl. auch BVerfG v. 26. 6. 1991, ArbuR 92, 29) die Aussperrung nicht verboten, ihre Anwendung aber eingeschränkt. Die Rechtmäßigkeit der Aussperrung ist demgemäß an sehr enge Voraussetzungen geknüpft. Wird eine Aussperrung von der Rechtsprechung als rechtmäßig anerkannt, entfällt der Anspruch auf Entgeltfortzahlung (BAG v. 7. 6. 1988, DB 88, 2104).

59 Bei einem **Streik** hat der arbeitsunfähig erkrankte Arbeitnehmer Anspruch auf Entgeltfortzahlung, wenn er sich nicht an diesem beteiligt und seine Beschäftigung trotz des Arbeitskampfs möglich gewesen wäre (BAG v. 1. 10. 1991, DB 92, 43). Ob der Erkrankte ansonsten am Streik teilgenommen hätte, ist unerheblich. Dies gilt sowohl für den Fall, dass die Arbeitsunfähigkeit bereits vor Streikbeginn gegeben war, als auch dann, wenn sie erst nach Streikbeginn eingetreten ist. Wer während seines Urlaubs, der vor Beginn des Streiks gewährt wurde, arbeitsunfähig erkrankt, behält – solange er sich nicht am Streik beteiligt – den Anspruch auf Entgeltfortzahlung (BAG v. 1. 10. 1991, DB 92, 43).

Für den Fall der Streikteilnahme trotz krankheitsbedingter Arbeitsunfähigkeit entfällt der Anspruch auf Fortzahlung des Arbeitsentgelts (BAG v. 1. 10. 1991, DB 92, 43), denn während der Streikteilnahme ruht das Arbeitsverhältnis (BAG v. 3. 8. 1999, DB 99, 1663). Die **Krankheitszeiten** werden aber auf den Gesamtzeitraum der Entgeltfortzahlung (sechs

Wochen) nicht angerechnet (vgl. Rn. 118 f.). Für arbeitsunfähig Erkrankte, die keinen Anspruch auf Entgeltfortzahlung haben, kommt **Krankengeld** in Frage.

Für die Arbeitskampfbereitschaft wie für eine fehlende Beschäftigungsmöglichkeit ist der **Arbeitgeber darlegungs- und beweispflichtig**. Der Arbeitgeber darf nicht ohne weiteres davon ausgehen, dass alle bei Streikbeginn arbeitsunfähigen Arbeitnehmer auch Streikteilnehmer sind (BAG v. 15. 1. 1991, BB 91, 1194; v. 1. 10. 1991, DB 92, 43; a. A. KDHK, § 3 Rn. 63, 225). 60

Arbeitsverweigerung

Verweigert der Arbeitnehmer ohne rechtfertigenden Grund die Erfüllung seiner **arbeitsvertraglichen Pflichten**, so steht ihm für diesen Zeitraum **kein Anspruch** auf Entgeltfortzahlung zu, auch wenn er in dieser Zeit arbeitsunfähig krank ist (KDHK, § 3 Rn. 64). Im Zweifel wird es aber problematisch sein, die Arbeitsunwilligkeit des Arbeitnehmers darzulegen bzw. zu beweisen. Das Darlegen des Arbeitgebers von Zweifeln an der Arbeitswilligkeit des Arbeitnehmers wird i. d. R. kaum ausreichen (a. A. KDHK, § 3 Rn. 64, 225). Vielmehr muss der Arbeitgeber konkrete Anhaltspunkte darlegen und ggf. beweisen, dass der Arbeitnehmer in dem Zeitraum der Arbeitsunfähigkeit nicht arbeitswillig war (a. A. BAG v. 20. 3. 1985, DB 85, 2694; KDHK, § 3 Rn. 64, 225; Kass. Hdb.-Vossen Bd. I, 2.2 Rn. 58; Feichtinger, § 3 Rn. 110). Die Ansicht, wonach aus dem (zunächst) unentschuldigten Fehlen bei gleichzeitiger Arbeitsunfähigkeit auch auf Arbeitsunwilligkeit geschlossen werden kann (Marienhagen/Künzl, § 3 Rn. 22c), ist abzulehnen. Für die Verletzung der Anzeige- bzw. Nachweispflicht sind Sanktionsmöglichkeiten vorgesehen; z. B. das Leistungsverweigerungsrecht nach § 7. 61

Ein Rückschluss auf Arbeitsunwilligkeit z. B. bei fehlender Arbeitsunfähigkeitsbescheinigung ergibt sich aber weder aus dem Gesetz noch aus allgemeinen arbeitsrechtlichen Grundsätzen. Dies muss auch für die Verletzung der Anzeigepflicht gelten; ggf. muss der Arbeitgeber von anderen Sanktionsmöglichkeiten Gebrauch machen. Dies ergibt sich auch daraus, dass die Nichterfüllung der Anzeige- und Nachweispflichten des § 5 nicht den Entgeltfortzahlungsanspruch nach § 3 berührt (vgl. Brecht, § 5 Rn. 4; KDHK, § 5 Rn. 5; vgl. § 5 Rn. 17, 38).

Beschäftigungsverbot

Kommt zu einem **seuchenpolizeilichen Beschäftigungsverbot** eine krankheitsbedingte Arbeitsunfähigkeit hinzu oder ist die Krankheit die Ursache des Beschäftigungsverbots, so besteht der vorrangige Entgeltfortzahlungsanspruch nach dem EFZG (vgl. BAG v. 26. 4. 1978, DB 78, 2179). Der Bundestag hat am 20. 7. 2000 das Gesetz zur Neuordnung Seuchenrechtlicher Vorschriften (SeuchRneuG) beschlossen (BGBl. I S. 1045). Damit gilt seit dem 1. 1. 2001 das **Infektionsschutzgesetz** (IfSG), das damit das BSeuchG abgelöst hat (vgl. Art. 1, 5 SeuchRneuG). 62

EFZG § 3

Ist alleinige Ursache das seuchenpolizeiliche Beschäftigungsverbot, so kommt das Infektionsschutzgesetz (vgl. hier §§ 42, 56 IfSG) zum Tragen. Das IfSG enthält einen **generellen Entschädigungsanspruch** für den Personenkreis, der wegen des Beschäftigungsverbots keiner Arbeit nachgehen kann (vgl. ausführlich Marienhagen/Künzl, § 3 Rn. 24).

63 Liegt ein gesetzliches Beschäftigungsverbot wegen fehlender **erforderlicher Arbeitserlaubnis** nach § 284 SGB III vor, dann ist trotz Fehlens einer Arbeitserlaubnis ein Entgeltfortzahlungsanspruch gegeben, wenn der ausländische Arbeitnehmer trotz des Beschäftigungsverbotes weiterbeschäftigt worden wäre. Die Ursache des Arbeitsausfalls ist dann die Arbeitsunfähigkeit infolge Krankheit und nicht das gesetzliche Beschäftigungsverbot (KDHK, § 3 Rn. 66). **Fehlt die Arbeitserlaubnis** und ergibt die Überprüfung des hypothetischen Kausalverlaufs, dass die Arbeitserlaubnis sofort antragsgemäß erteilt worden wäre, so ist das Fehlen der Arbeitserlaubnis für den Arbeitsausfall nicht mit ursächlich (BAG v. 26. 6. 1996, DB 96, 2133); die krankheitsbedingte Arbeitsunfähigkeit ist dann die Alleinursache für den Arbeitsausfall. Wenn aber Zweifel bestehen, ob die Arbeitserlaubnis überhaupt erteilt worden wäre, so liegt neben der krankheitsbedingten Arbeitsunfähigkeit eine zusätzliche Ursache für das Nichtleisten der Arbeit vor (BAG v. 26. 6. 1996, DB 96, 2133; KDHK, § 3 Rn. 66; zum Entgeltfortzahlungsanspruch der so genannten »illegalen Arbeitnehmer« vgl. Mc Hardy, RdA 1994, 93).

Beschäftigungsverbot und Schwangerschaft

64 Ist die Arbeitnehmerin arbeitsunfähig krank, hat ein gleichzeitig ausgesprochenes **Beschäftigungsverbot** nach § 3 Abs. 1 MuSchG zwar die Wirkung der §§ 21, 24 MuSchG, es begründet aber keine Vergütungspflicht nach § 11 MuSchG. Auf die Ursachen der Krankheit und der Arbeitsunfähigkeit kommt es nicht an. Liegt trotz einer Krankheit der Arbeitnehmerin keine aktuelle Arbeitsunfähigkeit vor, sondern ist die Beschäftigung unzumutbar, weil sie zu einer **Verschlechterung des Gesundheitszustandes** führen würde, kann krankheitsbedingte Arbeitsunfähigkeit bescheinigt werden. Das schließt den Anspruch auf Mutterschutzlohn nach §§ 3, 11 MuSchG nicht aus, wenn die zu erwartende Verschlechterung des Gesundheitszustandes bei Fortdauer der Beschäftigung ausschließlich auf der Schwangerschaft beruht (BAG v. 13. 2. 2002, DB 02, 1218).

Betriebsstilllegung, Betriebsstörung

65 Bei (zeitweisen) Betriebsstilllegungen sowie bei Arbeitsausfall durch Betriebsstörungen (z. B. Materialmangel) ist der Arbeitgeber nach der Lehre vom **Betriebsrisiko** (vgl. Schaub, § 101) grundsätzlich zur Weiterzahlung der Vergütung verpflichtet (vgl. GKK, § 3 Rn. 82; KDHK, § 3 Rn. 67). Arbeitsunfähig erkrankte Arbeitnehmer haben daher auch den Entgeltfortzahlungsanspruch nach dem EFZG, wenn bei Arbeitsausfall z. B. wegen Maschinenstörungen oder Rohstoffmangel der Arbeitgeber

die Arbeitnehmer nicht beschäftigen kann und weder der Arbeitgeber noch die Arbeitnehmer schuldhaft die Ursache für den Betriebsausfall bzw. Betriebsstörung gesetzt haben (vgl. KDHK, § 3 Rn. 67).

Betriebsratsschulung

Ein **Betriebsratsmitglied**, das unter den Voraussetzungen des § 37 Abs. 6 oder 7 BetrVG an einer **Schulungs- oder Bildungsveranstaltung** teilnimmt, hat gemäß § 37 Abs. 2 BetrVG Anspruch auf Fortzahlung des Arbeitsentgelts (vgl. DKK-Wedde, § 37 Rn. 135 ff.). Wird das Betriebsratsmitglied während der Zeit der Schulungs- bzw. Bildungsveranstaltung arbeitsunfähig krank, so hat es einen Anspruch nach § 3 EFZG (KDHK, § 3 Rn. 77; Feichtinger, Rn. 95).

66

Betriebsurlaub

Fällt die Krankheit in die Zeit eines **Betriebsurlaubs, gelten die gleichen** Grundsätze wie bei der Erkrankung **während** des **Erholungsurlaubs**, da der Arbeitnehmer diesen in der **Regel** in den **Betriebsurlaub einbringt** (§ 9 BurlG; vgl. Rn. 77 f.; vgl. Marienhagen/Künzl, § 3 Rn. 20, GKK, § 3 Rn. 77). Kann der Arbeitnehmer keinen Urlaub in die Betriebsferien einbringen (z. B. weil er die erforderliche Wartezeit des § 4 BurlG noch nicht erfüllt hat) und kann der Arbeitgeber den Arbeitnehmer nicht beschäftigen, so muss der Arbeitgeber das Arbeitsentgelt wegen Annahmeverzugs (vgl. Rn. 56) zahlen (BAG v. 2. 10. 1974, DB 75, 157; v. 30. 6. 1976, DB 76, 2167).

67

Bezahlte Freistellung

Ein Arbeitnehmer, der unter Fortzahlung der Vergütung von der Arbeit freigestellt ist, behält den Anspruch auf das Entgelt auch, wenn er arbeitsunfähig erkrankt. Der Anspruch richtet sich dann aber nicht nach § 3, da der erkrankte Arbeitnehmer auch so seine vertragliche Vergütung bekommen hätte (KDHK, § 3 Rn. 69).

68

Bildungsurlaub

Soweit ein Anspruch auf **Bildungsurlaub** besteht, hat der Arbeitnehmer grundsätzlich auch Anspruch auf Entgeltfortzahlung, wenn der Bildungsurlaub durch die Krankheit unterbrochen wird und ihn der Betroffene daher nicht zweckgerecht nutzen kann (vgl. Marienhagen/Künzl, Rn. 11; GKK, § 3 Rn. 76 auch zu den einzelnen landesrechtlichen Bildungsurlaubsgesetzen). Es gelten die gleichen Regeln wie beim Erholungsurlaub § 9 BurlG; vgl. Rn. 77 f.).

69

Elternzeit

Während einer **Elternzeit** (§§ 15 ff. BErzGG) ruht das Arbeitsverhältnis, soweit der Arbeitnehmer keine Teilzeitbeschäftigung (§ 1 Abs. 1 Nr. 4, § 2 Abs. 1, § 15 Abs. 4 BErzGG) ausübt (BAG v. 10. 2. 1993, DB 93, 1090). Der Arbeitgeber ist für die Zeit des Ruhens nicht zur Entgeltfortzahlung verpflichtet (vgl. BAG v. 22. 6. 1988, DB 88, 2365; BAG v. 15. 2. 1994, DB 94, 1638; Marienhagen/Künzl, Rn. 22 m. w. N.). Wird während der

70

Elternzeit **Teilzeitarbeit** ausgeübt, so besteht ein Anspruch auf Entgeltfortzahlung in Höhe der zu entrichtenden (anteiligen) Vergütung.

71 Ist eine Arbeitnehmerin im unmittelbaren Anschluss an die Schutzfrist des § 6 Abs. 1 MuschG arbeitsunfähig krank, so kann sie die Elternzeit auch erst nach Beendigung der Arbeitsunfähigkeit beginnen. Hat die Arbeitnehmerin erklärt, sie trete **die Elternzeit erst nach der Arbeitsunfähigkeit** an, so ist die Arbeitsunfähigkeit die alleinige Ursache für den Arbeitsausfall, so dass auch ein Entgeltfortzahlungsanspruch nach dem EFZG besteht (vgl. BAG v. 17. 10. 1990, DB 91, 448; KDHK, § 3 Rn. 72).

Feiertag

72 Ist der Arbeitnehmer an einem gesetzlichen Feiertag arbeitsunfähig erkrankt, so erhält er Entgeltfortzahlung nach dem EFZG. Die **Höhe** des für den Feiertag **fortzuzahlenden Arbeitsentgelts** richtet sich nach § 4 Abs. 2 in Verbindung mit § 2 (vgl. BAG v. 19. 4. 1989, DB 89, 1878; vgl. auch § 2 Rn. 55 ff. und § 4 Rn. 45 f.). Der Arbeitnehmer bekommt das Arbeitsentgelt, das er ohne den Arbeitsausfall erhalten hätte.

Kurzarbeit

73 Kurzarbeit ist die vorübergehende Verkürzung der betriebsüblichen, normalen täglichen Arbeitszeit oder die vorübergehende Arbeitseinstellung an bestimmten Tagen (vgl. Schaub, § 47 Rn. 1). Die Folge der Kurzarbeit ist die **Suspendierung der Arbeitspflicht** einerseits und der Vergütungszahlungspflicht andererseits (vgl. Schaub, § 47 Rn. 10). Voraussetzung für die Rechtswirksamkeit der Kurzarbeit ist bei Betrieben, die unter das BetrVG fallen, dass der **Betriebsrat der Kurzarbeit zustimmt bzw. eine Betriebsvereinbarung** über die Kurzarbeit, insbesondere über die Modalitäten, **abgeschlossen wird** (vgl. BAG v. 12. 10. 1994, DB 95, 734; zum Mitbestimmungsrecht des Betriebsrats bei Kurzarbeit FKHES, § 87 Rn. 150 ff.; DKK-Klebe, § 87 Rn. 101 ff.). Solange der Betriebsrat der Kurzarbeit nicht zustimmt (notfalls kann die Zustimmung über die Einigungsstelle ersetzt werden), kann der Arbeitgeber die Kurzarbeit nicht rechtswirksam einführen mit der Folge, dass der Arbeitgeber dem arbeitsunfähig erkrankten Arbeitnehmer das volle Arbeitsentgelt nach den Grundsätzen des Annahmeverzugs (§ 615 BGB) weiterzuzahlen hat (vgl. GKK, § 3 Rn. 66).

74 Wird bei **rechtswirksam eingeführter Kurzarbeit** nur an einigen Tagen in der Woche gearbeitet, so erhält der arbeitsunfähig erkrankte Arbeitnehmer für die nichtvergütungspflichtigen Tage keine Entgeltfortzahlung. Wird täglich verkürzt gearbeitet, so hat der erkrankte Arbeitnehmer nur Anspruch auf Fortzahlung der entsprechend verminderten Vergütung (vgl. BAG v. 6. 10. 1976, DB 77, 262). Zur Frage der Gewährung von **Krankengeld bei Arbeitsausfall wegen Kurzarbeit** vgl. die Sonderregelungen des SGB V (§ 47 b SGB V; zu den Neuregelungen beim Kurzarbeitergeld im SGB III vgl. Hammer/Weiland, BB 97, 2582). Wenn infolge eines **gesetzlichen Feiertages** kein Anspruch auf Kurzarbeitergeld besteht, so wird der Entgeltfortzahlungsanspruch nach § 4 Abs. 2 in Verbindung mit § 2 berechnet (vgl. § 2 Rn. 66 ff. und § 4 Rn. 54; GKK, § 3 Rn. 66, § 4 Rn. 50).

Ruhende Arbeitsverhältnisse

Bei **ruhenden Arbeitsverhältnissen**, z. B. weil der Arbeitnehmer seinen **75** **Grundwehrdienst** oder seinen **Zivildienst** leistet, entsteht kein Anspruch auf Entgeltfortzahlung (vgl. BAG v. 2. 3. 1971, DB 71, 1627; Schmitt, § 3 Rn. 75).

Bei einer **witterungsbedingten Arbeitsunterbrechung** besteht ein Ent- **76** geltfortzahlungsanspruch dann, wenn die Ausfallzeiten vom Arbeitgeber sonst auch vergütet worden wären. Ist dies nicht der Fall, so erhält der erkrankte Arbeitnehmer insoweit auch keine Entgeltfortzahlung vom Arbeitgeber, aber Krankengeld nach den Bestimmungen des SGB V (vgl. § 44 SGB V; Feichtinger, Rn. 94 f.; ausführlich Kass. Hdb.-Vossen, 2.2 Rn. 75 ff.).

Urlaub

Für das **Zusammentreffen** von **Urlaub** und **krankheitsbedingter Ar-** **77** **beitsunfähigkeit** enthält § 9 BUrlG eine Sonderregelung. Erkrankt der Arbeitnehmer während eines bezahlten (Erholungs-)Urlaubs, so werden die durch ärztliches Zeugnis nachgewiesenen Tage der Arbeitsunfähigkeit auf den Jahresurlaub nicht angerechnet (vgl. § 9 BUrlG – Anhang). Dem Arbeitnehmer steht daher ein Anspruch auf Entgeltfortzahlung nach dem EFZG zu, da alleinige Ursache für die Arbeitsverhinderung des Arbeitnehmers seine krankheitsbedingte Arbeitsunfähigkeit war (BAG v. 23. 12. 1971, DB 72, 831; vgl. auch BSG v. 26. 11. 1986, NZA 87, 611). Entsprechendes gilt auch für den Fall, dass die Arbeitsunfähigkeit bereits vor Urlaubsbeginn eingetreten ist (GKK, § 3 Rn. 67). Gleiches gilt für die Zeiten einer Kur, soweit nach § 9 ein Anspruch auf Entgeltfortzahlung besteht.

Bei **unbezahltem Sonderurlaub** ist **§ 9 BUrlG in der Regel nicht an-** **78** **wendbar**. Erkrankt ein Arbeitnehmer vor oder während eines vereinbarten unbezahlten Urlaubs, so besteht ein Entgeltfortzahlungsanspruch für die Zeit des unbezahlten Urlaubs grundsätzlich nicht (BAG v. 25. 5. 1983, DB 83, 2526). Eine **analoge Anwendung** des § 9 BUrlG wird allerdings dann bejaht, wenn sich der unbezahlte **Urlaub an einen bezahlten anschließt und** wie dieser eindeutig erkennbar ebenfalls **Erholungszwecken dienen soll** (BAG v. 3. 10. 1972, AuR 72, 378; vgl. ausführlich GKK, § 3 Rn. 68 ff.).

Veränderung der Arbeitszeit, Freischichten

Beim **Arbeitsausfall**, der **wegen Verlegung oder Verkürzung der Ar-** **79** **beitszeit (z. B. Freischichten zwischen Weihnachten und Neujahr)** eintritt, gilt Folgendes: Für Tage, an denen die Arbeit aufgrund einer wirksamen (nicht gegen einen Tarifvertrag verstoßenden) Betriebsvereinbarung **entgeltlos ausfällt**, hat ein arbeitsunfähig erkrankter Arbeitnehmer keinen Anspruch auf Entgeltfortzahlung nach dem EFZG, weil er auch ohne die Krankheit nicht gearbeitet und kein Arbeitsentgelt bezogen hätte (BAG v. 9. 5. 1984, DB 84, 2099; v. 21. 8. 1991, DB 91, 1547; GKK, § 3 Rn. 79; KDHK, § 3 Rn. 75). Wird die Arbeitszeit verlegt, so kommen Entgeltfortzahlungsansprüche auch für diejenigen Zeiträume in Betracht, in denen wegen der **Arbeitszeitverlegung** vor- oder nachgearbeitet wird; allerdings nicht für die arbeitsfrei erklärten Tage (BAG v. 22. 8. 1967, AP Nr. 42 zu § 1 ArbKrankhG), es sein denn, der Arbeitnehmer hätte bei nicht bestehender Krankheit auch für diese arbeitsfreien Tage einen Vergütungsanspruch gehabt. Wird die Planwochenarbeitszeit beispielsweise auf vier Tage von Montag bis Donnerstag unter Freistellung des Freitags verteilt, so scheiden für diesen Freitag Entgeltfortzahlungsansprüche aus (BAG v. 8. 3. 1989, DB 89, 1777). Beim sog. **Freischichtenmodell** kann die Berechnung des fortzuzahlenden Entgelts problematisch werden (vgl. § 4 Rn. 39 f.; GKK, § 4 Rn. 38; Schmitt, § 4 Rn. 28 ff.; Bäringer, NZA 86, 88; Veit, NZA 90, 249; Zietsch, NZA 97, 526).

80 Der Anspruch auf Entgeltfortzahlung entfällt bei Freischichten nur dann, wenn Erkrankung und eine **unbezahlte Freischicht zusammentreffen** (vgl. Veit, NZA 90, 249). **Arbeitszeitverlegungen**, die die regulären Arbeitsentgeltansprüche unberührt lassen (vgl. § 17 Abs. 5 BAT), haben keine entgeltfortzahlungsrechtlichen Auswirkungen. So behält ein Arbeitnehmer seinen Entgeltfortzahlungsanspruch z. B. dann, wenn er zunächst Überstunden (z. B. für ein Arbeitszeitkonto) ohne Vergütung geleistet hat und dann während der für den Ausgleich der Überstunden bestimmten freien Zeit arbeitsunfähig erkrankt (vgl. Boecken, Münch. Hdb. Bd. I, § 83 Rn. 64 f.). Der Arbeitnehmer kann dann aber nicht Entgelt und die Nachgewährung der freien Zeit verlangen (vgl. BAG v. 2. 12. 1987, DB 88, 1224; v. 10. 7. 1996, DB 97, 333; Feichtinger, Rn. 90). Gleiches dürfte gelten bei **Arbeitszeitverkürzungen** in Kombination mit besonderen Arbeitszeitverteilungen, z. B. bei einer Arbeitsfreistellung von mehreren Wochen oder Monaten unter Beibehaltung der sonst üblichen »**Jahresarbeitszeit**«. In solchen Fällen, in denen auch während der arbeitsfreien Zeit Arbeitsentgelt gezahlt wird, besteht unter Vorliegen der sonstigen Voraussetzungen des EFZG ein Entgeltfortzahlungsanspruch während der freien Arbeitszeit (GK-EFZR-Birk, § 1 LFZG Rn. 163 ff.). Gleiches gilt für die Fälle der Altersteilzeit (vgl. Rn. 63).

Wegfall anderer Ursachen
81 Der **Wegfall anderer Ursachen**, die den Arbeitsausfall zumindest mitbedingt hatten (z. B. Kurzarbeit, Beschäftigungsverbot etc.), führt, wenn die Arbeitsunfähigkeit infolge Krankheit zu diesem Zeitpunkt noch vorliegt, **zu einem Entgeltfortzahlungsanspruch** des Arbeitnehmers, wenn die durch Krankheit beruhende Arbeitsunfähigkeit die alleinige Ursache der Arbeitsverhinderung ist (vgl. BAG v. 14. 6. 1974, RdA 74, 315).

5. Unverschuldete Arbeitsunfähigkeit

a) Verschulden

Der **Entgeltfortzahlungsanspruch setzt voraus**, dass die **Arbeitsverhinderung eintritt, ohne dass den Arbeitnehmer ein Verschulden trifft**. Die bisher entwickelten Rechtsgrundsätze zur Verschuldensfrage können uneingeschränkt angewandt werden, weil auch die »Vorgängervorschriften« des § 3 Abs. 1 (vgl. Rn. 1) Nichtverschulden des Arbeitnehmers voraussetzten (vgl. Schmitt, § 3 Rn. 4 ff., 84 ff.).

82

Das BAG hat in seiner ständigen Rechtsprechung folgenden **Verschuldensbegriff** im Sinne der Entgeltfortzahlung bei Krankheit geprägt. Danach ist **Verschulden** ein **gröblicher Verstoß** gegen das von einem verständigen Menschen im eigenen Interesse zu erwartende (gebotene) Verhalten (subjektives Merkmal), dessen Folgen auf den Arbeitgeber abzuwälzen (objektives Merkmal) unbillig wäre (vgl. u. a. BAG v. 30. 5. 1958, AP Nr. 5 zu § 63 HGB; BAG v. 11. 11. 1987, DB 88, 402; Schmitt, § 3 Rn. 85).

83

Die **subjektive Komponente** des »gröblichen Verstoßes gegen das von einem verständigen Menschen im eigenen Interesse zu erwartende Verhalten« **setzt ein Verschulden des Arbeitnehmers** (ähnlich § 254 Abs. 1 BGB) **gegen sich selbst voraus** (BAG v. 7. 10.1981, DB 81, 2184). Es muss sich dabei um einen gröblichen Verstoß handeln. **Leichte Fahrlässigkeit genügt nicht**, sondern es muss ein **besonders leichtfertiges, grob fahrlässiges oder vorsätzliches Verhalten** vorliegen (vgl. GKK, § 3 Rn. 98 m. w. N.).

84

Um den **Entgeltfortzahlungsanspruch auszuschließen, muss** das **Verschulden** für die eingetretene Arbeitsunfähigkeit **ursächlich** gewesen sein (BAG v. 7. 10. 1981, DB 81, 2184). Ein schuldhaftes Verhalten während einer bereits bestehenden Arbeitsunfähigkeit kann dann von Bedeutung sein, wenn es zu einer Verlängerung der Arbeitsunfähigkeit führt (vgl. BAG v. 13. 11. 1979, DB 80, 741; BAG v. 26. 8. 1993, NZA 94, 63; Schmitt, § 3 Rn. 87).

85

Das subjektive Merkmal wird durch eine **objektive Komponente** ergänzt, wenn man verlangt, dass die **Belastung des Arbeitgebers nicht grob unbillig** sein darf. Der Arbeitnehmer soll sich zwar frei und nach seinem Belieben »bewegen« können, er darf das kalkulierbare Krankheitsrisiko jedoch nicht zu Lasten des Arbeitgebers verschieben (vgl. GKK, § 3 Rn. 98). Das objektive Merkmal »grob unbillig« ist allerdings äußerst **restriktiv zu handhaben** (vgl. Marienhagen/Künzl, § 3 Rn. 26 c). Eine unbillige Belastung des Arbeitgebers ist daher nur in Extremfällen zu bejahen, da ansonsten die Grundkonzeption des EFZG, wonach der Arbeitgeber regelmäßig zur Entgeltfortzahlung verpflichtet ist, unterlaufen würde (vgl. Schmitt, § 3 Rn. 88; vgl. auch die kritischen Ausführungen von Schneider, MDR 75, 111 zum vom BAG entwickelten Verschuldensbegriff).

86

EFZG § 3

87 Grundsätzlich ist nur **eigenes Verschulden und nicht das Verschulden Dritter** maßgeblich. Beruht die Arbeitsverhinderung nicht auf eigenem Verschulden im Sinne der genannten Definition, so besteht der Entgeltfortzahlungsanspruch auch dann, wenn ein **Dritter** die Arbeitsverhinderung **(mit-)verschuldet** hat. Der Arbeitgeber kann dann den Entgeltfortzahlungsanspruch nicht mit der Begründung verweigern, der Arbeitnehmer könne seine (Schadensersatz-)Ansprüche anderweitig geltend machen, denn der Ausgleich erfolgt über § 6 (vgl. dort), wonach der Schadensersatzanspruch des arbeitsunfähig Erkrankten insoweit auf den Arbeitgeber übergeht, als dieser nach dem EFZG zur Entgeltfortzahlung verpflichtet ist (vgl. KDHK, § 3 Rn. 98).

88 Ob beide Komponenten (subjektives und objektives Merkmal) vorliegen und mithin ein Verschulden zu bejahen ist, kann nur unter Berücksichtigung der gesamten Umstände des konkreten Einzelfalls festgestellt werden.

b) Einzelfälle

89 Die Rechtsprechung hat in einer Vielzahl von Entscheidungen den Begriff des Verschuldens konkretisiert. Obwohl immer unter Abwägung aller Umstände des Einzelfalls jeweils festzustellen ist, ob ein Verschulden vorliegt, kann man folgende Fallgruppen systematisieren:

90 **Verschulden** bei **allgemeinen Erkrankungen** wird man **grundsätzlich nicht** annehmen können. Ein allgemeiner Verdacht gegenüber dem Arbeitnehmer, eine Erkrankung ginge auf sein Verschulden zurück, wäre auch mit der Menschenwürde nicht vereinbar (vgl. BAG v. 9. 4. 1960, AP Nr. 12 zu § 63 HGB). Insbesondere bei **Krankheiten des »täglichen Lebens«** wie z. B. **Erkältungen** und **Infektionen** sowie bei **alters- und anlagebedingten Krankheiten** scheidet regelmäßig ein **Verschulden** des Arbeitnehmers **aus** (vgl. GKK, § 3 Rn. 102; Boecken, Münch. Hdb. Bd. I, § 83 Rn. 101).

91 **Verschulden** kann allerdings dann **zu bejahen** sein, wenn der Arbeitnehmer eine Krankheit bewusst herbeiführt, indem er sich **besonders leichtfertig, grob fahrlässig** oder gar **vorsätzlich** (vgl. Rn. 83 ff.) Gefahren für die Gesundheit aussetzt. Dies kann z. B. dann der Fall sein, wenn der Arzt ein eindeutiges Verbot bezogen auf ein bestimmtes Verhalten (z. B. Rauchverbot nach einem Herzinfarkt) ausgesprochen hat (BAG v. 17. 4. 1985, DB 86, 976).

92 Ein **Verschulden liegt nicht vor**, wenn die Krankheit herbeigeführt wurde, um **Hilfe zu leisten;** z. B. wenn sich ein Arbeitnehmer aus hoch stehenden ethischen Motiven (und nicht etwa aus rein finanziellen Gründen) als Spender für eine **Organverpflanzung** zur Verfügung stellt (vgl. GKK, § 3 Rn. 104; abweichend BAG v. 6. 8. 1986, DB 87, 540).

93 **Verschulden** ist auch immer dann **zu verneinen**, wenn ein Arbeitnehmer die **Arbeitsunfähigkeit** herbeiführt, **um eine Krankheit**, die als solche

noch nicht zur Arbeitsunfähigkeit geführt hat, **zu beseitigen**. Bei notwendigen **stationären Behandlungen**, z.B. bei einer Behinderung der Nasenatmung (LAG Hamm v. 9. 3. 1988, DB 88, 1455), ist dies grundsätzlich unumstritten (vgl. Rn. 45, GKK, § 3 Rn. 105 m. w. N.), gilt aber auch bei **ambulanten Behandlungen** (vgl. Rn. 46). Bei der **künstlichen Befruchtung** aufgrund Unfähigkeit zur Empfängnis liegt dann kein Verschulden vor, wenn eine psychische oder medizinische Notwendigkeit für diese Maßnahme anzuerkennen ist (ArbG Düsseldorf v. 5. 6. 1986, NJW 86, 2394; GKK, § 3 Rn. 105; a. A. Müller/Roden, NZA 89, 128).

Die Frage, inwieweit ein Verschulden bei Arbeitsunfähigkeit wegen einer **94** **Aids-Erkrankung** in Betracht kommt, ist bisher von der einschlägigen Rechtsprechung noch nicht entschieden. Man wird aber grundsätzlich ein Verschulden verneinen müssen, da die Inkubationszeiten bei Aids-Infektionen mehr als zehn Jahre betragen können und somit der Nachweis der Infektionsursache mehr als problematisch ist (vgl. Boecken, Münch. Hdb. Bd. I, § 83, Rn. 103). Die gegenteilige Auffassung in der Literatur (vgl. Brecht, § 3 Rn. 35; so wohl auch Helml, § 3 Rn. 63), die hauptsächlich die Verknüpfung zwischen Aids-Erkrankung und **Geschlechtsverkehr** betrachtet, kann nicht überzeugen, denn eine Infizierung mit dem Aids-Virus kann vielfältige Ursachen haben, z. B. neben dem ungeschützten Geschlechtsverkehr auch **Bluttransfusionen, Blutgerinnungspräparate** oder kontaminierte **Injektionsbestecke** (GKK, § 3 Rn. 106). Die mehrfach bekannt gewordenen Fälle von mit dem Aids-Virus verseuchten Blutplasma sollten Anlass dazu geben, bei Aids-Erkrankten die Unschuldsvermutung gelten zu lassen.

Der in der Literatur häufig vertretene Grundsatz, wonach Arbeitsunfähigkeit als Folge einer **Verletzung bei Schlägereien** oder **Raufereien** in der Regel als verschuldet angesehen werden muss (vgl. GKK, § 3 Rn. 140 m. w. N.), ist zu allgemein. Die Verschuldensfrage kann insbesondere bei diesen Sachverhalten nur unter Berücksichtigung der konkreten Umstände des jeweiligen Einzelfalls entschieden werden. Dabei sind Gesichtspunkte wie vorheriges **provokatives Verhalten** etwa durch eine **Beleidigung** oder **Kränkung** (BAG v. 13. 11. 1974, AP Nr. 45 zu § 616 BGB), Art und Umfang des Beginns oder der Beteiligung an der Schlägerei zu berücksichtigen. U. U. kann ein Mitverschulden an einer Schlägerei ausreichen, um den Entgeltfortzahlungsanspruch auszuschließen (vgl. OLG Koblenz v. 14. 7. 1993, BB 94, 719). **95**

Den Arbeitnehmer trifft ein **Verschulden an seiner Arbeitsunfähigkeit**, **96** wenn ihm eine schwere Körperverletzung von einer betrunkenen Person (4,1 Promille Blutalkoholkonzentration) zugefügt wird, die er in seine Wohnung mitgenommen hat und der er **Alkohol zur Verfügung gestellt** hat (LAG Baden-Württemberg v. 30. 3. 2000, NZA-RR 02, 349).

Bei einem **Selbstmordversuch** trifft den Arbeitnehmer kein Verschulden **97** im Sinne von Abs. 1 Satz 1, da nach heutigen Erkenntnissen der Selbst-

EFZG § 3

mordforschung bei **Suizidhandlungen** die freie Willensbestimmung ausgeschlossen oder zumindest erheblich gemindert ist. Dem Arbeitnehmer fehlt demnach regelmäßig die erforderliche Zurechnungsfähigkeit (BAG v. 28. 2. 1979, DB 79, 1803).

98 Bei einer **Suchtkrankheit** bedeutet Sucht eine vor allem **psychische Abhängigkeit** von bestimmten Mitteln, deren Nicht-Konsum zu Abstinenzerscheinungen führt. Dabei kommen als Suchtmittel **Drogen** aller Art, **Alkohol, Medikamente** oder auch **Nikotin** in Betracht. Jede Form von **Sucht ist eine Krankheit im medizinischen Sinne** (BAG v. 7. 8. 1991, DB 91, 2488; vgl. auch Boecken, Münch. Hdb. Bd. I, § 83 Rn. 104 ff. m. w. N.). Dabei genügt die Abhängigkeit als solche (das typische »Nicht-mehr-aufhören-Können«), körperliche oder psychische Symptome müssen noch nicht erkennbar sein.

99 Die Frage, ob es einen Erfahrungssatz dahingehend gibt, dass eine Sucht (insbesondere eine Alkoholsucht) in der Regel selbst verschuldet sei, hatte die frühere Rechtsprechung mit der Folge einer Beweislastumkehr bejaht (BAG v. 7. 12. 1972, AP Nr. 26 zu § 1 LohnFG). Mit seiner Entscheidung aus dem Jahre 1983 (BAG v. 1. 6. 1983, DB 83, 2420; vgl. auch BAG v. 7. 8. 1991, DB 91, 2488) hat das BAG seine frühere Rechtsprechung aufgegeben und einen solchen Erfahrungssatz ausdrücklich verneint. Das Gericht trug damit der wissenschaftlichen Erkenntnis Rechnung, dass **Suchterkrankungen** ihre verschiedensten Ursachen haben können, die vom Arbeitnehmer nicht, zumindest nicht in grob fahrlässiger Weise verschuldet sind (vgl. Boecken, Münch. Hdb. Bd. I, § 83 Rn. 104 ff.). Demnach bleibt es auch **bei Suchterkrankungen** bei der **allgemeinen Beweislastregel**, wonach der Arbeitgeber unter Berücksichtigung der konkreten Umstände des Einzelfalles ein Verschulden des suchtkranken Arbeitnehmers darlegen und beweisen muss (zur Beweisregel vgl. Rn. 111 f.).

100 Bei der **Beurteilung des Verschuldens** ist nicht auf den **Zeitpunkt** des Beginns der Arbeitsunfähigkeit abzustellen, sondern auf die Zeit vor dem Beginn der als Krankheit zu wertenden (z. B. Alkohol-)Abhängigkeit (BAG v. 1. 6. 1983, DB 83, 2420; ausführlich Boecken, Münch. Hdb. Bd. I, § 83 Rn. 106; GKK, § 3 Rn. 136).

101 Wird bei einem **Unfall** der Arbeitnehmer infolge plötzlicher Einwirkung von außen durch Dritte oder durch sich selbst so stark beeinträchtigt, dass er arbeitsunfähig erkrankt, so gilt auch hier der Grundsatz, dass der Unfall auf ein vorsätzliches oder grob fahrlässiges Verhalten des Arbeitnehmers zurückgehen muss, um ein Verschulden annehmen zu können.

102 Für den **heimischen und gesellschaftlichen** Bereich wird überwiegend ein Verschulden des Arbeitnehmers verneint (vgl. Einzelfälle bei GKK, § 3 Rn. 113), es sei denn, es bestehen einschlägige Regelungen, wie insbesondere im Straßenverkehr (dazu Rn. 107 ff.) und bei einigen Sportarten (vgl. Rn. 104 ff.).

Bei **Arbeitsunfällen** geht es bei der Verschuldensfrage meist darum, ob **103** der Arbeitnehmer ein ausreichendes Maß an Vorsorge und Sicherheit hat walten lassen, um den eingetretenen Unfall zu verhindern. Die Nichtbeachtung von **Unfallverhütungsvorschriften** der Berufsgenossenschaften oder **Sicherheitsanweisungen** des Arbeitgebers genügen grundsätzlich für sich allein noch nicht, um ein Verschulden nach Abs. 1 Satz 1 zu bejahen. Es muss ein grober Verstoß gegen sie vorliegen (ArbG Passau v. 18. 11. 1988, BB 89, 70; KDHK, § 3 Rn. 101 f.), woran es immer dann fehlt, wenn etwa der Arbeitgeber das normwidrige Verhalten des Arbeitnehmers geduldet hat (vgl. GKK, § 3 Rn. 117). Beim Nichttragen von **Sicherheitskleidung** (z. B. Schutzhelm, Sicherheitsschuhe) müssen zusätzliche Umstände hinzutreten, um ein »Verschulden gegen sich selbst« annehmen zu können. Ein Verschulden wurde z. B. dann bejaht, wenn ein Arbeitnehmer trotz vorheriger Belehrung über die Pflicht zum Tragen eines **Schutzhelmes** diesen bei Bauarbeiten nicht aufsetzt (Hess. LAG v. 6. 9. 1965, DB 66, 584) oder nach Aufforderung bereitgestellte **Sicherheitsschuhe** nicht trägt (LAG Baden-Württemberg v. 26. 9. 1978, DB 79, 1044). Stellt der Arbeitgeber allerdings die eigentlich erforderliche **Schutzkleidung nicht kostenlos** zur Verfügung, so trifft den Arbeitnehmer in der Regel **kein Verschulden** (vgl. LAG Bln. v. 31. 3. 1981, DB 82, 707; Schmitt, § 3 Rn. 95). Ein Verschulden ist auch dann zu verneinen, wenn die Verletzung auch bei geeigneter Sicherheitskleidung eingetreten wäre (LAG Saarl. v. 24. 5. 1972, EEK I/280; zur Verpflichtung des Arbeitgebers zur kostenlosen Verfügungstellung von Sicherheitskleidung vgl. auch BAG v. 18. 8. 1982, DB 83, 234).

Bei der Arbeitsunfähigkeit infolge eines **Sportunfalls** hat das BAG in **104** seiner Rechtsprechung **drei Fallgruppen** herauskristallisiert (vgl. BAG v. 7. 10. 1981, DB 82, 706). **Danach handelt** im Sinne der Entgeltfortzahlungsbestimmungen **schuldhaft**, wer

– sich in einer seine Kräfte und Fähigkeiten deutlich übersteigenden Weise sportlich betätigt,

– wer in besonders grober Weise und leichtsinnig gegen anerkannte Regeln der jeweiligen Sportart verstößt oder

– wer eine besonders gefährliche Sportart betreibt.

Das BAG hat allerdings in keinem der von ihm bisher entschiedenen Fälle ein Verschulden eines Arbeitnehmers konkret bejaht, sondern nur jeweils festgestellt, dass die von der Rechtsprechung aufgestellten Grenzen noch eingehalten worden sind.

Eine **gefährliche Sportart** im Sinne der Rechtsprechung ist dann anzunehmen, wenn »das **Verletzungsrisiko** bei objektiver Betrachtung so groß **105** ist, dass auch ein gut ausgebildeter Sportler bei sorgfältiger Beachtung aller Regeln dieses Risiko nicht vermeiden kann« (BAG v. 7. 10. 1981, AP Nrn. 4, 5 zu § 1 LohnFG). Die mit der Sportart verbundenen Risiken müssen unbeherrschbar sein. Zur Feststellung dieser Risiken sind Erhebungen über die Unfallhäufigkeit nicht geeignet. Maßgebend ist allein die Frage der **persönlichen Eignung** des Arbeitnehmers, diese Sportart auszuüben (LAG Rheinland-Pfalz v. 29. 10. 1998, LAGE § 3 EFZG Nr. 2). Die Rechtsprechung ist außerordentlich zurückhaltend, wenn es um die Qualifizierung einer Sportart als gefährliche Sportart geht. So wurde von den Gerichten bei Unfällen in folgenden Sportarten ein Verschulden verneint: **Amateurboxen** (BAG v. 1. 12. 1976, AP Nr. 42 zu § 1 LohnFG); **Drachenfliegen** (BAG v. 7. 10. 1981, AP Nr. 45 zu § 1 LohnFG); **Fallschirmspringen** (LAG Bln. v. 12. 2. 1970, DB 70, 1838); **Fußball** im Amateurverein **als Freizeitsport** (BAG v. 21. 1. 1976, AP Nr. 39 zu § 1 LohnFG); **Grasbahnrennen** (ArbG Hagen v. 19. 11. 1968, DB 69, 134); **Karate** (ArbG Saarbrücken v. 29. 4. 1974, EEK I/439); **Moto-Cross-Rennen** (BAG v. 25. 2. 1972, AP Nr. 18 zu § 1 LohnFG); **Ski-Sport** (LAG Bremen v. 20. 8. 1963, BB 64, 220); **Ski-Springen** (LAG Bayern v. 3. 5. 1972, BB 72, 1324). Ähnlich dem Drachenfliegen und Fallschirmspringen wird man **Bungee-Springen grundsätzlich nicht als gefährliche Sportart** qualifizieren (a. A. Gerauer, NZA 94, 496).

106 Ein **Verschulden** wurde von den Instanzgerichten **bejaht** beim **Kickboxen** (vgl. ArbG Hagen v. 15. 9. 1989, NZA 90, 311) und bei einem **Amateurboxer**, der zweimal denselben Mittelhandknochen bei der Ausübung des Boxsports gebrochen hatte (ArbG Essen v. 14. 12. 1966, DB 67, 429).

107 Bei **Verkehrsunfällen** bilden **besondere Schwerpunkte** die Nichteinhaltung der Straßenverkehrsordnung, Trunkenheit von Fahrern oder Fußgängern und das Nichtanlegen von Sicherheitsgurten.

108 Ist **Ursache** eines Verkehrsunfalles die **Nichtbeachtung von Vorschriften der StVO** durch einen Autofahrer, so bejaht die Rechtsprechung grundsätzlich ein **Verschulden;** z. B. bei einer **Fahrt mit erhöhter Geschwindigkeit** bei abgeblendeten Scheinwerfern (BAG v. 5. 4. 1962, DB 62, 971); bei **Missachtung der Vorfahrt** (LAG Bayern v. 2. 12. 1964, EEK I/088); bei **falschem Überholen** (LAG Düsseldorf v. 23. 2. 1959, EEK I/098); beim **Auffahren** auf ein parkendes Fahrzeug beim Suchen einer Hausnummer (ArbG Kiel v. 27. 6. 1980, EEK I/684). Das **Nichtanlegen eines Sicherheitsgurtes** stellt einen **groben Verstoß** gegen das Eigeninteresse dar und ist somit schuldhaft im Sinne des Abs. 1 Satz 1, **wenn das Unterlassen kausal für die Verletzung** war (BAG v. 7. 10. 1981, DB 82, 496; KDHK, § 3 Rn. 104).

109 Bei **Verkehrsunfällen infolge Trunkenheit** geht die Rechtsprechung durchweg davon aus, dass der Fahrer/Arbeitnehmer seine Arbeitsunfähigkeit schuldhaft herbeigeführt hat (BAG v. 30. 3. 1988, DB 88, 1403; GKK, § 3 Rn. 122).

110 Bei einem **Beifahrer** wird man grundsätzlich andere Maßstäbe an das Verschulden stellen. Die Rechtsprechung hat allerdings ein **Verschulden des Beifahrers** bejaht, wenn dieser **bei einem erkennbar fahruntüchtigen Fahrer mitfährt** (vgl. LAG Düsseldorf v. 2. 10. 1968, DB 68, 1908) oder aber **wenn der Beifahrer wegen eigener Trunkenheit nicht mehr beurteilen kann, ob der Fahrer fahruntüchtig ist** (Hess. LAG v. 24. 4. 1989, DB 89, 1826). Bei einem **Fußgänger** wurde Verschulden angenommen, weil er mit großer Eile und ohne jede Vorsicht die Fahrbahn überquerte, um noch einen abfahrtbereiten Bus zu erreichen (LAG Hamm v. 5. 10. 1983, DB 84, 515).

c) Beweislastregeln

Der **Arbeitgeber** trägt grundsätzlich die **Darlegungs- und Beweislast**, **111** d. h., er muss in der Regel ein Verschulden des Arbeitnehmers beweisen, wenn er eine Entgeltfortzahlung aus diesem Grunde ablehnen will (BAG v. 7. 8. 1991, DB 91, 2488; vgl. zur Beweislastregel ausführlich GKK, § 3 Rn. 146 ff.).

Der Grundsatz, dass dem Arbeitgeber die Darlegungs- und Beweislast **112** obliegt, verbietet es nicht, **in Ausnahmefällen den Beweis des ersten Anscheins** gelten zu lassen. Sprechen Umstände nach den Erfahrungen des Lebens für ein schuldhaftes Verhalten des Arbeitnehmers, so kann ihn zunächst die Darlegungslast und evtl. später auch die Beweislast dahingehend treffen, dass ein Verschulden nicht vorlag (vgl. Boecken, Münch. Hdb. Bd. I, § 83 Rn. 99; ausführlich GKK, § 3 Rn. 147 ff.).

6. Entgeltfortzahlungszeitraum

a) Beginn

Das Entstehen des Entgeltfortzahlungsanspruchs setzt die Erfüllung aller **113** gesetzlichen Tatbestandsmerkmale voraus. Dies bedeutet, dass ein **Anspruch erst** entstehen kann, wenn ein **vollwirksames Arbeitsverhältnis** gegeben ist und dieses Arbeitsverhältnis gem. § 3 Abs. 3 EFZG vier Wochen ununterbrochen angedauert hat (vgl. zu § 3 Abs. 3 EFZG Rn. 149 ff.). Wird z. B. der Arbeitnehmer nach Abschluss des Arbeitsvertrages, aber vor dem Tag der vereinbarten Arbeitsaufnahme krank, so beginnt der Entgeltfortzahlungsanspruch nach der vierwöchigen Wartezeit; an diesem Tag beginnt auch die Sechswochenfrist zu laufen (BAG v. 25. 9. 1999, DB 99, 1170; Schmitt, § 3 Rn. 232 f.).

Der Entgeltfortzahlungsanspruch entsteht unmittelbar **mit Eintritt der** **114** **Arbeitsunfähigkeit** (vgl. GKK, § 3 Rn. 186; Schmitt, § 3 Rn. 124). Ein evtl. gegebenes Leistungsverweigerungsrecht des Arbeitgebers nach § 7 Abs. 1 Nr. 1 EFZG hindert nicht das Entstehen des materiell-rechtlichen Anspruchs (vgl. dazu § 7 Rn. 4 ff.).

Beginn und Ende der Entgeltfortzahlung berechnen sich grundsätzlich **115** **nach den allgemeinen Fristenregelungen des BGB**, also nach den §§ 187, 188 BGB (vgl. BAG v. 21. 9. 1971, AP Nr. 6 zu § 1 LohnFG). Aus Gründen der Vereinfachung werden danach Fristen nur nach vollen Tagen berechnet (vgl. GKK, § 3 Rn. 189; Schmitt, § 3 Rn. 123). Gem.

§ 187 Abs. 1 BGB wird der Tag, in den das Ereignis der Arbeitsverhinderung infolge Arbeitsunfähigkeit fällt, nicht mitgerechnet. Wird der Arbeitnehmer an einem arbeitsfreien Samstag, Sonn- oder Feiertag arbeitsunfähig krank, so beginnt die Frist ebenfalls erst am darauf folgenden Tag zu laufen. § 193 BGB ist hier nicht anzuwenden (KDHK, § 3 Rn. 134). Dies entspricht dem Gesetz und wird i. d. R. durch die Rechtsprechung des BAG bestätigt (BAG v. 22. 2. 1973, DB 73, 976). Dabei ist zu beachten, dass der Tag der Erkrankung nur bei der Berechnung der Frist nicht mitzählt. Dies bedeutet aber nicht, dass der Arbeitnehmer für diesen Tag keinen Anspruch auf Entgeltfortzahlung hat. Der Anspruch auf Entgeltfortzahlung besteht grundsätzlich für die Zeit der Arbeitsunfähigkeit. Er ist lediglich in zeitlicher Hinsicht dahingehend begrenzt, dass er nicht über die Dauer von sechs Wochen hinausgeht. Die Bestimmung des Beginns dieses 6-Wochen-Zeitraumes berührt daher den Entgeltfortzahlungsanspruch nicht (vgl. BAG v. 4. 5. 1971, AP Nr. 3 zu § 1 LFZG; KDHK, § 3 Rn. 108).

Unumstritten ist diese Fristberechnung in den Fällen, in denen der Arbeitnehmer **nach Arbeitsaufnahme erkrankt**, also entweder während der Arbeitszeit oder nach Arbeitsschluss, da in diesen Fällen der Arbeitnehmer zumindest teilweise gearbeitet hat. Hier beginnt die 6-Wochen-Frist nach § 187 Abs. 1 BGB am darauf folgenden Tag zu laufen.

116 Die Fristberechnung ist für denjenigen Fall umstritten, in dem der Arbeitnehmer am Tag der Arbeitsaufnahme, aber **vor Beginn der Tätigkeit erkrankt**. Nach Ansicht des BAG (BAG v. 2. 12. 1981, AP Nr. 48 zu § 1 LohnFG; v. 12. 7. 1989, AP Nr. 77 zu § 616 BGB) und einem großen Teil der Literatur (vgl. GKK, § 3 Rn. 191 m. w. N.; KDHK, § 3 Rn. 135) soll die 6-Wochen-Frist (entgegen § 187 Abs. 1 BGB) bereits mit diesem Tag beginnen. Das BAG begründet seine Auffassung damit, dass man den Grundsatz des § 187 Abs. 1 BGB der besonderen Situation des Arbeitsverhältnisses anpassen müsse, in der die Pflicht zur Arbeitsleistung nur an bestimmten Teilen eines Kalendertages zu erbringen sei. Daher müsse für die Frage, in welchen Tag das auslösende Ereignis der Arbeitsunfähigkeit fällt, statt auf den Beginn des Kalendertages auf denjenigen Tageszeitpunkt abgestellt werden, zu dem die Arbeitsunfähigkeit überhaupt erst rechtliche Bedeutung gewinnen kann, d. h. auf den Beginn der Arbeitsschicht. Dieser Ansicht ist zu Recht entgegengehalten worden, dass damit das Hauptanliegen der Fristenregelungen, nämlich die Rechtssicherheit, außer Betracht gelassen würde (vgl. Hoffmann in Festschrift für Hilger/Stumpf 1983, S. 343, 350). Es ist auch kein zwingender Grund ersichtlich, von den allgemeinen Fristenregelungen des BGB, insbesondere des § 187 Abs. 1 BGB, abzuweichen. Daher **beginnt** bei allen Fallkonstellationen (auch bei der Erkrankung am Tag der Arbeitsaufnahme, aber vor Beginn der Tätigkeit) die **6-Wochen-Frist einen Tag nach Eintritt der Arbeitsverhinderung** (so auch Hoffmann, a. a. O.; Kehrmann/Pelikan, § 1 LFZG Rn. 60a; Boecken, Münch. Hdb. Bd. I, § 84 Rn. 57; im Ergebnis auch Schmitt, § 3 Rn. 128; Buschmann, AuR 96, 285).

b) Dauer

Die Entgeltfortzahlung im Krankheitsfall wird höchstens für die **Dauer** **117** **von sechs Wochen** gewährt (vgl. Rn. 113 ff., 122 f.). Abgesehen von den Fällen, in denen der Entgeltzahlungszeitraum wegen »Nichtanrechnung« des ersten Arbeitsunfähigkeitstages (vgl. Rn. 115 f.) bis zu 43 Tagen umfassen kann, **entsprechen die sechs Wochen** grundsätzlich einer **Zeitspanne von 42 Kalendertagen** (vgl. BAG v. 22. 8. 2001, DB 02, 640).

c) Ruhendes Arbeitsverhältnis

Zu einer **Verschiebung des Beginns** des Entgeltfortzahlungszeitraums **118** kommt es, **wenn das Arbeitsverhältnis zum Zeitpunkt der Erkrankung ruht**, d. h., wenn die beiderseitigen Hauptpflichten (Pflicht zur Arbeitsleistung einerseits und Entgeltzahlungspflicht andererseits) suspendiert sind (vgl. BAG v. 9. 8. 1995, DB 96, 279). **Endet das Ruhen** des Arbeitsverhältnisses, so läuft von diesem Zeitpunkt an die normale 6-Wochen-Frist, denn es sind keine Gründe ersichtlich, den Arbeitgeber aus seiner sozialen Verpflichtung zu entlassen, solange er nicht die vom Gesetzgeber zugemuteten Leistungen voll erbracht hat (vgl. BAG v. 14. 6. 1974, AP Nr. 36 zu § 1 LohnFG; Schmitt, § 3 Rn. 129; zu den Ruhenstatbeständen vgl. Rn. 119 ff.; ausführlich GKK, § 3 Rn. 196 ff.).

Erkrankt also ein Arbeitnehmer **während** des **ruhenden Arbeitsverhältnisses**, so beginnt die 6-Wochen-Frist erst zu laufen, wenn das Arbeitsverhältnis wieder (vgl. BAG v. 6. 9. 1989, NZA 90, 142; Schaub, § 98 Rn. 62) aktiviert wird. **Begann die Arbeitsunfähigkeit vor dem Ruhen des Arbeitsverhältnisses, so wird die 6-Wochen-Frist durch das Ruhen gehemmt**. Sie läuft dann mit Wiederaufleben der Hauptpflichten weiter (vgl. Boecken, Münch. Hdb. Bd. I, § 84 Rn. 60). Ist beispielsweise das Ruhen für die Monate Juli bis September eines Jahres vereinbart, erkrankt der Arbeitnehmer am 20. Juni und dauert diese Erkrankung im Oktober an, bleiben die drei »Ruhemonate« bei der Berechnung der Entgeltfortzahlung unberücksichtigt. Dem Arbeitnehmer steht ab dem 1. Oktober so lange Entgeltfortzahlung zu, bis unter Einbeziehung der Krankheitszeit im Juni sechs Wochen erreicht sind.

Ein **Ruhen des Arbeitsverhältnisses** ist angenommen worden für die Zeit **119** des **Grundwehrdienstes** oder einer **Wehrübung** (§ 1 Abs. 1 ArbPlSchG; BAG v. 2. 3. 1971, DB 71, 1627). Gleiches muss während einer **Eignungsübung** bis zur **Dauer von vier Monaten** (§ 1 EignungsübungsG) sowie während des **Zivildienstes** (§ 78 Abs. 1 Nr. 1 ZDG) gelten (vgl. GKK, § 3 Rn. 196 f.).

Das **Arbeitsverhältnis ruht ebenso** während der **Schutzfristen** nach § 3 Abs. 2 und § 6 Abs. 1 MuSchG sowie während der Elternzeit nach §§ 15 ff. BErzGG (vgl. BAG v. 10. 5. 1989, DB 89, 2127). Es ruht auch dann, wenn der Arbeitnehmer **unbezahlten Sonderurlaub** in Anspruch nimmt (BAG v. 10. 2. 1972, DB 72, 831).

120 Beim **Arbeitskampf** muss man im Gegensatz zu früheren Entscheidungen (BAG v. 8. 3. 1973, AP Nr. 29 zu § 1 LohnFG) nun aus der Rechtsprechung des BAG (BAG v. 7. 6. 1988, DB 88, 2104; v. 15. 1. 1991, BB 91, 1194) folgern, dass ein Ruhenstatbestand bejaht werden muss (so auch GKK, § 3 Rn. 207; KDHK, § 3 Rn. 140; Boecken, Münch. Hdb. Bd. I, § 84 Rn. 61; zu Arbeitskampf und Entgeltfortzahlung vgl. Rn. 57 ff.).

121 Kein Ruhen des Arbeitsverhältnisses ist anzunehmen, wenn die Arbeit infolge **schlechten Wetters** (BAG v. 27. 8. 1971, BB 71, 1460; Schmitt, § 3 Rn. 136) ausfällt.

d) Ende

122 Der **Anspruch** auf Entgeltfortzahlung **endet**, wenn der Arbeitnehmer **nicht mehr arbeitsunfähig** ist (BAG v. 14. 9. 1983, DB 83, 2783). Ebenso endet die Entgeltfortzahlung nach § 3 mit dem Ablauf der 6-Wochen-Frist. Für die **Berechnung des Fristendes** gilt (bei ununterbrochenem Anspruch) § 188 Abs. 2 BGB. Die Frist endet daher mit Ablauf desjenigen Tages der sechsten Woche, welcher durch seine Benennung dem Tag entspricht, in den das Ereignis im Sinne des § 187 Abs. 1 BGB fällt. Erkrankt der Arbeitnehmer beispielsweise an einem Mittwoch, so erhält er für diesen Mittwoch Arbeitsentgelt. Die Entgeltfortzahlung beginnt am Donnerstag und endet nach sechs Wochen wiederum an einem Mittwoch. Bei der Berechnung der 6-Wochen-Frist dürfen lediglich Tage außer Betracht bleiben, an denen das Arbeitsverhältnis ruht (vgl. Rn. 118 ff.). § 193 BGB ist nicht anwendbar.

123 Der Anspruch auf Entgeltfortzahlung endet schließlich, wenn das Arbeitsverhältnis etwa infolge eines **Aufhebungsvertrages**, aufgrund einer **Befristung** oder wegen einer (rechtskräftigen) **Kündigung** endet (vgl. Schmitt, § 3 Rn. 154). Das gilt auch dann, wenn das Arbeitsverhältnis einverständlich in ein **Ruhestandsverhältnis** umgewandelt wird (BAG v. 3. 11. 1961, AP Nr. 1 zu § 78 SeemG). Ein **Anspruch** auf Weiterzahlung **über das Ende des Arbeitsverhältnisses hinaus** für die Zeit der Erkrankung bis zum Ablauf der 6-Wochen-Frist besteht nach § 8 allerdings dann, wenn der Arbeitgeber das Arbeitsverhältnis **aus Anlass der Erkrankung gekündigt hat oder wenn der Arbeitnehmer das Arbeitsverhältnis aus einem vom Arbeitgeber zu vertretenden Grunde kündigt**, der den Arbeitnehmer zur Kündigung aus wichtigem Grund ohne Einhaltung einer Kündigungsfrist berechtigt (vgl. dazu § 8).

7. Wiederholte Arbeitsunfähigkeit

a) Grundsätze

124 § 3 Abs. 1 Satz 2 **regelt die Entgeltfortzahlung für die Fälle**, in denen ein Arbeitnehmer **wiederholt krankheitsbedingt arbeitsunfähig** wird. Entscheidend für die Frage, ob bei wiederholter Arbeitsunfähigkeit ein Entgeltfortzahlungsanspruch besteht, ist, ob die Arbeitsunfähigkeit auf **die-**

selbe, fortgesetzte Krankheit** zurückgeht oder ihre; Ursache in verschiedenen, anderen Erkrankungen liegt. Bei **erneuter Arbeitsunfähigkeit** aufgrund einer **anderen Krankheit** ist grundsätzlich auch ein **neuer Entgeltfortzahlungsanspruch** gegeben, während bei einer **fortgesetzten Erkrankung** die den Entgeltfortzahlungsanspruch begrenzende Regelung des Abs. 1 Satz 2 eingreift (ausführlich zur Problematik der wiederholten Arbeitsunfähigkeit Marienhagen/Künzl, § 3 Rn. 52 ff.).

b) Dieselbe Krankheit

Ob **dieselbe, fortgesetzte Krankheit** vorliegt, ist in Anlehnung an die zu 125 § 48 SGB V entwickelten Grundsätze zu beurteilen (vgl. Schmitt, § 3 Rn. 168). Um **dieselbe Krankheit** handelt es sich dann, **wenn** die **wiederholte Erkrankung auf demselben Grundleiden beruht**, d. h. auf dieselbe chronische Veranlagung des Patienten zurückzuführen ist (vgl. BAG v. 7. 5. 1956, 4. 12. 1985, AP Nrn. 2, 42 zu § 63 HGB). Jede **erneute Erkrankung an ein und demselben** medizinisch nicht ausgeheilten **Grundleiden ist** als **dieselbe Krankheit** anzusehen. Die erneuten Erkrankungen sind dann nur Folgewirkungen, Phasen, Rückfälle oder Schübe eines (fort-)bestehenden Leidens und haben deshalb dieselbe Ursache wie eine frühere Krankheit (vgl. GKK, § 3 Rn. 219; Schmitt, § 3 Rn. 169). Die Krankheitssymptome müssen nicht identisch sein. Es kommt lediglich darauf an, ob die (unterschiedlichen) Symptome auf dasselbe Grundleiden zurückzuführen sind (vgl. Schmitt, § 3 Rn. 170).

»**Dieselbe Krankheit**« wurde z. B. angenommen bei einer **Geisteskrank-** 126 **heit**, die sich wiederkehrend in übermäßigem Alkoholmissbrauch bemerkbar macht und abwechselnd infolge trunkenheitsbedingten Verkehrsunfalls, trunkenheitsbedingten Treppensturzes und Einweisung zur Entziehungskur zur Arbeitsunfähigkeit führte (vgl. Hess. LAG v. 13. 12. 1971, EEK I/251). Ein **Fortsetzungszusammenhang** ist auch **zu bejahen bei Epilepsie**, wenn sich der Epileptiker bei verschiedenen zeitlich auseinander liegenden Anfällen einmal Hautabschürfungen, dann einen Armbruch, später eine Bisswunde an der Zunge und wiederum später einen Beinbruch zuzieht (BAG v. 4. 12. 1985, DB 86, 660). Eine wiederholte Arbeitsunfähigkeit liegt z. B. bei einer **Schwangerschaft** dann vor, wenn die mehrfach auftretenden Erkrankungen auf dieselbe (irregulär verlaufende) Schwangerschaft zurückzuführen sind (vgl. BAG v. 14. 11. 1984, DB 85, 710; GKK, § 3 Rn. 221; Schmitt, § 3 Rn. 172). Eine **fortgesetzte Erkrankung** liegt begrifflich **nicht vor, wenn die Arbeitsunfähigkeit auf verschiedenen Ursachen** beruht. Sie ist etwa dann zu verneinen, wenn eine Arbeitnehmerin zunächst wegen Schwangerschaftsbeschwerden arbeitsunfähig krank ist und dann erneut arbeitsunfähig wird, weil sie einen nicht rechtswidrigen Schwangerschaftsabbruch durch einen Arzt vornehmen lässt (vgl. Schmitt, § 3 Rn. 173).

»**Dieselbe Krankheit**« ist nicht gleichbedeutend mit »**die gleiche Krank-** 127 **heit**«. Erleidet ein Arbeitnehmer z. B. im Laufe eines Jahres zwei Armbrüche, so handelt es sich zwar medizinisch um die gleiche Krankheit, nicht aber um dieselbe Krankheit im Sinne des EFZG; d. h., für jede Arbeitsunfähigkeitsperiode besteht ein Entgeltfortzahlungsanspruch für die Dauer von bis zu sechs Wochen (vgl. Schmitt, § 3 Rn. 174). Dies gilt auch, wenn ein Arbeitnehmer im Laufe eines Jahres mehrfach an einer **Erkältungskrankheit** leidet. Grundsätzlich wird man diese Erkrankung nicht auf dasselbe Grundleiden zurückführen können; zumindest dann nicht, wenn die erste Erkrankung völlig ausgeheilt war. Dementsprechend besteht grundsätzlich bei jeder **Erkältungskrankheit** der Entgeltfortzahlungsanspruch bis zu sechs Wochen (vgl. GKK, § 3 Rn. 223; Schmitt, § 3 Rn. 174). Ob dies auch bei einem **Heuschnupfen** gilt, ist von der Rechtsprechung offen gelassen worden (vgl. BAG v. 24. 4. 1968, AP Nr. 44 zu § 1 ArbKrankhG).

c) 6-Monats-Zeitraum (§ 3 Abs. 1 Satz 2 Nr. 1)

128 **Erkrankt ein Arbeitnehmer** wiederholt **an derselben Krankheit**, so kann er grundsätzlich **für alle Erkrankungen zusammen** insgesamt nur den Anspruch auf Entgeltfortzahlung (nach dem EFZG) für die **Dauer von sechs Wochen** geltend machen. Zu prüfen ist aber immer, ob nicht ein darüber hinausgehender tariflicher oder einzelvertraglicher Anspruch besteht. Erkrankt der Arbeitnehmer beispielsweise an derselben Krankheit jeweils im September für zwei Wochen, im Oktober für drei Wochen und im Dezember für zwei Wochen, so kann er für die Krankheitsphasen im September und Oktober sowie für die erste Woche der Erkrankung im Dezember Entgeltfortzahlung in Anspruch nehmen, während er für die zweite Krankheitswoche im Dezember keinen Entgeltfortzahlungsanspruch mehr geltend machen kann, da der 6-Wochen-Zeitraum ausgeschöpft ist. Bei der Berechnung der Sechswochenfrist ist zu berücksichtigen, dass es sich streng genommen nicht um Kalenderwochen handelt, sondern i. d. R. um 42 Kalendertage (vgl. BAG v. 22. 8. 2001, DB 02, 640). Für die genaue Fristberechnung gelten die §§ 187, 188 BGB (vgl. Rn. 115 ff.).

129 Der Arbeitnehmer hat allerdings dann wegen derselben Krankheit **erneut** den **Anspruch** auf sechswöchige Entgeltfortzahlung, wenn er **sechs Monate lang wegen dieser Krankheit nicht arbeitsunfähig** war (§ 3 Abs. 1 Satz 2 Nr. 1). Erkrankt der Arbeitnehmer etwa zwischen Januar und Anfang März für acht Wochen und dann nochmals Ende Oktober für sechs Wochen an derselben Krankheit, kann er jeweils sechs Wochen Entgeltfortzahlung beanspruchen. Dies **gilt auch, wenn** das **Grundleiden medizinisch nicht völlig ausgeheilt war** (BAG v. 22. 8. 1984, DB 84, 659). Die spätere Arbeitsunfähigkeit ist in diesem Falle eine im entgeltfortzahlungsrechtlichen Sinne »**neue Krankheit**« (vgl. ErfK/Dörner, § 3 Rn. 84; Schmitt, § 3 Rn. 177).

130 Nicht erforderlich ist, dass der Arbeitnehmer während der 6-Monats-Frist **arbeitsfähig** gewesen ist. Es genügt, dass er wegen **dieser** Erkrankung

nicht arbeitsunfähig gewesen ist. Daraus folgt, dass die Arbeitsunfähigkeit wegen einer **anderen Erkrankung** den Fristablauf nicht unterbricht, sondern nur eine erneute Arbeitsunfähigkeit relevant ist, die ihre Ursache in **derselben Erkrankung** hat (vgl. BAG v. 22. 8. 1984, DB 84, 659). Wenn der Arbeitnehmer beispielsweise im Februar für vier Wochen an der Krankheit K 1 erkrankt, im Mai fünf Wochen an der Krankheit K 2 und im November wieder drei Wochen an der fortgesetzten Krankheit K 1, besteht für alle drei Krankheitszeiträume im vollen Umfang ein Entgeltfortzahlungsanspruch. Zwischen den Monaten Februar und Mai liegen zwar keine sechs Monate, es handelt sich aber um verschiedene Krankheiten. Im Februar und November ist zwar (medizinisch) dieselbe fortgesetzte Erkrankung gegeben, zwischen diesen Krankheiten liegen aber sechs Monate, so dass erneut ein Entgeltfortzahlungsanspruch entsteht.

Für die **Berechnung der 6-Monats-Frist gelten die §§ 187, 188 BGB**. Der **131** **6-Monats-Zeitraum** beginnt mit dem dem Ende der vorhergehenden Arbeitsunfähigkeit wegen derselben Krankheit folgenden Tag und endet mit Ablauf desjenigen Tages des sechsten folgenden Monats, der dem Tag vorhergeht, der durch seine Zahl dem Anfangstag der 6-Monats-Frist entspricht (vgl. GKK, § 3 Rn. 228; ErfK/Dörner, § 3 Rn. 84). Ist beispielsweise das Ende der Krankheit K 1 der 15. März, beginnt die 6-Monats-Frist am 16. März und endet am 15. September. Der Arbeitnehmer, der wegen derselben Krankheit K 1 erneut arbeitsunfähig wird, hat einen Entgeltfortzahlungsanspruch nur dann, wenn die erneute Arbeitsunfähigkeit frühestens am 16. September beginnt.

d) 12-Monats-Zeitraum (§ 3 Abs. 1 Satz 2 Nr. 2)

Unabhängig von dem Entgeltfortzahlungsanspruch gem. **§ 3 Abs. 1** **132** **Satz 2 Nr. 1** (6-Monats-Frist) erlangt der Arbeitnehmer **nach Ablauf von 12 Monaten nach dem Beginn der ersten Krankheitsperiode** einen **erneuten Anspruch** auf Fortzahlung des Arbeitsentgelts für die Dauer von bis zu sechs Wochen (Abs. 1 Satz 2 Nr. 2). Die Rahmenfrist beginnt mit dem Eintritt der ersten krankheitsbedingten Arbeitsunfähigkeit zu laufen (vgl. BAG v. 9. 11. 1983, DB 84, 351; BAG v. 16. 12. 1987, NZA 88, 356). Es kommt nicht darauf an, wie oft der Arbeitnehmer innerhalb dieses 12-Monats-Zeitraums wegen derselben Krankheit arbeitsunfähig war (ausführlich dazu KDHK, § 3 Rn. 176 ff.). Erkrankt der Arbeitnehmer etwa erstmalig am 13. August 2003 für vier Wochen und dann jeweils an derselben fortgesetzten Krankheit im November 2003 für drei Wochen, im März/April 2004 für drei Wochen und schließlich am 18. August 2004 erneut, hat er einen vierwöchigen Entgeltfortzahlungsanspruch für die erste Erkrankung (13. 8. 2003) sowie für die ersten beiden Wochen der Erkrankung im November 2003. Für die letzte Woche der »November-Erkrankung« sowie für die Arbeitsunfähigkeit im März/April 2004 besteht kein Anspruch, da die 6-Wochen-Frist ausgeschöpft ist und zwischen den Krankheiten weniger als sechs Monate liegen. Für die krankheitsbedingte

Arbeitsunfähigkeit ab dem 18. August 2004 besteht wieder ein voller Entgeltfortzahlungsanspruch. Zwar sind seit der letzten Arbeitsunfähigkeit (März/April 2004) keine sechs Monate vergangen, der Beginn der ersten Arbeitsunfähigkeitsperiode (13. August 2003) liegt jedoch mehr als 12 Monate zurück.

133 Der **Anspruch kann** auch **während einer laufenden Erkrankung neu entstehen** (vgl. Kunz/Wedde, § 3 Rn. 152; unklar BAG v. 9. 11. 1983, DB 84, 351; a. A. Marienhagen/Künzl, § 3 Rn. 59 c m. w. H. auf die Literatur). Die genaue Fristberechnung richtet sich nach den §§ 187, 188 BGB (vgl. Rn. 115 ff.).

134 **Kein Anspruch** auf Entgeltfortzahlung 12 Monate nach Beginn der ersten Arbeitsunfähigkeit entsteht dagegen, **wenn die ursprüngliche Arbeitsunfähigkeit mehr als 12 Monate andauert.** Dies lässt sich aus dem Gesetzestext (§ 3 Abs. 1 Satz 2 »Wird der Arbeitnehmer infolge derselben Krankheit erneut arbeitsunfähig ...«) folgern, der eine erneute Arbeitsunfähigkeit eindeutig voraussetzt.

e) Verhältnis der 6-/12-Monats-Zeiträume

135 Die **12-Monats-Frist** des Abs. 1 Satz 2 Nr. 2 **wird durch die 6-Monats-Frist** des Abs. 1 Satz 2 Nr. 1 **unterbrochen** (KDHK, § 3 Rn. 179). Mit einer erneuten Arbeitsunfähigkeit wegen derselben Krankheit nach einer Pause von mindestens sechs Monaten, die zu einem neuen Entgeltfortzahlungsanspruch führt, beginnt auch die neue Rahmenfrist von zwölf Monaten (vgl. BAG v. 6. 10. 1976, DB 77, 215; BAG v. 16. 12. 1987, NZA 88, 365; GKK, § 3 Rn. 232). Erkrankt der Arbeitnehmer beispielsweise infolge desselben Grundleidens im Februar/März 2003 für fünf Wochen und dann im November/Dezember 2003 für weitere vier Wochen, kann er für beide Zeiträume den Entgeltfortzahlungsanspruch geltend machen. Der Beginn des 12-Monats-Zeitraums wird allerdings durch die sechsmonatige Arbeitsunfähigkeit (März bis November) unterbrochen, so dass hier Beginn des 12-Monats-Zeitraums der Beginn der Erkrankung im November 2003 ist.

f) Verschiedene Arbeitsverhältnisse

136 Da die **Beschränkung des Entgeltfortzahlungsanspruchs** auf sechs Wochen bei fortgesetzter Krankheit **nur innerhalb desselben Arbeitsverhältnisses** gilt, kann der Arbeitnehmer auch wegen derselben Krankheit einen **erneuten Anspruch** auf die Entgeltfortzahlung erwerben, **wenn** inzwischen ein **Wechsel des Arbeitsverhältnisses stattgefunden hat** (BAG v. 6. 9. 1989, DB 90, 124; GKK, § 3 Rn. 234). Ist ein Arbeitnehmer beispielsweise im April/Mai 2003 fünf Wochen arbeitsunfähig krank, bis zum 30. Juni 2003 beim Arbeitgeber X beschäftigt, ab dem 1. Juli 2003 beim Arbeitgeber Y tätig und erkrankt er im August 2003 aufgrund desselben Grundleidens für weitere drei Wochen, steht ihm für beide

Krankheitsperioden der Entgeltfortzahlungsanspruch zu, da verschiedene Arbeitsverhältnisse betroffen sind (BAG v. 6. 9. 1989, DB 90, 124).

g) Andere Erkrankungen

Der **Arbeitnehmer hat für** jede **neue** (auch andere) **Erkrankung**, die zur Arbeitsunfähigkeit führt, einen **neuen Anspruch auf Entgeltfortzahlung**. Eine **andere Erkrankung** liegt im Gegensatz zu einer fortgesetzten Krankheit dann vor, wenn die Krankheit eine andere Ursache hat und nicht auf demselben Grundleiden beruht (BAG v. 14. 11. 1984, AP Nr. 61 zu § 1 LohnFG; vgl. Rn. 124 ff.). Umstritten ist die Frage, ob bei einer **weiteren** (anderen) **Erkrankung, die zu einer schon bestehenden**, mit Arbeitsunfähigkeit verbundenen **Krankheit hinzutritt**, ein erneuter Anspruch auf Entgeltfortzahlung für die Dauer von sechs Wochen entsteht. Das BAG (v. 2. 12. 1981, DB 82, 601; v. 19. 6. 1991, DB 91, 2291) ist der Ansicht, dass beim Hinzutritt einer neuen zu einer bereits vorhandenen Krankheit kein erneuter Entgeltfortzahlungsanspruch besteht, der Arbeitnehmer also bei entsprechender Dauer der Arbeitsverhinderungen die 6-Wochen-Frist nur einmal ausschöpfen könne. Das BAG beruft sich dabei auf den von ihm entwickelten **Grundsatz der Einheit des Verhinderungsfalles** (vgl. BAG v. 2. 2. 1994, DB 94, 1039). Dieser Ansicht schließt sich auch im Wesentlichen die Literatur an (ErfK/Dörner, § 3 Rn. 97; GKK, § 3 Rn. 240 f.; Schmitt, § 3 Rn. 196 f.). **137**

Diese **Auffassung lässt sich nicht mit** der Regelung des **§ 3 Abs. 1 vereinbaren**, wonach mehrere Arbeitsunfähigkeitsfälle nur dann zu einem Entgeltfortzahlungsfall zusammengefasst werden, wenn und soweit sie auf derselben Krankheit beruhen (vgl. ausführlich Kehrmann/Pelikan, § 1 LFZG Rn. 63 a). Es kann vor allem keinen Unterschied machen, ob der Arbeitnehmer während der ersten Erkrankung erneut arbeitsunfähig erkrankt oder aber sich direkt nach Beendigung der ersten Arbeitsunfähigkeit eine zweite erneute Erkrankung und dann damit verbundene Arbeitsunfähigkeit anschließt (im letzteren Fall gesteht auch das BAG dem Arbeitnehmer einen erneuten Entgeltfortzahlungsanspruch bis zu sechs Wochen zu (BAG v. 1. 6. 1983, AP Nr. 54 zu § 1 LohnFG; v. 12. 7. 1989, DB 90, 178). **In beiden Fällen** (neue Erkrankung während bestehender Arbeitsunfähigkeit und neue Erkrankung nach Beendigung der ersten Arbeitsunfähigkeit) **besteht demnach ein erneuter Entgeltfortzahlungsanspruch**, wenn die erneute Arbeitsunfähigkeit ihre Ursache in einer anderen Krankheit hat. **138**

h) Beweislastregeln

Die **Darlegungs- und Beweislast** für das Vorliegen einer fortgesetzten Krankheit **trägt grundsätzlich der Arbeitgeber** (BAG v. 4. 12. 1985, DB 86, 600; GKK, § 3 Rn. 245; Brecht, § 3 Rn. 62). U.U. obliegt dem Arbeitnehmer eine **Mitwirkungspflicht** an der Aufklärung. Er hat ggf. den Arzt oder die Krankenkasse hinsichtlich des Vorliegens einer Fortsetzungs- **139**

EFZG § 3

erkrankung von der **Schweigepflicht** zu entbinden. Die Befreiung von der Schweigepflicht hat sich jedoch nur auf das Vorliegen einer Fortsetzungserkrankung zu beziehen und **nicht auf den Krankheitsbefund**, da ein rechtliches Interesse des Arbeitgebers hieran nicht anzuerkennen und die Privatsphäre des Arbeitnehmers insoweit geschützt ist (BAG v. 4. 12. 1985, DB 86, 600; v. 19. 3. 1986, DB 86, 1877; Worzalla/Süllwald, § 3 Rn. 80).

III. Arbeitsunfähigkeit infolge Sterilisation oder des Abbruchs der Schwangerschaft (§ 3 Abs. 2)

140 Auch wenn die **Arbeitsunfähigkeit Folge einer Sterilisation oder eines Schwangerschaftsabbruchs** ist, besteht gegen den Arbeitgeber grds. ein **Anspruch auf Entgeltfortzahlung**, sofern die Voraussetzungen des § 3 Abs. 1 gegeben sind. So darf auch in diesen Fällen kein Verschulden des Arbeitnehmers bzw. der Arbeitnehmerin vorliegen. Die dargelegten Grundsätze zum Verschulden (vgl. Rn. 82 ff.) sind also auch auf die Sterilisation und den Schwangerschaftsabbruch anzuwenden.

141 Allerdings schafft § 3 Abs. 2 zusätzlich eine **gesetzliche Fiktion fehlenden Verschuldens**. Der Gesetzgeber unterstellt, dass eine Arbeitsverhinderung, die infolge einer **nicht rechtswidrigen Sterilisation** oder eines **nicht rechtswidrigen Abbruchs der Schwangerschaft** eintritt, als **unverschuldete Arbeitsunfähigkeit** im Sinne des § 3 Abs. 1 gilt. Bei **fehlender Rechtswidrigkeit** bedarf es daher in diesen Fällen **keiner Prüfung des Verschuldens** (BAG v. 5. 4. 1989, DB 89, 1522; vgl. KDHK, § 3 Rn. 90 f., 118 ff.).

142 Unter **Sterilisation** versteht man einen Eingriff, der die **Fortpflanzungsfähigkeit** (Zeugungs- oder Empfängnisfähigkeit durch Unterbrechung des Samenstranges bzw. des Eileiters) dauernd oder zeitweilig verhindert. Unter **Schwangerschaftsabbruch** ist die Entfernung und Abtötung der Leibesfrucht zu verstehen (vgl. Schmitt, § 3 Rn. 219, 221).

143 Eine **Sterilisation** ist unstreitig **nicht rechtswidrig**, wenn die Einwilligung des Betroffenen vorliegt und der Eingriff nicht gegen die guten Sitten verstößt (vgl. § 226 a StGB). Ein **Verstoß gegen die guten Sitten** ist dann nicht gegeben, wenn die Sterilisation zur Abwendung einer Lebensgefahr erforderlich ist oder wenn sie aus eugenischen oder sozialen Gründen erfolgt (Dreher/Tröndle, § 226 a Rn. 13 m. w. N.). Nach Auffassung des BGH (v. 27. 10. 1964, BGHSt 20, 81) ist darüber hinaus auch die **freiwillige Sterilisation** nach der Aufhebung des früheren § 226 b StGB aus den Körperverletzungstatbeständen herausgenommen worden, so dass es **keine Strafvorschrift** gegen **freiwillige Sterilisation** mehr gibt.

144 Bei der Frage, wann ein **Schwangerschaftsabbruch** nicht rechtswidrig ist, haben das BAG (v. 5. 4. 1989, DB 89, 1522) und der überwiegende Teil der arbeitsrechtlichen Literatur (vgl. Schmitt, § 3 Rn. 205 ff. m. w. N.) zutreffend die Ansicht vertreten, dass der Arbeitnehmerin **bei Einhaltung des**

zur **Straffreiheit führenden »Verfahrens«** im Falle der Arbeitsunfähigkeit im Zusammenhang mit dem Schwangerschaftsabbruch der Anspruch auf **Entgeltfortzahlung erhalten bleibt**. Auf die (strafrechts-)dogmatische Frage, ob die Indikationen durch § 218a StGB als Rechtfertigungsgründe oder nur als Schuldausschließungsgründe zu werten seien, komme es nicht an.

Ein (bei Vorliegen eines gesetzlichen Indikationstatbestands) **straffreier** **145** **Schwangerschaftsabbruch** ist stets auch nicht rechtswidrig im Sinne der Entgeltfortzahlungsbestimmungen. Diese Rechtsauffassung des BAG hat das BVerfG bestätigt (BVerfG v. 18. 10. 1989, DB 89, 2488; v. 28. 5. 1993, NJW 93, 1751).

Mit der Neufassung der Vorschrift zur Entgeltfortzahlung bei Arbeits- **146** unfähigkeit infolge Schwangerschaft (bzw. Sterilisation) hat der Gesetzgeber der Entscheidung des BVerfG (v. 28. 5. 1993, NJW 93, 1751) zu den Voraussetzungen über die **Verfassungsmäßigkeit von Bestimmungen bei Schwangerschaftsabbrüchen** Rechnung getragen.

Gem. § 3 Abs. 2 Satz 2 gilt die **gesetzliche Fiktion der Unverschuldet-** **147** **heit** auch bei einem **Schwangerschaftsabbruch** ohne einen Indikationstatbestand nach § 218a Abs. 2 und 3 StGB, wenn die Schwangerschaft innerhalb von zwölf Wochen nach der Empfängnis durch einen Arzt abgebrochen wird, die schwangere Frau den Abbruch verlangt und dem Arzt durch eine Bescheinigung nachgewiesen hat, dass sie sich mindestens drei Tage vor dem Eingriff von einer anerkannten Beratungsstelle hat beraten lassen. Die Aufnahme dieser Regelung in das EFZG ist Ausfluss des § 218a Abs. 1 StGB und gewährt der Arbeitnehmerin (unter Vorliegen der anderen Voraussetzungen) auch nach der **Fristenregelung mit Beratungspflicht** einen Entgeltfortzahlungsanspruch. Nach der Entscheidung des BVerfG v. 28. 5. 1993 (NJW 93, 1751) widerspricht es nicht der verfassungsrechtlichen Schutzpflicht für das ungeborene Leben, wenn die arbeitsrechtlichen Grundsätze dahin ausgelegt und angewendet werden, dass eine Verpflichtung zur Entgeltfortzahlung auch dann besteht, wenn die Arbeitsunfähigkeit die Folge eines auf der Grundlage der Beratungsregelung erfolgten Schwangerschaftsabbruchs ist. Verfassungsrechtlich ist nicht zu beanstanden, auch in diesen Fällen die Arbeitsunfähigkeit als unverschuldet anzusehen (vgl. ausführlich zum Schwangerschaftsabbruch KDHK, § 3 Rn. 120ff.).

Die **Beweislast für** die **fehlende Rechtswidrigkeit** einer **Sterilisation** **148** oder eines Schwangerschaftsabbruchs trifft **nicht** die **Arbeitnehmer**. Das BVerfG, das bei einem straffreien Schwangerschaftsabbruch eine unverschuldete Arbeitsunfähigkeit bejaht (vgl. Rn. 145ff.), verneint die Notwendigkeit, dass die Arbeitnehmerin die Gründe ihrer Entscheidung für den Abbruch Dritten darzulegen hätte. Es lehnt damit jede Verpflichtung ab, dem Arbeitgeber darzulegen, dass die Arbeitsunfähigkeit auf einen nicht gerechtfertigten Schwangerschaftsabbruch zurückzuführen ist. Unter diesen Umständen sei es auch nicht unbillig, die abbruchbedingte Arbeitsunfähigkeit der Arbeitnehmerin dem Risikobereich des Arbeitgebers zuzurechnen (vgl. BVerfG v. 28. 5. 1993, NJW 93, 1751, 1770).

IV. Vierwöchige ununterbrochene Dauer des Arbeitsverhältnisses als Anspruchsvoraussetzung (§ 3 Abs. 3)

149 § 3 Abs. 3 wurde durch das Beschäftigungsförderungsgesetz v. 25. 9. 1996 (BGBl. I S. 1476) in das EFZG eingefügt. Diese Verschlechterung ist auch durch das Korrekturgesetz v. 19. 12. 1998 (BGBl. I S. 3843) nicht zurückgenommen worden (vgl. Rn. 5; Schaub, NZA 99, 177).

150 Ein gesetzlicher Anspruch auf Entgeltfortzahlung im Krankheitsfall gem. § 3 Abs. 1 besteht dann nicht, wenn das Arbeitsverhältnis noch keine vier Wochen ununterbrochen gedauert hat. Es ist aber immer zu prüfen, ob nicht eine **tarifvertragliche** oder einzelvertragliche Regelung besteht, die eine für den Arbeitnehmer bessere Bestimmung enthält, die u. U. keine oder kürzere Wartezeit vorsieht. Es kann allerdings auch sein, dass ein Tarifvertrag Regelungen zur Entgeltfortzahlung im Krankheitsfall enthält, die nicht abschließend sind und deshalb die Reichweite der tariflichen Regelung durch Auslegung ermittelt werden muss. Diese Auslegung kann dazu führen, dass § 3 Abs. 3 EFZG ergänzend heranzuziehen ist (BAG v. 12. 12. 2001, AiB 02, 647). Sofern kein Anspruch auf Entgeltfortzahlung nach einem Tarifvertrag oder dem EFZG besteht, erhalten Arbeitnehmer, soweit sie gesetzlich krankenversichert sind, Krankengeld von der Krankenkasse (vgl. KDHK, § 3 Rn. 125).

151 Der Anspruch auf Entgeltfortzahlung nach dem EFZG besteht nur dann, wenn das **Arbeitsverhältnis** zwischen dem Arbeitnehmer und dem Arbeitgeber bereits **vier Wochen bestanden** hat. Beginn und Ende der Frist berechnen sich grundsätzlich nach den allgemeinen Fristenregelungen des BGB, also nach den §§ 187, 188 BGB. Die Frist von vier Wochen beginnt mit dem im Arbeitsvertrag vereinbarten Tag der Arbeitsaufnahme (§ 187 Abs. 2 BGB) bzw. mit dem Tag der faktischen Arbeitsaufnahme und endet mit Ablauf desjenigen Tages der vierten Woche, welcher dem Tag vorhergeht, der durch seine Benennung dem vereinbarten Tag des Arbeitsantritts entspricht (§ 188 Abs. 2 BGB). Begann das Arbeitsverhältnis an einem Donnerstag, so endet die vierwöchige Wartezeit mit Ablauf des Mittwochs der vierten Woche.

152 § 3 Abs. 3 EFZG verlangt darüber hinaus eine **ununterbrochene Dauer des Arbeitsverhältnisses**. In dieser vierwöchigen Wartefrist muss der Arbeitnehmer allerdings nicht tatsächlich gearbeitet haben. Entscheidend ist vielmehr der rechtliche Bestand des Arbeitsverhältnisses. So läuft die vierwöchige Frist auch dann weiter, wenn der Arbeitnehmer innerhalb der ersten vier Wochen erkrankt oder er sich im Urlaub befindet oder das Arbeitsverhältnis (anderweitig) ruht (vgl. KDHK, § 3 Rn. 128). Erkrankt der Arbeitnehmer während der Vierwochenfrist und dauert die Krankheit länger an, so ist der Arbeitgeber zur Entgeltfortzahlung verpflichtet, sobald die Wartefrist von vier Wochen abgelaufen ist (vgl. GKK, § 3 Rn. 172 c). Die Entgeltfortzahlungspflicht besteht dann ab dem ersten Tag nach Ablauf der Wartezeit des § 3 Abs. 3 in voller Höhe (BAG v. 26. 5. 1999, DB 99, 1170), d. h. für die Dauer von sechs Wochen. Der in die Wartezeit fallende Krankheitszeitraum wird nicht auf die Sechswochenfrist des § 3 Abs. 1 angerechnet (BAG v. 26. 5. 1999, DB 99, 1170).

Besteht zwischen einem beendeten und einem neu begründeten Arbeitsverhältnis zu demselben Arbeitgeber ein enger zeitlicher Zusammenhang, wird der Lauf der Wartezeit des § 3 Abs. 3 in dem neuen Arbeitsverhältnis nicht erneut ausgelöst (BAG v. 22. 8. 2001, DB 02, 640). Auch bei kurzen aneinander liegenden Befristungen von Arbeitsverhältnissen besteht ein enger sachlicher Zusammenhang zwischen diesen Arbeitsverhältnissen, so dass von einem einheitlichen Arbeitsverhältnis ausgegangen werden muss (vgl. GKK, § 3 Rn. 172 d). Die Wartezeit ist auch in solchen Fällen schon nach dem Zeitablauf von vier Wochen unabhängig von den einzelnen Befristungen abgelaufen. **153**

§ 4
Höhe des fortzuzahlenden Arbeitsentgelts

(1) Für den in § 3 Abs. 1 bezeichneten Zeitraum ist dem Arbeitnehmer das ihm bei der für ihn maßgebenden regelmäßigen Arbeitszeit zustehende Arbeitsentgelt fortzuzahlen.

(1 a) Zum Arbeitsentgelt nach Absatz 1 gehören nicht das zusätzlich für Überstunden gezahlte Arbeitsentgelt und Leistungen für Aufwendungen des Arbeitnehmers, soweit der Anspruch auf sie im Falle der Arbeitsfähigkeit davon abhängig ist, dass dem Arbeitnehmer entsprechende Aufwendungen tatsächlich entstanden sind, und dem Arbeitnehmer solche Aufwendungen während der Arbeitsunfähigkeit nicht entstehen. Erhält der Arbeitnehmer eine auf das Ergebnis der Arbeit abgestellte Vergütung, so ist der von dem Arbeitnehmer in der für ihn maßgebenden regelmäßigen Arbeitszeit erzielbare Durchschnittsverdienst der Berechnung zugrunde zu legen.

(2) Ist der Arbeitgeber für Arbeitszeit, die gleichzeitig infolge eines gesetzlichen Feiertages ausgefallen ist, zur Fortzahlung des Arbeitsentgelts nach § 3 verpflichtet, bemisst sich die Höhe des fortzuzahlenden Arbeitsentgelts für diesen Feiertag nach § 2.

(3) Wird in dem Betrieb verkürzt gearbeitet und würde deshalb das Arbeitsentgelt des Arbeitnehmers im Falle seiner Arbeitsfähigkeit gemindert, so ist die verkürzte Arbeitszeit für ihre Dauer als die für den Arbeitnehmer maßgebende regelmäßige Arbeitszeit im Sinne des Absatzes 1 anzusehen. Dies gilt nicht im Falle des § 2 Abs. 2.

EFZG § 4

(4) Durch Tarifvertrag kann eine von den Absätzen 1, 1a und 3 abweichende Bemessungsgrundlage des fortzuzahlenden Arbeitsentgelts festgelegt werden. Im Geltungsbereich eines solchen Tarifvertrages kann zwischen nicht tarifgebundenen Arbeitgebern und Arbeitnehmern die Anwendung der tarifvertraglichen Regelung über die Fortzahlung des Arbeitsentgelts im Krankheitsfalle vereinbart werden.

Inhaltsübersicht

		Rn.
I.	Allgemeines	1– 5
II.	Arbeitsentgelt im Sinne des EFZG	6–46
	1. Arbeitsentgelt als Bemessungsgrundlage (§ 4 Abs. 1)	6–25
	a) Allgemeines	6–11
	b) Entgeltarten	12–25
	2. Für Überstunden gezahltes Arbeitsentgelt (§ 4 Abs. 1a Satz 1)	26
	3. Aufwendungsersatz (§ 4 Abs. 1a Satz 1)	27–31
	4. Berechnung des fortzuzahlenden Arbeitsentgelts	32–46
	a) Maßgebliche regelmäßige Arbeitszeit	34–35
	b) Zeitentgelt	36–40
	c) Leistungsentgelt (§ 4 Abs. 1a Satz 2)	41–46
III.	Fortzuzahlendes Arbeitsentgelt bei Arbeitsunfähigkeit während eines Feiertags (§ 4 Abs. 2)	47–48
IV.	Fortzuzahlendes Arbeitsentgelt bei Kurzarbeit (§ 4 Abs. 3)	49–56
V.	Abweichungen durch Tarifvertrag (§ 4 Abs. 4)	57–65
	1. Grundsätze	57–58
	2. Tariföffnungsklausel (§ 4 Abs. 4 Satz 1)	59–62
	3. Einzelvertragliche Einbeziehung von Tarifverträgen (§ 4 Abs. 4 Satz 2)	63–65

I. Allgemeines

1 § 4 hat sowohl durch das sog. arbeitsrechtliche Beschäftigungsförderungsgesetz v. 25. 9. 1996 (BGBl. I S. 1476) als auch durch das Gesetz zu Korrekturen in der Sozialversicherung und zur Sicherung der Arbeitnehmerrechte (sog. Korrekturgesetz) vom 19. 12. 1998 (BGBl. I S. 3843) **wesentliche Änderungen erfahren**. Mit dem sog. arbeitsrechtlichen Beschäftigungsförderungsgesetz war die Höhe der **Entgeltfortzahlung** für den Regelfall von 100 % auf 80 % des Arbeitsentgelts **reduziert worden (§ 4 Abs. 1 Satz 1 EFZG 1996)**. Den vollen Anspruch auf Entgeltfortzahlung hatte der Arbeitnehmer nur noch dann, wenn die Arbeitsunfähigkeit auf einen anerkannten Arbeitsunfall oder eine Berufskrankheit zurückzuführen war oder wenn der Arbeitnehmer für 5 Krankheitstage einen

Tag seines Erholungsurlaubs »opferte« (§ 4a EFZG 1996; vgl. Kunz/Wedde, § 4 Rn. 2 ff.).

Mit dem sog. Korrekturgesetz wurden in das EFZG (1999) folgende alten **Verschlechterungen**, die mit dem sog. arbeitsrechtlichen Beschäftigungsförderungsgesetz in das EFZG 1996 eingefügt worden waren, **wieder zurückgenommen bzw. neu eingefügt** (vgl. Schaub, NZA 1999, 177): 2

Im Krankheitsfall und bei Maßnahmen der medizinischen Vorsorge oder Rehabilitation wurde die **volle Entgeltfortzahlung** (100 %) wieder für alle Arbeitnehmer sichergestellt (§ 4 Abs. 1 Satz 1).

Bei der Bemessung der Entgeltfortzahlung werden **Überstundenvergütungen nicht mehr berücksichtigt** (§ 4 Abs. 1a Satz 1).

Es ist wieder **verboten**, Arbeitsunfähigkeit oder Maßnahmen der medizinische Vorsorge oder Rehabilitation, bei denen ein gesetzlicher Anspruch auf Entgeltfortzahlung besteht, **auf den Erholungsurlaub anzurechnen** (§ 4a EFZG 1996 wurde ersatzlos gestrichen; dafür ist § 4b 1996 nunmehr an dessen Stelle gerückt – vgl. § 4a).

Die **vierwöchige Wartezeit** des § 3 Abs. 3 (vgl. § 3 Rn. 149) wurde beibehalten.

§ 4 geht grundsätzlich vom sog. (modifizierten) Entgeltausfallprinzip aus (vgl. BAG v. 26. 6. 2002, AuR 02, 396). Dieses **Entgeltausfallprinzip** hat zum Inhalt, dass der erkrankte Arbeitnehmer während der Arbeitsunfähigkeit auf dasjenige Arbeitsentgelt Anspruch hat, das er auch ohne die Arbeitsunfähigkeit erhalten hätte (vgl. KDHK, § 4 Rn. 8f.). 3

Im Gegensatz zum Entgeltausfallprinzip richtet sich das **Referenzperiodenprinzip** an einem bestimmten Zeitabschnitt in der Vergangenheit aus, indem es die Vergütung danach bestimmt, was der Arbeitnehmer durchschnittlich in der Bezugsperiode erhalten hat. Meistens wird auf die vergangenen 3 Monate bzw. 13 Wochen abgestellt. Gesetzlich verankert ist das Referenzperiodensystem etwa im Bundesurlaubsrecht (§ 11 Abs. 1 Satz 1 BUrlG) oder im Mutterschutzrecht (§ 11 Abs. 1 Satz 1 MuschG) sowie im Krankenversicherungsrecht beim Krankengeld (§ 47 Abs. 2 SGB V; vgl. zum Referenzperiodensystem Boecken, Münch. Hdb. Bd. I, § 84 Rn. 8, 11). **§ 4 regelt die Höhe des fortzuzahlenden Arbeitsentgeltes** und geht insoweit grundsätzlich vom so genannten Entgeltausfallprinzip als Methode für die Berechnung der Entgeltfortzahlung bei Krankheit aus. Eine Ausnahme besteht nunmehr (neben der bereits existierenden nach § 4 Abs. 4) insofern durch die Änderung des § 4 Abs. 1a Satz 1, wonach **Überstundenvergütungen grds. nicht mehr in die Berechnung** der gesetzlichen Entgeltfortzahlung einbezogen werden (vgl. Rn. 26). 4

Eine wesentliche Neuerung des EFZG vom 1. 6. 1994 lag darin, dass die Möglichkeit einer **abweichenden Bemessungsgrundlage durch Tarifvertrag**, die vormals gem. § 2 Abs. 3 LFZG nur für Arbeiter galt (vgl. 5

EFZG § 4

Boecken, Münch. Hdb. Bd. I, § 84 Rn. 10), sich seit dem 1. 6. 1994 gem. § 4 Abs. 4 erstmalig auch auf Angestellte erstreckt (vgl. Rn. 57 ff.).

II. Arbeitsentgelt im Sinne des EFZG

1. Arbeitsentgelt als Bemessungsgrundlage (§ 4 Abs. 1)

a) Allgemeines

6   Während der Entgeltfortzahlungsanspruch des EFZG 1994 die Aufrechterhaltung des Lohn- und Gehaltsanspruches darstellte, hat sich durch die Neuregelung des § 4 Abs. 1 EFZG 1996 sein Charakter gewandelt. Das Arbeitsentgelt fungiert nunmehr nur noch als Bemessungsgrundlage. Dies ist auch durch das EFZG 1999 nicht geändert worden; hat aber insofern nicht mehr die Auswirkungen (wie nach dem EFZG 1996), da mit dem EFZG 1999 wieder der 100-prozentige Entgeltfortzahlungsanspruch besteht.

7   Der **Begriff des Arbeitsentgelts** wird nicht einheitlich verwendet. So gibt es je nach Zweckrichtung der jeweiligen gesetzlichen Vorschriften eigenständige Entgeltbegriffe, z. B. im Steuerrecht oder aber im Sozialversicherungsrecht (vgl. KDHK, § 4 Rn. 10 ff.; GKK, § 4 Rn. 6).

8   Aus arbeitsrechtlicher Sicht ist das **Arbeitsentgelt** der **Bruttoverdienst des Arbeitnehmers**, soweit er ihn als **Gegenleistung für seine Arbeit** erhält (vgl. BAG v. 31. 5. 1978, 78, 1652; ErfK/Dörner, § 4 Rn. 16; GKK, § 4 Rn. 7). Zum Arbeitsentgelt gehört **nicht** das zusätzlich für **Überstunden** gezahlte Entgelt (§ 4 Abs. 1 a Satz 1). Ob es sich um Überstunden handelt oder doch um die regelmäßige Arbeitszeit ist im Einzelfall zu entscheiden (vgl. BAG v. 21. 11. 2001, DB 02, 845; ausführlich dazu Rn. 26, 34 ff.). Ausgenommen bleiben auch solche Entgeltelemente, die nicht die **Arbeitsleistung des Arbeitnehmers** als solche vergüten, sondern **Belastungen (Aufwendungen)** des Arbeitnehmers **ausgleichen sollen**, die anlässlich der (besonderen) Beschäftigung entstehen. Dieser Abgrenzung liegt auch die Regelung des § 4 Abs. 1 a Satz 1 zugrunde, wonach Leistungen für Aufwendungen des Arbeitnehmers ausgenommen sind, »soweit der Anspruch auf sie im Fall der Arbeitsfähigkeit davon abhängig ist, dass dem Arbeitnehmer entsprechende Aufwendungen tatsächlich entstanden sind, und dem Arbeitnehmer solche Aufwendungen während der Arbeitsunfähigkeit nicht entstehen«.

9   Für die Engeltfortzahlung im Krankheitsfall grundsätzlich **ohne rechtliche Bedeutung** sind Vergütungen, die nicht unmittelbar an die regelmäßige Arbeitsleistung als solche und an entsprechende Entgeltbezugszeiträume anknüpfen, sondern unabhängig von einer Arbeitsunfähigkeit und sogar während einer solchen gewährt werden (GKK, § 4 Rn. 19). Hierzu zählen insbesondere **einmalige Zuwendungen wie Weihnachts- und Abschlussgratifikationen, Jahressonderzahlungen, Jubiläums- und Geldgeschenke, Gewinnbeteiligungen, Urlaubszuschüsse** oder

auch **jährlich gewährte Prämien** (vgl. GKK, § 4 Rn. 19). Zuwendungen dieser Art werden in der Regel unabhängig von der auf einen bestimmten Zeitabschnitt entfallenden Arbeitsleistung gewährt. Sie sind zwar Arbeitsentgelt, aber grundsätzlich kein Arbeitsentgelt im Sinne des § 4 Abs. 1 (vgl. KDHK, § 4 Rn. 12).

Einmalige Zuwendungen erhält der Arbeitnehmer bei Fälligkeit auch während der Arbeitsunfähigkeit (vgl. BAG v. 21. 9. 1971, BB 72, 177). Dies gilt selbst dann, wenn der Arbeitnehmer das ganze Jahr arbeitsunfähig krank war (GKK, § 4 Rn. 19). Diese einmaligen Zuwendungen dürfen lediglich im Rahmen des § 4 a wegen krankheitsbedingtem Arbeitsausfall gekürzt werden, sofern nicht tarifvertragliche oder arbeitsvertragliche Regelungen bzw. Betriebsvereinbarungen entgegenstehen (vgl. § 4 a).

10

Infolge des Entgeltausfallprinzips sind **Veränderungen des Arbeitsentgelts**, die sich während des Entgeltfortzahlungszeitraums ergeben, von diesem Zeitpunkt an bei der Bemessung des fortzuzahlenden Arbeitsentgelts zu berücksichtigen. Dies gilt z. B. bei **Tariferhöhungen** oder **Umgruppierungen**, die während der Arbeitsunfähigkeit wirksam werden (vgl. Schmitt, § 4 Rn. 51).

11

b) Entgeltarten

Unter Berücksichtigung der o. g. Grundsätze gilt für die einzelnen Entgeltarten Folgendes:

12

Zum zu berücksichtigenden Arbeitsentgelt zählen zunächst alle Formen der sog. **Grundvergütung** (KDHK, § 4 Rn. 15). Je nach Vertragsgestaltung kann es sich um **Zeitvergütungen** (nach Stunden, Tagen, Wochen, Monaten oder Jahren) oder um **Leistungsvergütungen** (Akkordlohn, Prämienlohn oder Provisionen) handeln. Leistungsentgelt ist jedoch aufgrund § 4 Abs. 1a Satz 2 getrennt zu behandeln (vgl. Rn. 41 ff.). Entscheidend sind grundsätzlich die **Bruttobezüge**, unter Einschluss der Arbeitgeberanteile zur Sozialversicherung (BGH v. 27. 4. 1965, DB 65, 648, 1148; KDHK, § 4 Rn. 15) bzw. zur Kranken-, Renten-, Arbeitslosen- und Pflegeversicherung (Schmitt, § 4 Rn. 47, 55).

Übernimmt der Arbeitgeber (z. B. im Arbeitsvertrag) die **Zahlung der Arbeitnehmeranteile** zur Sozialversicherung, so handelt es sich um Arbeitsentgelt im Sinne von § 4 Abs. 1 Satz 1, das auch während der Arbeitsunfähigkeit Teil der Bemessungsgrundlage ist (Schmitt, § 4 Rn. 55).

13

Zahlt der Arbeitgeber dem Arbeitnehmer zu den Grundbezügen z. B. noch **Kinder-, Familien-, Wohnungs- oder Ortszuschläge**, so sind diese als laufende Sozialzuschläge ebenfalls **Arbeitsentgelt** im Sinne des § 4 Abs. 1 Satz 1 (GKK, § 4 Rn. 10).

14

Bei den **laufenden Lohn- oder Gehaltszulagen**, die in den unterschiedlichsten Arten zur Grundentlohnung gewährt werden, ist danach zu unterscheiden, ob sie auf **besonderen Bedingungen des Arbeitsverhältnisses**

15

beruhen, wie etwa bei **Erschwernis-, Gefahren- und Nachtschichtzulagen** (vgl. LAG Hamm v. 19. 1. 1977, DB 77, 871), und somit bei der Berechnung des fortzuzahlenden Arbeitsentgelts mit zu berücksichtigen sind (vgl. Schmitt, § 4 Rn. 62 ff.) oder ob sie als **Ersatz von Aufwendungen** des Arbeitnehmers, die im Zusammenhang mit der Arbeitstätigkeit stehen (§ 4 Abs. 1 a Satz 2), gewährt werden.

16 Handelt es sich um den **Ersatz von Aufwendungen**, so sind diese Bestandteile nicht in die Bemessungsgrundlage mit einzubeziehen (§ 4 Abs. 1 a Satz 2). Um den Ersatz von Aufwendungen kann es sich handeln bei: **Auslösungen, Schmutzzulagen, Fahrtkostenzuschüssen, Tage- und Übernachtungsgeldern** u.ä. Leistungen (GKK, § 4 Rn. 26 ff.). Zu beachten ist dabei jeweils, dass die Praxis **keine einheitlichen Bezeichnungen** für die verschiedenen Zulagenfunktionen kennt. So kann es etwa sein, dass eine Zulage als **Schmutzzulage** bezeichnet wird, obwohl mit ihr jedoch nach objektiver Betrachtung nur eine Erschwerniszulage gemeint sein kann (vgl. BAG v. 15. 7. 1992, DB 93, 2357).

17 **Vergütungen für Mehrarbeit** bzw. **Überstunden** sind nach der Gesetzesänderung seit dem 1. 1. 1999 nach § 4 Abs. 1 a Satz 1 unter Berücksichtigung der jüngeren Rspr. gesondert zu betrachten (vgl. Rn. 26). **Zuschläge** wie z. B. Wechselschicht-, Nachtschicht- oder Sonntagszuschläge sind mit Ausnahme von Überstundenzuschlägen (vgl. BAG v. 26. 6. 2002, DB 02, 2441) Arbeitsentgelt (vgl. BAG v. 13. 3. 2002, DB 02, 1892).

18 **Provisionen sind Arbeitsentgelt** (BAG v. 12. 10. 1956, AP Nr. 4 zu § 63 HGB, v. 5. 6. 1985, AP Nr. 39 zu § 63 HGB). **Provisionen**, die der Arbeitnehmer während seiner Arbeitsunfähigkeit nicht hat verdienen können, sind in der Regel weiterzuzahlen (BAG v. 30. 6. 1960, AP Nr. 13 zu § 63 HGB; GKK, § 4 Rn. 12 m. w. N.; Schaub, § 98 Rn. 92; Schmitt, § 4 Rn. 77 f.). Dabei kann die **Ermittlung der Provisionshöhe** Schwierigkeiten bereiten. In der Regel ist darauf abzustellen, was der Angestellte nach den Regeln der Wahrscheinlichkeit an Abschlüssen oder Vermittlungen erreicht hätte, wären keine Ausfalltage wegen Arbeitsunfähigkeit aufgetreten (KDHK, § 4 Rn. 19). Bei **schwankenden Bezügen** ist durch die Zugrundelegung eines längeren Referenzzeitraumes der Durchschnittsverdienst zu ermitteln.

19 Grundsätzlich gehören **Prämien**, die **laufend als zusätzliche Vergütung** für quantitativ oder qualitativ gute Arbeitsleistung (**Leistungsprämien**) gezahlt werden, **zum Arbeitsentgelt** im Sinne des EFZG (KDHK, § 4 Rn. 21; GKK, § 4 Rn. 13 ff.). Allerdings haben Prämien unterschiedliche Zielsetzungen. Insofern ist auch die Beurteilung, ob die Prämie als Arbeitsentgelt anzusehen ist, je nach der Zielsetzung unterschiedlich zu bewerten. Die laufend gewährte Prämie, die deshalb gewährt wird, um den Arbeitnehmer zu veranlassen, Fehlzeiten zu vermeiden (**Anwesenheitsprämie**), gehört ebenfalls zum entgeltfortzahlungsrechtlich zu berücksichtigenden Arbeitsentgelt (KDHK, § 4 Rn. 23). Sofern keine besondere Vereinbarung

(Betriebsvereinbarung, Einzelarbeitsvertrag) oder tarifliche Regelung nach § 4 Abs. 4 besteht, darf eine solche Anwesenheitsprämie nur gekürzt werden, wenn kein Anspruch auf Entgeltfortzahlung besteht, z.B. bei unberechtigten Fehlzeiten (KDHK, § 4 Rn. 23; GKK, § 4 Rn. 15; zur Problematik der Kürzung vgl. § 4a). Allerdings kann der Tantiemenanspruch in Form einer einem leitenden Angestellten zugesagten Beteiligung am Jahresgewinn dann entfallen, wenn der Angestellte während des gesamten Geschäftsjahres arbeitsunfähig erkrankt ist und keine Entgeltfortzahlung beanspruchen kann (BAG v. 8. 9. 1998, DB 99, 696; vgl. zur Gewinnbeteiligung als Arbeitsentgelt Ricken, NZA 99, 236).

Zur **Leistungsprämie** und somit zum Arbeitsentgelt i.S.d. EFZG zählt auch die sog. **Inkassoprämie**, die für den Auslieferungsfahrer den Anreiz geben soll, dass er sich nicht nur auf die Auslieferung der Ware beschränkt, sondern darüber hinaus auch für die sofortige Bezahlung der Ware verantwortlich ist (BAG v. 11. 1. 1978, AP Nr. 7 zu § 2 LohnFG; GKK, § 4 Rn. 14). Prämien, die wegen der Einhaltung der Arbeitszeiten (**Pünktlichkeitsprämie**) verbunden sind, sind Arbeitsentgelt i.S.d. EFZG (LAG Düsseldorf v. 28. 7. 1971, DB 71, 1870; KDHK, § 4 Rn. 24; GKK, § 4 Rn. 16; Schmitt, § 4 Rn. 78). Prämien, die **Profifußballspielern** gezahlt werden, können u.U. als Arbeitsentgelt i.S.d. EFZG angesehen werden. Dies hängt jedoch von der konkret ausgestalteten Vertragsregelung ab, z.B. wenn für eine »Verletzung« eine Regelung besteht, nicht aber für eine sonstige Erkrankung (vgl. BAG v. 19. 1. 2000, NZA 00, 771). Ist z.B. vereinbart, dass zum laufenden monatlichen Grundgehalt eine **Teilnahmeprämie** (pro Punktspiel) oder eine **Punktprämie** gezahlt werden soll, so ist diese Prämie nach Grund und Höhe bestimmbar und einer bestimmten Arbeitsleistung zuzuordnen. Es handelt sich somit um ein erfolgsabhängiges Entgelt für die Arbeitsleistung des Fußballspielers und ist insofern als Arbeitsentgelt i.S.d. EFZG anzusehen (BAG v. 6. 12. 1995, DB 96, 99; GKK, § 4 Rn. 18). Anders kann die Sonderzahlung zu beurteilen sein, wenn es sich um eine **Jahresspielprämie** handelt. Eine solche Jahresspielprämie ist nicht als Arbeitsentgelt i.S.d. EFZG zu werten (BAG v. 22. 8. 1984, DB 85, 1243; LAG Niedersachsen v. 11. 1. 1989, NZA 89, 469; GKK, § 4 Rn. 18). Diese Grundsätze gelten auch für Prämienregelungen von Hobbyfußballern, z.B. Juristen, die an der Fußballweltmeisterschaft für Rechtsanwälte teilnehmen.

Unterschiedliche Bewertungen können sich für **Trinkgelder und Bedienungsgelder** ergeben. Bedienungsgelder sind dann **Arbeitsentgelt** im Sinne des EFZG, wenn sie aufgrund einer rechtlichen Verpflichtung gezahlt werden, z.B. in Restaurants, in denen ein fester Bedienungszuschlag erhoben wird oder aber im Rechnungsbetrag enthalten ist (vgl. KDHK, § 4 Rn. 30). Ob **Trinkgelder**, die freiwillig und ohne rechtliche Verpflichtung von Dritten gezahlt werden (vgl. Hueck/Nipperdey I, § 41 Anm. 6), als Arbeitsentgelt im Sinne des EFZG zu behandeln sind, hängt von der konkreten Ausgestaltung des Arbeitsverhältnisses ab. In der Regel wird es sich beim Trinkgeld nicht um Arbeitsentgelt handeln (vgl. BAG v. 28. 6. 1995, DB 96, 226; GKK, § 4 Rn. 20); vor allem dann nicht, wenn z. B. der Gastwirt dem Kellner einen normalen Lohn zahlt und das Trinkgeld eine bloße Zusatzeinnahme bietet, auf die der Arbeitnehmer nicht existenziell angewiesen ist; bei der Arbeitsunfähigkeit gehört das Trinkgeld dann nicht zum fortzuzahlenden Entgelt (BAG v. 28. 6. 1995, DB 96, 226). Etwas anderes kann allerdings dann gelten, wenn der Arbeitnehmer ein nur relativ **niedriges Fixum** erhält und bei seiner Vergütung die weitgehend sicher zu realisierende Chance auf Trinkgeld mit berücksichtigt wird (ErfK/Dörner, § 4 Rn. 31; KDHK, § 4 Rn. 25). So sind Trinkgelder (etwa bei Spielbanken), die in den sog. **Tronc** fließen, aus dem der Arbeitgeber die Vergütung ganz oder teilweise zahlt, Arbeitsentgelt im Sinne des § 4 Abs. 1 Satz 1 (vgl. zum Tronc BAG v. 11. 3. 1998, DB 98, 2326, v. 3. 3. 1999 DB 99, 591; zum Trinkgeld als Lohn Saje, DB 89, 321).

22 Die **Naturalvergütung** als Arbeitsentgelt ist nicht mehr zeitgemäß und deshalb **grundsätzlich abzulehnen** (zum »Truck-Verbot« vgl. Däubler AR 2, Rn. 812 ff.; zur Veränderung der GewO, insbes. des § 107 Abs. 2 GewO, wonach Sachbezüge als Teil des Arbeitsentgelts vereinbart werden können vgl. Perreng, AiB 02, 521). Wird dennoch in Naturalvergütung geleistet, so ist sie **als Arbeitsentgelt im Sinne des EFZG** anzusehen. Zur Naturalvergütung zählt die Vergütung in Waren jeder Art, insbesondere Nahrungsmittel, Kleidung, Heizmaterial (Deputatkohle), aber auch die Gewährung von Kost und Wohnung oder die Aufnahme in eine häusliche Gemeinschaft (Hueck/Nipperdey I, § 41 I 2).

23 **Betriebliche Sozialeinrichtungen** wie beispielsweise **Pensions- und Unterstützungskassen, Kantinen, Sportplätze, betriebliche Erholungsheime, Werksbibliotheken** oder **Betriebskindergärten** (vgl. auch das Mitbestimmungsrecht des Betriebsrats gem. § 87 Abs. 1 Nr. 8 BetrVG), die dem Arbeitnehmer finanzielle Vorteile bieten, zählen in **der Regel nicht zum Arbeitsentgelt** im Sinne des EFZG, da diese betrieblichen Leistungen nicht als Entgelt für verrichtete Arbeit, sondern im allgemeinen betrieblichen Interesse gewährt werden (GKK, § 4 Rn. 23). Soweit die Arbeitsunfähigkeit es zulässt, kann die Sozialeinrichtung allerdings auch weiterhin vom erkrankten Arbeitnehmer in Anspruch genommen werden.

24 Laufende Geldleistungen des Arbeitgebers nach § 2 des **5. Vermögensbildungsgesetzes**, die laufend als Zuschuss zum Arbeitsentgelt gewährt werden, **gehören zum fortzuzahlenden Arbeitsentgelt** im Sinne des § 4 Abs. 1 Satz 1 (Schmitt, § 4 Rn. 89).

25 Das **Kurzarbeitergeld** (§§ 169 ff. SGB III) ist eine Sozialleistung der Bundesanstalt für Arbeit, nicht aber des Arbeitgebers für geleistete Arbeit und somit auch kein Arbeitsentgelt im Sinne des EFZG (vgl. GKK, § 4 Rn. 24). Das Gleiche gilt für das **Winterausfallgeld** nach §§ 209 Nr. 2, 214 SGB III und das **Wintergeld** nach §§ 209 Nr. 1, 212 ff. SGB III.

2. Für Überstunden gezahltes Arbeitsentgelt (§ 4 Abs. 1 a Satz 1)

Vergütungen für Mehrarbeit bzw. **Überstunden** (über die betriebliche Arbeitszeit hinaus geleistete Arbeitsstunden; vgl. auch das Mitbestimmungsrecht des Betriebsrats nach § 87 Abs. 1 Nr. 3 BetrVG) gehören nach der Gesetzesänderung seit dem 1. 1. 1999 nach § 4 Abs. 1 a Satz 1 nicht mehr zum Arbeitsentgelt im Sinne des EFZG. Zusätzlich für Überstunden gezahltes Entgelt stellen nicht nur die Überstundenzuschläge dar, sondern auch die Grundvergütung für die Überstunden. § 4 Abs. 1 erfasst nach seinem Wortlaut und nach Sinn und Zweck auch wiederholt geleistete Überstunden. Dabei muss es sich aber immer um Überstunden handeln. **Überstunden** i. S. v. § 4 Abs. 1 a liegen vor, wenn die **individuelle regelmäßige Arbeitszeit des Arbeitnehmers überschritten wird** (BAG v. 21. 11. 2001, DB 02, 845; v. 26. 6. 2002, DB 02, 2439). Um zu bestimmen, ob es sich um Überstunden handelt, die nach § 4 Abs. 1 a nicht mit in die Berechnung des fortzuzahlenden Entgelts einfließen, muss zunächst die regelmäßige Arbeitszeit des Arbeitnehmers nach § 4 Abs. 1 ermittelt werden (vgl. GKK, § 4 Rn. 26; näher zur regelmäßigen Arbeitszeit Rn. 34 f.). Leistet der Arbeitnehmer ständig eine bestimmte Arbeitszeit, kann von Überstunden nicht gesprochen werden, auch wenn diese Arbeitszeit mit der betriebsüblichen oder der tariflichen Arbeitszeit nicht übereinstimmt (vgl. BAG v. 21. 11. 2001, DB 02, 845; v. 26. 6. 2002, DB 02, 2439). In solchen Fällen ist das Arbeitsentgelt auch für diese »zusätzlichen Stunden« im Krankheitsfall weiter zu zahlen

26

3. Aufwendungsersatz (§ 4 Abs. 1 a Satz 1)

Nicht als Arbeitsentgelt zählen gem. § 4 Abs. 1 a Satz 1 Leistungen für Aufwendungen des Arbeitnehmers, soweit der Anspruch auf sie im Falle der Arbeitsunfähigkeit davon abhängig ist, dass dem Arbeitnehmer entsprechende Aufwendungen tatsächlich entstanden sind, und dem Arbeitnehmer solche Aufwendungen während der Arbeitsunfähigkeit nicht entstehen. **Ersparte Aufwendungen**, welche wegen der krankheitsbedingten Arbeitsunfähigkeit dem Arbeitnehmer nicht entstehen, **gehören somit nicht zum fortzahlungspflichtigen Arbeitsentgelt** (KDHK, § 4 Rn. 35).

27

Für die Qualifizierung als Arbeitsentgelt oder Aufwendungsersatz im Sinne dieser Vorschrift kommt es **nicht auf die Bezeichnung** durch den Arbeitgeber, sondern auf den **objektiven Zweck** und die inhaltliche Ausgestaltung der Leistung an (KDHK, Rn. 37).

28

Auslösungen, die nach ihrer Zweckbestimmung diejenigen Mehraufwendungen abgelten sollen, die aufgrund der Beschäftigung auf der **auswärtigen Arbeitsstelle** entstehen, sind **Aufwendungsersatz**, auch wenn sie als Pauschalerstattung gewährt werden (vgl. KDHK, § 4 Rn. 41 f.; GKK, § 4 Rn. 27). Allerdings zählen Auslösungen **ausnahmsweise** dann zur Bemessungsgrundlage, wenn sie nach ihrer Zweckbestimmung der zusätzlichen Abgeltung einer Arbeitsleistung dienen oder auch dann weitergezahlt

29

werden, wenn der Arbeitnehmer nicht auf einer auswärtigen Arbeitsstelle beschäftigt ist oder wenn die Auslösung ausdrücklich als fortzuzahlendes Arbeitsentgelt vereinbart wurde (vgl. KDHK, § 4 Rn. 42; GKK, § 4 Rn. 27).

30 Bei der »**Schmutzzulage**« kommt es entscheidend darauf an, ob sie die besondere Erschwernis der Arbeit abgelten soll (**Erschwerniszulage**) oder ob sie als Ersatz für Mehraufwand, etwa durch besondere Kleidung oder Reinigungsmittel, gezahlt wird (**Aufwendungsersatz**). Es kommt somit auf ihre tatsächliche Zwecksetzung und Ausgestaltung an, ob sie zum Arbeitsentgelt nach § 4 Abs. 1 Satz 1 oder zum Aufwendungsersatz nach § 4 Abs. 1 a Satz 1 gehört und damit im Krankheitsfall beim weiterzuzahlenden Arbeitsentgelt keine Berücksichtigung findet. Ein Indiz dafür, dass die Schmutzzulage eine Erschwerniszulage ist, wäre z. B. darin zu sehen, dass der Arbeitgeber besondere Arbeitskleidung zusätzlich zur Verfügung stellt (vgl. KDHK, § 4 Rn. 38). Ist die Schmutzzulage nicht als Erschwerniszulage zu werten, so ist sie Aufwendungsersatz im Sinne von § 4 Abs. 1a Satz 1 und somit nichtfortzuzahlendes Arbeitsentgelt nach § 4 Abs. 1 Satz 1.

31 **Anfwendungsersatzcharakter** mit der Folge, dass sie bei der Entgeltfortzahlung nicht zu Buche schlagen, haben in der Regel Reisekostenvergütungen (Fahrtkostenerstattungen, Tage- und Übernachtungsgelder), **Trennungsentschädigungen** oder **Verpflegungskostenzuschüsse**. Allerdings kann im Einzelfall auch echtes Arbeitsentgelt vorliegen, wenn es an der Funktion des Aufwendungsersatzes tatsächlich fehlt (vgl. GKK, § 4 Rn. 29; Boecken, Münch. Hdb. Bd. I, § 84 Rn. 29).

4. Berechnung des fortzuzahlenden Arbeitsentgelts

32 § 4 Abs. 1 legt den Grundsatz fest, dass dem Arbeitnehmer das ihm bei der für ihn maßgebenden regelmäßigen Arbeitszeit zustehende Arbeitsentgelt fortzuzahlen ist. Für die Berechnung der Bemessungsgrundlage für das fortzuzahlende Arbeitsentgelt gilt grundsätzlich das modifizierte **Entgeltausfallprinzip** (vgl. BAG v. 26. 6. 2002, DB 02, 2439; vgl. Rn. 3 f.) mit Ausnahme der Fälle, in denen im Betrieb nicht verkürzt gearbeitet wird (vgl. zur Kurzarbeit Rn. 49 ff.), keine abweichenden tarifvertraglichen Regelungen bestehen (vgl. Rn. 57 ff.) und in denen die Krankheit nicht auf einen Feiertag fällt (vgl. Rn. 47 f.). Eine **Abweichung vom Entgeltausfallprinzip** besteht nunmehr auch durch § 4 Abs. 1a Satz 1, wonach das für Überstunden gezahlte Arbeitsentgelt nicht mehr in die Berechnung einfließt (vgl. Rn. 26).

33 Für die Berechnung des fortzuzahlenden Arbeitsentgelts ist nach dem Entgeltausfallprinzip grundsätzlich im ersten Schritt das Arbeitsentgelt zu ermitteln, das ansonsten an den Arbeitnehmer hätte gezahlt werden müssen, wäre er nicht arbeitsunfähig erkrankt. Das Gesetz will den Arbeitnehmer grundsätzlich fiktiv so stellen, als hätte er gearbeitet (vgl. Schmitt, § 4 Rn. 1, 18 f.).

a) Maßgebliche regelmäßige Arbeitszeit

Bemessungsgrundlage für den Arbeitnehmer ist »das ihm bei der **für ihn maßgebenden regelmäßigen Arbeitszeit** zustehende Arbeitsentgelt« (§ 4 Abs. 1 Satz 1), also i.d.R. Arbeitsentgelt, das ihm für seine **individuelle regelmäßige Arbeitszeit** gezahlt worden wäre (vgl. BAG v. 21. 11. 2001, DB 02, 845; BAG v. 26. 6. 2002, DB 02, 2439). Welche **Arbeitszeit für ihn maßgebend** ist, richtet sich nach den **individuellen Verhältnissen des einzelnen Arbeitnehmers**, wie sie sich für ihn aus einem Tarifvertrag, aus seinem Individualarbeitsvertrag oder auch aufgrund einer Betriebsvereinbarung oder betrieblicher Übung ergeben (vgl. BAG v. 18. 1. 1973, AP Nr. 4 zu § 2 LohnFG; KDHK, § 4 Rn. 54). Entscheidend ist somit **nicht** die **regelmäßige betrieblich Arbeitszeit, sondern** die **für den Arbeitnehmer** während seiner Arbeitsunfähigkeit **maßgebliche regelmäßige Arbeitszeit**. Nur auf diese Weise kann dem Entgeltausfallprinzip Rechnung getragen werden. Im Einzelfall setzt dies eine entsprechend genaue Ermittlung der Arbeitszeitverhältnisse voraus, wobei dieser eine besondere Bedeutung im Zusammenhang mit den verschiedenen Formen der Arbeitszeitflexibilisierung zukommt.

34

Aus dem Entgeltausfallprinzip folgt, dass die individuelle **regelmäßige Arbeitszeit** zu berücksichtigen ist, die durch die Krankheit **tatsächlich** ausgefallen ist (BAG v. 15. 2. 1978, DB 78, 1351; KDHK, § 4 Rn. 54 f.). Soweit also der krankheitsbedingte Arbeitsausfall feststeht, kommt es auf das Kriterium der Regelmäßigkeit nicht an. Das Entgeltausfallprinzip erfährt durch das **Kriterium der Regelmäßigkeit** schon aus praktischen Gründen eine Einschränkung. Diese Gründe bestehen in den gelegentlichen Schwierigkeiten festzustellen, welche Arbeitszeit (etwa bei Arbeitszeitkonten) für den Arbeitnehmer während dessen Krankheit denn nun tatsächlich ausgefallen ist. Das Erfordernis der **regelmäßigen Arbeitszeit** bedeutet insofern eine Modifizierung des Entgeltausfallprinzips, weil je nach Einzelfall und Sachlage auch noch eine vergangenheitsbezogene Beurteilung erforderlich werden kann, um das während der Arbeitsunfähigkeit zustehende Arbeitsentgelt berechnen zu können (vgl. GKK, § 4 Rn. 36). Bei Schwankungen der individuellen Arbeitszeit ist zur Bestimmung der »regelmäßigen« Arbeitszeit eine vergangenheitsbezogene Betrachtung zulässig und geboten. Maßgebend ist der Durchschnitt der vergangenen zwölf Monate (BAG v. 21. 11. 2001, DB 02, 845; v. 26. 6. 2002, DB 03, 2439).

35

b) Zeitentgelt

Unproblematisch sind all diejenigen Fälle, in denen bei **gleichbleibender Arbeitszeit** ein ebenso **festes Arbeitsentgelt** (also z. B. ohne schwankende Zuschläge) gezahlt wird (KDHK, § 4 Rn. 58, 79). In diesen Fällen sind für

36

die Zeiten krankheitsbedingter Arbeitsunfähigkeit das laufende Arbeitsentgelt so weiterzuzahlen, als wäre der Arbeitnehmer nicht arbeitsunfähig krank geworden. Eine Ermittlung des Arbeitsentgelts für die der Zahlungsweise zugrunde liegenden Zeiteinheiten (Stunden-, Wochen- oder Monatsentgelt) ist so lange entbehrlich, wie die Höchstdauer des Anspruchs nicht während des Laufs der betreffenden Zeiteinheit endet oder das feste Arbeitsentgelt oder die feste Arbeitszeit geändert werden. Endet z. B. beim **festen Monatsentgelt** die 6-Wochen-Frist (bei über die 6-Wochen-Frist hinausgehender Arbeitsunfähigkeit) während eines laufenden Monats, so ist nach der vom BAG sog.»konkreten Berechnungsweise auf der Grundlage des Lohnausfallprinzips« der anteilige Entgeltanspruch in der Weise zu berechnen, dass das monatliche Bruttoarbeitsentgelt durch die in dem betreffenden Monat tatsächlich anfallenden Arbeitstage geteilt und der sich daraus ergebende Betrag mit der Anzahl der krankheitsbedingt ausgefallenen Arbeitstage multipliziert wird (BAG v. 14. 8. 1985, AP Nr. 40 zu § 63 HGB). **Beispiel**: Monatliches Bruttogehalt von 3.000 Euro, Ablauf der 6-Wochen-Frist am 22. 2., bis dahin 16 ausgefallene von insgesamt 20 möglichen Arbeitstagen. Berechnungsweise: 3.000 Euro : 20 = 150 Euro pro Arbeitstag × 16 (ausgefallene Tage) = 2.400 Euro Entgeltfortzahlung (vgl. insoweit BAG v. 14. 8. 1985, AP Nr. 40 zu § 63 HGB).

37 **In entsprechender Weise** ist bei der Berechnung zu verfahren, wenn während der Zeit der Entgeltfortzahlung eine **Änderung des festen Arbeitsentgelts** (z. B. Gehaltserhöhung) und/oder eine Änderung der festen Arbeitszeit (z. B. Verkürzung) stattfindet. Diese Umstände sind bei der konkreten Berechnungsweise ebenfalls zu berücksichtigen (BAG v. 8. 5. 1972, AP Nr. 3 zu § 2 LohnFG). Dies gilt auch für nachträgliche und rückwirkend vorgesehene Entgeltänderungen, wie sie oftmals in Tarifverträgen festgeschrieben werden (vgl. Rn. 11). **Beispiel**: Der Arbeitnehmer hat, einen monatlichen Bruttoverdienst i.H.v. 3.000 Euro. Er erkrankt und wird arbeitsunfähig am 10. 2. bis 23. 2. (entspricht in diesem Fall 10 Arbeitstagen). Also erhält der Arbeitnehmer pro Tag, wenn der Februar 21 Arbeitstage hat, (3.000 : 21 =) 142,86 Euro. Wird in dem für den Arbeitnehmer anwendbaren Tarifvertrag im April festgelegt, dass die Arbeitnehmer ab 1. 1. eine monatliche Pauschale i.H.v. 100 Euro bekommen, so erhält der Arbeitnehmer zusätzlich pro Arbeitsunfähigkeitstag (100 : 21 =) 4,76 Euro mehr, insgesamt also pro Tag 147,62 Euro.

38 Sobald es an einer für jeden Tag gleichen Arbeitszeit fehlt, es sich also um **unterschiedliche Arbeitszeit** handelt, bedarf es einer je **gesonderten Berechnung** des fortzuzahlenden Arbeitsentgelts (unter Berücksichtigung insbesondere auch von speziellen Zuschlägen wie z. B. Erschwerniszuschlägen) für die einzelnen, mit unterschiedlichen Arbeitszeiten belegten Arbeitsunfähigkeitstage (vgl. Boecken, Münch. Hdb. Bd. I, § 84 Rn. 43).

Unterliegt die Arbeitszeit und damit die Entgelthöhe (vereinbarungsgemäß) unregelmäßigen Schwankungen und kann deshalb der Umfang der ausgefallenen Arbeit nicht exakt bestimmt werden, bedarf es der

Festlegung eines Referenzzeitraumes (z. B. 12 Monate), dessen durchschnittliche Arbeitsmenge maßgebend ist (BAG v. 21. 11. 2001, DB 02, 845; v. 26. 6. 2002, DB 02, 2439). Dabei ist grundsätzlich ein Vergleichszeitraum von zwölf Monaten vor Beginn der Arbeitsunfähigkeit heranzuziehen. Dieser Zeitraum wird besonderen Eigenarten eines Arbeitsverhältnisses gerecht und vermeidet unbillige Zufallsergebnisse (BAG v. 21. 11. 2001, DB 02, 845; v. 26. 6. 2002, DB 02, 2439).

Problematisch wird die Berechnung bei **Freischichtenmodellen**. Obwohl **39** z. B. die tarifliche Wochenarbeitszeit 35 Stunden beträgt, wird trotzdem 40 Stunden gearbeitet. Zum Ausgleich der Mehrstunden werden freie Tage oder Freischichten gewährt. Auch hier wird die Berechnung des fortzuzahlenden Arbeitsentgelts unter Anwendung des **Entgeltausfallprinzips** vorgenommen. Das heißt, dass der Arbeitnehmer so gestellt wird, als hätte er gearbeitet bzw. in einer Freischicht nicht gearbeitet. Die für den Arbeitnehmer maßgebende regelmäßige Arbeitszeit ist nicht die verkürzte, sondern diejenige, die er bei Arbeitsfähigkeit hätte leisten müssen, sofern tarifvertraglich nichts Abweichendes bestimmt ist (vgl. BAG v. 2. 12. 1987, DB 88, 1224, v. 15. 2. 1989 und 14. 6. 1989 AP Nrn. 16 und 18 zu § 2 LohnFG; vgl. auch GKK, § 4 Rn. 38).

Beispiel: Der Arbeitnehmer hätte 4 Wochen hintereinander von Montag **40** bis Freitag so viel Mehrstunden gearbeitet, dass er dann in der fünften Woche eine Freischicht gehabt hätte. Wird er während der Arbeitsphase krank, dann ändert dies nichts daran, dass er trotzdem die vereinbarten Mehrstunden ansammelt. Würde der Arbeitnehmer in der vierten Woche wieder gesund und damit arbeitsfähig, so hätte er trotzdem einen **Anspruch auf die Freischicht** in der fünften Woche. Hätte der Arbeitnehmer hingegen die Mehrstunden in der Arbeitsphase geleistet und würde er in der fünften Woche, also in der Freischicht arbeitsunfähig, dann würde auch die Freischicht so gerechnet als wäre der Arbeitnehmer gesund gewesen. Der Arbeitnehmer hätte also keinen Anspruch darauf, dass sich die Freischicht nach hinten verschiebt. Ist der Arbeitnehmer in der sechsten Woche wieder gesund, dann muss er auch arbeiten. Während der ganzen Zeit erhält der Arbeitnehmer dann das (tarifliche) Arbeitsentgelt, als hätte er keine Mehrstunden angesammelt, denn diese werden ja mit den Freischichten abgegolten.

c) Leistungsentgelt (§ 4 Abs. 1 a Satz 2)

Erhält der Arbeitnehmer eine auf das Ergebnis der Arbeit abgestellte **41** Vergütung (**Leistungsentgelt**), so gilt die **Sonderregelung** des § 4 Abs. 1 a Satz 2. Fortzuzahlen ist der von dem Arbeitnehmer in der für ihn maßgebenden regelmäßigen Arbeitszeit (vgl. Rn. 34 ff.) erzielbare Durchschnittsverdienst. Bei der **Leistungsvergütung** erfolgt die Entlohnung nicht nach der Arbeitszeit, sondern nach der **geleisteten Arbeitsmenge**. Die Höhe des Arbeitsentgelts ist also durch den Arbeitnehmer

EFZG § 4

beeinflussbar und variiert z. B. je nach Arbeitsintensität, Geschicklichkeit oder Leistungsfähigkeit (KDHK, § 4 Rn. 85; GKK, § 4 Rn. 47).

42 Auch für die **Leistungsvergütung** gilt grundsätzlich das **Entgeltausfallprinzip**, wonach dem Arbeitnehmer bei seiner Erkrankung die Vergütung weiterzuzahlen ist, die er erzielt hätte, wenn er nicht krank geworden wäre (vgl. BAG v. 22. 10. 1980, DB 81, 480). Auf der Grundlage dieses Entgeltausfallprinzips ist der **erzielbare Durchschnittsverdienst** individuell für jeden Arbeitnehmer zu ermitteln (GKK, § 4 Rn. 48). Dabei ist jeweils auf diejenige Berechnungsmethode abzustellen, die diesem Prinzip am besten gerecht wird (vgl. BAG v. 22. 10. 1980, DB 81, 480). Dementsprechend ist es nicht zulässig, das fortzuzahlende Arbeitsentgelt generell und ausschließlich nur nach dem Durchschnittsverdienst eines zurückliegenden Zeitraums zu bestimmen (vgl. KDHK, § 4 Rn. 89; GKK, § 4 Rn. 48), da der Gesetzestext nicht vom zurückliegenden, sondern vom **erzielbaren Durchschnittsverdienst** spricht. Allerdings können Erfahrungswerte aus der Vergangenheit herangezogen werden (GKK, § 4 Rn. 48).

43 Als **Leistungsentgelt** kommt zunächst der **Akkordlohn** in Betracht (zu den Erscheinungsformen der Akkordvergütung vgl. Schaub, § 64 Rn. 8). Der Akkordlohn ist im Gegensatz zum Zeitlohn dadurch gekennzeichnet, dass sich das Arbeitsentgelt nach dem erzielten Arbeitsergebnis ohne Rücksicht auf die Länge der Arbeitszeit bestimmt. Die Vergütung kann dabei im **Zeit-** oder **Geldakkord** berechnet werden. Ein grundsätzlicher Unterschied zwischen dem Geld- und dem Zeitakkord besteht jedoch nicht; sie unterscheiden sich letztlich nur in der Berechnungsart. Jeder Geldakkord lässt sich rechnerisch ebenso in einen Zeitakkord umwandeln wie andererseits der Zeitakkord in einen Geldakkord (vgl. DKK-Klebe, § 87 Rn. 273). Beim **Zeitakkord** ist eine näher zu bestimmende Zeiteinheit die maßgebliche Berechnungsgrundlage. Dabei wird dem Arbeitnehmer pro Leistungseinheit (z. B. einem Stück) ein bestimmter – meist in Minuten ausgedrückter – Zeitwert »vorgegeben« und danach der für diese Minuten festgesetzte Geldbetrag gezahlt, gleichgültig, wie viele Minuten der Arbeitnehmer für die Fertigstellung des Stückes tatsächlich gebraucht hat.

Beim **Geldakkord** wird die Lohnhöhe dadurch rechnerisch ermittelt, dass dem Arbeitnehmer pro Leistungseinheit (z. B. einem zu bearbeitenden Stück) ein bestimmter Geldbetrag »vorgegeben« wird. Der Verdienst richtet sich dann nach der Anzahl der erbrachten Leistungseinheiten (z. B. Anzahl der bearbeiteten Stücke) und dem pro Leistungseinheit »vorgegebenen« Geldbetrag (vgl. DKK-Klebe, § 87 Rn. 270 ff.).

44 Ist der Akkordlohn allein vom Einsatz des betreffenden Arbeitnehmers abhängig, so spricht man vom **Einzelakkord**. Der erzielbare Durchschnittsverdienst bezieht sich nur auf den betreffenden Arbeitnehmer. Davon zu unterscheiden ist der Gruppenakkord, bei dem mehrere Arbeitnehmer die Arbeit leisten und das Entgelt entweder gleichmäßig oder nach einem bestimmten Verteilungsschlüssel erhalten. Bei Arbeiten im **Grup-**

EFZG § 4

penakkord wird in der Regel der Vergleich mit den Gruppenmitgliedern sachgerecht sein, denn aus ihrem Verdienst lässt sich in der Regel schließen, was das erkrankte Grupppenmitglied verdient hätte, wenn es nicht krank geworden wäre (vgl. BAG v. 22. 10. 1980, DB 81, 480; ErfK/Dörner, § 4 Rn. 36). Etwas anderes wird allerdings dann gelten, wenn die Erkrankung eines Arbeitnehmers dafür ursächlich gewesen ist, dass der Rest der **Akkordgruppe** auf Zeitlohn übergehen musste (vgl. LAG Düsseldorf v. 9. 10. 1975, AuR 76, 218), oder wenn zwei von drei Gruppenmitgliedern erkranken und das dritte Gruppenmitglied mit einem anderen Arbeitnehmer zusammenarbeiten muss (vgl. BAG v. 22. 10. 1980, DB 81, 480). Bei diesen Fällen fehlt eine brauchbare Vergleichsgrundlage, so dass ausnahmsweise an den Verdienst anzuknüpfen ist, den die erkrankten Arbeitnehmer vor ihrer Erkrankung bei annähernd gleichen Arbeitsbedingungen erzielt hätten, wobei Änderungen in den Arbeits- und Verdienstbedingungen im Vergleich zum Bezugszeitraum jeweils zu berücksichtigen sind (vgl. KDHK, § 4 Rn. 90).

Neben dem Akkordlohn gehören **Erfolgsvergütungen** zu den auf das Ergebnis der Arbeit abstellenden Vergütungsformen. Hierzu zählen insbesondere Provisionen, bei denen die Entlohnung in der Regel nach dem Umsatz erfolgt; ebenso **Tantiemen**, die eine Beteiligung am Geschäftsgewinn darstellen, und **Prämien**, die als besondere Vergütungen für die Erreichung eines bestimmten Erfolges neben dem Entgelt gezahlt werden. Grundsätzlich gilt auch für diese Erfolgsvergütungen das Entgeltfortzahlungsprinzip unter Zuhilfenahme derjenigen Berechnungsmethode, die diesem Prinzip am besten gerecht wird. **45**

Die **Provision** selbst gehört mit zur Bemessungsgrundlage für das fortzuzahlende Entgelt, da sie eine Vergütung für die Arbeitsleistung darstellt und nicht dem Ersatz von Aufwendungen dient (vgl. BAG v. 5. 6. 1985, AP Nr. 39 zu § 63 HGB). Angesichts der Vielfältigkeit von Provisionssystemen (vgl. dazu Westhoff, NZA 86, Beil. 3, 25) ist ihre Berechnung mitunter nicht einfach. Das BAG (v. 5. 6. 1985, AP Nr. 39 zu § 63 HGB) hat in einem Fall, in dem der Arbeitnehmer neben einem Fixum sehr stark schwankende Provisionen erhielt, folgende Aussagen gemacht: Dem **Entgeltausfallprinzip** wird hinsichtlich der Provision »nur eine Betrachtung gerecht, die darauf abstellt, was der Vertreter nach den Regeln der Wahrscheinlichkeit an Abschlüssen erreicht hätte, wenn keine krankheitsbedingten Ausfalltage eingetreten wären und er daher an diesen Tagen hätte arbeiten können«. **Schwankende Bezüge müssen** u. U. **durch Schätzung** entsprechend § 287 Abs. 2 ZPO ermittelt werden, wobei von einem Durchschnittsverdienst eines bestimmten Bezugszeitraums auszugehen ist. Kommen Abschlüsse in der Regel nur alle Wochen oder Monate zustande, so ist auf einen größeren **Berechnungsabschnitt** zurückzugreifen, der alle Schwankungsarten nach Möglichkeit umfasst und ausgleicht. Die Referenzperiode kann daher u. U. eine Zeitspanne von zwölf Monaten umfassen, um unbillige Zufallsergebnisse auszuschließen (vgl. BAG v. **46**

26. 6. 2002, DB 02, 2439). Diese Grundsätze finden auch Anwendung, wenn sich die Vergütung des Arbeitnehmers sowohl aus einem Grundentgelt und der Provision zusammensetzt. Der Arbeitnehmer erhält dann im Krankheitsfalle nicht nur die Grundvergütung, sondern auch die nach den obigen Grundsätzen zu ermittelnde Provision fortgezahlt (vgl. ErfK/ Dörner, § 4 Rn. 37). Diese für die Provision aufgestellten Grundsätze gelten entsprechend für die **Prämie**, wenn diese am Arbeitsergebnis orientiert ist und damit als Sondervergütung einen Bestandteil der Bemessungsgrundlage bildet (vgl. BAG v. 5. 6. 1985, AP Nr. 39 zu § 63 HGB).

III. Fortzuzahlendes Arbeitsentgelt bei Arbeitsunfähigkeit während eines Feiertags (§ 4 Abs. 2)

47 Eine **Ausnahme** von den allgemeinen Regeln zur Entgeltfortzahlung im Krankheitsfall gilt gem. § 4 Abs. 2, **wenn in die Zeit der Erkrankung ein Feiertag fällt**. Mit dieser Regelung sollte bei der Ablösung des FLZG durch das EFZG eine Gleichbehandlung aller Arbeitnehmer erreicht werden, indem ausgeschlossen wird, dass arbeitsunfähig erkrankte Arbeitnehmer eine höhere Vergütung an Feiertagen erhalten als arbeitsfähige Arbeitnehmer (vgl. KDHK, § 4 Rn. 96).

48 Sowohl die Regelungen über die Entgeltfortzahlung bei Arbeitsunfähigkeit sowie an Feiertagen verlangen, dass der gesetzliche Feiertag bzw. die Arbeitsunfähigkeit die **alleinige Ursache für den Arbeitsausfall** ist (vgl. § 2 Rn. 21 ff., § 3 Rn. 53 f.; ErfK/Dörner, § 4 Rn. 48). Insofern bedurfte es einer gesetzlichen Entscheidung darüber, welche Regelung über die Entgeltfortzahlung Anwendung findet (ErfK/Dörner, § 4 Rn. 48). In der Frage der Ursächlichkeit räumt das Gesetz der Entgeltfortzahlung wegen Arbeitsunfähigkeit (§ 3) Priorität ein. Die Höhe des fortzuzahlenden Arbeitsentgelts richtet sich aber nach § 2 (vgl. KDHK, § 4 Rn. 97; vgl. § 2 Rn. 55 ff.).

IV. Fortzuzahlendes Arbeitsentgelt bei Kurzarbeit (§ 4 Abs. 3)

49 § 4 Abs. 3 enthält eine klarstellende Regelung für die **Bemessung des fortzuzahlenden Arbeitsentgelts bei Kurzarbeit**. Wird in einem Betrieb rechtswirksam (vgl. zum Mitbestimmungsrecht des Betriebsrates gem. § 87 Abs. 1 Nr. 3 BetrVG bei Kurzarbeit DKK-Klebe, § 87 Rn. 101 ff.) verkürzt gearbeitet und würde deshalb das Arbeitsentgelt des Arbeitnehmers im Falle seiner Arbeitsfähigkeit geändert, so ist gem. § 4 Abs. 3 Satz 1 die verkürzte Arbeitszeit für ihre Dauer als die für den Arbeitnehmer maßgebende regelmäßige Arbeitszeit anzusehen (vgl. ErfK/Dörner, § 4 Rn. 50 ff.; KDHK, § 4 Rn. 100).

50 Für die Berechnung der für den Arbeitnehmer maßgeblichen regelmäßigen Arbeitszeit sind auch die durch die **Kurzarbeit betroffenen Ausfallstunden zu ermitteln** (ErfK/Dörner, § 4 Rn. 52). Damit der arbeitsunfähige Arbeitnehmer für diese Zeit keine Nachteile gegenüber den anderen Arbeitnehmern erleidet, er also genauso gestellt wird, als wäre er nicht arbeitsunfähig, erwirbt er einen Anspruch gegen die Bundesanstalt für Arbeit auf Zahlung von Kurzarbeitergeld nach den §§ 169 ff. SGB III.

Endet die Kurzarbeit während der krankheitsbedingten Arbeitsunfähigkeit, so ist ab diesem Zeitpunkt wieder die normale regelmäßige Arbeitszeit bei der Berechnung der vom Arbeitgeber zu entrichtenden Krankenvergütung zugrunde zu legen. **51**

Um Nachteile für den erkrankten Arbeitnehmer während einer Kurzarbeitsperiode zu vermeiden, wird gem. § 47 b SGB V **Krankengeld** durch die jeweilige Krankenkasse gezahlt (zur Frage der Gewährung **von Krankengeld bei Arbeitsausfall wegen Kurzarbeit** vgl. die Sonderregelungen des § 47 b SGB V). **52**

Wird in dem Betrieb die Kurzarbeit rechtswirksam eingeführt, **bevor der Arbeitnehmer arbeitsunfähig erkrankt**, so ist die verkürzte Arbeitszeit für ihre Dauer als die für den Arbeitnehmer maßgebende regelmäßige Arbeitszeit anzusehen. Der Arbeitnehmer bekommt dann, wenn er nach der Einführung der Kurzarbeit erkrankt, das nach § 4 Abs. 2 geminderte Arbeitsentgelt und zusätzlich nach § 172 Abs. 2 Nr. 2 SGB III, § 47 b Abs. 4 SGB V Krankengeld, das sich nach dem regelmäßigen Arbeitsentgelt richtet, das zuletzt vor Eintritt des Arbeitsausfalls (als Regelentgelt) erzielt wurde (Marienhagen/Künzl, § 4 Rn. 39). Der Arbeitgeber hat das Krankengeld kostenlos zu errechnen und auszuzahlen. Der Arbeitnehmer hat die erforderlichen Angaben zu machen (§ 47 b Abs. 4 SGB V). **53**

In § 47 Abs. 3 SGB V ist geregelt, dass auch für diejenigen, die erst **während der Kurzarbeit erkranken**, für die Berechnung des Krankengeldes das regelmäßige Arbeitsentgelt (Regelentgelt) auf Basis des Arbeitsentgeltes berechnet wird, das zuletzt vor dem Eintritt des Arbeitsausfalles erzielt wurde. Diese Regelung hat zur Folge, dass Arbeitnehmer, die während der Kurzarbeit erkranken, mit denjenigen gleichgestellt werden, die bereits vor Eintritt der Kurzarbeit arbeitsunfähig waren (im Ergebnis so auch Marienhagen/Künzl, § 4 Rn. 42, mit entsprechender Anwendung von § 4 Abs. 3). **54**

Anders ist der Fall gelagert, wenn der Arbeitnehmer **keinen Anspruch (mehr) auf Entgeltfortzahlung** gegenüber dem Arbeitgeber hat (z. B. weil der 6-Wochen-Zeitraum gem. § 3 Abs. 1 bereits abgelaufen ist oder aber »**Kurzarbeit 0**« eingeführt wurde). Dann hat der Arbeitnehmer einen Anspruch auf Krankengeld gem. § 47 SGB V. **55**

Kommt zu dieser Fallkonstellation noch hinzu, dass **gesetzliche Feiertage in der Zeit der Kurzarbeit** liegen, so richtet sich der Anspruch gegen den Arbeitgeber. Das Feiertagsentgelt ist aber nur in Höhe des Kurzarbeitergelds zu zahlen (vgl. BAG v. 8. 5. 1984, NZA 85, 62; vgl. § 2 Rn. 67 f.; ErfK/Dörner, § 4 Rn. 54 f.; a.A. GKK, § 4 Rn. 50). **56**

V. Abweichungen durch Tarifvertrag (§ 4 Abs. 4)

1. Grundsätze

57 Gem. § 12 sind die Vorschriften des EFZG **grundsätzlich unabdingbar** (vgl. § 12; zur Kürzung von Sondervergütungen bei Krankheitszeiten § 4a). Dies bedeutet, dass grundsätzlich **nur zugunsten der Arbeitnehmer von ihnen abgewichen werden kann**. Eine **Ausnahme** hiervon bildet § 4 Abs. 4, der den Tarifvertragsparteien die Möglichkeit eröffnet, eine von § 4 Abs. 1, 1 a und 3 **abweichende Bemessungsgrundlage** des fortzuzahlenden Arbeitsentgelts festzulegen. In dem Geltungsbereich eines solchen Tarifvertrages kann dann auch zwischen nicht tarifgebundenen Arbeitgebern und Arbeitnehmern die Anwendung der tarifvertraglichen Regelung über die Fortzahlung des Arbeitsentgelts im Krankheitsfalle vereinbart werden (§ 4 Abs. 4 Satz 2).

58 Abweichende Regelungen nach § 4 Abs. 4 zu treffen, ist **allein den Tarifvertragsparteien** vorbehalten. **Unzulässig** sind demnach die Festlegung einer anderen Bemessungsgrundlage durch **Betriebsvereinbarung** oder Einzelarbeitsvertrag (KDHK, § 4 Rn. 105, 108). Unabhängig davon kann selbstverständlich zugunsten des Arbeitnehmers z. B. durch Einzelarbeitsvertrag oder durch Betriebsvereinbarung abgewichen werden.

2. Tariföffnungsklausel (§ 4 Abs. 4 Satz 1)

59 Die Tariföffnungsklausel beschränkt sich auf eine von § 4 Abs. 1, 1 a und 3 **abweichende** Berechnungsmethode für das fortzuzahlende Arbeitsentgelt. Die **übrigen Vorschriften** des EFZG sind damit der **Disposition der Tarifvertragsparteien entzogen**, zumindest soweit sie zuungunsten des Arbeitnehmers abweichende Regelungen enthalten (GKK, § 4 Rn. 55 f.).

60 Durch Tarifvertrag kann z. B. **nicht zuungunsten** des Arbeitnehmers von den Grundsätzen der Entgeltzahlung an Feiertagen (§ 2) oder der Entgeltfortzahlung im Krankheitsfall (§ 3) **abgewichen werden**. So darf u. a. nicht der Entgeltfortzahlungszeitraum von sechs Wochen verkürzt oder aber die Regelungen über die Entgeltfortzahlung bei Mehrfacherkrankung zum Nachteil des Arbeitnehmers verändert werden. Eine Verschärfung der Anzeige- und Nachweispflichten des § 5 EFZG zuungunsten der Arbeitnehmer wäre unzulässig, ebenso die Einräumung weiterer Leistungsverweigerungsrechte für den Arbeitgeber, die nicht gesetzlich vorgesehen sind. Eine Tarifregelung, die dem Arbeitgeber das Recht einräumt, für jeden Tag der Entgeltfortzahlung im Krankheitsfall den Arbeitnehmer 1,5 Stunden nacharbeiten zu lassen bzw., sofern ein Arbeitszeitkonto vorhanden ist, von diesem Zeitkonto 1,5 Stunden in Abzug zu bringen, ist nach § 12, § 134 BGB unwirksam (BAG v. 26. 9. 2001, DB 02, 795; vgl. weitere Beispiele bei GKK, § 4 Rn. 56).

61 Das EFZG lässt mit der **beschränkten Tariföffnungsklausel** des § 4 Abs. 4 Satz 1 Abweichungen von § 4 Abs. 1, 1 a und 3 EFZG zu, soweit es sich um eine **abweichende Methode zur Berechnung der Bemessungsgrundlage** des fortzuzahlenden Arbeitsentgelts handelt. Eine abweichende Regelung kann nur in **Tarifverträgen** getroffen werden. Es ist **nicht zulässig**, diese Materie in einer **Betriebsvereinbarung** zu regeln (KDHK, § 4 Rn. 105, 108). So verstößt eine betriebliche Regelung zur flexiblen Verteilung der Arbeitszeit, nach der die sich in der Phase der verkürzten Arbeitszeit ergebende Zeitschuld nur durch tatsächliche Arbeitsleistung, nicht aber bei krankheitsbedingter Arbeitsunfähigkeit in der Phase der verlängerten Arbeitszeit ausgeglichen wird, gegen das Entgeltausfallprinzip des § 4 Abs. 1 (BAG v. 13. 2. 2002, DB 02, 1162).

Durch Tarifvertrag kann eine andere **Berechnungsmethode** festgelegt werden (BAG v. 26. 9. 2001, DB 02, 795). Anstelle des Entgeltausfallprinzips für die Berechnung der Bemessungsgrundlage (§ 4 Abs. 1 Satz 1; vgl. Rn. 3 ff., 34 ff.) kann eine **abweichende** Methode für die Berechnung der **Bemessungsgrundlage** für das fortzuzahlende Arbeitsentgelt festgelegt werden. Dies kann im Einzelfall zu ungünstigeren Ergebnissen für den betroffenen Arbeitnehmer führen. Es kann z. B. das **Referenzprinzip** festgelegt werden, wonach das Arbeitsentgelt maßgeblich ist, das in einem der Arbeitsunfähigkeit vorangegangenen Zeitraum verdient worden ist (BAG v. 6. 10. 1976, DB 77, 262, v. 5. 8. 1992, DB 93, 98, v. 10. 7. 1996, DB 97, 333; vgl. GKK, § 4 Rn. 57) oder eine andere Berechnungsmethode, z. B. ein **täglicher Durchschnittslohn** (vgl. BAG v. 8. 3. 1989, DB 89, 1777), eingeführt werden. Damit kann praktischen Bedürfnissen, wie sie typischerweise bei gewerblichen Arbeitnehmern auftreten (wechselnde Arbeitsentgelte, Leistungslöhne, Mehrarbeit u. a.), für die zu ermittelnden Krankenbezüge entsprochen werden (vgl. BAG v. 3. 3. 1993, DB 93, 1723). Die Tarifvertragsparteien können auch die **Berechnungsgrundlage** regeln und somit Umfang und Bestandteile des zugrunde zu legenden Arbeitsentgelts ändern (vgl. BAG v. 26. 9. 2001, DB 02, 795). So können sie auch tarifliche Zuschläge, die im Arbeitsverhältnis regelmäßig anfallen, von der Entgeltfortzahlung ausnehmen (vgl. BAG v. 13. 3. 2002, DB 02, 1892; zur Berechnungsgrundlage insges. ErfK/Dörner, § 4 Rn. 57 f.).

62

3. Einzelvertragliche Einbeziehung von Tarifverträgen (§ 4 Abs. 4 Satz 2)

§ 4 Abs. 4 Satz 2 eröffnet die Möglichkeit, im Geltungsbereich eines die Entgeltfortzahlung im Krankheitsfall modifizierenden Tarifvertrages zwischen **nicht tarifgebundenen Arbeitnehmern und Arbeitgebern** die Anwendung der tarifvertraglichen Regelung über die Fortzahlung des Arbeitsentgelts im Krankheitsfalle zu vereinbaren.

63

Voraussetzung für die Einbeziehung eines Tarifvertrages in den **Einzelarbeitsvertrag** ist, dass ein Tarifvertrag besteht und Arbeitnehmer sowie Arbeitgeber vom **sachlichen, räumlichen und persönlichen Geltungs-**

64

EFZG §§ 4, 4a

bereich dieses Tarifvertrages erfasst werden und die unmittelbare Anwendung dieses Tarifvertrages nur daran scheitert, dass Arbeitnehmer und/oder der Arbeitgeber nicht tarifgebunden sind und der Tarifvertrag auch nicht für allgemein verbindlich erklärt worden ist. **Nicht möglich** ist z.B. die **Übernahme des Tarifvertrages einer anderen Branche** (BAG v. 9. 7. 1980, DB 81, 374).

65 Der **Tarifvertrag** kann hinsichtlich der Regelungen über die Entgeltfortzahlung im Krankheitsfalle nur insgesamt übernommen werden (KDHK, § 4 Rn. 124). Zudem ist die Übernahme des Tarifvertrages bzw. der Regelungen des Tarifvertrages über die Entgeltfortzahlung im Krankheitsfalle nur durch eine entsprechende **einzelvertragliche Vereinbarung** möglich; eine Übernahme tariflicher Regelungen durch **Betriebsvereinbarung** wäre **nicht zulässig** (GKK, § 4 Rn. 71).

§ 4a
Kürzung von Sondervergütungen

Eine Vereinbarung über die Kürzung von Leistungen, die der Arbeitgeber zusätzlich zum laufenden Entgelt erbringt (Sondervergütungen), ist auch für die Zeiten der Arbeitsunfähigkeit infolge Krankheit zulässig. Die Kürzung darf für jeden Tag der Arbeitsunfähigkeit infolge Krankheit ein Viertel des Arbeitsentgelts, das im Jahresdurchschnitt auf einen Arbeitstag entfällt, nicht überschreiten.

Inhaltsübersicht Rn.

I.	Allgemeines	1– 5
II.	Voraussetzungen für die Kürzung von Sondervergütungen	6–14
	1. Leistungen zusätzlich zum laufenden Arbeitsentgelt	7– 9
	2. Vereinbarung über die Kürzung	10–14
	a) Tarifliche Regelung	11
	b) Betriebsvereinbarung	12
	c) Einzelvertragliche Vereinbarungen	13–14
III.	Arbeitsunfähigkeit infolge Krankheit	15–16
IV.	Kürzungsumfang	17–19
V.	Auswirkung auf bestehende Vereinbarungen	20–21

I. Allgemeines

1 **Sondervergütungen** sind in der Regel Einmalzahlungen des Arbeitgebers zu einem bestimmten Fälligkeitszeitpunkt, die neben dem Arbeitsentgelt oder Krankengeld zu zahlen sind. Derartige **Einmalzahlungen** gehören zwar zum Arbeitsentgelt, sind jedoch kein Arbeitsentgelt, das nach § 4 Abs. 1 Satz 1 im Krankheitsfall »automatisch« fortzuzahlen ist (vgl. § 4 Rn. 10, 12ff.). Häufig werden Vereinbarungen über Sonderzahlungen mit

EFZG § 4a

Kürzungsklauseln verbunden, die der gerichtlichen Billigkeitskontrolle unterliegen.

Durch § 4a EFZG wird durch Gesetz geregelt, dass Leistungen, die der Arbeitnehmer zusätzlich neben dem laufenden Arbeitsentgelt erhält, auch aufgrund **krankheitsbedingter Fehlzeiten** gekürzt werden können. Eine Kürzung war auch schon nach der Rechtsprechung des BAG zulässig, die sich jedoch im Laufe der Jahre mehrfach geändert hat (vgl. Kunz/Wedde, § 4a Rn. 3f.).

Durch die seit 1996 bestehende gesetzliche Kürzungsmöglichkeit ist mehr und mehr zu erwarten, dass zumindest in **Einzelarbeitsverträgen** zusätzliche Sondervergütungen des Arbeitgebers (z. B. Weihnachtsgeld) nur noch mit einer Kürzungsmöglichkeit bei Arbeitsunfähigkeit infolge Krankheit vereinbart werden. **Tarifverträge** sehen bereits heute häufig Kürzungsmöglichkeiten im Krankheitsfall vor, allerdings i.d.R. frühestens nach Ablauf des Entgeltfortzahlungszeitraumes.

Die gesetzliche **Kürzungsmöglichkeit ist sozialpolitisch bedenklich.** Dem Arbeitgeber wird ermöglicht, zusätzliche Leistungen zum laufenden Arbeitsentgelt zukünftig nur noch als so genannte **Anwesenheitsprämien** zu vereinbaren. Zwar können damit möglicherweise unberechtigte Fehlzeiten eingeschränkt werden. Andererseits begründet die Umsetzung der gesetzlichen Regelung die Gefahr, dass Beschäftigte an den Arbeitsplatz kommen, obwohl sie krank sind und die Anwesenheit im Betrieb aus medizinischen Gründen für den Arbeitnehmer selbst und für die anderen Arbeitnehmer unverantwortlich ist.

Durch die Vorschrift des § 4a wird eine rechtssichere Grundlage für Bestimmungen in Tarifverträgen, Betriebsvereinbarungen und einzelvertraglichen Vereinbarungen geschaffen, nach der eine zu zahlende Sondervergütung aufgrund krankheitsbedingter Fehlzeiten gekürzt werden kann.

II. Voraussetzungen für die Kürzung von Sondervergütungen

Kürzung von Sondervergütungen aufgrund krankheitsbedingter Fehlzeiten kann nach § 4a nach folgenden Voraussetzungen erfolgen:

- Leistungen zusätzlich zum laufenden Arbeitsentgelt,
- Vereinbarung über die Kürzung,
- Arbeitsunfähigkeit infolge Krankheit,
- Kürzung im gesetzlichen Rahmen.

1. Leistungen zusätzlich zum laufenden Arbeitsentgelt

§ 4a EFZG hat einen weiten Anwendungsbereich. Nach der Legaldefinition sind **Sondervergütungen** alle »**Leistungen, die der Arbeitgeber zusätzlich zum laufenden Arbeitsentgelt erbringt**«.

EFZG § 4a

8 Diese offene Formulierung beruht auf dem Umstand, dass eine Vielzahl von zusätzlichen Leistungen des Arbeitgebers neben dem laufenden Arbeitsentgelt im Arbeitsleben verbreitet sind. In der Regel erfolgt eine **jährliche Auszahlung**, die Sondervergütung kann aber auch jeweils nach längeren Zeiträumen anfallen (z. B. Jubiläumszuwendungen). Die Bezeichnung derartiger Sondervergütungen ist je nach ihrem Zweck unterschiedlich: Gratifikation (vgl. Schaub, § 78 Rn. 4), Weihnachtsgeld, 13. Gehalt, Urlaubsgeld (Däubler, AR 2, 7.2), Jahresleistung, Jahressonderzahlung, Jubiläumszuwendung, Prämie usw. (vgl. Hanau, Münch. Hdb. Bd. I, § 69 Rn. 1). Auch **Anwesenheitsprämien**, die einem Arbeitnehmer für den Fall zugesagt sind, dass er während des vereinbarten Zeitraums einen bestimmten Umfang tatsächlich arbeitet, sind Sondervergütungen (vgl. BAG v. 25. 7. 2001, DB 01, 2608), die § 4a unterliegen.

9 Fraglich ist, ob aufgrund der weiten Definition in § 4a auch sog. **»Kleingratifikationen«** (vgl. BAG v. 15. 2. 1990, BB 90, 1279) unter § 4a fallen. Dies dürfte zu bejahen sein, da es auf die Höhe der vom Arbeitgeber zum laufenden Arbeitsentgelt zu erbringenden Leistung nicht ankommt (so auch Bauer/Lingemann, BB 96, Beil. 17, S. 6). Ob einzelvertraglich vereinbarte Kürzungen für die Zeiten der Arbeitsunfähigkeit infolge Krankheit bei geringfügigen jährlichen oder mehrjährlichen Sondervergütungen (z. B. Jubiläumszahlung für 25-jährige Firmenzugehörigkeit) zulässig sind, unterliegt jedoch auch nach der gesetzlichen Neuregelung des § 4a der gerichtlichen Billigkeitskontrolle im Einzelfall (siehe dazu Rn. 25; a. A. Bauer/Lingemann, BB 96, Beil. 17, S. 14).

2. Vereinbarung über die Kürzung

10 Die Kürzung der Sondervergütung setzt eine **Vereinbarung** voraus. Der Arbeitgeber ist **nicht berechtigt**, Sondervergütungen **einseitig** von sich aus ohne entsprechende rechtliche Vereinbarung zu kürzen (KDHK, § 4a Rn. 13 f.). Einer vorherigen »Vereinbarung« i.S. von § 4a Abs. 1 bedarf es nach Ansicht des BAG nicht, wenn die Sonderzahlung vorher nicht vereinbart ist und deshalb der Arbeitnehmer bis zur Zusage oder Auszahlung keinen Anspruch auf diese Sonderzahlung hat (BAG v. 7. 8. 2002, DB 02, 2384) oder aber wenn das 13. Monatsgehalt als arbeitsleistungsbezogene Sonderzahlung vereinbart wurde (vgl. BAG v. 21. 3. 2001, AP Nr. 1 zu § 4b EntgeltFG).

Unter Vereinbarungen sind Tarifverträge, Betriebsvereinbarungen und einzelvertragliche Vereinbarungen zu verstehen (vgl. BT-Drucks. 13/4612 S. 16).

a) Tarifliche Regelung

11 In vielen Branchen sind tarifliche Regelungen über Sondervergütungen (13. Gehalt, Jahresleistung, Urlaubsgeld usw.) üblich. Ist ein Arbeitnehmer während eines Teils oder des ganzen Bezugszeitraums einer Sonderzuwendung krank, so kann die tarifliche Regelung bestimmen, ob bzw. in welchem Umfang der Arbeitnehmer Anspruch auf die Sondervergütung hat. Ist der **Sondervergütungsanspruch im Tarifvertrag** nicht beschränkt, besteht er auch nach der gesetzlichen Neuregelung des § 4a EFZG in voller Höhe. Dies gilt auch im **Nachwirkungszeitraum des Tarifvertrages** (§ 4 Abs. 5 TVG) bis zu einer anderen Abmachung durch Einzelarbeitsvertrag oder Betriebsvereinbarung (sofern nicht die Tarifsperre des § 77 Abs. 3 BetrVG eingreift).

b) Betriebsvereinbarung

Betriebsvereinbarungen über Gratifikationen finden sich in der betrieblichen Praxis häufig. Diese Betriebsvereinbarungen und eventuelle Kürzungsregelungen sind jedoch nur wirksam, sofern die darin geregelten Sondervergütungen nicht **tarifüblich** sind (§ 77 Abs. 3 BetrVG). Eine Betriebsvereinbarung kann die Kürzung einer Sondervergütung (Weihnachtsgeld) auch für solche Arbeitsunfähigkeitstage vorsehen, die auf einem Arbeitsunfall beruhen (vgl. BAG v. 15. 12. 1999, DB 02, 1181). Auch eine **nachwirkende Betriebsvereinbarung** kann als zulässige Kürzungsvereinbarung in Betracht kommen (zur Nachwirkung von Betriebsvereinbarungen über eine freiwillige zusätzliche Vergütung vgl. BAG v. 9. 2. 1989, NZA 89, 766). **12**

c) Einzelvertragliche Vereinbarungen

Von großer praktischer Bedeutung ist die im Gesetz vorgesehene **einzelvertragliche Vereinbarung** sowohl über die Begründung als auch über die Kürzung der Sondervergütung. Für einzelvertragliche Vereinbarungen ist grundsätzlich – anders als bei Tarifverträgen und Betriebsvereinbarungen – **keine Schriftform** vorgeschrieben. Allerdings ist das **Nachweisgesetz** (NachwG) zu beachten. Nach diesem Gesetz hat der Arbeitgeber spätestens einen Monat nach dem vereinbarten Beginn des Arbeitsverhältnisses die wesentlichen Bedingungen schriftlich niederzulegen, die Niederschrift zu unterzeichnen und dem Arbeitnehmer auszuhändigen (§ 2 Abs. 1 NachwG). Zu den wesentlichen Bedingungen gehören u. a. die Höhe und die Zusammensetzung des Arbeitsentgelts einschließlich der Prämien und Sonderzahlungen sowie der Fälligkeit (§ 2 Abs. 1 Nr. 6 NachwG). **13**

Eine einzelvertragliche Vereinbarung kommt auch dadurch zustande, dass der Arbeitgeber die Sondervergütung unter dem **Vorbehalt der Kürzung einseitig gewährt** (sei es durch **Einzelzusage** oder durch **Gesamtzusage** an die Belegschaft) und die Arbeitnehmer die Sondervergütung annehmen. **14**

III. Arbeitsunfähigkeit infolge Krankheit

Nach § 4a wird nur die Rechtslage bei Kürzungen von Sondervergütungen für Zeiten der **Arbeitsunfähigkeit infolge Krankheit** gesetzlich geregelt. **15**

EFZG § 4a

Der Begriff der »Arbeitsunfähigkeit infolge Krankheit« ist identisch mit der Formulierung in § 3 Abs. 1 EFZG (siehe § 3 Rn. 42). § 4a gilt allerdings auch in Bezug auf Kuren und Rehabilitationsmaßnahmen (vgl. dazu § 9 Rn. 38 f.).

16 Fehlzeiten wegen **Mutterschutz** (§§ 3, 6 MuSchG) können nach § 4a EFZG **nicht anspruchsmindernd** vereinbart werden. Zeiten des Mutterschutzes sind der tatsächlichen Arbeitsleistung gleichzusetzen (BAG v. 12. 5. 1993, BB 93, 2018). Eine gegenteilige tarifliche Regelung ist auch nach der neuen gesetzlichen Regelung unwirksam und würde darüber hinaus im Widerspruch zu Art. 6 Abs. 4 GG stehen (Däubler, AR 2, S. 762). Allerdings wird diese Frage in der arbeitsrechtlichen Literatur kontrovers diskutiert (vgl. Schwarz, NZA 96, 574 ff.; Bauer/Lingemann, BB 96, Beil. 17 S. 14).

IV. Kürzungsumfang

17 § 4a Satz 2 enthält eine **Obergrenze für die Kürzung** von Sondervergütungen. Die Kürzung darf für jeden Tag der Arbeitsunfähigkeit infolge Krankheit **ein Viertel des Arbeitsentgelts**, das im Jahresdurchschnitt auf einen Arbeitstag entfällt, nicht überschreiten, vorausgesetzt, eine Vereinbarung über die Kürzung liegt vor. Hat z.B. ein Arbeitnehmer in den letzten 12 Monaten vor Kürzung der Sondervergütung ein Bruttoarbeitsentgelt in Höhe von 40.000 Euro erzielt und hat das vergangene Jahr 250 Arbeitstage (365 Tage abzüglich Samstage, Sonntage und Feiertage, die nicht auf ein Wochenende fallen), so beträgt das Arbeitsentgelt, das im Jahresdurchschnitt auf einen Arbeitstag entfällt, 40.000 Euro : 250 Arbeitstage = 160 Euro/Arbeitstag. Davon sind ein Viertel 40 Euro. Die Sondervergütung dürfte also für jeden Tag der Arbeitsunfähigkeit um maximal 40 Euro gekürzt werden.

18 Der Umfang der Kürzung darf ein Viertel des jahresdurchschnittlichen Arbeitsentgelts nicht überschreiten, eine **geringere Kürzung** kann dennoch im Einzelfall **geboten** sein. Durch die Festlegung einer gesetzlichen Obergrenze erübrigt sich nicht die **richterliche Billigkeitskontrolle** von einzelvertraglichen Vereinbarungen zwischen Arbeitgeber und Arbeitnehmer. Insoweit sind auch die bisherigen von der Rechtsprechung aufgestellten Grundsätze anwendbar (vgl. BAG v. 15. 2. 1990, BB 90, 1278). Denn auch eine im Grundsatz statthafte und auf den Regeln der Vertragsfreiheit fußende Vereinbarung kann so überzogen gestaltet und/oder ausgeübt werden, dass sie der richterlichen Korrektur bedarf (BAG v. 15. 2. 1990, BB 90, 1278). Folglich haben die Arbeitsvertragsparteien bei zukünftigen Kürzungsvereinbarungen unterhalb der gesetzlichen Obergrenze darauf zu achten, dass ein gerechter Interessenausgleich stattfindet. Im Ergebnis werden also auch zukünftig Kürzungen von so genannten **Kleingratifikationen** problematisch sein (a.A. Bauer/Lingemann, BB 96, Beil. 17, S. 14).

Der Gesetzeswortlaut lässt offen, auf welcher Grundlage der **Jahres-** 19
durchschnitt zu berechnen ist (vgl. Leinemann, BB 96, 1383). In Betracht
kommt der Jahresdurchschnitt des laufenden, des abgelaufenen Kalenderjahres (vgl. Düwell, AiB 96, 395) oder die zurückliegenden 12 Monate vor
dem Monat, in dem der Anspruch auf Auszahlung der Sondervergütung
besteht (Bauer/Lingemann, BB 96, Beil. 17, S. 15). Vor diesem Hintergrund empfiehlt sich, sowohl den Berechnungszeitraum als auch den
Auszahlungszeitpunkt in der Kürzungsvereinbarung – wie bereits jetzt in
vielen Tarifverträgen im Zusammenhang mit der Jahresleistung bzw. dem
13. Gehalt – detailliert zu regeln.

V. Auswirkung auf bestehende Vereinbarungen

Wurden Sondervergütungen bisher **ohne Kürzungsmöglichkeit** gewährt, 20
so setzt die Einführung einer Kürzungsregelung ebenfalls eine **Vereinbarung** voraus. Bei einzelvertraglichen Ansprüchen aus Arbeitsvertrag
oder aufgrund betrieblicher Übung kann die Vereinbarung durch Änderungsvertrag oder durch Änderungskündigung, die auf ihre soziale Rechtfertigung gerichtlich überprüfbar ist, erfolgen. Es gelten insoweit die
Grundsätze zu § 2 KSchG. Bei betrieblichen Regelungen ist für eine
Kürzungsvereinbarung eine abändernde Betriebsvereinbarung oder eine
Kündigung erforderlich. Tarifverträge können während ihrer Laufzeit nur
durch eine Vereinbarung zwischen den Tarifvertragsparteien geändert
werden, im Nachwirkungszeitraum durch andere Abmachungen (vgl.
Däubler, Tarifvertragsrecht, Rn. 1449).

Zahlreiche tarifliche und betriebliche Regelungen enthalten schon heute 21
Kürzungsbestimmungen für krankheitsbedingte Fehltage. Derartige bereits **bestehende Kürzungsvereinbarungen** sind mit Wirkung vom
1. 10. 1996 am **Maßstab des § 4 a Satz 2 zu messen, und zwar auch
dann, wenn sie im Vertrauen auf die vom BAG aufgestellten Grundsätze vereinbart wurden.** § 4a ist eine **einseitige zwingende** Bestimmung. Dies bedeutet, dass jede über die zulässige Höchstgrenze des § 4a
Satz 2 hinausgehende und damit für den Arbeitnehmer **ungünstigere**
Vereinbarung als die gesetzliche Regelung **unwirksam** ist. Das in § 12
geregelte Verbot ungünstigerer Vereinbarungen gilt grundsätzlich für alle
Vereinbarungen, also für Tarifvertrag, Betriebsvereinbarung und einzelvertragliche Absprache (KDHK, § 12 Rn. 1).

§ 5
Anzeige- und Nachweispflichten

**(1) Der Arbeitnehmer ist verpflichtet, dem Arbeitgeber die Arbeitsunfähigkeit und deren voraussichtliche Dauer unverzüglich mitzuteilen. Dauert die Arbeitsunfähigkeit länger als drei Kalendertage, hat
der Arbeitnehmer eine ärztliche Bescheinigung über das Bestehen der
Arbeitsunfähigkeit sowie deren voraussichtliche Dauer spätestens an**

dem darauffolgenden Arbeitstag vorzulegen. Der Arbeitgeber ist berechtigt, die Vorlage der ärztlichen Bescheinigung früher zu verlangen. Dauert die Arbeitsunfähigkeit länger als in der Bescheinigung angegeben, ist der Arbeitnehmer verpflichtet, eine neue ärztliche Bescheinigung vorzulegen. Ist der Arbeitnehmer Mitglied einer gesetzlichen Krankenkasse, muss die ärztliche Bescheinigung einen Vermerk des behandelnden Arztes darüber enthalten, dass der Krankenkasse unverzüglich eine Bescheinigung über die Arbeitsunfähigkeit mit Angaben über den Befund und die voraussichtliche Dauer der Arbeitsunfähigkeit übersandt wird.

(2) Hält sich der Arbeitnehmer bei Beginn der Arbeitsunfähigkeit im Ausland auf, so ist er verpflichtet, dem Arbeitgeber die Arbeitsunfähigkeit, deren voraussichtliche Dauer und die Adresse am Aufenthaltsort in der schnellstmöglichen Art der Übermittlung mitzuteilen. Die durch die Mitteilung entstehenden Kosten hat der Arbeitgeber zu tragen. Darüber hinaus ist der Arbeitnehmer, wenn er Mitglied einer gesetzlichen Krankenkasse ist, verpflichtet, auch dieser die Arbeitsunfähigkeit und deren voraussichtliche Dauer unverzüglich anzuzeigen. Dauert die Arbeitsunfähigkeit länger als angezeigt, so ist der Arbeitnehmer verpflichtet, der gesetzlichen Krankenkasse die voraussichtliche Fortdauer der Arbeitsunfähigkeit mitzuteilen. Die gesetzlichen Krankenkassen können festlegen, dass der Arbeitnehmer Anzeige- und Mitteilungspflichten nach den Sätzen 3 und 4 auch gegenüber einem ausländischen Sozialversicherungsträger erfüllen kann. Absatz 1 Satz 5 gilt nicht. Kehrt ein arbeitsunfähig erkrankter Arbeitnehmer in das Inland zurück, so ist er verpflichtet, dem Arbeitgeber und der Krankenkasse seine Rückkehr unverzüglich anzuzeigen.

Inhaltsübersicht

		Rn.
I.	Allgemeines	1– 7
II.	Anzeige- und Nachweispflicht bei Arbeitsunfähigkeit im Inland (§ 5 Abs. 1)	8–48
	1. Anzeigepflicht	8–18
	a) Allgemeines	8
	b) Zeitpunkt	9–10
	c) Form	11
	d) Inhalt	12–15
	e) Adressat	16
	f) Verletzung der Anzeigepflicht	17–18
	2. Nachweispflicht	19–44
	a) Allgemeines	19–21
	b) Zeitpunkt	22–28
	c) Form	29–30
	d) Inhalt	31–34

	e) Kosten	35–37
	f) Verletzung der Nachweispflicht	38
	g) Beweislastregeln	39–44
	3. Fortdauer der Arbeitsunfähigkeit	45–48
III.	Mitwirkung des behandelnden Arztes	49–51
IV.	Mitwirkung der Krankenkasse	52–56
V.	Anzeige- und Nachweispflicht bei Arbeitsunfähigkeit im Ausland (§ 5 Abs. 2)	57–64

I. Allgemeines

Durch die mit dem EFZG am 1. 6. 1994 in Kraft getretenen Neuregelungen wurden die nach früherem Recht zwischen Angestellten und Arbeitern unterschiedlichen **Anzeige- und Nachweispflichten** vereinheitlicht. Durch das sog. arbeitsrechtliche Beschäftigungsförderungsgesetz v. 27. 9. 1996 (BGBl. I S. 1476) und das sog. Korrekturgesetz v. 19. 12. 1998 (BGBl. I S. 3843) sind im Hinblick auf die **Anzeige- und Nachweispflichten keine Änderungen** eingeführt worden.   **1**

§ 5 Abs. 1 Satz 1 begründet für **Arbeiter und Angestellte gleichermaßen** die **Pflicht**, dem **Arbeitgeber die Arbeitsunfähigkeit** und deren voraussichtliche **Dauer** unverzüglich **mitzuteilen (Anzeigepflicht)**. § 5 Abs. 1 Satz 2 enthält für den Arbeitnehmer die grds. Verpflichtung, eine ärztliche Bescheinigung über das Bestehen der Arbeitsunfähigkeit vorzulegen (**Nachweispflicht**). § 5 Abs. 2 enthält eine **konkretisierte Mitteilungspflicht** für die Fälle, in denen sich der Arbeitnehmer bei Beginn der **Arbeitsunfähigkeit im Ausland** aufhält.   **2**

Die **Anzeige- und Nachweispflichten** des § 5 erstrecken sich in **personeller Hinsicht** auf alle Arbeitnehmer im Sinne von § 1 Abs. 2, also **auch auf diejenigen, die keinen Anspruch auf Entgeltfortzahlung haben**, also beispielsweise auf Arbeitnehmer, die ihre Arbeitsunfähigkeit schuldhaft herbeigeführt haben, oder solche, die wegen Ablaufs der 6-Wochen-Frist bei einer einheitlichen Erkrankung keinen Anspruch mehr auf Entgeltfortzahlung haben (vgl. LAG Köln v. 2. 11. 1988, DB 89, 1294, GKK, § 5 Rn. 5; Schmitt, § 5 Rn. 7 f.).   **3**

Die **Anzeige- und Nachweispflicht** des § 5 ist allerdings **keine selbständige Verpflichtung des Arbeitsverhältnisses**. Auf die Erfüllung dieser Verpflichtung kann daher nicht geklagt werden. Die Nichterfüllung als solche berührt nicht einen nach § 3 bestehenden Entgeltfortzahlungsanspruch (vgl. BAG v. 12. 6. 1996, AP Nr. 4 zu § 611 BGB Werkstudent; Brecht, § 5 Rn. 4; GKK, § 5 Rn. 6). Allerdings können dem Arbeitgeber andere Rechte durch die Verletzung der Anzeige- und/oder Nachweispflicht insbes. nach § 7 erwachsen (vgl. Rn. 17 f., 38).   **4**

In **sachlicher** Hinsicht erstrecken sich die Anzeige- und Nachweispflichten des § 5 auf die **krankheitsbedingte Arbeitsunfähigkeit**. Soweit die   **5**

EFZG § 5

Arbeitsverhinderung auf der Teilnahme an einer Maßnahme der medizinischen Vorsorge und Rehabilitation beruht, gelten die speziellen Mitteilungs- und Nachweispflichten des § 9 Abs. 2 (vgl. § 9 Rn. 39 ff.).

6 Auf die **Erfüllung der Anzeige- und/oder Nachweispflicht** kann durch Individualarbeitsvertrag oder Tarifvertrag **verzichtet** werden. Oftmals sind solche Regelungen so gestaltet, dass der Arbeitnehmer von seiner Verpflichtung, eine Arbeitsunfähigkeitsbescheinigung vorzulegen, befreit wird, wenn es sich um **Kurzerkrankungen** handelt (BAG v. 27. 6. 1990, DB 90, 2327; LAG Frankfurt a. M. v. 31. 10. 1990, DB 91, 1179). Verzichtet der Arbeitgeber auf die Erfüllung dieser Verpflichtung, so liegt gleichzeitig ein Verzicht auf die Geltendmachung des Leistungsverweigerungsrechts vor (vgl. GKK, § 5 Rn. 7).

7 Ist ein Arbeitnehmer aufgrund des anwendbaren **Tarifvertrages** bei einer bis zu drei Kalendertagen dauernden Arbeitsunfähigkeit von der **Vorlage einer Arbeitsunfähigkeitsbescheinigung befreit**, dauert dann aber seine Krankheit doch länger, so ist er nicht verpflichtet, für die ersten drei Tage ein ärztliches Attest vorzulegen, wenn er nicht zum Arzt gegangen war, weil er zunächst berechtigt annehmen durfte, er werde nicht länger als drei Tage krank sein, und wenn er kein rückwirkendes ärztliches Attest erhalten kann (vgl. LAG Frankfurt a. M. v. 31. 10. 1990, DB 91, 1179).

II. Anzeige- und Nachweispflicht bei Arbeitsunfähigkeit im Inland (§ 5 Abs. 1)

1. Anzeigepflicht

a) Allgemeines

8 Entsprechend dem Sinn und Zweck der Anzeige, nämlich den Arbeitgeber möglichst schnell über die Arbeitsunfähigkeit zu informieren, damit er disponieren kann, ist die **Mitteilung entbehrlich**, wenn der Arbeitgeber bereits Kenntnis von der Arbeitsunfähigkeit hat, z. B. bei einem Arbeitsunfall (vgl. KDHK, § 5 Rn. 4). Die Anzeige ist auch dann entbehrlich, wenn der Arbeitgeber im Einzelarbeitsvertrag auf die Erfüllung der Anzeigepflicht verzichtet oder der einschlägige Tarifvertrag keine (oder nur eine eingeschränkte) Anzeigepflicht vorsieht (vgl. Schmitt, § 5 Rn. 13; Rn. 6).

b) Zeitpunkt

9 Der Arbeitnehmer hat dem Arbeitgeber »die **Arbeitsunfähigkeit** und deren voraussichtliche Dauer **unverzüglich mitzuteilen«**. Nach der Legaldefinition des § 121 Abs. 1 Satz 1 BGB bedeutet unverzüglich **»ohne schuldhaftes Zögern«**. Die Arbeitsunfähigkeit ist daher in der Regel am ersten Tag der Arbeitsverhinderung während der üblichen Betriebsstunden, möglichst in den ersten Arbeitsstunden (BAG v. 31. 8. 1989, DB 90, 790), zu melden. Da sich die Forderung des Gesetzes **»unverzüglich**

mitzuteilen« nicht auf die **Absendung** der Anzeige allein beziehen kann, **sondern die Kenntnisnahme** von der Mitteilung (ihren Zugang im Sinne des § 130 Abs. 1 BGB) einschließen muss, ist für die **Mitteilung der Weg zu wählen**, der eine **schuldhafte Verzögerung ausschließt**. I.d.R. wird man die Übermittlung per Telefon, SMS, Telefax oder E-Mail verlangen können.

Ist der **Arbeitnehmer nicht in der Lage**, die **Mitteilung selbst vorzunehmen**, so wird er ggf. Angehörige oder Nachbarn bitten müssen, um den Arbeitgeber möglichst frühzeitig von der Arbeitsverhinderung in Kenntnis zu setzen (Schmitt, § 5 Rn. 26). Eine »verspätete« Information gegenüber dem Arbeitgeber ist allerdings dann nicht schuldhaft, wenn der Arbeitnehmer beispielsweise durch einen entsprechenden Krankheitsverlauf (z. B. hohes Fieber oder Erbrechen) oder durch eine längere Bewusstlosigkeit daran gehindert ist, den Arbeitgeber zu unterrichten, oder wenn ein an sich geeignetes Übertragungsmittel, etwa eine E-Mail, den Arbeitgeber nicht oder verspätet erreicht. — 10

c) Form

Eine **spezielle Form** der Anzeige ist gesetzlich **nicht vorgeschrieben**. Die Anzeige kann daher mündlich, fernmündlich oder (soweit dies rechtzeitig möglich ist) schriftlich (z. B. fernschriftlich per Telefax oder E-Mail bzw. SMS) erfolgen. Der Arbeitnehmer kann die Mitteilung selbst vornehmen, er kann sich aber auch dritter Personen (z. B. Arbeitskollegen, Familienangehöriger oder Nachbarn) bedienen (vgl. Schmitt, § 5 Rn. 26). — 11

d) Inhalt

Inhaltlich muss die Anzeige des Arbeitnehmers die **Tatsache der Arbeitsunfähigkeit sowie ihre voraussichtliche Dauer** umfassen. Als Grund für die Arbeitsunfähigkeit braucht nur angegeben zu werden, dass sie auf Krankheit beruht. Der Arbeitnehmer **braucht** dagegen **nicht** die **Art der Krankheit** oder deren **Ursache** mitzuteilen (vgl. ArbG Mannheim v. 12. 1. 2000, EzA-SD 00, Nr. 15, 13; GKK, § 5 Rn. 11; KDHK, § 5 Rn. 9). Das Gesetz verlangt nicht den »gläsernen Arbeitnehmer« (ArbG Mannheim v. 12. 1. 2000, EzA-SD 00, Nr. 15, 13). — 12

Unter Umständen kann aber in Ausnahmefällen der Arbeitnehmer gehalten sein, näheres über die Krankheit mitzuteilen, wenn dies für den Arbeitgeber aus objektiver Sicht bedeutsam ist. Dies kann beispielsweise der Fall sein, wenn ein Arbeitnehmer als Koch tätig ist und an einer ansteckenden Krankheit (etwa Salmonellen) leidet, die Maßnahmen des Arbeitgebers zum Schutz der Mitarbeiter oder der Kunden erfordern (vgl. LAG Berlin v. 27. 11. 1989, DB 90, 1621; GKK, § 5 Rn. 12). Dies wird auch dann gelten, wenn ein Dritter die Arbeitsunfähigkeit verschuldet hat, so dass gem. § 6 Schadenersatzansprüche auf den Arbeitgeber übergehen können (Münch. Komm.-Schaub, § 616 Rn. 119; GKK, § 5 Rn. 12). — 13

14 **Mitzuteilen** hat der Arbeitnehmer auch die **voraussichtliche Dauer** der Arbeitsunfähigkeit. Dabei hat der Arbeitnehmer die voraussichtliche Dauer der Arbeitsunfähigkeit **nach** seinem **subjektiven Kenntnisstand** zu schätzen und mitzuteilen. Mit dieser Prognose darf der Arbeitnehmer **nicht warten, bis eine ärztliche Diagnose vorliegt** (BAG v. 31. 8. 1989, DB 90, 790).

15 Eine noch **weitergehende** (etwa vertragliche) **Mitteilungspflicht** verstößt gegen § 12 und ist selbst bei erheblichen krankheitsbedingten Fehlzeiten zumindest dann **unzulässig** (die Vertragsbestimmung also rechtsunwirksam), wenn sie dem berechtigten Interesse des Arbeitnehmers, sich vor Eingriffen in seine Privatsphäre zu schützen, zuwiderläuft (BVerfG v. 15. 12. 1983, DB 84, 36; vgl. auch KDHK, § 5 Rn. 10).

e) Adressat

16 Adressat der Mitteilung ist der **Arbeitgeber** bzw. eine insoweit als **sein Vertreter** handelnde Person. Grundsätzlich kommen hier zunächst in Betracht die **Personalabteilung** oder solche **Personen, die zur Entgegennahme derartiger Anzeigen berechtigt sind**, etwa der **direkte Vorgesetzte** (vgl. Schmitt, § 5 Rn. 27 f.). Speziell bei direkten Vorgesetzten ist allerdings deren Stellung im Betrieb von Bedeutung. So sind untergeordnete Vorgesetzte, deren Funktion im Wesentlichen der Erfüllung arbeitstechnischer Zwecke dient (z. B. **Vorarbeiter**), im Allgemeinen nicht zur Entgegennahme von Anzeigen befugt (BAG v. 18. 2. 1965, AP Nr. 26 zu § 9 MuSchG). Allerdings kann sich der Arbeitnehmer dieser Personen jederzeit als **Boten** bedienen. Er trägt dann allerdings das Risiko, dass der Bote die Mitteilung nicht, nicht richtig oder nicht vollständig weitergibt (vgl. ErfK/Dörner, § 5 Rn. 14). Grundsätzlich wird hier die betriebliche bzw. gewohnheitsrechtliche Handhabung maßgeblich sein.

f) Verletzung der Anzeigepflicht

17 Kommt der **Arbeitnehmer** seiner **Mitteilungspflicht** gem. § 5 **nicht nach**, so berührt dies (sofern die übrigen Voraussetzungen erfüllt sind) nicht seinen Anspruch auf Entgeltfortzahlung (BAG v. 27. 8. 1971, AP Nr. 1 zu § 3 LohnFG; Schmitt, § 5 Rn. 137).

18 Das dem Arbeitgeber zustehende **Leistungsverweigerungsrecht** gem. § 7 kommt **nur** zum Tragen, **solange** der **Arbeitnehmer** die **Arbeitsunfähigkeitsbescheinigung nicht vorlegt oder** den ihm nach Abs. 2 obliegenden **Verpflichtungen nicht nachkommt** (§ 7 Abs. 1 Nr. 1). Daraus folgt im Umkehrschluss, dass bei Inlandserkrankungen die Verletzung der Pflicht, die Arbeitsunfähigkeit dem Arbeitgeber unverzüglich mitzuteilen, **kein Leistungsverweigerungsrecht** begründet (vgl. Boecken, Münch. Hdb. Bd. I, § 85 Rn. 58; a. A. im Ergebnis KDHK, § 5 Rn. 5). Die Anzeigepflicht hat den Charakter einer Ordnungsvorschrift (vgl. Marienhagen/Künzl, § 5 Rn. 1; a. A. GKK, § 5 Rn. 16). Arbeitsrechtliche Konsequenzen kommen daher nur in Ausnahmefällen in Betracht (vgl. für wiederholte

Verletzungen Marienhagen/Künzl, § 5 Rn. 2). Nach der Rechtsprechung und dem überwiegenden Teil der Literatur soll ein Verstoß gegen die Anzeigepflicht nach vorheriger Abmahnung eine ordentliche Kündigung sozial rechtfertigen (BAG v. 31. 8. 1989, DB 90, 790), und zwar auch dann, wenn es dadurch nicht zu einer Störung der Arbeitsorganisation oder des Betriebsfriedens gekommen ist (BAG v. 16. 8. 1991, DB 92, 1479; GKK, § 5 Rn. 16 f.; Schmitt, § 5 Rn. 138; a.A. Kunz/Wedde, § 5 Rn. 25).

2. Nachweispflicht

a) Allgemeines

Die **Nachweispflicht** besteht (für alle Arbeitnehmer i.S.v. § 1 Abs. 2) **19** **unabhängig von der Anzeige** der Arbeitsunfähigkeit und davon, ob der Arbeitnehmer einen Entgeltfortzahlungsanspruch geltend machen kann. Sie besteht auch unabhängig von der Dauer der Erkrankung.

Entbehrlich ist die Vorlage einer ärztlichen Arbeitsunfähigkeitsbescheinigung, **wenn der Arbeitgeber darauf verzichtet**. Ein solcher Verzicht **20** kann sich aus dem Einzelarbeitsvertrag oder aus betrieblicher Übung ergeben (vgl. Schmitt, § 5 Rn. 33). Zudem ist in vielen Tarifverträgen festgeschrieben, dass bei einer Arbeitsunfähigkeit von nur ein, zwei oder drei Tagen kein ärztliches Attest vorgelegt werden muss (vgl. LAG Berlin v. 25. 1. 1988, NZA 88, 434; Schmitt, § 5 Rn. 33). Es ist also stets zu prüfen, ob nicht der einschlägige Tarifvertrag eine derartige Regelung enthält.

Nach dem **Grundsatz des Abs. 1 Satz 2** braucht der Arbeitnehmer die **21** ärztliche Bescheinigung **nur dann vorzulegen**, wenn die Arbeitsunfähigkeit **länger als drei Kalendertage dauert**. Ist er also beispielsweise am Mittwoch und Donnerstag arbeitsunfähig erkrankt, so ist er zwar verpflichtet, dies dem Arbeitgeber unverzüglich mitzuteilen, eine Arbeitsunfähigkeitsbescheinigung muss er aber nicht vorlegen.

b) Zeitpunkt

Der **Grundsatz** des § 5 Abs. 1 Satz 2 besagt, dass der Arbeitnehmer bei **22** einer länger als drei Kalendertage andauernden Arbeitsunfähigkeit eine **ärztliche Bescheinigung** über das Bestehen der Arbeitsunfähigkeit sowie deren voraussichtliche Dauer **spätestens an dem darauf folgenden Arbeitstag** vorzulegen hat. Für die Berechnung der Frist sind die §§ 187 Abs. 1, 188 Abs. 1 und 193 BGB einschlägig. Dabei sind dieselben Regeln wie bei der Berechnung des Entgeltfortzahlungszeitraums anzuwenden (vgl. § 3 Rn. 113 ff.; KDHK, § 5 Rn. 16 ff.). **Nicht berücksichtigt** wird der Tag, auf welchen der Beginn des Ereignisses, also die Erkrankung, fällt (§ 187 Abs. 1 BGB, vgl. KDHK, § 5 Rn. 16 ff.; a. A. Schmitt, § 5 Rn. 39 ff.; ErfK/Dörner, § 5 Rn. 18). Erkrankt der Arbeitnehmer **beispielsweise** an einem Montag, beginnt die Berechnungsfrist am Dienstag. Ist er länger als drei Kalendertage arbeitsunfähig, hat er die ärztliche Bescheinigung am darauf folgenden Arbeitstag, nämlich dem Freitag, vorzulegen.

Erkrankt er am Mittwoch und dauert seine Krankheit länger als drei Kalendertage, hat er die ärztliche Bescheinigung am darauf folgenden Arbeitstag, nämlich dem Montag, vorzulegen.

23 Da die ärztliche Bescheinigung »spätestens an dem darauffolgenden Arbeitstag **vorzulegen**« ist, ist für die **Einhaltung der Frist nicht die Absendung** durch den Arbeitnehmer **maßgeblich**, sondern der **Zugang der Bescheinigung beim Arbeitgeber** (vgl. KDHK, § 5 Rn. 19).

24 Nach § 5 Abs. **1 Satz 3** ist der Arbeitgeber berechtigt, die **Vorlage** der ärztlichen Bescheinigung **früher zu verlangen**. Diese mit der Neufassung des EFZG 1994 eingefügte Regelung besagt nichts darüber, unter welchen Bedingungen und zu welchem Zeitpunkt der Arbeitgeber berechtigt sein soll, die Vorlage des Attestes zu verlangen. Nach Ansicht des BAG (v. 1. 10. 1997, DB 1998, 580) soll es zulässig sein, im Arbeitsvertrag zu vereinbaren, dass eine ärztliche Bescheinigung bereits für den ersten Tag krankheitsbedingter Arbeitsunfähigkeit beigebracht wird. Fraglich ist, unter welchen Umständen der Arbeitgeber die **Arbeitsunfähigkeitsbescheinigung früher** verlangen darf. Denkbar wäre, dass der Arbeitgeber in jedem Fall die Möglichkeit haben sollte, die Bescheinigung früher zu verlangen (vgl. BAG v. 1. 10. 1997, DB 98, 580; GKK, § 3 Rn. 24; Schmitt, § 3 Rn. 53 ff.; a.A. Kunz/Wedde, § 5 Rn. 34 f.). Eine solche Auffassung **widerspricht** aber dem **Sinn und Zweck des Gesetzes**. Das EFZG hat als Schutzgesetz zum Ziel, **klare Regeln für die Rechts- und Pflichtpositionen** der Arbeitnehmer und Arbeitgeber festzulegen. Das Gesetz definiert deshalb, unter welchen Voraussetzungen dem Arbeitnehmer ein Entgeltfortzahlungsanspruch zusteht und inwieweit dabei Mitwirkungspflichten zu seinen Lasten (insbesondere gem. § 5) bestehen. Auf diese Rechte und Pflichten kann und muss sich der Arbeitnehmer einstellen, er muss sich aber auch auf sie verlassen können. Diese **Rechtssicherheit würde durchbrochen, wenn** man dem **Arbeitgeber** zugestehen würde, in allen denkbaren Fällen und frei nach seinem Belieben ein Attest jederzeit und ggf. auch völlig **überraschend verlangen zu können**. § 5 Abs. 1 Satz 3 ist daher **eng auszulegen. Von seinen Vorgaben** kann nur **in Ausnahmefällen abgewichen werden**, wenn der Arbeitgeber ernsthafte und objektiv begründete Zweifel an dem tatsächlichen Bestehen der Arbeitsunfähigkeit hat, etwa bei einer Erklärung eines Arbeitnehmers, die mehr als vermuten lässt, dass dieser die Krankheit nur vortäuscht.

25 **Willkür des Arbeitgebers** kann auch im Rahmen des § 1 Abs. 2 nicht zum Bestimmungsmaßstab erhoben werden (vgl. dazu § 315 BGB; Palandt/Heinrichs, § 315 Rn. 1 ff.). Willkürlich und damit unzulässig wäre es beispielsweise, wenn der Arbeitgeber ohne nachvollziehbaren Grund einem bestimmten Beschäftigten »auferlegt«, die Bescheinigung schon am zweiten Krankheitstag vorzulegen, während er sie von anderen Beschäf-

EFZG § 5

tigten erst nach Ablauf der gesetzlichen Frist von drei Kalendertagen einfordert (ähnlich auch unter Berufung auf den allgemeinen arbeitsrechtlichen Gleichbehandlungsgrundsatz Diller, NJW 1994, 1690; Feichtinger, Rn. 502 f.; Gola, § 5 Rn. 5). Das Gleiche gilt, wenn er die vorzeitige Vorlage nur von Arbeitern verlangt, nicht aber von Angestellten (a.A. Schmitt, § 5 Rn. 61). Ein solches Vorgehen stellt zudem eine **Verletzung** des allgemeinen **Gleichbehandlungsgrundsatzes** dar. Eine solche Verletzung sollte aber durch die im EFZG vollzogene Gleichstellung der Arbeiter und Angestellten gerade ausgeschlossen werden (vgl. etwa BR-Drucks. 12/5263, S. 12).

Der Arbeitgeber darf jedenfalls nicht nachträglich von dem »Recht auf vorzeitige Vorlage« Gebrauch machen, wenn der Arbeitnehmer rechtzeitig telefonisch sein Fehlen angezeigt hat und durch den Arbeitgeber nicht an diesem ersten Tag auf einen besonderen Nachweis hingewiesen wurde (LAG Nürnberg v. 18. 6. 1997, LAGE § 5 EntgeltfortzG Nr. 2; Feichtinger, Rn. 493; a. A. Worzalla, NZA 1996, 61). **26**

Will der Arbeitgeber die Arbeitsunfähigkeitsbescheinigung früher verlangen, so hat er das **Mitbestimmungsrecht des Betriebsrats** gem. § 87 Abs. 1 Nr. 1 BetrVG zu beachten (BAG v. 25. 1. 2000, DB 00, 1128; DKK-Klebe, § 87 Rn. 25, 52). Nach dieser Vorschrift hat der Betriebsrat in Fragen der Ordnung des Betriebs und des Verhaltens der Arbeitnehmer im Betrieb mitzubestimmen. Das BAG hat entschieden, dass Vorschriften über die Pflicht des Arbeitnehmers, im Falle einer Krankheit ein **ärztliches Attest** vorzulegen, eine Frage der Ordnung des Betriebs und des Verhaltens der Arbeitnehmer im Betrieb betrifft (vgl. BAG v. 5. 5. 1992, EzA § 87 BetrVG 1972 Betriebliche Ordnung Nr. 19). Bei dem Vorlageverlangen des Arbeitgebers im Hinblick auf Arbeitsunfähigkeitsbescheinigungen hat deshalb der Betriebsrat ein erzwingbares Mitbestimmungsrecht nach § 87 Abs. 1 Nr. 1 BetrVG (BAG v. 25. 1. 2000, DB 00, 1128). Verpflichtet der Arbeitgeber einzelne Arbeitnehmer, die Arbeitsunfähigkeitsbescheinigung schon am ersten Tag vorzulegen, ohne das Mitbestimmungsrecht des Betriebsrats zu beachten, so steht dem Betriebsrat ein Unterlassungsanspruch zu (ArbG Frankfurt a. M. v. 27. 10. 1999 – 9 BV 39/99 –, n.v.). **27**

Eine tarifvertragliche Regelung, in der eine generelle frühere Vorlagepflicht festgelegt wird, ist eine ungünstigere Regelung und damit ein Verstoß gegen § 12 und insofern unwirksam (vgl. Marienhagen/Künzl, Rn. 11; Schliemann, ArbuR 1994, 317; Schaub, BB 1995, 1629; a.A. LAG Nürnberg v. 22. 1. 2002, LAGE § 5 EFZG Nr. 5). **28**

c) Form

Hinsichtlich der **Form der Arbeitsunfähigkeitsbescheinigung** schreibt § 5 Abs. 1 Satz 5 vor, dass die Bescheinigung **von dem behandelnden Arzt** stammen muss. **Welchen Arzt** der **Arbeitnehmer** konsultiert, steht **29** dabei grundsätzlich in **seiner freien Entscheidung** (vgl. Schmitt, § 5 Rn. 72 f.). Insbesondere muss es sich nicht um einen Kassenarzt handeln. Der Arbeitgeber darf dem Arbeitnehmer auch nicht vorschreiben, dass die Bescheinigung von einem bestimmten Arzt (etwa einem Werksarzt) beizubringen ist (vgl. Schmitt, § 5 Rn. 73). Es muss sich nur um einen approbierten Arzt handeln.

30 Abgesehen vom **Schriftformerfordernis** besteht **Formfreiheit**, soweit die Erklärung den Mindestinhalt (vgl. Rn. 31 ff.) aufweist. Nicht erforderlich ist, dass die Bescheinigung in deutscher Sprache abgefasst ist, so dass auch Atteste ausländischer Ärzte in ihrer Landessprache zulässig sind (GKK, § 5 Rn. 28).

d) Inhalt

31 § 5 Abs. 1 Satz 5 regelt die **inhaltlichen Mindestanforderungen** einer Arbeitsunfähigkeitsbescheinigung für alle in der gesetzlichen Krankenkasse versicherten Arbeitnehmer.

32 Sofern der Arbeitnehmer **Mitglied einer gesetzlichen Krankenkasse** ist, muss die ärztliche Bescheinigung einen **Vermerk des behandelnden Arztes** darüber enthalten, dass der Krankenkasse unverzüglich eine Bescheinigung über die Arbeitsunfähigkeit mit Angaben über den Befund und die voraussichtliche Dauer der Arbeitsunfähigkeit übersandt wird (§ 5 Abs. 1 Satz 5). Der entsprechende Vermerk auf der ärztlichen Bescheinigung entfällt, wenn der Arbeitnehmer nicht Mitglied einer gesetzlichen Krankenkasse ist (vgl. Schmitt, § 5 Rn. 51).

33 Darüber hinaus muss die **Arbeitsunfähigkeitsbescheinigung** folgenden **Mindestinhalt** haben:

Der **Namen** des erkrankten Arbeitnehmers muss angegeben sein. Die Bescheinigung muss die **Feststellung** enthalten, dass der Arbeitnehmer **arbeitsunfähig** ist. Nicht Gegenstand der ärztlichen Bescheinigung ist dagegen der **Krankheitsbefund** oder die **Ursache der Erkrankung** (vgl. KDHK, § 5 Rn. 9, 30), es sei denn, der Arbeitnehmer entscheidet in besonders begründeten Einzelfällen (etwa bei einer infektiösen Erkrankung) aus freien Stücken, den Arzt von seiner Schweigepflicht zu entbinden (vgl. KDHK, § 5 Rn. 30).

34 Aus der Arbeitsunfähigkeitsbescheinigung muss sich die **voraussichtliche Dauer der Arbeitsunfähigkeit** ergeben. Die **Dauer** kann sich entweder aus der Angabe zweier Zeitpunkte (»Arbeitsunfähig von ... bis ...«) oder eines berechenbaren Zeitraums (14 Tage vom Datum der Bescheinigung an) ergeben (vgl. Münch. Komm.-Schaub, § 616 Rn. 121; KDHK, § 5 Rn. 31). Ist ein **Kalendertag** als Zeitpunkt des voraussichtlichen Endes der Arbeitsunfähigkeit angegeben, so wird in der Regel **Arbeitsunfähigkeit bis zum Ende** der vom erkrankten Arbeitnehmer üblicherweise an diesem **Kalendertag zu leistenden Arbeitsschicht** (BAG v. 2. 12. 1981, DB 82, 601) oder (wenn keine Schichtarbeit geleistet wird) bis zum Ende

der üblichen Arbeitszeit des Arbeitnehmers an diesem Kalendertag bescheinigt (BAG v. 12. 7. 1989, DB 90, 178). Eine rückwirkende Feststellung der Arbeitsunfähigkeit kann ausnahmsweise zulässig sein (vgl. KDHK, § 5 Rn. 32).

e) Kosten

Bei **Inanspruchnahme eines Kassenarztes** gehört die **Ausstellung von** **35** **Bescheinigungen**, die die Versicherten für den Anspruch auf Fortzahlung des Arbeitsentgelts benötigen, zur **kassenärztlichen Versorgung** (§ 73 Abs. 1 Nr. 9 SGB V). Dem **Arbeitnehmer** entstehen somit **keine Kosten**, soweit er Versicherter der gesetzlichen Krankenkasse ist und er einen Kassenarzt konsultiert; dies gilt sowohl für Pflichtversicherte als auch für freiwillig Versicherte (vgl. Schmitt, § 5 Rn. 77).

Nimmt ein in der gesetzlichen Krankenversicherung versicherter Arbeit- **36** nehmer einen **nicht an der kassenärztlichen Versorgung teilnehmenden Arzt** in Anspruch, so **trägt** die **Krankenkasse** dann die **Kosten** für die Arbeitsunfähigkeitsbescheinigung, wenn es sich um einen **Notfall** handelt.

Die Kostenfrage stellt sich somit nur **dann**, wenn ein Arbeitnehmer nicht **37** zum versicherten Personenkreis einer gesetzlichen Krankenversicherung gehört oder wenn ein Versicherter der gesetzlichen Krankenversicherung ohne zwingenden Grund einen Nicht-Kassenarzt in Anspruch nimmt. Sofern keine abweichende Regelung einschlägig ist, wird der **Arbeitgeber die Kosten** für die Arbeitsunfähigkeitsbescheinigung zu tragen haben. Zwar wird dem Arbeitnehmer die Pflicht auferlegt, die entsprechende ärztliche Bescheinigung beizubringen. Daraus folgt aber entgegen der in der Literatur teilweise vertretenen Auffassung (vgl. Schmitt, § 5 Rn. 79; KDHK, § 5 Rn. 81) nicht, dass der Arbeitnehmer auch die Kosten für die Bescheinigung zu tragen hätte. Insbesondere Abs. 2 Satz 2, nach dem der Arbeitgeber die durch die Mitteilung des Arbeitnehmers entstehenden Kosten zu tragen hat, spricht dafür, dass der Arbeitgeber auch die Kosten der Arbeitsunfähigkeitsbescheinigung übernehmen muss. Denn in beiden Fällen handelt es sich zwar um eine Pflicht des Arbeitnehmers, diese kommt aber ausschließlich dem Arbeitgeber zugute. § 5 Abs. 2 Satz 2 stellt insofern auch keine abschließende Regelung dar (a. A. KDHK, § 5 Rn. 81).

f) Verletzung der Nachweispflicht

Ist der Arbeitnehmer ordnungsgemäß seiner Anzeigepflicht nachgekom- **38** men, kommt er aber (schuldhaft) seiner Pflicht zum Nachweis der gemeldeten Arbeitsunfähigkeit nicht nach, indem er keine ärztliche Bescheinigung vorlegt, liegt eine **Verletzung der Nachweispflicht** vor, die den Arbeitgeber grundsätzlich berechtigt, (nur) ein **Leistungsverweigerungsrecht** nach § 7 Abs. 1 Nr. 1 auszuüben. In der Regel handelt es sich dabei um ein zeitlich begrenztes Recht (BAG v. 1. 10. 1997, DB 98, 580; vgl. § 7 Rn. 4 ff.). **Reicht** der **Arbeitnehmer** die ärztliche **Bescheinigung nach**, so

EFZG § 5

ist der **Arbeitgeber zur Nachzahlung verpflichtet** (vgl. Münch. Komm.-Schaub, § 616 Rn. 129; Schmitt, § 5 Rn. 143). Liegt die Arbeitsunfähigkeit tatsächlich vor und ist der Arbeitnehmer seiner Mitteilungspflicht nachgekommen, erscheint es mehr als bedenklich, dem Arbeitgeber neben dem Leistungsverweigerungsrecht auch Schadenersatzansprüche oder arbeitsrechtliche, z. B. kündigungsrechtliche Möglichkeiten zuzubilligen (so auch GKK, § 5 Rn. 51). Eine Abmahnung bzw. Kündigung kommt nicht in Betracht. Nur in ganz besonderen Ausnahmefällen könnte eine beharrliche Weigerung des Arbeitnehmers, das ärztliche Attest vorzulegen, den Arbeitgeber u. U. berechtigen, zusätzlich zu seinem Leistungsverweigerungsrecht Schadenersatzansprüche geltend zu machen (vgl. GKK, § 5 Rn. 51; zur Kündigung im Ausnahmefall BAG v. 15. 1. 1986, DB 86, 2443; LAG Frankfurt a. M. v. 13. 7. 1999, AuR 00, 75; LAG Köln v. 12. 11. 1993, AiB 94, 437).

g) Beweislastregeln

39 Nach den **allgemeinen Beweislastregeln muss** der **Arbeitnehmer**, der einen Entgeltfortzahlungsanspruch geltend macht, **beweisen, dass er arbeitsunfähig ist**. Seine Darlegung, er sei durch Arbeitsunfähigkeit an seiner Arbeitsleistung verhindert und somit entgeltfortzahlungsberechtigt, **gilt** grundsätzlich **als nachgewiesen, wenn er eine Arbeitsunfähigkeitsbescheinigung** des behandelnden Arztes **vorlegt** (BAG v. 11. 8. 1976, DB 77, 119; v. 15. 7. 1992, DB 92, 2347; v. 19. 2. 1997, DB 97, 421; GKK, § 5 Rn. 38 f.; KDHK, § 5 Rn. 52; a. A. LAG München v. 9. 11. 1988, DB 89, 631).

40 Im Einzelfall kann der **Beweiswert** der Bescheinigung **erschüttert** werden, wenn **Zweifel an der Arbeitsunfähigkeit** des Arbeitnehmers bestehen **und** der hierfür **darlegungspflichtige Arbeitgeber** im Streitfall **Tatsachen vorträgt**, die zu **ernsten Zweifeln Anlass** geben (vgl. dazu GKK, § 5 Rn. 40 ff.). **Ernsthafte und objektiv begründete Zweifel** an den tatsächlichen Bestehen der Arbeitsunfähigkeit können sich **aus der Bescheinigung** ergeben **oder** auf **tatsächlichen Umständen ihres Zustandekommens** beruhen (vgl. ausführlich GKK, § 5 Rn. 40 ff.).

41 Nach der EuGH-Rechtsprechung (v. 2. 5. 1996, DB 96, 1039; vgl. ausführlicher unter Hinweis auf die Entscheidungen »Paletta I« und »Paletta II« Kunz/Wedde, § 5 Rn. 54 f.) gilt (zumindest) für Fälle, in denen eine **Arbeitsunfähigkeitsbescheinigung im EU-Ausland ausgestellt** worden ist, Folgendes: Die Beweislast dafür, dass der Arbeitnehmer nicht arbeitsunfähig krank war, trägt der Arbeitgeber. Es reicht nicht aus, dass der Arbeitgeber nur Umstände beweist, die lediglich zu ernsthaften Zweifeln an der Arbeitsunfähigkeit Anlass geben. Um eine Ungleichbehandlung von im Inland und im EU-Ausland ausgestellten Arbeitsunfähigkeitsbescheinigungen zu vermeiden, muss diese Beweisregel des EuGH auch für die im Inland ausgestellten Arbeitsunfähigkeitsbescheinigungen gelten.

Hat der **Arbeitgeber Umstände**, die gegen die Arbeitsunfähigkeit spre- **42**
chen, **dargelegt** bzw. **bewiesen** und so den **Beweiswert** des ärztlichen
Attests erschüttern können, kann der Arbeitnehmer seinerseits versuchen, den **Beweis** der Arbeitsunfähigkeit **auf andere Weise** zu führen,
z. B. durch Zeugen, die die Erkrankung bestätigen können (BAG. v.
11. 8. 1976, DB 77, 119; vgl. dazu auch LAG Baden-Württemberg v. 9. 5.
2000, LAGE, § 1 LohnFG Nr. 34, GKK, § 5 Rn. 44).

Der Arbeitgeber kann nicht außerhalb eines Rechtsstreits über die Be- **43**
weiskraft der ärztlichen Bescheinigung ohne weiteres von einem Arbeitnehmer, der eine den Erfordernissen des § 5 Abs. 1 EFZG entsprechende
ärztliche Bescheinigung vorgelegt hat, eine **zweite Arbeitsunfähigkeitsbescheinigung** verlangen, die die Richtigkeit der in der ersten Bescheinigung enthaltenen Angaben bestätigt, da es **nicht Sache des Arbeitgebers,
sondern** Aufgabe **der Krankenkasse** ist, die Arbeitsunfähigkeit des Arbeitnehmers zu überwachen (vgl. GKK, § 5 Rn. 47). Vor allem ist der
Arbeitnehmer nicht verpflichtet, sich durch einen **Vertrauensarzt seines Arbeitgebers** untersuchen zu lassen (vgl. GKK, § 5 Rn. 47); zur
Untersuchung durch den **Medizinischen Dienst**, früher: vertrauensärztliche Untersuchung (vgl. GKK, § 275 SGB V, Rn. 9 f.).

Der bloße **Umstand**, dass ein **Arbeitnehmer** eine **Begutachtung** durch **44**
den Medizinischen Dienst **verhindert** hat, begründet in der Regel noch
keine ernsthaften Zweifel an der Arbeitsunfähigkeit; es müssen vielmehr noch weitere Umstände hinzutreten, wie z. B. eine zweifelhafte
Diagnose des behandelnden Arztes, Zweifel bezüglich der Dauer der
bescheinigten Arbeitsunfähigkeit, evtl. krankenwidriges Verhalten des
Arbeitnehmers oder Nichtbeachten ärztlicher Anordnungen (LAG Hamm
v. 26. 6. 1984, DB 85, 273; vgl. GKK, § 5 Rn. 46).

3. Fortdauer der Arbeitsunfähigkeit

Dauert die Arbeitsunfähigkeit länger als in der Bescheinigung angegeben, **45**
ist der Arbeitnehmer nach § 5 Abs. 1 Satz 4 verpflichtet, eine **neue ärztliche Bescheinigung vorzulegen**. Die in der Bescheinigung angegebene
voraussichtliche Dauer der Arbeitsunfähigkeit begrenzt deren Wirksamkeit (vgl. GKK, § 5 Rn. 35). Dies gilt auch, wenn keine Entgeltfortzahlungspflicht des Arbeitgebers mehr besteht (vgl. Rn. 3).

Dem Gesetz nicht unmittelbar zu entnehmen ist, ob der Arbeitnehmer auch **46**
die **Pflicht** hat, die **fortdauernde Arbeitsunfähigkeit anzuzeigen** und bis
wann **die neue ärztliche Bescheinigung** vorgelegt werden muss. Es erscheint aber **sachgerecht**, wenn man sowohl hinsichtlich der Anzeige- als
auch hinsichtlich der Nachweispflicht § 5 Abs. 1 Sätze 1 bis 3 **analog anwendet** (vgl. BAG v. 29. 8. 1980, DB 81, 171; ebenso Schmitt, § 5 Rn. 98 ff.;
ähnlich Schliemann, ArbuR 94; a. A. GKK, § 5 Rn. 36; KDHK, § 5 Rn. 26).

Hinsichtlich der **Anzeigepflicht** drängt sich die **Analogie** schon deshalb **47**
auf, weil gem. § 5 Abs. 1 Satz 1 der Arbeitnehmer verpflichtet ist, dem

Arbeitgeber **die Arbeitsunfähigkeit** und deren voraussichtliche **Dauer unverzüglich mitzuteilen.** Dabei wird nach dem Gesetzestext nicht zwischen dem Beginn der Arbeitsunfähigkeit und der Fortsetzung unterschieden (vgl. ausführlich Kunz/Wedde, § 5 Rn. 62 f.).

48 Auch hinsichtlich der **Vorlage einer Folgebescheinigung** sieht das Gesetz **keine Frist** vor. Allerdings wird man auch hier durch einen Analogieschluss dem Sinn und Zweck des Gesetzes am ehesten gerecht (vgl. BAG v. 29. 8. 1980, DB 81, 171). Dem Grundsatz von § 5 Abs. 1 Satz 2 in Analogie folgend (vgl. Rn. 21 f.), bedeutet dies, dass der Arbeitnehmer die ärztliche Bescheinigung wiederum spätestens an dem darauf folgenden Arbeitstag vorzulegen hat, wenn die (weiterbestehende) Arbeitsunfähigkeit noch länger als drei weitere Kalendertage dauert (vgl. Beispiel in Rn. 22).

III. Mitwirkung des behandelnden Arztes

49 Das Entgeltfortzahlungsgesetz geht ebenso wie das Sozialversicherungsrecht (§ 76 SGB V) vom **Grundsatz der freien Arztwahl** aus. Die Arbeitsunfähigkeitsbescheinigungen im Sinne des § 5 EFZG können selbstverständlich auch von **Nicht-Kassenärzten** ausgefüllt werden (vgl. Rn. 29 f.). Nimmt der Arbeitnehmer, der einer gesetzlichen Krankenkasse angehört, einen **Kassenarzt** in Anspruch, so sind dessen Pflichten dem **Kassenarztrecht** (vgl. §§ 72 ff. SGB V) zu entnehmen. Dabei gehört zur **kassenärztlichen Versorgung** auch die **Ausstellung von Bescheinigungen,** die die Krankenkassen oder Medizinischen Dienste (§ 275 SGB V) **zur Durchführung ihrer gesetzlichen Aufgaben** und die Versicherte für die Sicherung des Anspruchs auf Fortzahlung des Arbeitsentgelts benötigen (§ 73 Abs. 2 Nr. 9 SGB V). Der **Kassenarzt** ist also verpflichtet, für den **Kassenpatienten die ärztliche Bescheinigung** nach § 5 **auszustellen** und der Krankenkasse unverzüglich eine Bescheinigung über die Arbeitsunfähigkeit mit Angaben über den Befund und die voraussichtliche Dauer der Arbeitsunfähigkeit zu übersenden (§ 5 Abs. 1 Satz 5). Die gleiche Verpflichtung trifft den **Nicht-Kassenarzt,** wenn der Arbeitnehmer einer gesetzlichen Krankenkasse angehört (§ 5 Abs. 1 Satz 5).

50 Nicht geregelt ist, wie die Vorschrift des § 5 Abs. 1 Satz 5 durchzuführen ist, wenn der **Arbeitnehmer nicht der gesetzlichen Krankenversicherung angehört,** z. B. wegen geringfügiger Beschäftigung (§ 7 SGB V i. V. m. § 8 SGB IV) oder wegen zu hohen Jahresarbeitsentgelts (§ 6 Abs. 1 Nr. 1 SGB V). Der behandelnde Arzt braucht dann die Arbeitsunfähigkeitsbescheinigung der Krankenkasse nicht zu übersenden und kann demgemäß die Übersendung auf der Bescheinigung auch nicht vermerken. Ein Anspruch des Arbeitgebers gegen die Krankenkasse auf Begutachtung des Arbeitnehmers durch den **Medizinischen Dienst** der Krankenversicherung (vgl. Rn. 52 ff.) ist nicht gegeben, weil der Medizinische Dienst nur die in der gesetzlichen Krankenversicherung Versicherten überprüft (vgl. GKK, § 5 Rn. 77, 79; vgl. auch BAG v. 25. 6. 1992, DB 92, 2449).

Die AU-Richtlinien (abgedruckt bei GKK, § 44 SGB V Rn. 75) stellen für **51** die **Beurteilung der Arbeitsunfähigkeit** Grundsätze auf, die für den Kassenarzt bindend sind (§ 81 Abs. 3 Nr. 2 SGB V). Nach den **AU-Richtlinien** darf die Arbeitsunfähigkeit nur aufgrund einer **ärztlichen Untersuchung** bescheinigt werden. Grundsätzlich soll die Arbeitsunfähigkeit für eine vor der ersten Inanspruchnahme des Arztes liegende Zeit nicht bescheinigt werden. Allerdings ist eine Rückdatierung des Beginns der Arbeitsunfähigkeit auf einen vor dem Behandlungsbeginn liegenden Tag ausnahmsweise nach gewissenhafter Prüfung in der Regel bis zu zwei Tagen zulässig. Zu bescheinigen ist auch die **voraussichtliche Dauer der Arbeitsunfähigkeit** (vgl. dazu ausführlich GKK, § 5 Rn. 74).

IV. Mitwirkung der Krankenkasse

Die **Mitwirkungspflicht der Krankenkasse** ist im EFZG lediglich mit **52** dem Satz angesprochen, dass der behandelnde Arzt den Befundbericht der Krankenkasse unverzüglich zu übersenden hat (§ 5 Abs. 1 Satz 5); weitere Verpflichtungen, die insbesondere für die Arbeitnehmer Auswirkungen haben können, ergeben sich aus den §§ 275 bis 277 SGB V (vgl. GKK, SGB V). Als **Krankenkassen** im Sinne der Vorschriften gelten die Allgemeinen Ortskrankenkassen, Betriebskrankenkassen, Innungskrankenkassen, die See-Krankenkasse, Landwirtschaftliche Krankenkassen, die Bundesknappschaft als Trägerin der knappschaftlichen Krankenversicherung und die Ersatzkassen (§ 4 Abs. 2 SGB V).

Die **Krankenkassen sind verpflichtet**, zur Beseitigung von Zweifeln an **53** der Arbeitsunfähigkeit eine **gutachterliche Stellungnahme des Medizinischen Dienstes** der Krankenversicherung einzuholen, weil etwa der **Arbeitgeber Zweifel** an der Arbeitsunfähigkeit **darlegt** und deshalb eine **Untersuchung verlangt**. Dabei hat die Krankenkasse (solange ein Entgeltfortzahlungsanspruch besteht) dem Arbeitgeber und dem Versicherten das Ergebnis des Gutachtens des Medizinischen Dienstes über die Arbeitsunfähigkeit mitzuteilen, wenn dieses mit der Bescheinigung des Kassenarztes im Ergebnis nicht übereinstimmt (§ 277 Abs. 2 Satz 1 SGB V). Die Mitteilung darf allerdings **keine Angaben über die Krankheit** des Versicherten enthalten (§ 277 Abs. 2 Satz 2 SGB V).

Der Arbeitgeber kann von sich aus keine zusätzliche Untersuchung des **54** kranken Arbeitnehmers durch einen anderen Arzt veranlassen, da die **Begutachtung der Arbeitsunfähigkeit ausschließlich Aufgabe der Krankenkasse** ist (vgl. GKK, § 5 Rn. 77). Der **Arbeitnehmer ist nur gegenüber der Krankenkasse verpflichtet, sich begutachten zu lassen**. An die Verletzung der Vorschrift seitens des Arbeitnehmers sind keine arbeitsrechtlichen Sanktionen geknüpft (vgl. GKK, § 5 Rn. 46). Verhindert der Arbeitnehmer eine Untersuchung durch den Medizinischen Dienst, so kann dieses Verhalten bei einem gerichtlichen Streit über die Arbeitsunfähigkeit u. U. im Rahmen der Beweiswürdigung Berücksichtigung finden (vgl. BAG v. 4. 10. 1978, DB 79, 653). Der bloße Hinweis, dass ein Arbeitnehmer eine Begutachtung durch den Medizinischen Dienst verhindert hat, begründet aber noch keine Zweifel an der Arbeitsunfähigkeit (vgl. LAG Hamm v. 26. 6. 1984, BB 85, 273; GKK, § 5 Rn. 46; zu Sanktionen der Krankenkasse vgl. Kunz/Wedde, § 5 Rn. 71).

55 **Zweifel** an der Arbeitsunfähigkeit können sich aus der Art und Weise, wie die ärztliche Bescheinigung zustande gekommen ist, oder aus dem Verhalten des Arbeitnehmers ergeben (vgl. ausführlich GKK, § 5 Rn. 40 ff.). **Häufige Erkrankungen** begründen für sich genommen grundsätzlich noch keinen berechtigten Zweifel an der bescheinigten Arbeitsunfähigkeit.

56 Liegt ein **ungünstiges Gutachten** des Medizinischen Dienstes vor, so **kann** der **Arbeitnehmer** der Mitteilung des Medizinischen Dienstes dem Befund **widersprechen** (§ 277 Abs. 1 Satz 2 SGB V). Kürzt oder streicht der Arbeitgeber die Entgeltfortzahlung, weil ein für den Arbeitnehmer ungünstiges Gutachten des Medizinischen Dienstes vorliegt, so kann der **Arbeitnehmer** das **Arbeitsgericht anrufen**, das seinerseits berechtigt ist, ein Obergutachten einzuholen. Auch der Kassenarzt kann ein Zweitgutachten beantragen (vgl. Schmitt, § 5 Rn. 128).

V. Anzeige- und Nachweispflicht bei Arbeitsunfähigkeit im Ausland (§ 5 Abs. 2)

57 § 5 Abs. 2 enthält Sonderregelungen hinsichtlich der Anzeige- und Nachweispflichten für den Fall, in dem die **Arbeitsunfähigkeit im Ausland** beginnt. Die Vorschrift entspricht im Wesentlichen dem früher für Arbeiter geltenden § 3 Abs. 2 LFZG. Sie konkretisiert jedoch die Anzeigepflicht des Arbeitnehmers (§ 5 Abs. 2 Satz 1) und legt fest, dass die durch die Mitteilung entstehenden Kosten der Arbeitgeber zu tragen hat (§ 5 Abs. 2 Satz 2).

58 Hält sich der Arbeitnehmer bei Beginn der Arbeitsunfähigkeit im Ausland auf, so ist er gem. § 5 Abs. 2 Satz 1 verpflichtet, dem Arbeitgeber die Arbeitsunfähigkeit, deren voraussichtliche Dauer und die Adresse am Aufenthaltsort in der schnellstmöglichen Art der Übermittlung mitzuteilen. Die Mitteilungspflicht des Arbeitnehmers gem. § 5 Abs. 2 Satz 1 geht über diejenige bei Arbeitsunfähigkeit im Inland (vgl. Rn. 8 ff.) hinaus, als sie zusätzlich dem Arbeitnehmer auferlegt, dass er dem Arbeitgeber die **Adresse am Aufenthaltsort** mitteilt. Die Mitteilung über die Arbeitsunfähigkeit, deren voraussichtliche Dauer und die Adresse am Aufenthaltsort hat in der **schnellstmöglichen Art der Übermittlung** zu erfolgen. Dies bedeutet, dass sich der Arbeitnehmer desjenigen Kommunikationsmittels bedienen muss, das schnell verfügbar ist und eine schnelle Übermittlung gewährleistet. In der Regel wird dies die fernmündliche (per Telefon) oder die fernschriftliche (per Telefax oder Telegramm) Übermittlung sein. Stehen diese **Kommunikationsmittel nicht zur Verfügung**, so wird man einen **(Eil-)Brief genügen lassen** müssen (vgl. LAG Köln v.

12. 5. 2000, NZA-RR 00, 22). Problematisch kann es werden, wenn der Arbeitnehmer sich z. B. aufgrund eines **Abenteuer-Urlaubs** fernab von »modernen« Kommunikationsmitteln befindet. In solchen Fällen kann es durchaus zu einer **längeren Übermittlungsphase** kommen, die der **Arbeitnehmer nicht zu vertreten** hat. Hinsichtlich des Inhalts, des Adressaten und der Verletzung der Mitteilungspflicht gelten die zu § 5 Abs. 1 beschriebenen Grundsätze (vgl. Rn. 12 ff.).

Die **Kosten**, die dem Arbeitnehmer aufgrund der **Mitteilung** entstehen, **hat der Arbeitgeber** gem. § 5 Abs. 2 Satz 2 zu tragen (ErfK/Dörner, § 5 Rn. 52; Schmitt, § 5 Rn. 109 f.; a. A. Berenz, DB 95, 1462; Worzalla/Süllwald, § 5 Rn. 61). Der **Arbeitnehmer**, der diese Übermittlungskosten zu verauslagen hat, sollte **Quittungen** und **Rechnungen aufheben**, mit denen die entstandenen Kosten belegt werden; um bei dem Rückerstattungsverlangen gegenüber dem Arbeitgeber die Höhe eindeutig dokumentieren zu können. 59

Die ausländische **Arbeitsunfähigkeitsbescheinigung für den Arbeitgeber** muss ebenso wie inländische Bescheinigungen gem. § 5 Abs. 1 Angaben über den Namen des erkrankten Arbeitnehmers, über die Tatsache der Arbeitsunfähigkeit und über die voraussichtliche Dauer der Arbeitsunfähigkeit enthalten. **Nicht enthalten** muss die Bescheinigung dagegen den **Vermerk** des behandelnden Arztes darüber, dass der Krankenkasse unverzüglich eine Bescheinigung über die Arbeitsunfähigkeit mit Angaben über den Befund und die voraussichtliche Dauer der Arbeitsunfähigkeit übersandt wird (§ 5 Abs. 2 Satz 6 i.V.m. § 5 Abs. 1 Satz 5). Damit trägt das Gesetz der Tatsache Rechnung, dass ein ausländischer Arzt nicht dazu verpflichtet werden kann, dem deutschen Krankenversicherungsträger eine entsprechende Mitteilung zu übersenden (vgl. Schmitt, § 5 Rn. 112). Die **Arbeitsunfähigkeitsbescheinigung** muss dem Arbeitgeber in der Regel auch bei Erkrankungen im Ausland innerhalb der Frist des § 5 Abs. 1 zugeleitet werden (vgl. Schmitt, § 5 Rn. 116 ff.). Allerdings trifft den Arbeitnehmer kein Verschulden, wenn aufgrund der längeren Postbeförderungszeiten die Bescheinigung erst später dem Arbeitgeber zugeht, so dass der Arbeitgeber das Leistungsverweigerungsrecht gem. § 7 Abs. 2 EFZG nicht ausüben kann (vgl. Schmitt, § 5 Rn. 119). 60

Die Anzeige an die gesetzliche Krankenkasse, aus der sich ergibt, dass der Arbeitnehmer arbeitsunfähig ist und wie lange die Arbeitsunfähigkeit voraussichtlich dauert, hat **unverzüglich** zu erfolgen (§ 5 Abs. 2 Satz 3). Dabei wird man bei der unverzüglichen (»ohne schuldhaftes Zögern«) Anzeige gegenüber der Krankenkasse, ebenso wie bei der Anzeige an den Arbeitgeber, auf die Besonderheiten eines Auslandsaufenthalts Rücksicht nehmen müssen. 61

Dauert die Arbeitsunfähigkeit länger als angezeigt, so ist der Arbeitnehmer gem. § 5 Abs. 2 Satz 4 verpflichtet, der gesetzlichen Krankenkasse die 62 voraussichtliche **Fortdauer der Arbeitsunfähigkeit mitzuteilen**. Gem. § 5 Abs. 2 Satz 5 können die gesetzlichen Krankenkassen festlegen, dass der Arbeitnehmer Anzeige- und Mitteilungspflichten nach § 5 Abs. 2 Sätze 3 und 4 auch gegenüber einem ausländischen Sozialversicherungsträger erfüllen kann.

63 Das in § 5 Abs. 2 vorgesehene (komplizierte) Verfahren findet in der Praxis selten Anwendung. In Ländern, mit denen **zwischenstaatliche Sozialversicherungsabkommen bestehen** (beispielsweise EU-Länder, aber auch Marokko oder die Türkei), gelten **vereinfachte Verfahren**. Der Arbeitnehmer erfüllt seine Verpflichtungen nach § 5 Abs. 2 regelmäßig dann, wenn er das in den **Merkblättern der Krankenkassen** für den jeweiligen Auslandsaufenthalt im Arbeitsunfähigkeitsfall vorgesehene Verfahren über Meldung, Nachweis und Überprüfung der Arbeitsunfähigkeit befolgt (vgl. GKK, § 5 Rn. 60). In der Regel ist der Arbeitnehmer danach nur verpflichtet, seinem Arbeitgeber den Eintritt der Arbeitsunfähigkeit und ihre voraussichtliche Dauer in der schnellstmöglichen Art der Übermittlung mitzuteilen (§ 5 Abs. 2 Satz 1). Die Vorlage einer Arbeitsunfähigkeitsbescheinigung an den Arbeitgeber und die Anzeige an die deutsche Krankenkasse entfallen; unter Umständen besteht eine Verpflichtung, dem ausländischen Sozialversicherungsträger eine ärztliche Arbeitsunfähigkeitsbescheinigung zuzuleiten (vgl. § 5 Abs. 2 Satz 5; LAG Köln v. 4. 1. 1989, NZA 89, 599; GKK, § 5 Rn. 60).

64 Nach seiner **Rückkehr in das Inland** ist der Arbeitnehmer verpflichtet, dem Arbeitgeber und der Krankenkasse seine Ankunft **unverzüglich** anzuzeigen (§ 5 Abs. 2 Satz 7).

§ 6
Forderungsübergang bei Dritthaftung

(1) Kann der Arbeitnehmer aufgrund gesetzlicher Vorschriften von einem Dritten Schadenersatz wegen des Verdienstausfalls beanspruchen, der ihm durch die Arbeitsunfähigkeit entstanden ist, so geht dieser Anspruch insoweit auf den Arbeitgeber über, als dieser dem Arbeitnehmer nach diesem Gesetz Arbeitsentgelt fortgezahlt und darauf entfallende vom Arbeitgeber zu tragende Beiträge zur Bundesanstalt für Arbeit, Arbeitgeberanteile an Beiträgen zur Sozialversicherung und zur Pflegeversicherung sowie zu Einrichtungen der zusätzlichen Alters- und Hinterbliebenenversorgung abgeführt hat.

(2) Der Arbeitnehmer hat dem Arbeitgeber unverzüglich die zur Geltendmachung des Schadenersatzanspruchs erforderlichen Angaben zu machen.

(3) Der Forderungsübergang nach Absatz 1 kann nicht zum Nachteil des Arbeitnehmers geltend gemacht werden.

EFZG § 6

Inhaltsübersicht Rn.

I.	Allgemeines	1–7
II.	Voraussetzungen für den Forderungsübergang (Abs. 1)	8–45
	1. Schadenersatzanspruch wegen Verdienstausfalls	9–13
	2. Einwendungen	14–16
	3. Dritter	17–29
	4. Übergangsbegründende Leistungen	30–35
	5. Beschränkungen des Forderungsübergangs	36–38
	a) Entgeltfortzahlung ohne Rechtsgrund	36–37
	b) Entgeltfortzahlung aus anderem Rechtsgrund	38
	6. Zeitpunkt und Umfang des Forderungsübergangs	39–45
III.	Mitwirkungspflichten des Arbeitnehmers (Abs. 2)	46–52
IV.	Schutz des Arbeitnehmers (Abs. 3)	53–57
V.	Streitigkeiten	58–59

I. Allgemeines

Der **Sinn der Regelungen** zum Forderungsübergang besteht darin, bei einer Schädigung des Arbeitnehmers durch einen Dritten einen haftungsrechtlich angemessenen **Ausgleich zwischen den Interessen des Schädigers, des Arbeitnehmers** und des **Arbeitgebers** zu finden. **Zum einen** soll der **Arbeitnehmer** nicht sowohl gegenüber dem Dritten wie auch gegenüber dem Arbeitgeber zu dessen Lasten Ansprüche wegen des Arbeitsausfalles (auf Schadenersatz beziehungsweise Entgeltfortzahlung) geltend machen und so ggf. **zweifach Ersatz** bekommen können. **Zum anderen** soll sich der **Schädiger nicht** mit der Begründung, ein Schadenersatzanspruch sei wegen des Arbeitsausfalles beim Arbeitnehmer nicht entstanden, seiner Pflicht zum Schadenersatz entziehen können (BGH v. 20. 6. 1974, AP Nr. 1 zu § 4 LohnFG; KDHK, § 6 Rn. 1; Schmitt, § 6 Rn. 2).

1

Weiterhin soll dem **Arbeitnehmer nicht das Risiko aufgebürdet** werden, einen **Schadenersatzanspruch gegenüber einem Dritten durchzusetzen**. Eine solche, ggf. gerichtliche Durchsetzung wäre, auch im Falle des Obsiegens, mit erheblichen Verzögerungen der Zahlungen verbunden. Würde der Arbeitnehmer unterliegen oder wäre der Dritte zahlungsunfähig, würde überhaupt kein praktisch durchsetzbarer Anspruch bestehen.

2

Die vorstehend beschriebenen Risiken werden durch die Konzeption zum Forderungsübergang dem wirtschaftlich stärkeren Arbeitgeber aufgebürdet. Er muss bei einer Schädigung des Arbeitnehmers durch Dritte, die zur Arbeitsunfähigkeit führt, im Rahmen der Vorschriften des EFZG zunächst Entgeltfortzahlung leisten. Anschließend ermöglicht ihm der Übergang der Ansprüche des Arbeitnehmers, sich die bereits an den Arbeitnehmer gezahlte Entgeltfortzahlung durch den Verursacher ersetzen zu lassen (Schmitt, § 6 Rn. 4; KDHK, § 6 Rn. 1). Allerdings gehen die Ansprüche

3

153

nur insoweit auf den Arbeitgeber über, als er tatsächlich Arbeitsentgelt (und ggf. von ihm zu tragende Sozialversicherungsbeiträge) fortgezahlt hat.

4 Nicht vom gesetzlichen Forderungsübergang erfasst sind die Beiträge des Arbeitgebers zur gesetzlichen Unfallversicherung in Form der Beiträge zu Berufsgenossenschaften (BGH v. 11. 11. 1975, DB 76, 38; Schmitt, § 6 Rn. 38 ff.; a.A. Müller/Berenz, § 6 Rn. 38 ff.).

5 Die Vorschrift entspricht § 116 SGB X (soweit Versicherungsträger oder Sozialhilfeträger aufgrund von Schädigungen durch Dritte geleistet haben) bzw. § 127 SGB III i. V. m. § 116 SGB X, sofern die Bundesanstalt für Arbeit geleistet hat. Allerdings entsteht der Anspruchsübergang erst bei tatsächlicher Leistung durch den Arbeitgeber. Für Beamte des Bundes statuiert § 87a BBG einen vergleichbaren Forderungsübergang. Schließlich sei noch auf § 67 VVG verwiesen, der für private Versicherungen einen Forderungsübergang vorsieht (GKK, § 6 Rn. 5, mit weiteren Beispielen zu gesetzlichen Forderungsübergängen).

6 Vom Regelungsgehalt erfasst werden **Arbeitnehmer** (vgl. ausführlich § 1 Rn. 19 ff.) sowie alle **Auszubildende**. Für **Heimarbeiter** findet die **Vorschrift keine Anwendung**, da diese keine Arbeitnehmer im Sinne des § 1 Abs. 2 sind (vgl. § 1 Rn. 53 ff.; ausführlich KW, § 6 Rn. 10).

7 Der gesetzliche Forderungsübergang nach § 6 Abs. 1 erfolgt auch, wenn das Schadenersatz begründende Ereignis im Ausland stattgefunden hat (Schaub, § 98 VI 1 c; KDHK, § 6 Rn. 3, jeweils m. w. N.).

II. Voraussetzungen für den Forderungsübergang (Abs. 1)

8 Der in Abs. 1 normierte **gesetzliche Forderungsübergang** vollzieht sich unabhängig vom Willen des betroffenen Arbeitnehmers. Der Übergang tritt ein, wenn die normativen Voraussetzungen gegeben sind.

1. Schadenersatzanspruch wegen Verdienstausfalls

9 Grundlegende Voraussetzung für den **Forderungsübergang** ist das Vorliegen eines gesetzlichen **Schadenersatzanspruches** des Arbeitnehmers gegenüber einem Dritten (vgl. Marienhagen/Künzl, § 6 Rn. 3; KDHK, § 6 Rn. 6; Schmitt, § 6 Rn. 11). Der Begriff **Schadenersatz ist eng auszulegen**. Deshalb gehen z. B. **Aufwendungsersatzansprüche aus Geschäftsführung ohne Auftrag** (z. B. eines Nothelfers gegen den Gefährdeten gem. §§ 683, 670 BGB) **nicht** auf den Arbeitgeber **über** (vgl. LG Trier, VersR 95, 548; **a. A.** Sieg, BB 96, 1767).

10 Als gesetzliche Ansprüche kommen Schadenersatzansprüche aus **deliktischer Haftung** (§§ 823 ff. BGB, schuldhafte widerrechtliche Schadensverursachung oder schuldhafter Verstoß gegen ein Schutzgesetz, z. B. Vorschriften der Straßenverkehrsordnung), **Gefährdungshaftung** (z. B. § 833 BGB, bei der Tierhalterhaftung kann eine Einstandspflicht ohne

Verschulden in Betracht kommen), Vertragsverletzung einschließlich Ansprüchen aus Verschulden vor und bei Vertragsschluss (**culpa in contrahendo**, vgl. § 311 Abs. 3 BGB) sowie Ansprüche wegen der Verletzung vertraglicher Nebenpflichten (**positive Vertragsverletzung**, vgl. § 280 BGB) in Betracht.

Das **allgemeine Haftungsprivileg des Staates**, bei fahrlässiger Schädigung nur leisten zu müssen, wenn eine anderweitige Ersatzmöglichkeit nicht besteht (§ 839 Abs. 1 Satz 2 BGB), kommt nicht zum Zuge (BGH v. 20. 6. 1974, AP Nr. 1 zu § 4 LohnFG). Die Entgeltfortzahlung des Arbeitgebers ist nicht als anderweitige Ersatzmöglichkeit des Schadens eines geschädigten Arbeitnehmers anzusehen. Ein Zweck des § 6 liegt gerade darin, den Arbeitgeber nicht ungerechtfertigt mit Entgeltfortzahlungsleistungen zu belasten, die durch Dritte verursacht wurden. Das allgemeine Haftungsprivileg des Staates muss deshalb zurücktreten (KDHK, § 6 Rn. 6, GKK, § 6 Rn. 12; Schmitt, § 6 Rn. 13). 11

Es muss sich weiterhin um **Ansprüche** handeln, **die einem Verdienstausfall zuzuordnen sind**, wie etwa um wegfallende Arbeitsentgeltansprüche und Sozialversicherungsbeiträge. Sonstige Ansprüche, die dem Verdienstausfall nicht entsprechen (etwa Schmerzensgeldansprüche, Sachschäden oder Heilungskosten) werden nicht durch den Forderungsübergang berührt (vgl. KDHK, § 6 Rn. 8; Schmitt, § 6 Rn. 18; vgl. auch Rn. 30 f.). Gleiches gilt **für vertraglich begründete Ansprüche**, wenn beispielsweise Leistungen einer privaten Krankenversicherung bereits für den ersten Krankheitstag vorgesehen werden, da solche Ansprüche nicht gesetzlich begründet sind, sich nicht gegen den Dritten richten und es sich nicht um Schadenersatz-, sondern um Erfüllungsansprüche handelt. 12

Trifft den Arbeitnehmer ein **Mitverschulden**, z. B. bei einem Verkehrsunfall mit einem Dritten, mindert sich der Schadenersatzanspruch gem. § 254 BGB. Wenn der Arbeitgeber zur Entgeltfortzahlung nach diesem Gesetz verpflichtet ist und die sonstigen Voraussetzungen vorliegen, geht der Anspruch in der gem. § 254 BGB zu mindernden Höhe auf den Arbeitgeber über (vgl. Rn. 36). 13

2. Einwendungen

Ist die Forderung des Arbeitnehmers mit **Einwendungen** (beispielsweise Verjährung) behaftet, die ihrer Durchsetzbarkeit entgegenstehen, geht diese gleichwohl auf den Arbeitgeber über. Er muss sich aber die Einwendungen entgegenhalten lassen. Wäre etwa die Erhebung von Schadenersatzansprüchen durch den Arbeitnehmer rechtsmissbräuchlich, weil er sich hierdurch in Widerspruch zu seinem vorherigen Verhalten setzen würde, so kann diese Einwendung dem Arbeitgeber entgegengehalten werden, nachdem die Forderung übergegangen ist. Dies kann z. B. dann der Fall sein, wenn während eines Fußballspiels eine Verletzung herbei- 14 geführt wird, die aufgrund kampfbedingter Härte nicht vorsätzlich erfolgte (vgl. GKK, § 6 Rn. 16).

15 Der **Schuldner kann** dem **Arbeitgeber** die **Einrede der Verjährung** entgegenhalten. Die Verjährungsfrist beginnt mit dem Zeitpunkt zu laufen, zu dem der geschädigte Arbeitnehmer Kenntnis von der Person des Täters erlangt, bzw. es ihm zumutbar gewesen wäre, entsprechende Erkundigungen einzuziehen (vgl. KDHK, § 6 Rn. 9 m. w. N.).

16 Auch nach dem Forderungsübergang entstandene Einwendungen kann der Dritte gem. § 407 BGB dem Arbeitgeber entgegenhalten, sofern er als Schuldner noch keine positive Kenntnis vom Forderungsübergang gehabt hatte.

3. Dritter

17 Ein Anspruch besteht grundsätzlich **gegenüber jedem Dritten**, der den Schaden verursacht hat. Eine Einschränkung gilt, wenn es sich bei den Schädigern um **Verwandte** handelt, die mit dem Geschädigten in häuslicher Gemeinschaft leben. Praktisch erhebliche Einschränkungen ergeben sich auch in Bezug auf **Arbeitskollegen** und hinsichtlich des **Arbeitgebers**.

18 Besteht ein **Anspruch** gegenüber **Verwandten**, die mit dem Geschädigten in häuslicher Gemeinschaft leben, geht der **Anspruch nicht auf den Arbeitgeber über, sofern** die Schädigung **nicht vorsätzlich** erfolgt ist. Dies ergibt sich zwar nicht aus dem Wortlaut des Gesetzes, der BGH argumentiert aber zutreffend, dass der Rechtsgedanke des § 67 Abs. 2 VVG hier analog Anwendung finden müsse (BGH v. 4. 3. 1976, AP Nr. 2 zu § 4 LohnFG). Diese Ansicht wird in der Literatur und Rechtsprechung uneingeschränkt geteilt (Schmitt, § 6 Rn. 23; Marienhagen, § 6 Rn. 6 m. w. N.; KDHK, § 6 Rn. 14; GKK, § 6 Rn. 22).

19 Gleiche Überlegungen liegen dem § 116 Abs. 6 Satz 1 SGB X zugrunde. Diese Vorschrift schließt einen **Forderungsübergang auf den Sozialversicherungsträger** für den Fall aus, dass die Schädigung nicht vorsätzlich durch einen Familienangehörigen in häuslicher Gemeinschaft bewirkt wurde. Der Zweck dieser Vorschriften wird darin gesehen, nicht eine wirtschaftliche Einheit (gemeint ist die Familie) zu belasten, indem einerseits die Sozialleistung zwar bewirkt wird, andererseits aber die gleiche wirtschaftliche Einheit, der diese Leistung zugeflossen ist, für den Ersatz dieser Leistung einstehen zu lassen (ebenso KDHK, § 6 Rn. 14).

20 **Verwandte** im Sinne der Rechtsprechung sind **Ehegatten, Verwandte** und **Verschwägerte** jeden Grades (BGH v. 15. 1. 1980, NJW 80, 1468). Nach überwiegender Meinung sollen **nichteheliche Lebensgefährten** hingegen **nicht das Privileg** des Ausschlusses des Forderungsüberganges haben (vgl. statt vieler Schmitt, § 6 Rn. 24 m. w. N.). Begründet wird dies damit, dass diese Privilegierung auch im § 116 Abs. 6 SGB X nicht vorgesehen sei, infolge dessen eine analoge Anwendung den Kreis der Privilegierten nicht größer ziehen dürfe (vgl. BGH v. 1. 12. 1987, NJW 88, 1091; Schmitt, § 6 Rn. 24).

Diese Auffassung ist als nicht mehr zeitgemäß abzulehnen. Im Zuge der Ausdifferenzierung von Familienformen dürfte es sowohl im Hinblick auf § 116 SGB X wie auch auf § 6 EFZG eher angebracht sein, den Ausschluss des Forderungsübergangs generell auf Lebensgefährten in häuslicher Gemeinschaft zu erstrecken (so auch KDHK, § 6 Rn. 16 unter Hinweis auf BVerfG v. 17. 11. 1992, NJW 93, 643 ff. zur Gleichbehandlung ehelicher und nichtehelicher Lebensgemeinschaften; Boecken, NZA 1999, 681; ähnlich im Bereich des Mietrechts BGH v. 13. 1. 1993, NJW 93, 999). Nur eine sachgerechte Einbeziehung nichtehelicher Lebensgemeinschaften vermeidet absurde Ergebnisse. Würden nämlich nichteheliche Lebenspartner weiterhin von einem gesetzlichen Forderungsübergang gem. § 6 erfasst, hätte dies beispielsweise zur Folge, dass ein entfernter Verwandter, der in häuslicher Gemeinschaft mit einem Arbeitnehmer lebt, haftungsrechtlich besser gestellt wäre als dessen unverheirateter Lebens- und Intimpartner. **21**

Nur die sachgerechte Einbeziehung nichtehelicher Lebenspartner beendet im Übrigen die Diskriminierung gleichgeschlechtlicher Lebensgemeinschaften, denen es in den meisten Bundesländern noch verwehrt ist, miteinander die Ehe zu schließen (ausführlich KW, § 9 Rn. 44 f.). **22**

Eine i. R. von § 6 relevante **häusliche Gemeinschaft** ist gegeben, wenn eine **Wirtschaftsgemeinschaft besteht**. Es ist indes keine umfassende wirtschaftliche Einheit erforderlich. Indizwirkung für das Bestehen einer Wirtschaftsgemeinschaft kommt dem **Wohnen in gemeinsamen Räumen** zu. Gleichwohl ist auch bei vorübergehender Trennung von einer häuslichen Gemeinschaft auszugehen (vgl. BGH v. 12. 11. 1985, EEK I/842). Auch bei einem in **Gütertrennung** lebenden Ehepaar besteht eine **häusliche Gemeinschaft**. **23**

Wird die häusliche Gemeinschaft erst **nach der Schädigung**, aber vor Erfüllung des Anspruchs begründet, stellt dies einen rechtlich **erheblichen Einwand** gegen die Forderung dar. Gleiches gilt, wenn die häusliche Gemeinschaft nach dem Schaden aufgelöst wurde (BGH v. 21. 9. 1976, NJW 77, 108; v. 14. 7. 1970, EEK I/137; Sieg, BB 96, 1768).

Macht der geschädigte Arbeitnehmer trotz des Vorliegens von Ausschlussgründen einen **Anspruch geltend** und realisiert diesen, ist dieses hinsichtlich des Ausschlusses des Forderungsüberganges **unschädlich**. Dies ergibt sich bereits daraus, dass der Forderungsübergang selbst ausgeschlossen ist und nicht nur lediglich ein Einwand der unzulässigen Rechtsausübung dem Arbeitgeber entgegengehalten werden kann. **24**

Hinsichtlich des **Forderungsüberganges** werden **Arbeitskollegen** behandelt wie jeder andere Dritte. Allerdings kommt gem. § 105 Abs. 1 Satz 1 SGB VII ein **Anspruch** des Geschädigten gegenüber dem schädigenden **25**

EFZG § 6

Arbeitskollegen nur **unter sehr eingeschränkten Voraussetzungen** in Betracht: Schädigt ein im gleichen Betrieb tätiger Arbeitnehmer bei Ausübung seiner Arbeitstätigkeit einen Kollegen, ohne hierbei vorsätzlich zu handeln, ist ein Anspruch nach den Bestimmungen des SGB VII ausgeschlossen. Ein solcher (nicht vorhandener) Anspruch kann folglich nicht auf den Arbeitgeber übergehen (vgl. KDHK, § 6 Rn. 15; Marienhagen, § 6 Rn. 4).

26 **Arbeitskollegen** im Sinne des SGB sind diejenigen **Personen, die im Betrieb eingegliedert sind** (vgl. GKK, § 4 Rn. 29; KDHK, § 6 Rn. 16). Aufgrund des Abstellens auf den Begriff »**Personen**« in § 105 Abs. 1 SGB VII gehören hierzu neben den Arbeitnehmern des Betriebs alle anderen **Beschäftigten, die in den Betrieb des Arbeitgebers eingegliedert sind** (vgl. GKK, § 6 Rn. 29 ff.; KDHK, § 6 Rn. 18; Schmitt, § 6 Rn. 29). Hierzu gehören neben **Arbeitnehmern anderer Betriebe** oder **anderer Arbeitgeber** (etwa Monteure), die den Weisungen im Betrieb unterliegen, insbesondere auch **Leiharbeitnehmer** nach dem AÜG, wenn sie in den Entleiherbetrieb eingegliedert sind. Voraussetzung ist das Vorliegen von Weisungsmöglichkeiten durch den Arbeitgeber des geschädigten Arbeitnehmers (vgl. insgesamt BAG v. 1. 7. 1969, AP Nr. 5 zu § 637 RVO; v. 15. 2. 1974, AP Nr. 7 zu § 637 RVO; v. 23. 2. 1978, AP Nr. 9 zu § 637 RVO; KDHK, § 6 Rn. 18; Schmitt, § 6 Rn. 29). Auch für in **Gemeinschaftsbetrieben** Beschäftigte (vgl. nunmehr § 1 Abs. 2 BetrVG) kommt die gesetzliche Haftungsbeschränkung zur Anwendung (ausführlich zum Gemeinschaftsbetrieb DKK-Trümmer, § 1 BetrVG Rn. 73 ff. m. w. N.). **Nicht erfasst** werden Arbeitnehmer anderer Betriebe, wenn sie nicht der Weisungsbefugnis des Arbeitgebers unterliegen, dessen Arbeitnehmer geschädigt wurde.

27 Der vorstehend beschriebene **Haftungsausschluss** greift nur dann, wenn die Schädigung bei **Ausübung einer betrieblichen Tätigkeit** erfolgte (KDHK, § 6 Rn. 19). Diese liegt vor, wenn dem Arbeitnehmer die Tätigkeit von dem Betrieb oder für den Betrieb übertragen war oder die Tätigkeit im Betriebsinteresse erfolgt ist. Die Art der Arbeitsausführung (sachgemäß oder fehlerhaft, vorsichtig oder leichtsinnig) entscheidet nicht darüber, ob es sich um eine betriebliche Tätigkeit handelt (BAG v. 9. 8. 1966, AP Nr. 1 zu § 637 RVO).

28 Ein Anspruch ist auch dann nicht ausgeschlossen, wenn der Geschädigte (auf den Schädiger kommt es hierbei nicht an) am **allgemeinen Verkehr** teilnimmt. Dies ist der Fall, wenn er nicht zu **dienstlichen Zwecken** unterwegs ist (z. B. Anfahrtsweg von und zur Arbeit oder Fahrt zu einer auswärtigen Arbeitsstätte, für die eine Auslösung gezahlt wird; BGH v. 24. 10. 1967, 11. 5. 1993, AP Nrn. 3 und 23 zu § 637 RVO usw.).

29 Ein **Anspruch** gegen einen Arbeitskollegen kann auch entstehen, wenn der **Schädiger vorsätzlich** oder **nicht in Ausübung einer betrieblichen Tätigkeit** handelt. Die **gleichen Kriterien** gelten, wenn der **Arbeitgeber**

die schädigende Person ist (§ 104 Abs. 1 SGB VII). Ein Forderungsübergang kommt hier aber generell nicht in Betracht, da der Arbeitgeber nicht Dritter im Sinne des EFZG sein kann (Schaub, § 98 VI 3d; KDHK, § 6 Rn. 21).

4. Übergangsbegründende Leistungen

Zum **Arbeitsentgelt** zählt das gesamte Bruttoarbeitsentgelt einschließlich der Arbeitnehmeranteile zur Sozialversicherung. Der in Abs. 1 verwendete Begriff des Arbeitsentgeltes ist identisch mit dem in § 4 Abs. 1 Satz 1 (vgl. § 4 Rn. 6ff.). Nach überwiegend vertretener Auffassung sind weiterhin sämtliche Ansprüche mit **Entgeltcharakter** umfasst, wie anteilige Leistungen für Sonderzahlungen, Urlaubsentgelt und Urlaubsgeld (BAG v. 12. 12. 1989, 8 AZR 195/88; zur Literatur statt vieler KDHK, § 6 Rn. 29ff. m.w.N.). Diese Auffassung ist abzulehnen, da es sich hierbei **nicht um Ansprüche aus dem EFZG** handelt und diese regelmäßig unabhängig von einer vorliegenden Arbeitsunfähigkeit zu leisten sind (vgl. auch Schmitt, § 6 Rn. 44). **30**

Der Arbeitgeberanteil an den Sozialversicherungsbeiträgen, etwa der Beiträge zur BfA bzw. zur LVA, ist Arbeitsentgelt. Gleiches gilt, wenn der Arbeitgeber gem. Arbeitsvertrag auch die Arbeitnehmeranteile übernimmt (vgl. Schmitt, § 4 Rn. 43). **31**

Nicht Gegenstand des gesetzlichen Forderungsübergangs sind Beiträge zur **Lohnausgleichs- und zur Urlaubskasse im Baugewerbe** (OLG Hamburg v. 25. 2. 1986, ebenso GKK, § 6 Rn. 60 m.w.N.; KDHK, § 6 Rn. 28; Schmitt, § 6 Rn. 45; a. A. BGH v. 28. 1. 1986, DB 86, 1015, v. 18. 5. 1965, AP. Nr. 8 zu § 1542 RVO; OLG Oldenburg v. 23. 4. 1975, BB 75, 745; ebenso Brecht, Rn. 8; Schaub, § 98 VI 5c) und das **Wintergeld im Baugewerbe** (§§ 209ff. SGB III; vgl. BGH v. 28. 1. 1986, EzA § 4 LFZG, Nr. 3; ebenso Kass. Hdb.-Vossen, 2.2, Rn. 441; KDHK, § 6 Rn. 28; GKK, § 6 Rn. 54; Schmitt, § 6 Rn. 40). Als Arbeitsentgelt können jedoch **Winterausfallgeld-Vorausleistungen** der Arbeitgeber angesehen werden (GKK, § 6 Rn. 54). **32**

Unter **Beiträgen zur Sozialversicherung** sind die Arbeitgeberbeiträge zur **Renten- und Krankenversicherung** zu verstehen, die der Arbeitnehmer als Gegenleistung für seine Arbeit erhält. Hierzu gehören auch die Beiträge zur **gesetzlichen Pflegeversicherung** (KDHK, § 6 Rn. 31; Schmitt, § 6 Rn. 44). Die Zahlungen des Arbeitgebers an die **Unfallversicherung** sind nicht mit umfasst, da es sich nicht um Beitragsanteile handelt, die auf das Entgelt des Arbeitnehmers entfallen (BGH v. 11. 11. 1975, NJW 76, 326). **33**

Arbeitgeberanteile an Beiträgen zu Einrichtungen der **zusätzlichen Alters-, Invaliden- und Hinterbliebenenversorgung** sind beispielsweise Zahlungen zur Zusatzversorgung des Bundes und der Länder, zur Höherversicherung in der gesetzlichen Rentenversicherung und zur betrieblichen Altersversorgung. Sofern bei der betrieblichen Altersversorgung der Ar- **34**

beitgeber Beiträge abführt, der Arbeitnehmer aber nicht paritätisch Beiträge abführen muss, haben die Leistungen **Entgeltcharakter**, so dass diese Zahlungen vom Forderungsübergang mit umfasst sind (BGH v. 28. 1. 1986, EzA § 4 LFZG, Nr. 3).

35 Die **Aufzählung** der vom Forderungsübergang erfassten Leistungen ist abschließend. Weitere Ansprüche des Arbeitnehmers können somit im Rahmen dieser Vorschrift nicht auf den Arbeitgeber übergehen. Eine extensive Auslegung durch Einbeziehung weiterer Leistungen verbietet sich durch den Wortlaut und die Intention des Gesetzgebers (vgl. Schmitt, § 6 Rn. 43 f.; GKK, § 6 Rn. 59).

5. Beschränkungen des Forderungsübergangs

a) Entgeltfortzahlung ohne Rechtsgrund

36 Liegt ein **Mitverschulden des Arbeitnehmers** vor und beruht dieses auf grober Fahrlässigkeit oder vorsätzlichem Handeln, **kann sein Entgeltfortzahlungsanspruch entfallen** (vgl. § 3 Rn. 82 ff.). Besteht bei dieser Konstellation überhaupt ein Anspruch gegenüber Dritten, geht dieser nicht auf den Arbeitgeber über. Der Arbeitnehmer kann sich (wenn überhaupt) nur an den Dritten halten. Leistet der Arbeitgeber trotzdem **ohne Rechtsgrund, geht** eine eventuell bestehende **Forderung** des Arbeitnehmers **gegenüber Dritten nicht** auf den Arbeitgeber **über**, da es sich nicht um eine Leistung nach dem EFZG handelt (vgl. KDHK, § 6 Rn. 25; Schmitt, § 6 Rn. 37).

37 Arbeitgeber können **irrtümlich oder ohne Rechtsgrund** gezahlte Beträge in derartigen Fällen nach den allgemeinen zivilrechtlichen Grundsätzen des Bereicherungsrechts (§§ 812 ff. BGB) zurückfordern (vgl. ausführlich KW, § 6 Rn. 73 ff.; KDHK, § 6 Rn. 24; MK, § 6 Rn. 8; GKK, § 6 Rn. 43, die unter Hinweis auf LAG Düsseldorf v. 18. 5. 1971, EEK I/188 die Geltendmachung des Wegfalls der Bereicherung gem. § 818 Abs. 3 BGB zutreffend in der Regel für irrelevant halten). Damit ist auch ein Ausgleich für die Fälle möglich, in denen sie aufgrund vertraglicher Abreden trotz selbstverschuldeter Arbeitsunfähigkeit Entgeltfortzahlung geleistet haben. Unter den Voraussetzungen der §§ 387 ff. BGB ist weiterhin eine Aufrechnung gegen spätere Entgeltforderungen der Arbeitnehmer möglich (BAG v. 10. 2. 1972, AP Nr. 16 zu § 1 LohnFG; ebenso GKK, § 6 Rn. 43; KDHK, a. a. O.).

b) Entgeltfortzahlung aus anderem Rechtsgrund

38 Erfolgen **Entgeltfortzahlungsleistungen** des Arbeitgebers **aufgrund anderer Vorschriften** als denen des EFZG, **kommt ein gesetzlicher Forderungsübergang** gem. § 6 **nicht in Betracht**. Dies kann etwa der Fall sein, wenn **tarifliche Bestimmungen** eine Fortzahlung über den 6-Wochen-Zeitraum hinaus (ggf. als Zuschuss zum Krankengeld) vorsehen.

6. Zeitpunkt und Umfang des Forderungsübergangs

Der **Anspruch geht nicht mit der Fälligkeit** auf den Arbeitgeber **über**, sondern **erst, wenn** dieser **gegenüber** dem **Arbeitnehmer tatsächlich die Entgeltfortzahlung geleistet** hat (Schmitt, § 6 Rn. 49). Gleiches gilt für die **Ansprüche** für die Zahlungen des Arbeitgebers **zur Sozialversicherung und betrieblichen Altersversorgung**. **39**

Die Ansprüche gehen nur im Umfang der tatsächlichen Leistungen des Arbeitgebers über. Ist ein Arbeitnehmer beispielsweise sechs Wochen arbeitsunfähig und wird das Gehalt monatlich gezahlt, geht nach der Entgeltfortzahlung für den jeweiligen Fälligkeitszeitpunkt die Forderung lediglich in diesem Umfang auf den Arbeitgeber über, während der Arbeitnehmer hinsichtlich des verbleibenden Restes bis zur weiteren Entgeltfortzahlung anspruchsberechtigt gegenüber dem Dritten bleibt. **40**

Hat der **Arbeitnehmer** wegen **Mitverschuldens** nur einen anteiligen Anspruch gegenüber Dritten (vgl. Rn. 13), **geht der Anspruch nur mit dieser Quote** auf die tatsächlich geleistete Entgeltfortzahlung auf den Arbeitgeber **über**. Dies führt zu dem **Ergebnis**, dass der **Arbeitnehmer gegenüber dem Arbeitgeber** einen **Anspruch** auf die **volle Entgeltfortzahlung** hat, während er **gegenüber** dem **Dritten nur** einen **anteiligen Schadenersatzanspruch** geltend machen kann. Bei Leistung der Entgeltfortzahlung durch den Arbeitgeber geht insoweit nur dieser anteilige Schadenersatzanspruch auf den Arbeitgeber über (KDHK, § 6 Rn. 28). Ist das **Mitverschulden** des Arbeitnehmers nicht erheblich, kann ihn dennoch gem. § 254 BGB ein Mitverschulden treffen, als dessen Folge gegenüber dem Dritten nur ein anteiliger Schadensersatzanspruch entsteht. **41**

Die im Falle eines Mitverschuldens so entstehende Differenz zwischen Schaden und Höhe des Forderungsübergangs wird dem Arbeitgeber von keiner Seite ersetzt. Dieses Ergebnis ist das Resultat der gesetzlichen Konzeption, den Arbeitgeber nicht bei jeder (leichten) Fahrlässigkeit des Arbeitnehmers von der Pflicht zur Entgeltfortzahlung freizustellen (Feichtinger, S. 39; im Einzelnen § 3 Rn. 79f.). Hierbei handelt es sich aber letztlich nicht um eine Einschränkung des Forderungsübergangs, sondern um eine Beschränkung des Schadenersatzanspruches. **42**

Leistet der Arbeitgeber rechtswidrig nicht (zu Leistungsverweigerungsrechten vgl. § 7) und wird der Schaden durch den Drittschädiger gegenüber dem Arbeitnehmer reguliert, wird der Arbeitgeber dennoch **nicht von seiner Entgeltfortzahlungspflicht frei**. Eine Forderung gegenüber dem Dritten besteht wegen der Erfüllung nicht mehr, kann infolgedessen auch nicht mehr an den Arbeitgeber übergehen. Der Arbeitnehmer hätte die Zahlungen des Dritten auch nicht ohne Rechtsgrund realisiert, so dass von keiner Seite ein Anspruch aus **ungerechtfertigter Bereicherung** bestünde. Der Arbeitnehmer könnte in diesem Fall zweifach den Anspruch realisieren. Dieses Ergebnis – auf Kosten des Arbeitgebers – ist aber **43**

sachgerecht, da er diesen Umstand durch seine rechtswidrige Verweigerung, Entgeltfortzahlung zu leisten, zu vertreten hätte.

44 Anders ist der Fall gelagert, wenn die **Verweigerung durch den Arbeitgeber rechtmäßig war** (etwa weil der Arbeitnehmer trotz vorliegender gesetzlicher Verpflichtung eine ärztliche Bescheinigung nicht beigebracht hat) oder die Erfüllung des Dritten bereits zu einem Zeitpunkt erfolgte, als die Entgeltfortzahlung noch nicht fällig war (vgl. § 7). Raum für einen Forderungsübergang ist im erstgenannten Fall zwar nicht mehr vorhanden, dem Arbeitgeber steht aber ein **dauerndes Leistungsverweigerungsrecht** gem. § 7 in der Höhe zu, in der der Arbeitnehmer Zahlungen durch den Dritten für (fiktiv entgangene) Entgeltzahlungsansprüche aus diesem Gesetz erhalten hat (vgl. § 7 Rn. 12 f.).

45 Sofern er in Unkenntnis der Erfüllung durch den Schädiger an den Arbeitnehmer geleistet hat, kann ein Anspruch aus **ungerechtfertigter Bereicherung gem. §§ 812 ff. BGB** bestehen. Dieser **verjährt** gem. § 195 BGB schon nach drei Jahren. Da es sich um einen Anspruch aus dem Arbeitsverhältnis handelt, dürfte er regelmäßig den tariflich vereinbarten **Verwirkungsklauseln** unterfallen.

III. Mitwirkungspflichten des Arbeitnehmers (Abs. 2)

46 Arbeitnehmer haben eine **Pflicht zur Mitwirkung** gegenüber ihrem Arbeitgeber. Sie müssen ihm unverzüglich die Angaben machen, die erforderlich sind, damit er die Forderungen wegen des Verdienstausfalles geltend machen kann (vgl. Rn. 48 f.).

47 **Unverzüglich** bedeutet »ohne schuldhaftes Zögern« (§ 121 Abs. 1 BGB). Vor diesem Hintergrund sind Arbeitnehmer zwar **nicht verpflichtet**, die erforderlichen Angaben **sofort** zu machen (so aber Schmitt, § 6 Rn. 56). Ihnen verbleibt aber nur eine kurze Frist von wenigen Tagen, um sich ggf. vorher Rechtsrat zu holen (vgl. Palandt/Heinrichs, § 121 Rn. 3). Dies kann dazu führen, dass Arbeitnehmer zur Mitteilung der erforderlichen Angaben verpflichtet sind, bevor der Forderungsübergang auf den Arbeitgeber durch dessen Entgeltfortzahlung bewirkt wird. Praktisch dürfte dies allerdings wenig erheblich sein, da dem Arbeitgeber kein dauerndes Leistungsverweigerungsrecht zusteht, wenn die erforderlichen Angaben verspätet gemacht werden.

48 **Arbeitnehmer sind von sich aus**, d.h. ohne weitere Nachfragen des Arbeitgebers, **verpflichtet**, diesen **zu informieren**, wenn die Voraussetzungen des § 6 erfüllt sind (gesetzlich normierte »Bringschuld«). Die weitergehende Auffassung, nach der Arbeitnehmer in jedem Falle zur Mitteilung an den Arbeitgeber verpflichtet sind, wenn ein Forderungsübergang nur in Betracht kommt, damit der Arbeitgeber dieses eigenständig prüfen könne (vgl. Schmitt, § 6 Rn. 54 m.w.N.), ist abzulehnen. **Arbeitnehmer haben lediglich** die **erforderlichen Angaben** zu machen (vgl. KDHK, § 6 Rn. 32). Besteht kein Schadensersatzanspruch oder stehen dessen Realisierung dauerhaft rechtserhebliche Einwendungen gegenüber, ist die Übermittlung von Angaben zum Zwecke der Geltendmachung eines Anspruchs durch Arbeitnehmer an den Arbeitgeber mangels Erforderlichkeit entbehrlich.

Weitere Angaben hat der Arbeitnehmer zu machen, **wenn der Arbeitgeber anzeigt,** dass er den Anspruch gegenüber dem Dritten geltend machen will und er hierfür noch weitere Informationen benötigt. Eine solche gestufte Abfolge ist angemessen, da der Arbeitgeber aufgrund des mit dem Schadenersatzanspruches verbundenen Aufwandes oftmals von der Verfolgung des Anspruches absehen wird (vgl. Schmitt, § 6 Rn. 56). Unter dieser Prämisse müssen **Arbeitnehmer ihnen bekannte Tatsachen,** wie etwa Schadensereignis und Schadensursache, Name und Anschrift des Schädigers, etwaige Zeugen, Polizeiberichte und Beweisurkunden, **von denen der Arbeitgeber** zur Realisierung des Anspruchs, der auf ihn übergegangen ist bzw. übergehen wird, **Kenntnis haben muss,** angeben (vgl. KDHK, § 6 Rn. 32). Bis zu einem gewissen Grade sind Arbeitnehmer auch verpflichtet, Erkundigungen über ihnen (noch) nicht bekannte Tatsachen einzuziehen und beispielsweise bei **Verkehrsunfällen** Maßnahmen zu ergreifen, um entsprechende Daten zu sichern, sofern sie dazu in der Lage sind (vgl. Schaub, § 98 VI 7 b). Dies ist allerdings nur soweit der Fall, wie der Arbeitgeber aufgrund der speziellen Kenntnis der Arbeitnehmer vom Schadensereignis bzw. aufgrund persönlicher Beziehungen der Arbeitnehmer zum Schädiger hierauf angewiesen ist. Arbeitnehmer sind nicht verpflichtet, von vornherein Strafanzeige gegen unbekannt bei der Polizei zu erstatten (vgl. KDHK, § 6 Rn. 34).

Dem Arbeitgeber steht ein **Anspruch auf Erfüllung** der in Abs. 2 normierten Verpflichtung zu. Verhindert ein Arbeitnehmer den Forderungsübergang, wächst dem Arbeitgeber ein **dauerndes Leistungsverweigerungsrecht** zu (vgl. zum zeitweiligen Leistungsverweigerungsrecht § 7 Rn. 8 ff.). **Sonstige arbeitsrechtliche Konsequenzen (Abmahnung, Kündigung** etc.) kommen nicht in Betracht. Der Arbeitgeber kann sich auch ohne derartig einschneidende Sanktionen schadlos halten, indem er die Entgeltfortzahlung bis zur Erfüllung der Mitteilungspflichten zurückhält.

Leistet der Arbeitgeber **ohne Rechtsgrund Entgeltfortzahlung,** kann ihm zwar ein Schaden entstehen. Die Ursache liegt dann aber in der rechtsgrundlosen Zahlung des Arbeitgebers und nicht in der pflichtwidrigen Handlung des Arbeitnehmers. Damit sind keine Schadenersatzansprüche gegen den Arbeitnehmer gegeben. **Etwas anderes** gilt, wenn Arbeitnehmer dem Arbeitgeber die dem Forderungsübergang zugrunde liegenden Tatsachen **verschweigen** und diesem so Kosten entstehen, die durch den Forderungsübergang nicht abgedeckt sind **(Schadenersatzanspruch wegen Verletzung vertraglicher Nebenpflichten).** Ein entsprechender Anspruch kommt auch für den Fall in Betracht, dass Arbeitnehmer **wahrheitswidrige Angaben** machen (etwa um ein Mitverschulden zu kaschieren) und dem Arbeitgeber daraufhin Kosten entstehen, obwohl er letztlich gar nicht durchsetzbar ist bzw. überhaupt nicht existiert.

52 Verschweigen Arbeitnehmer dem Arbeitgeber die Tatsachen, die dem Forderungsübergang zugrunde liegen, mit dem Vorsatz, Ansprüche doppelt zu realisieren, kann dies unter **kündigungsrechtlichen Gesichtspunkten** relevant sein.

IV. Schutz des Arbeitnehmers (Abs. 3)

53 Der Forderungsübergang darf nicht zum Nachteil des Arbeitnehmers geltend gemacht werden. Die Vorschrift betrifft nicht die Wirksamkeit des Forderungsübergangs selbst, sondern nur deren Geltendmachung.

54 Eine **Geltendmachung könnte** Arbeitnehmern immer dann **zum Nachteil gereichen, wenn sie weitere Ansprüche gegenüber dem Schädiger haben** (Schmerzensgeld, Schadenersatz wegen Sachbeschädigung usw.) und dieser nicht in der Lage bzw. verpflichtet ist, sämtliche Ansprüche zu befriedigen (etwa bei **Zahlungsunfähigkeit** oder beim Vorliegen **gesetzlicher Haftungsbeschränkungen** wie z. B. die Haftungshöchstgrenzen in § 12 StVG, § 37 Luftverkehrsgesetz). Dann ist Arbeitnehmern gegenüber dem Arbeitgeber ein **Befriedigungsvorrecht** einzuräumen (vgl. Sieg, BB 96, 1767; Schmitt, § 6 Rn. 64). Erst wenn Arbeitnehmer ihre sonstigen Ansprüche gegenüber dem Dritten realisiert und Entgeltfortzahlung durch den Arbeitgeber erhalten haben, verbleibt Letzterem die Möglichkeit, seine Ansprüche aus den übergegangenen Forderungen durchzusetzen. Hat der Arbeitgeber **vorher** seine Ansprüche realisiert und vollstreckt, können Arbeitnehmer vom Arbeitgeber Ausgleich verlangen, sofern sie keine volle Befriedigung vom Dritten erhalten haben (vgl. Sieg, BB 96, 1768).

55 Die gleiche **Problematik** wie im Verhältnis Arbeitnehmer/Arbeitgeber stellt sich auch zwischen **Arbeitnehmer und Sozialversicherungsträgern**. Stehen der Durchsetzung der Schadenersatzansprüche hier tatsächliche Hindernisse entgegen, hat der Geschädigte gem. § 116 Abs. 4 SGB X **Vorrang** (ähnlich KDHK, § 6 Rn. 45; Schmitt, § 6 Rn. 67 ff.). Insoweit ergibt sich aus **Arbeitnehmersicht eine Verbesserung** gegenüber der Vorgängerregelung des § 1542 RVO. **Problematisch** bleibt allerdings, dass die **Sozialversicherung nicht voll** für den (dauerhaften) **Arbeitsausfall eintritt**, so dass trotz des Vorranges bei mangelnder Leistungsfähigkeit des Gläubigers ein voller Schadenersatz nicht realisiert werden kann.

56 **Reicht** die **Leistungsfähigkeit des Schädigers nicht** aus und haben sowohl die Krankenversicherung als auch der Arbeitgeber an einen Arbeitnehmer geleistet, ist der **Krankenversicherung der Vorrang** gegenüber dem Arbeitgeber zu geben. Dies ergibt sich aus § 116 Abs. 1 SGB X, da die Ansprüche zum Zeitpunkt der Schädigung an die Krankenversicherung übergehen und insoweit ein Anspruch des Arbeitnehmers nicht mehr besteht, der bei Leistung des Arbeitgebers auf diesen noch übergehen könnte (vgl. Schmitt, § 6 Rn. 76).

Ist der Anspruch des geschädigten Arbeitnehmers durch ein **Mitverschulden** (§ 254 BGB) begrenzt, ist **§ 116 Abs. 3 SGB X zu beachten**. Es geht nur der Anteil auf den Versicherungsträger über, welcher der Quote entspricht, für den der Dritte schadenersatzpflichtig ist (vgl. Schmitt, § 6 Rn. 73 ff. mit Beispiel). Der Arbeitnehmer hat zwar kein Quotenvorrecht gegenüber dem Versicherungsträger; der Anspruchsübergang ist jedoch ausgeschlossen, soweit der Arbeitnehmer oder seine Hinterbliebenen dadurch hilfsbedürftig im Sinne der Vorschriften des Bundessozialhilfegesetzes werden (vgl. KDHK, § 6 Rn. 45). 57

V. Streitigkeiten

Übergegangene Ansprüche sind durch den **Arbeitgeber** gegenüber dem schädigenden Dritten in der Regel vor den **ordentlichen Gerichten** geltend zu machen (vgl. KDHK, § 6 Rn. 47). Handelt es sich bei dem **Schädiger** um einen **Arbeitnehmer desselben Arbeitgebers** und ist die Haftung nicht aufgrund von Bestimmungen des SGB VII ausgeschlossen, muss der Arbeitgeber den Anspruch vor dem Arbeitsgericht geltend machen, sofern die Schädigung mit dem Arbeitsverhältnis in Verbindung steht (§ 2 Abs. 1 Nr. 9 i. V. m. § 3 ArbGG). 58

Leistet der **Arbeitgeber rechtswidrig keine Entgeltfortzahlung**, ist dieser Anspruch durch den Arbeitnehmer vor dem **Arbeitsgericht** anhängig zu machen, soweit die Ansprüche (vgl. § 115 SGB X) nicht auf die Krankenkasse übergegangen sind. 59

§ 7
Leistungsverweigerungsrecht des Arbeitgebers

(1) Der Arbeitgeber ist berechtigt, die Fortzahlung des Arbeitsentgelts zu verweigern,

1. solange der Arbeitnehmer die von ihm nach § 5 Abs. 1 vorzulegende ärztliche Bescheinigung nicht vorlegt oder den ihm nach § 5 Abs. 2 obliegenden Verpflichtungen nicht nachkommt;

2. wenn der Arbeitnehmer den Übergang eines Schadenersatzanspruchs gegen einen Dritten auf den Arbeitgeber (§ 6) verhindert.

(2) Absatz 1 gilt nicht, wenn der Arbeitnehmer die Verletzung dieser ihm obliegenden Verpflichtungen nicht zu vertreten hat.

Inhaltsübersicht

		Rn.
I.	Allgemeines	1– 3
II.	Leistungsverweigerungsrechte	4–20

EFZG § 7

      1. Zeitweiliges Leistungsverweigerungsrecht
         (§ 7 Abs. 1 Nr. 1) 4–15
         a) Verstoß gegen § 5 Abs. 1 . . . . 6– 9
         b) Verstoß gegen § 5 Abs. 2 10
         c) Verstoß gegen § 9 Abs. 2 11–12
         d) Umfang des zeitweiligen Leistungs-
            verweigerungsrechts 13–15
      2. Dauerhaftes Leistungsverweigerungsrecht
         (§ 7 Abs. 1 Nr. 2) 16–19
         a) Verstoß gegen § 6 16–18
         b) Umfang des Leistungsverweigerungsrechts . . 19
      3. Leistung des Arbeitgebers bei bestehenden
         Leistungsverweigerungsrechten 20
III. Verschulden (§ 7 Abs. 2) 21–23
IV. Beweislastregeln 24
V.   Streitigkeiten 25–28

I. Allgemeines

1 Die Vorschrift räumt dem Arbeitgeber in den im Gesetz aufgeführten Fällen ein zeitweiliges (§ 7 Abs. 1 Nr. 1) oder ggf. auch **dauerhaftes Leistungsverweigerungsrecht** (§ 7 Abs. 1 Nr. 2) hinsichtlich der Entgeltfortzahlung des arbeitsunfähig erkrankten oder einen in einer Maßnahme der medizinischen Vorsorge bzw. Rehabilitation befindlichen Arbeitnehmers (§ 9) ein. **Die Vorschrift** ist insoweit **abschließend** (vgl. KDHK, § 7 Rn. 1; GKK, § 7 Rn. 1).

2 Die Anzeige- und Nachweispflichten nach § 5 sowie die Informationspflichten nach § 6 sind **unselbständige Nebenpflichten** des Arbeitnehmers, deren Einhaltung **der Arbeitgeber nicht erzwingen kann** (KDHK, § 7 Rn. 2). Der Entgeltfortzahlungsanspruch hängt nicht von der Erfüllung dieser Pflichten ab.

3 Das in § 7 gesetzlich normierte Leistungsverweigerungsrecht **soll den Arbeitgeber schützen**: Einerseits soll ihm nicht zugemutet werden, Entgeltfortzahlung leisten zu müssen, ohne nachvollziehen zu können, ob der Arbeitnehmer tatsächlich arbeitsunfähig ist (Nachweispflicht im Inland sowie Anzeige- und Nachweispflichten im Ausland). Andererseits soll der Arbeitgeber auch davor geschützt werden, Entgeltfortzahlung an den Arbeitnehmer zu zahlen, wenn ihm hierdurch ein Anspruch gegenüber Dritten zusteht (vgl. § 6 Forderungsübergang bei Dritthaftung) und der Übergang dieses Anspruches durch den Arbeitnehmer vereitelt wird.

II. Leistungsverweigerungsrechte
1. Zeitweiliges Leistungsverweigerungsrecht (§ 7 Abs. 1 Nr. 1)

Dem Arbeitgeber steht ein **zeitweiliges Recht zur Verweigerung der Entgeltfortzahlung** zu, solange der Arbeitnehmer gegen seine gesetzliche Pflicht zur Vorlage einer ärztlichen Arbeitsunfähigkeitsbescheinigung (§ 5 Abs. 1) oder gegen eine der Verpflichtungen, die sich bei Arbeitsunfähigkeit im Ausland aus § 5 Abs. 2 ergeben, verstößt **und er dieses zu vertreten hat** (zum Verschulden vgl. Rn. 21 ff.). 4

Das Leistungsverweigerungsrecht besteht nur so lange, wie der Arbeitnehmer diese Verpflichtungen nicht erfüllt, und **erlischt rückwirkend**, sobald der Arbeitnehmer ihnen nachgekommen ist (BAG v. 27. 8. 1971, BB 71, 1461; Marienhagen/Künzl, § 7 Rn. 4; vgl. Rn. 13, 19). 5

a) Verstoß gegen § 5 Abs. 1

Der **Arbeitnehmer** ist gem. § 5 Abs. 1 **verpflichtet,** dem Arbeitgeber die **Arbeitsunfähigkeit** und ihre **voraussichtliche Dauer unverzüglich anzuzeigen.** Sofern die Arbeitsunfähigkeit länger als drei Kalendertage andauert, ist der Arbeitnehmer verpflichtet, am darauf folgenden Arbeitstag eine ärztliche **Arbeitsunfähigkeitsbescheinigung** vorzulegen. § 5 Abs. 1 Satz 3 normiert die **Berechtigung des Arbeitgebers, die Arbeitsunfähigkeitsbescheinigung schon vorher** verlangen zu können. 6

Hinsichtlich des Leistungsverweigerungsrechts kommt aber lediglich ein **Verstoß gegen die Verpflichtung zur Vorlage** einer ärztlichen Bescheinigung, **nicht aber** wegen **verspäteter Anzeige** in Betracht. Dies ergibt sich bereits aus dem Wortlaut der Vorschrift, aber auch aus deren Zweck, nämlich sicherzustellen, dass der Arbeitgeber über die rechtlichen Voraussetzungen des Entgeltfortzahlungsanspruchs informiert ist (vgl. GKK, § 7 Rn. 15 m. w. N.; a.A. Müller/Berenz, § 7 Rn. 3). 7

Dem Arbeitgeber steht aber dann **kein Leistungsverweigerungsrecht** wegen der Nicht-Vorlage der Arbeitsunfähigkeitsbescheinigung zu, wenn die krankheitsbedingte **Arbeitsunfähigkeit unstreitig** ist (vgl. BAG v. 12. 6. 1996, NZA 97, 191). Dies gilt auch, wenn die Arbeitsunfähigkeit anderweitig nachgewiesen wird (vgl. BAG v. 1. 10. 1997, AuR 98, 123). Der Arbeitgeber kann sich nicht aus reinem Formalismus auf sein (angebliches) Leistungsverweigerungsrecht berufen, wenn die Berufung auf das Recht dem Sinn und Zweck der Vorschrift zuwider laufen würde (vgl. ErfK/Dörner, § 7 Rn. 15). 8

Ein **Verstoß** gegen die in § 5 Abs. 1 Satz 4 normierte Verpflichtung, eine **neue ärztliche Bescheinigung** vorzulegen, **sofern die Krankheit länger andauert**, als in der ersten Bescheinigung angegeben, **zieht ebenfalls ein vorläufiges Leistungsverweigerungsrecht** des Arbeitgebers **nach sich.** Allerdings ist der Arbeitgeber nur berechtigt, die Entgeltfortzahlung für den Zeitraum ab dem in der Erstbescheinigung angegebenen voraussichtlichen Beendigungszeitpunkt der Arbeitsunfähigkeit vorläufig zu verwei- 9 gern (vgl. Schmitt, § 7 Rn. 12). Ein **Leistungsverweigerungsrecht** muss für die Fälle **verneint** werden, in denen der Arbeitnehmer zwar die **Bescheinigung** nach § 5 Abs. 1 bzw. § 9 Abs. 2 vorlegt, diese aber **nicht den dort normierten Anforderungen entspricht**, z. B. nicht die Angabe über die voraussichtliche Dauer der Arbeitsunfähigkeit enthält, denn dem Arbeitnehmer kann die Nachlässigkeit des Arztes nicht als Pflichtverletzung vorgeworfen werden (vgl. ErfK/Dörner, § 7 Rn. 9; Marienhagen/Künzl, § 7 Rn. 5; im Ergebnis so auch GKK, § 7 Rn. 13; a.A. Schmitt, § 7 Rn. 11).

b) Verstoß gegen § 5 Abs. 2

10 Soweit der Arbeitnehmer nicht das vereinfachte Verfahren (vgl. § 5 Abs. 2 Satz 5) auf Basis der entsprechenden EWG-Verordnungen bzw. Sozialversicherungsabkommen wählt (vgl. § 5 Rn. 63), besteht nach § 5 Abs. 2 die **Verpflichtung**, im Falle der **Arbeitsunfähigkeit im Ausland** diese sowohl **gegenüber dem Arbeitgeber** wie auch gegenüber der **Krankenkasse** anzuzeigen (letztere Pflicht besteht nur, sofern der Arbeitnehmer Mitglied einer gesetzlichen Krankenkasse ist). Darüber hinaus ist der Arbeitnehmer bei Erkrankungen (und damit verbundener Arbeitsunfähigkeit) im Ausland verpflichtet, dem Arbeitgeber seine dortige **Adresse** sowie die **voraussichtliche Dauer** der Arbeitsunfähigkeit in der **schnellstmöglichen Art der Übermittlung** mitzuteilen. Ferner statuiert § 5 Abs. 2 Satz 6 die Verpflichtung, bei **Rückkehr in das Inland** den Arbeitgeber und die gesetzliche Krankenkasse hierüber **unverzüglich in Kenntnis** zu setzen. Ein Verstoß der **Anzeigepflichten gegenüber der Krankenkasse** betrifft insoweit den Arbeitgeber, als dieser bei »Zweifeln« an der Richtigkeit der Arbeitsunfähigkeitsbescheinigung auf eine Untersuchung durch den Medizinischen Dienst hinwirken kann (vgl. LAG Düsseldorf v. 12. 10. 1989, LAGE Nr. 2 zu § 5 LFZG; KDHK, § 7 Rn. 12, zur Dauer des Leistungsverweigerungsrechts Rn. 13).

c) Verstoß gegen § 9 Abs. 2

11 Das Recht, die Entgeltfortzahlung zeitweilig zu verweigern, steht dem Arbeitgeber auch zu, solange der Arbeitnehmer nicht die **Bescheinigung** nach § 9 Abs. 2 über die **Bewilligung der medizinischen Vorsorge oder Rehabilitation** vorlegt (vgl. BAG v. 5. 5. 1972, AP Nr. 1 zu § 5 LohnFG; KDHK, § 7 Rn. 13 f.).

12 **Bei einer Verletzung** der in § 9 Abs. 2 normierten **Anzeigepflichten** kommt, ebenso wie bei der Verletzung der Anzeigepflicht bei Arbeitsunfähigkeit, **kein Leistungsverweigerungsrecht** in Betracht (vgl. ErfK/ Dörner, § 7 Rn. 10; KDHK, § 7 Rn. 14; ausführlich Kunz/Wedde, § 7 Rn. 15; a.A. BAG v. 5. 5. 1972, AP Nr. 1 zu § 7 LohnFG).

d) Umfang des zeitweiligen Leistungsverweigerungsrechts

13 Dem **Arbeitgeber** steht das **zeitweilige Leistungsverweigerungsrecht** nur zu, »**solange**« der Arbeitnehmer seine in § 7 Abs. 1 Nr. 1 festgelegten

Verpflichtungen nicht erfüllt. **Holt er dies nach**, ist der **Arbeitgeber verpflichtet**, für den Zeitraum **ab dem ersten Tag** der Arbeitsunfähigkeit das **Entgelt fortzuzahlen**. Das Leistungsverweigerungsrecht **erlischt rückwirkend**. Der Anspruch ist dann sofort, und nicht erst bei der nächsten Gehaltszahlung, fällig (BAG v. 21. 8. 1971, AP Nr. 1 zu § 3 LohnFG; KDHK, § 7 Rn. 16).

In diesem Zusammenhang ist es auch **unschädlich**, dass der Arbeitnehmer **14** eine **Verspätung** nicht mehr rückgängig machen kann und insoweit **seiner Verpflichtung nicht ordnungsgemäß nachgekommen ist** (vgl. BAG v. 1. 10. 1997, DB 98, 580). Dies muss auch bei der Verletzung der Pflicht zur unverzüglichen Anzeige bei Auslandserkrankungen gelten (vgl. GKK, § 7 Rn. 21; a. A. in Hinblick auf die Information des Krankenversicherungsträgers Marienhagen/Künzl, § 7 Rn. 5; LAG Düsseldorf v. 12. 10. 1989, DB 90, 488). Eine Ungleichbehandlung zwischen im In- und im Ausland erkrankten Arbeitnehmern in diesem Ausmaß ist sachlich nicht zu rechtfertigen, zumal dem Arbeitgeber hinreichend anderweitige Sanktionsmöglichkeiten zur Verfügung stehen.

Der **Arbeitgeber kann**, sofern dem nicht andere Vorschriften wie etwa **15** Tarifverträge entgegenstehen, beim Vorliegen der Voraussetzungen **nur die Zahlungen mit Entgeltcharakter verweigern**, nicht aber Zahlungen z. B. an die Berufsgenossenschaften.

2. Dauerhaftes Leistungsverweigerungsrecht (§ 7 Abs. 1 Nr. 2)

a) Verstoß gegen § 6

Nach dem Wortlaut der Vorschrift kommt ein **dauerhaftes Leistungsver-** **16** **weigerungsrecht** des Arbeitgebers nur in Betracht, wenn der Arbeitnehmer den **Übergang eines Schadenersatzanspruches** (§ 6) **verhindert und dies zu vertreten** (zum Verschulden vgl. Rn. 21 ff.) **hat** (§ 7 Abs. 1 Nr. 2 i. V. m. § 7 Abs. 2). Dies kann der Fall sein, wenn der Arbeitnehmer von einem Dritten Schadenersatz wegen Verdienstausfalls verlangen kann, der ihm durch die Arbeitsunfähigkeit entstanden ist; der Arbeitnehmer aber durch sein Verhalten den gesetzlichen Forderungsübergang nach § 6 Abs. 1 schuldhaft verhindert (vgl. GKK, § 7 Rn. 29). Ein solcher Fall kann dann vorliegen, wenn der Arbeitnehmer vor Forderungsübergang auf eine Forderung **verzichtet**, **sie abtritt** oder die Forderung **vor ihrem Übergang auf den Arbeitgeber** (weil dieser noch kein Entgelt fortgezahlt hat) gegenüber dem Arbeitnehmer **erfüllt** wird, denn insoweit hat der Arbeitnehmer die volle Verfügungsbefugnis über den Anspruch (GKK, § 7 Rn. 29).

Nicht erfasst ist der Fall, dass der **Arbeitnehmer den Arbeitgeber nicht** **17** **hinreichend** über die Person des Schädigers **informiert**. Dies beeinflusst in keiner Weise den Forderungsübergang, sondern höchstens dessen Realisierbarkeit (a.A. Schmitt, Rn. 32 f.). Insoweit kann ein dauerndes Leistungsverweigerungsrecht nicht in Betracht kommen, denn § 7 Abs. 1 Nr. 2 verlangt eine **Verhinderung** durch den Arbeitnehmer.

18 Grundsätzlich ist das **dauernde Leistungsverweigerungsrecht durch die Höhe des Schadens begrenzt**, die der Arbeitgeber durch die Pflichtverletzung des Arbeitnehmers erleidet. Verzichtet der Arbeitnehmer beispielsweise gegenüber einem Drittschädiger auf 20 % der Summe, die hinsichtlich der Entgeltfortzahlung in Betracht kommt, kann der Arbeitgeber – entgegen dem Wortlaut der Vorschrift – auch nur diese Summe einbehalten, nicht aber die gesamte Entgeltfortzahlung. Dies ergibt sich aus dem Zweck der Vorschrift, die lediglich sicherstellen soll, dass der Arbeitgeber durch die Pflichtverletzung des Arbeitnehmers keinen unnötigen Schaden erleidet (vgl. Gola, § 7 Anm. 3.5; KDHK, § 7 Rn. 27; Marienhagen/Künzl, § 7 Rn. 8; a.A. Brecht, § 7 Rn. 13; GKK, § 7 Rn. 31 f.). Hingegen soll sie **nicht** eine **Bereicherung des Arbeitgebers auf Kosten des Arbeitnehmers realisieren**. Gleiches muss auch für den Fall gelten, dass der Arbeitnehmer nur aufgrund seines Mitverschuldens gem. § 254 BGB einen anteiligen Schadenersatzanspruch innehat und diesbezüglich einen Forderungsübergang schuldhaft verhindert (vgl. Schmitt, § 7 Rn. 35 f.; a. A. Brecht, § 7 Rn. 13; GKK, § 7 Rn. 31 f.).

b) Umfang des Leistungsverweigerungsrechts

19 Hat der Arbeitnehmer den Übergang der Schadenersatzforderung auf den Arbeitgeber (schuldhaft) verhindert, so ist der Arbeitgeber berechtigt, die Entgeltfortzahlung endgültig zu verweigern. Dies ergibt sich aus der Natur des Leistungsverweigerungsrechts (vgl. KDHK, § 7 Rn. 29). In diesen Fällen ist die gesetzliche Krankenkasse zur Leistung verpflichtet, die ihrerseits versuchen kann, ihre an den Arbeitnehmer gezahlte Leistung zurückzufordern (vgl. BSG v. 13. 5. 1992, DB 93, 1036; KDHK, § 7 Rn. 29).

3. Leistung des Arbeitgebers bei bestehenden Leistungsverweigerungsrechten

20 Leistet der Arbeitgeber, obwohl ihm ein zeitweiliges Leistungsverweigerungsrecht zustand, so ist er nicht berechtigt, die Leistung wieder zurückzufordern (vgl. KDHK, § 7 Rn. 30). Liegt ein **dauerndes Leistungsverweigerungsrecht** vor, ist ein **Rückforderungsanspruch** gem. § 812 ff. BGB gegeben, sofern die Leistung in Unkenntnis der das dauernde Leistungsverweigerungsrecht begründenden Tatsachen erfolgte (vgl. GKK, § 7 Rn. 39).

III. Verschulden (§ 7 Abs. 2)

21 Der Arbeitgeber kann von den Leistungsverweigerungsrechten (sowohl nach § 7 Abs. 1 Nr. 1 als auch nach § 7 Abs. 1 Nr. 2) nur dann Gebrauch machen, wenn der Arbeitnehmer die Verletzung der ihm obliegenden Pflichten zu vertreten hat. Insoweit gilt die Vorschrift des § 276 Abs. 1 BGB (vgl. Schmitt, § 7 Rn. 38 f.). Zu **vertreten** hat der Arbeitnehmer den Verstoß immer dann, wenn er **vorsätzlich** oder **fahrlässig** handelt. **Fahr-**

lässigkeit liegt vor, wenn der Arbeitnehmer die im Verkehr erforderliche Sorgfalt vermissen lässt. Allerdings wird man bei der Beurteilung **keinen allzu strengen Maßstab** anlegen und nicht schon jede geringe Nachlässigkeit als Fahrlässigkeit werten dürfen (a.a. Schmitt, § 7 Rn. 38 m. w. N., der leichte Fahrlässigkeit ausreichen lässt).

Der **Arbeitnehmer** wird sich gem. § 278 BGB dabei das **Verhalten von Personen zurechnen lassen müssen**, derer er sich zur Erfüllung seiner Verpflichtungen bedient, z.B., wenn er einen Bekannten beauftragt, die Bescheinigung an den Arbeitgeber zu senden, und dieser die Erledigung schuldhaft versäumt. **22**

Die **fehlerhafte Ausfüllung der Arbeitsunfähigkeitsbescheinigung** durch den Arzt kann dem Arbeitnehmer nicht zugerechnet werden (vgl. so im Ergebnis GKK, § 7 Rn. 13; a.A. Schmitt, § 7 Rn. 41 f.), insbesondere ist der Arzt nicht als Erfüllungsgehilfe des Arbeitnehmers i.S.d. § 278 BGB anzusehen. **23**

IV. Beweislastregeln

Der **Arbeitgeber** ist **beweispflichtig** hinsichtlich des Vorliegens der bezeichneten **Pflichtverstöße. Sofern ihm dies** gelingt, muss der **Arbeitnehmer darlegen und beweisen, warum im** konkreten Fall trotz des Pflichtverstoßes **kein Verschulden gegeben war** (vgl. KDHK, § 7 Rn. 32). **24**

V. Streitigkeiten

Eine **Klage** des Arbeitnehmers ist als normale **Leistungsklage beim Arbeitsgericht** zu führen. Beruft sich der Arbeitgeber erfolgreich auf ein bestehendes zeitweiliges Leistungsverweigerungsrecht, wird die Klage als zur Zeit unbegründet abgewiesen werden. **25**

Das **Leistungsverweigerungsrecht** wird im Prozess **nicht von Amts wegen beachtet**, vielmehr muss der Arbeitgeber sich auf das Vorliegen dieses Rechtes berufen. Beim Wegfall der Voraussetzungen kann die Forderung erneut im Wege der Klage durchgesetzt werden. **26**

Wird die Klage wegen eines dauerhaften Leistungsverweigerungsrechts rechtskräftig abgewiesen, ist eine erneute klageweise Geltendmachung nicht mehr möglich. **27**

Eine Verurteilung Zug um Zug ist nicht möglich, da es sich nicht um zwei selbständige sich gegenüberstehende Leistungspflichten handelt. **28**

§ 8
Beendigung des Arbeitsverhältnisses

(1) Der Anspruch auf Fortzahlung des Arbeitsentgelts wird nicht dadurch berührt, dass der Arbeitgeber das Arbeitsverhältnis aus

Anlass der Arbeitsunfähigkeit kündigt. Das Gleiche gilt, wenn der Arbeitnehmer das Arbeitsverhältnis aus einem vom Arbeitgeber zu vertretenden Grunde kündigt, der den Arbeitnehmer zur Kündigung aus wichtigem Grund ohne Einhaltung einer Kündigungsfrist berechtigt.

(2) Endet das Arbeitsverhältnis vor Ablauf der in § 2 Abs. 1 bezeichneten Zeit nach dem Beginn der Arbeitsunfähigkeit, ohne dass es einer Kündigung bedarf, oder in Folge einer Kündigung aus anderen als den in Abs. 1 bezeichneten Gründen, so endet der Anspruch mit dem Ende des Arbeitsverhältnisses.

Inhaltsübersicht

		Rn.
I.	Allgemeines	1– 3
II.	Kündigung durch den Arbeitgeber anlässlich der Arbeitsunfähigkeit (§ 8 Abs. 1 Satz 1)	4–24
	1. Anspruchsberechtigte	4
	2. Bestehendes Arbeitsverhältnis	5
	3. Arbeitsunfähigkeit zum Zeitpunkt der Kündigung	6
	4. Wirksamkeit der Kündigung	7–12
	5. Kündigung aus Anlass der Arbeitsunfähigkeit	13
	6. Kenntnis der Arbeitsunfähigkeit	14–18
	7. Umfang des Entgeltfortzahlungsanspruches	19–20
	8. Beweislast	21–24
III.	Kündigung durch den Arbeitnehmer aus wichtigem Grund (§ 8 Abs. 1 Satz 2)	25–31
	1. Wichtiger Grund	25–30
	2. Beweislast	31
IV.	Rechtlicher Charakter des Entgeltfortzahlungsanspruches aus § 8 Abs. 1	32–35
	1. Entgeltfortzahlungsanspruch entspricht dem Grunde nach dem normalem Arbeitsentgelt	32
	2. Anspruchsübergang auf die Krankenkasse	33
	3. Verzicht	34
	4. Abdingbarkeit	35
V.	Fortfall des Entgeltfortzahlungsanspruches bei Beendigung des Arbeitsverhältnisses (§ 8 Abs. 2)	36–38
	1. Beendigung ohne Kündigung	37
	2. Kündigung aus anderem Anlass	38

I. Allgemeines

1 Die **Vorschrift bezweckt den Schutz des Arbeitnehmers** und soll dem Arbeitgeber verwehren, sich anlässlich der Arbeitsunfähigkeit des Arbeitnehmers seinen gesetzlichen Entgeltfortzahlungsverpflichtungen dadurch zu entziehen, indem er das Arbeitsverhältnis kündigt. In diesem Fall muss der Arbeitgeber sich daher genauso behandeln lassen, als würde das Arbeitsverhältnis weiterbestehen. § 8 erhält dem Arbeitnehmer unter bestimmten Voraussetzungen den Anspruch auf Entgeltfortzahlung über die Beendigung des Arbeitsverhältnisses hinaus.

Die Vorschrift steht **nicht im Widerspruch** zu allgemeinen **Grundsätzen der Rechtsprechung** zur krankheitsbedingten Kündigung: Dem Arbeitgeber wird das Recht zugebilligt, bei **Langzeiterkrankungen** und auch bei zahlreichen **Kurzerkrankungen**, sofern eine negative Zukunftsprognose vorliegt und erhebliche Einschränkungen der betrieblichen Interessen gegeben sind, eine personenbedingte Kündigung auszusprechen, wenn eine vorzunehmende Interessenabwägung nicht ausnahmsweise zu einem anderen Ergebnis führt (vgl. KR-Becker, § 1 KSchG 1969, Rn. 210 ff.; zur krankheitsbedingten Kündigung ausführlich Kittner/Däubler/Zwanziger, § 1 KSchG Rn. 72 ff.). 2

Die Vorschrift ist auch bei Mischfällen anwendbar, wenn der Arbeitgeber die Arbeitsunfähigkeit zum Anlass nimmt, um aus vorliegenden betriebs- oder verhaltensbedingten Gründen (rechtswirksam) zu kündigen. Es ist daher **nicht erforderlich**, dass die Arbeitsunfähigkeit **die einzige Ursache** für den Kündigungsausspruch bildet, vielmehr ist es für das Entstehen des Entgeltfortzahlungsanspruches hinreichend, wenn die Arbeitsunfähigkeit eine **entscheidend mitbestimmende Bedingung** für die Kündigung darstellt (BAG v. 26. 10. 1971, AP Nr. 1 zu § 6 LohnFG). Die Vorschrift kommt zudem zur Anwendung, wenn der **Arbeitnehmer** gegen eine »an sich« nicht sozial gerechtfertigte Kündigung keine **Kündigungsschutzklage** erhebt (vgl. GKK, § 8 Rn. 17). 3

II. Kündigung durch den Arbeitgeber anlässlich der Arbeitsunfähigkeit (§ 8 Abs. 1 Satz 1)

1. Anspruchsberechtigte

Die Regelung betrifft alle **Arbeitnehmer** (nicht aber Heimarbeiter) und verleiht ihnen **eine eigene Anspruchsgrundlage** gegenüber ihrem Arbeitgeber, die über § 3 hinausgeht. **Erfasst sind auch Arbeitnehmer, die nicht unter das KSchG fallen**, z. B. weil ihr Betrieb zu klein ist oder ihr Beschäftigungsverhältnis noch kein halbes Jahr betragen hat. 4

2. Bestehendes Arbeitsverhältnis

Voraussetzung für das Bestehen eines Anspruches nach § 8 Abs. 1 ist, dass ein **wirksames Arbeitsverhältnis** bestanden hat (vgl. BAG v. 17. 4. 2002, NZA 02, 899). Ein solches kann mündlich (sofern nicht tarifliche Spezialregelungen vorliegen, die andere Vorgaben machen) oder schriftlich, aber auch durch konkludentes Handeln begründet werden. Liegt eine Verletzung eines tariflichen Schriftformerfordernisses oder ein Verstoß gegen 5

EFZG § 8

gesetzliche Vorschriften vor, der die Nichtigkeit nach sich zieht, oder ist ein Kündigungsschutzprozess anhängig, kann ein faktisches Arbeitsverhältnis gegeben sein, das ebenfalls die Voraussetzungen des § 8 Abs. 1 erfüllt (vgl. GKK, § 8 Rn. 2).

3. Arbeitsunfähigkeit zum Zeitpunkt der Kündigung

6 Der Arbeitnehmer muss zum Zeitpunkt der Kündigung **arbeitsunfähig** (vgl. § 3 Rn. 42 ff.) gewesen sein. Auch eine **Erwerbs- oder Berufsunfähigkeit** kann mit der Arbeitsunfähigkeit einhergehen, so dass Erwerbs- oder Berufsunfähigkeit des Arbeitnehmers den Arbeitgeber nicht von seinen Leistungsverpflichtungen entbindet (BAG v. 22. 12. 1971, AP Nr. 2 zu § 6 LohnFG). Gleiches gilt für mit der Arbeitsunfähigkeit einhergehende **Beschäftigungsverbote** (BAG v. 26. 4. 1978, AP Nr. 6 zu § 6 LohnFG).

4. Wirksamkeit der Kündigung

7 Voraussetzung für den Anspruch auf Entgeltfortzahlung nach § 8 Abs. 1 Satz 1 ist eine **wirksame Kündigung durch den Arbeitgeber**. Sofern eine Kündigung unwirksam ist, ergibt sich beim Vorliegen der sonstigen Voraussetzungen ein Anspruch auf Entgeltfortzahlung bereits aus § 3 Abs. 1 (BAG v. 22. 12. 1971, AP Nr. 2 zu § 6 LohnFG; GKK, § 8 Rn. 18).

Ob eine Kündigung **rechtswirksam** ist, bestimmt sich nach den **allgemeinen Arbeitnehmerschutzvorschriften** (z. B. §§ 1 ff. KSchG, §§ 102, 103 BetrVG), wobei eine »an sich« unwirksame Kündigung Rechtswirksamkeit erlangen kann, wenn der Arbeitnehmer nicht rechtzeitig (etwa gem. § 4 KSchG binnen 3 Wochen) Klage hiergegen erhebt.

8 Der Anspruch aus § 8 Abs. 1 entsteht **nicht ab Zugang der Kündigung**, sondern ab dem Moment, zu dem die Arbeitsunfähigkeit über die **Beendigung des Arbeitsverhältnisses fortdauert**. Die Ansprüche auf Entgeltfortzahlung für den Zeitraum zwischen Kündigung und Beendigung des Arbeitsverhältnisses begründen sich aus § 3 Abs. 1.

9 Bei der Anwendung zu **kurzer** oder **falscher Kündigungsfristen** bemisst sich der Anspruch für »den richtigen« Zeitraum ebenfalls aus § 3 Abs. 1 und nur, soweit er darüber hinausgeht, aus § 8 Abs. 1. Insgesamt ist ohne Belang, ob es sich um eine ordentliche oder eine außerordentliche Kündigung handelt (vgl. Schmitt, § 8 Rn. 11).

10 **Umstritten** ist, ob die **Beendigung des Arbeitsverhältnisses** auf Veranlassung des Arbeitgebers **auf anderem Wege** als durch eine Kündigung ebenfalls die Rechtsfolge des § 8 Abs. 1 nach sich zieht: In Betracht kommen insbesondere **arbeitgeberseitig veranlasste Aufhebungsverträge oder aber die Anfechtung**.

Nach richtiger Auffassung zieht auch ein **arbeitgeberseitig veranlasster Aufhebungsvertrag** die Rechtsfolge des § 8 Abs. 1 nach sich, wenn die sonstigen Anspruchsvoraussetzungen gegeben sind. Das BAG stellt insoweit zutreffend auf den **materiellen Beendigungsgrund** und **nicht auf dessen formale Einkleidung** ab (BAG v. 20. 8. 1980, AP Nr. 15 zu § 6 LohnFG; zustimmend Schmitt, § 8 Rn. 20; KDHK, § 8 Rn. 9; a.a. GKK, § 8 Rn. 21).

Umstritten ist, ob § 8 Abs. 1 auch die **arbeitgeberseitig durchgeführte** **11** **Anfechtung** des Arbeitsverhältnisses umfasst (vgl. GKK, § 8 Rn. 21). Kommt es zu arbeitgeberseitig veranlassten Anfechtungen, ist zu prüfen, ob die Ausübung des Anfechtungsrechtes nicht der Umgehung der Entgeltfortzahlungsansprüche gedient hat. Dies kann der Fall sein, wenn der Arbeitgeber bereits seit längerem von der Anfechtungsmöglichkeit Kenntnis hatte, aber erst nach Eintritt der Arbeitsunfähigkeit von ihr Gebrauch gemacht hat (vgl. KDHK, § 8 Rn. 10).

§ 8 findet auch auf rechtswirksame **Änderungskündigungen** Anwendung, **12** sofern die sonstigen Voraussetzungen vorliegen. Dies kann dann erheblich sein, wenn dem Arbeitnehmer durch Änderungskündigung eine minder qualifzierte, schlechter entlohnte Tätigkeit zugewiesen wird. Dies ergibt sich sowohl aus dem Wortlaut als auch aus dem Zweck der Vorschrift.

5. Kündigung aus Anlass der Arbeitsunfähigkeit

Um den Anspruch zu begründen, muss die **Kündigung anlässlich der** **13** **Arbeitsunfähigkeit** ausgesprochen worden sein. »**Aus Anlass**« bedeutet nicht, dass die alleinige Motivation des Arbeitgebers zur Kündigung in der Arbeitsunfähigkeit des Arbeitnehmers gelegen haben muss. Wegen des zugrunde liegenden Schutzzweckes ist der Begriff weit auszulegen. »Aus Anlass« ist umfassender als »wegen« oder »auf Grund«. Es ist somit hinreichend, wenn **innerhalb einer Ursachenkette die Arbeitsunfähigkeit eine entscheidend mitbestimmende Bedingung für die Kündigung** ist (BAG v. 28. 11. 1979, DB 80, 788). Dies ist bereits dann **gegeben, wenn nicht die Arbeitsunfähigkeit unmittelbar den Kündigungsentschluss ausgelöst hat**, sondern eine hierauf basierende betriebliche Notwendigkeit, Ersatzarbeitskräfte einzustellen (vgl. BAG v. 26. 10. 1971, 22. 12. 1971, AP Nrn. 1, 2 zu § 6 LohnFG; GKK, § 8 Rn. 26; Schmitt, § 8 Rn. 24). Eine Kündigung des Arbeitgebers aus Anlass einer **bevorstehenden Arbeitsunfähigkeit** des Arbeitnehmers ist mit der Rechtsfolge des § 8 Abs. 1 Satz 1 möglich. Die Arbeitsunfähigkeit muss nicht in jedem Fall bei Kündigungsausspruch vorliegen. Die Kündigung aus Anlass der bevorstehenden Arbeitsunfähigkeit setzt deren Kenntnis voraus. Der Kenntnis steht es gleich, wenn der Arbeitgeber mit der bevorstehenden Arbeitsunfähigkeit des Arbeitnehmers sicher rechnen muss (BAG v. 17. 4. 2002, NZA 02, 899).

6. Kenntnis der Arbeitsunfähigkeit

In subjektiver Hinsicht ist es erforderlich, dass der **Arbeitgeber Kenntnis** **14** **von der Arbeitsunfähigkeit** haben muss (BAG v. 15. 8. 1974, AP Nr. 3 zu

§ 6 LohnFG). Dabei muss der Arbeitgeber sich die Kenntnis der Personen, die den Arbeitgeber im Betrieb repräsentieren, und derjenigen, die zur Entgegennahme der Meldung und der Bescheinigung der Arbeitsunfähigkeit berechtigt sind, zurechnen lassen (GKK, § 8 Rn. 28).

15 **Positive Kenntnis** des Arbeitgebers **ist** mit den Fällen **gleichzusetzen**, in denen der Arbeitgeber mit der Arbeitsunfähigkeit des Arbeitnehmers hätte rechnen müssen. Dies ist regelmäßig der Fall, wenn der Arbeitgeber – ohne positive Kenntnis der Arbeitsunfähigkeit – die Kündigung ausspricht, ohne die **Nachweisfrist** abzuwarten. Das BAG stellt dabei aus Praktikabilitätserwägungen auf die Nachweisfrist und nicht auf die Pflicht zur unverzüglichen Anzeige ab, da für die Anzeige der Arbeitsunfähigkeit durch das Gesetz weder exakte Fristen noch Formen vorgesehen sind (BAG v. 26. 4. 1978, DB 78, 2131). Nach Auffassung des BAG beginnt die Frist allerdings abweichend von § 5 immer mit dem ersten Tag des Fehlens zu laufen. Dies ist für den Fall relevant, dass der Arbeitnehmer zuerst unentschuldigt fehlt und erst dann arbeitsunfähig erkrankt (BAG v. 20. 8. 1980, DB 81, 112).

16 Eine **Kündigung aus Anlass der Arbeitsunfähigkeit** liegt **auch dann** vor, wenn der Arbeitgeber die Fortdauer der Arbeitsunfähigkeit über den ursprünglich angezeigten Zeitpunkt hinaus zum Anlass für den Kündigungsausspruch nimmt, selbst wenn er zuvor eine gewisse Zeit der Erkrankung hingenommen hat (BAG v. 20. 8. 1980, AP Nr. 16 zu § 6 LohnFG).

17 Der Arbeitgeber muss nach dem zunächst bescheinigten Ende der Arbeitsunfähigkeit **wieder die Nachweisfrist abwarten**, um sicherzugehen, dass der Arbeitnehmer nicht eine **Fortdauer der Arbeitsunfähigkeit** anzeigt und eine Folgebescheinigung vorlegt. Tut er dies nicht, muss er sich hinsichtlich der Kündigung so behandeln lassen, als habe er Kenntnis von der Arbeitsunfähigkeit gehabt (BAG v. 29. 8. 1980, AP Nr. 18 zu § 6 LohnFG).

18 Aus der in § 5 Abs. 1 Satz 3 normierten **Berechtigung des Arbeitgebers, die Arbeitsunfähigkeitsbescheinigung früher zu verlangen,** kann sich ergeben, dass sich der Zeitraum der fingierten Kenntnis des Arbeitgebers verkürzt (vgl. § 5 Rn. 24 ff.).

7. Umfang des Entgeltfortzahlungsanspruches

19 Beim Vorliegen der tatbestandlichen Voraussetzungen ist der **Arbeitgeber verpflichtet,** das **Entgelt** über das Ende des Arbeitsverhältnisses hinaus **bis** zum **Ende** des **Verhinderungsfalles zu zahlen,** grundsätzlich längstens bis zum Ablauf der 6-Wochen-Frist des § 3 Abs. 1. **Zwei ineinander übergehende Krankheiten** (der wegen Grippe erkrankte Arbeitnehmer bricht sich den Arm) sollen nach Rechtsprechung und überwiegender Meinung in der Literatur (vgl. hierzu kritisch Kunz/Wedde, § 3 Rn. 159 f. und § 5 Rn. 23) dabei als ein **einheitlicher Verhinderungsfall** anzusehen sein. Demgegenüber ist von zwei **selbständigen Verhinderungsfällen** auszugehen, wenn der Arbeitgeber zwischen beiden Krankheiten – und sei es auch nur für wenige Stunden – arbeitsfähig gewesen ist, selbst wenn er tatsächlich während dieser Zeit nicht gearbeitet hat (BAG v. 2. 12. 1981, AP Nr. 19 zu § 6 LohnFG, v. 25. 6. 1985, AP Nr. 48 zu § 1 LohnFG). Die Höhe des Anspruches errechnet sich nach den gleichen Prinzipien wie für die Entgeltfortzahlung während des bestehenden Arbeitsverhältnisses (siehe § 4 Rn. 3 ff.).

Sind in **Tarifverträgen oder Individualverträgen längere Entgeltfort-** 20 **zahlungszeiträume vereinbart**, stellt sich die Frage, ob bei einer Anlasskündigung lediglich der gesetzliche Entgeltfortzahlungsanspruch gem. § 3 nicht berührt wird oder ob auch tarifliche bzw. individualvertragliche Ansprüche geschützt sind. Hier wird auf die jeweilige Ausgestaltung der Vereinbarung und auf den Gesamtzusammenhang abzustellen sein (ablehnend KDHK, § 8 Rn. 20). Es wäre zumindest problematisch, wenn ein privatversicherter Arbeitnehmer, der einen längeren Anspruch auf Engeltfortzahlung hat, eine Krankenversicherung abschließt, die erst später mit der Krankengeldzahlung einsetzt. Würde man in einem solchen Fall den Schutz der Ansprüche auf den gesetzlichen 6-Wochen-Zeitraum beschränken, könnte sich der Arbeitgeber seinen vertraglichen Verpflichtungen durch Kündigung entziehen, und der Arbeitnehmer wäre nicht mehr sozial abgesichert. In diesen Fällen ist § 8 analog anzuwenden.

8. Beweislast

Die **Darlegungs- und Beweislast** für die Tatsache, dass die Kündigung aus 21 Anlass der Arbeitsunfähigkeit erfolgte, trifft den **Arbeitnehmer**. Allerdings räumt die Rechtsprechung dem Arbeitnehmer einen **Beweis des ersten Anscheins** ein, sofern die Kündigung im zeitlichen Zusammenhang mit der Krankmeldung erfolgt. Es obliegt dann dem Arbeitgeber, den ersten Anschein zu erschüttern, indem er Tatsachen vorträgt und beweist, die belegen, dass aus einem anderen Anlass gekündigt wurde (BAG v. 20. 8. 1980, DB 81, 111; BAG v. 5. 2. 1998, DB 98, 1188; GKK, § 8 Rn. 35).

Der **Arbeitgeber kann in arbeitsgerichtlichen Auseinandersetzungen** 22 **nicht mit dem Argument gehört werden**, die Kündigung sei zwar im zeitlichen Zusammenhang mit der Krankmeldung erfolgt, aber ausgesprochen worden, weil der **Arbeitnehmer nicht rechtzeitig die Krankheit angezeigt habe** (BAG v. 20. 8. 1980, DB 81, 220). Ließe man dies zu, wäre die Vorschrift des § 8 weitgehend bedeutungslos, da der in Unkenntnis der Arbeitsunfähigkeit vor Ablauf der Nachweisfrist kündigende Arbeitgeber sich stets auf eine Verletzung der Anzeigepflicht berufen könnte.

Im Regelfall war eine **Verletzung der Anzeigepflicht** auch schon nach 23 § 6 Abs. 1 LFZG **nicht hinreichend für** den Ausspruch einer **Kündigung**. Gleichwohl schließt dies nach Auffassung des BAG nicht aus, dass im

Einzelfall ein solcher Anlass hinreichend für eine verhaltensbedingte Kündigung sein kann. Dies soll beispielsweise dann der Fall sein können, wenn ein besonderes, sachlich begründetes Interesse des Arbeitgebers an der unverzüglichen Meldung vorliegt und eine besondere arbeitsvertragliche oder durch Betriebsvereinbarung geregelte Verpflichtung besteht (BAG v. 20. 8. 1980, DB 81, 220; vgl. auch § 5 Rn. 17 f.; § 12 Rn. 6 zur Zulässigkeit solcher Vereinbarungen). Das LAG Köln geht ferner davon aus, dass eine trotz Abmahnung fortgesetzte Verletzung der Anzeigepflicht eine ordentliche Kündigung, nicht aber eine außerordentliche, begründen kann (LAG Köln v. 12. 11. 1993, AiB 94, 437).

24 Hinsichtlich der Frage, ob überhaupt eine sozial gerechtfertigte Kündigung vorliegt, ist der **Arbeitgeber** nach den allgemeinen Vorschriften zum Kündigungsschutz darlegungs- und beweispflichtig (§ 1 Abs. 2 letzter Satz KSchG; GKK, § 8 Rn. 36).

III. Kündigung durch den Arbeitnehmer aus wichtigem Grund (§ 8 Abs. 1 Satz 2)

1. Wichtiger Grund

25 Dem Sachverhalt, dass der Arbeitgeber aus Anlass der Arbeitsunfähigkeit des Arbeitnehmers kündigt, wird die Fallgestaltung gleichgestellt, dass der **Arbeitnehmer das Arbeitsverhältnis** aus einem vom Arbeitgeber zu vertretenden Grund **kündigt**, der den Arbeitnehmer zur Kündigung aus wichtigem Grund ohne Einhaltung einer Kündigungsfrist berechtigt.

26 Es ist ein wichtiger Grund i. S. d. § 626 Abs. 1 BGB zugrunde zu legen. Dieser hat zur **Voraussetzung**, dass **Tatsachen vorliegen**, die unter Berücksichtigung aller Umstände und unter Abwägung der Interessen beider Vertragspartner dem Kündigenden die Fortsetzung des Arbeitsverhältnisses bis zum Ablauf der ordentlichen Kündigungsfrist nicht mehr zumutbar machen (Schaub, § 125 Rn. 41 ff.). Der **Grund** muss **durch den Arbeitgeber** zu **vertreten sein**. Als **Grund** zur **außerordentlichen Kündigung** durch den **Arbeitnehmer** kommt ein durch den Arbeitgeber vor Dritten leichtfertig geäußerter Diebstahlsverdacht in Betracht (Schaub, § 125 Rn. 145), ebenso bei grober Beleidigung (Schmitt, § 8 Rn. 43); bei **Missachtung von Arbeitsschutzbestimmungen** (BAG v. 28. 10. 1971, AP Nr. 62 zu § 626 BGB), bei **Missachtung einer Beschäftigungspflicht** (BAG v. 19. 8. 1976, AP Nr. 4 zu § 611 Beschäftigungspflicht), bei **erheblichen Lohnrückständen** (BAG v. 25. 7. 1963, AP Nr. 1 zu § 448 ZPO) oder bei **Insolvenz des Betriebes**, sofern die Gefahr besteht, dass die Lohnforderungen nicht aus der Masse gedeckt werden können (Schaub, § 125 Rn. 88).

27 Der **Arbeitnehmer** ist **nicht gezwungen**, auch **tatsächlich außerordentlich zu kündigen**. Eine ordentliche Kündigung ist hinreichend, auch wenn ein wichtiger Grund zur außerordentlichen Kündigung vorgelegen hat (vgl. GKK, § 8 Rn. 37; KDHK, § 8 Rn. 18). Vordergründig liegt zwar der

Schluss nahe, dass einem Arbeitnehmer, der ordentlich kündigt, die Fortsetzung des Arbeitsverhältnisses bis zum Ablauf der Kündigungsfrist zumutbar ist. Hiergegen ist allerdings einzuwenden, dass einem rechtlich schlecht informierten Arbeitnehmer die Möglichkeit einer außerordentlichen Kündigung gar nicht bekannt gewesen sein muss, so dass von der Wahl der Kündigungsart nicht auf die Zumutbarkeit geschlossen werden kann.

Spricht der Arbeitnehmer lediglich **eine ordentliche Kündigung** aus, so ist er **nicht** an die **2-Wochen-Frist** des § 626 Abs. 2 BGB gebunden, um beim Vorliegen der Arbeitsunfähigkeit über den Beendigungstermin hinaus Ansprüche aus § 8 Abs. 1 zu realisieren. **28**

Ebenso wie bei der arbeitgeberseitigen Kündigung muss auch bei der Kündigung durch den Arbeitnehmer aus wichtigem Grund die **Arbeitsunfähigkeit bereits eingetreten sein**. Erkrankt der Arbeitnehmer erst nach dem Ausspruch der Kündigung, kommt lediglich ein Schadenersatzanspruch aus § 628 Abs. 2 BGB in Betracht (vgl. Kehrmann/Pelikan, § 6 LFZG Rn. 11). Darüber hinaus ist stets zu prüfen, ob sich nicht auch ein Anspruch aus § 628 Abs. 1 BGB ergibt. **29**

Kündigt der Arbeitnehmer nicht aus wichtigem Grund, aber auf Veranlassung des Arbeitgebers, besteht beim Vorliegen der sonstigen Voraussetzungen ebenfalls ein Anspruch aus § 8 Abs. 1 (vgl. Kunz/Wedde, § 8 Rn. 34). Gleiches gilt, wenn der Arbeitnehmer das Verhalten des Arbeitgebers, das eine weitere Fortsetzung des Arbeitsverhältnis bis zum Ablauf der Kündigungsfrist unzumutbar macht, zum Anlass nimmt, um einen Aufhebungsvertrag zu schließen (Schmitt, § 8 Rn. 45). **30**

2. Beweislast

Der **Arbeitnehmer** trägt für das Vorliegen eines wichtigen Grundes und für den Zeitpunkt des Beginns der Arbeitsunfähigkeit die Beweislast (KDHK, § 8 Rn. 23). **31**

IV. Rechtlicher Charakter des Entgeltfortzahlungsanspruches aus § 8 Abs. 1

1. Entgeltfortzahlungsanspruch entspricht dem Grunde nach dem normalen Arbeitsentgelt

Der **Entgeltfortzahlungsanspruch** teilt dem Grunde nach das rechtliche Schicksal des **normalen Anspruches auf Arbeitsentgelt** bei Arbeitsleistung (BAG v. 16. 1. 2002, DB 02, 797; vgl. § 3 Rn. 13 ff.). Nichts anderes gilt für den Anspruch aus § 8 Abs. 1. Das heißt, dass auch nach Beendigung des Arbeitsverhältnisses für den 6-Wochen-Zeitraum der Anspruch auf Krankengeld gegenüber der Kasse ruht (diese hat allerdings in Vorleistung zu treten, wenn der Arbeitgeber die Zahlungen verweigert). Dieser **Ent-** **32**

geltfortzahlungsanspruch besteht während dieses Zeitraumes vielmehr allein gegenüber dem Arbeitgeber.

2. Anspruchsübergang auf die Krankenkasse

33 Soweit die **Krankenkasse** durch Zahlung von Krankengeld in **Vorleistung** getreten ist, **geht** der **Anspruch** des Arbeitnehmers gegen den Arbeitgeber auf die Kasse **über**. Der Anspruchsübergang erfolgt, wenn der Anspruch fällig gewesen ist und die Kasse tatsächlich geleistet hat.

3. Verzicht

34 Der **Verzicht** des Arbeitnehmers auf erst **künftig fällig werdende Entgeltfortzahlungsansprüche** ist **unwirksam**. Das EFZG soll dem Schutz der Gesundheit des Arbeitnehmers dienen. Dieser soll sicher sein, im Falle seiner Erkrankung sein Arbeitsentgelt weiter zu erhalten. Er soll, wenn er erkrankt ist, ohne Sorge um seinen Lebensunterhalt seine Krankheit ausheilen können. Diese Zielsetzung würde völlig aufgegeben, wenn der Anspruch auf Entgeltfortzahlung von vornherein ausgeschlossen oder beschränkt werden könnte. Gleiches muss auch für den Anspruch aus § 8 Abs. 1 gelten (BAG v. 26. 10. 1971, 20. 8. 1980, AP Nrn. 1, 11 zu § 6 LohnFG; v. 11. 6. 1971, AP Nr. 2 zu § 9 LohnFG; vgl. § 12 Rn. 15 ff.).

4. Abdingbarkeit

35 Gem. § 12 kann abgesehen von § 4 Abs. 4 von den Vorschriften des EFZG nicht zuungunsten des Arbeitnehmers oder der nach § 10 berechtigten Personen abgewichen werden. Sofern die Vergütung tariflich abgesichert ist, handelt es sich auch bei der Entgeltfortzahlung um einen **tariflichen Anspruch**, welcher nach richtiger Auffassung auch dem speziellen Schutz des § 4 Abs. 4 TVG unterfällt (offen gelassen durch BAG v. 20. 8. 1980, AP Nr. 12 zu § 6 LohnFG). Mithin kann auf einen solchen Anspruch **nur mit Zustimmung der Tarifvertragsparteien rechtswirksam verzichtet werden** (vgl. Kunz/Wedde, § 8 Rn. 41; § 12 Rn. 5 ff.).

V. Fortfall des Entgeltfortzahlungsanspruches bei Beendigung des Arbeitsverhältnisses (§ 8 Abs. 2)

36 Regelmäßig **endet** der **Anspruch auf Entgeltfortzahlung** im Krankheitsfalle mit der Beendigung des Arbeitsverhältnisses. **§ 8 Abs. 2 stellt** insoweit noch einmal **klar**, dass (sofern die Voraussetzungen des § 8 Abs. 1 nicht vorliegen) **kein Anspruch auf weitere Entgeltfortzahlung** des Arbeitgebers besteht. Dies ist der Fall, **wenn das Arbeitsverhältnis endet, ohne** dass es **einer Kündigung bedarf**, oder wenn es aus anderen Gründen als den in § 8 Abs. 1 ausgeführten gekündigt wird.

1. Beendigung ohne Kündigung

Das **Arbeitsverhältnis** kann auch ohne Kündigung enden. So z. B. durch einen **Aufhebungsvertrag** oder aber durch **Zeitablauf**, wenn das Arbeitsverhältnis wirksam für eine bestimmte Zeit **befristet** war (vgl. zu weiteren Beendigungstatbeständen KDHK, § 8 Rn. 30 ff.). Wird allerdings der Aufhebungsvertrag aus Anlass der Arbeitsunfähigkeit geschlossen, so ist § 8 Abs. 1 anwendbar (vgl. Rn. 10).

37

2. Kündigung aus anderem Anlass

Erfolgte die **Kündigung nicht aus Anlass der Arbeitsunfähigkeit**, so bestehen über den Beendigungszeitpunkt des Arbeitsverhältnisses hinausgehend keine **Ansprüche auf Entgeltfortzahlung** (vgl. zur Beweislast Rn. 21 ff.).

38

§ 9
Maßnahmen der medizinischen Vorsorge und Rehabilitation

(1) Die Vorschriften der §§ 3 bis 4a und 6 bis 8 gelten entsprechend für die Arbeitsverhinderung in Folge einer Maßnahme der medizinischen Vorsorge oder Rehabilitation, die ein Träger der gesetzlichen Renten-, Kranken- oder Unfallversicherung, eine Verwaltungsbehörde der Kriegsopferversorgung oder ein sonstiger Sozialleistungsträger bewilligt hat und die in einer Einrichtung der medizinischen Vorsorge oder Rehabilitation durchgeführt wird. Ist der Arbeitnehmer nicht Mitglied einer gesetzlichen Krankenkasse oder nicht in der gesetzlichen Rentenversicherung versichert, gelten die §§ 3 bis 4a und 6 bis 8 entsprechend, wenn eine Maßnahme der medizinischen Vorsorge oder Rehabilitation ärztlich verordnet worden ist und stationär in einer Einrichtung der medizinischen Vorsorge oder Rehabilitation oder einer vergleichbaren Einrichtung durchgeführt wird.

(2) Der Arbeitnehmer ist verpflichtet, dem Arbeitgeber den Zeitpunkt des Antritts der Maßnahme, die voraussichtliche Dauer und die Verlängerung der Maßnahme im Sinne des Absatzes 1 unverzüglich mitzuteilen und ihm

a) eine Bescheinigung über die Bewilligung der Maßnahme durch einen Sozialleistungsträger nach Absatz 1 Satz 1 oder

b) eine ärztliche Bescheinigung über die Erforderlichkeit der Maßnahme im Sinne des Absatzes 1 Satz 2

unverzüglich vorzulegen.

Inhaltsübersicht

		Rn.
I.	Allgemeines	1– 7
II.	Anspruchsvoraussetzungen	8–46

EFZG § 9

1. Räumlicher und persönlicher Anwendungsbereich	9–10
2. Arbeitsverhinderung infolge einer Maßnahme der medizinischen Vorsorge oder Rehabilitation (Abs. 1).	11–18
3. Bewilligung durch einen Sozialleistungsträger	19–26
4. Durchführung der Maßnahme	27–31
5. Fehlende Mitgliedschaft in einer gesetzlichen Versicherung (§ 9 Abs. 1 Satz 2)	32–36
6. Anwendbare Vorschriften (§§ 3–4 a, 6–8)	37–38
7. Anzeige- und Nachweispflicht (§ 9 Abs. 2)	39–46

I. Allgemeines

1 § 9 regelt den **Anspruch der Arbeitnehmer** auf Arbeitsentgelt bis zu einer Dauer von sechs Wochen für Zeiten der Arbeitsverhinderung infolge der medizinischen Vorsorge und Rehabilitation. Der Anspruch besteht für alle **Arbeitnehmer** im Sinne von § 1 Abs. 2 (vgl. § 1 Rn. 19 ff.). sowie für **Besatzungsmitglieder** auf Schiffen. Unerheblich ist es, dass Mitgliedschaft in einer gesetzlichen Krankenversicherung oder in der gesetzlichen Rentenversicherung besteht. **Nicht erforderlich** ist, dass während der Dauer der Maßnahme **Arbeitsunfähigkeit** besteht (vgl. zur Ausnahme von Besatzungsmitgliedern auf Schiffen ausführlich KW, § 48 SeemG Rn. 2 ff.).

2 Die Vorschrift wurde in Ihren Grundzügen aus § 7 LFZG in das EFZG übernommen. Der Anspruch besteht für alle **Arbeitnehmer** im Sinne von § 1 Abs. 2 (vgl. dort Rn. 19 ff.) sowie für **Besatzungsmitglieder** auf Schiffen. Grundlegende Veränderungen (insbes. Reduzierung der Entgeltfortzahlung auf 80 % sowie Anrechenbarkeit von Urlaubstagen auf Maßnahmen) erfuhr sie im Rahmen der Novelle aus dem Jahr 1996. Diese Veränderungen wurden zwar im Wesentlichen durch das arbeitsrechtliche Korrekturgesetz zum 1. 1. 1999 wieder zurückgenommen. Einzelne Verschlechterungen gegenüber der ersten Fassung des EFZG aus dem Jahr 1994 gelten aber bis heute weiter. Aufgrund des Fortbestehens des § 3 Abs. 3 setzt etwa der Anspruch gem. § 9 erst ein, wenn ein Arbeitsverhältnis mehr als vier Wochen ununterbrochen andauert (vgl. § 3 Rn. 149 ff.). Gem. § 4 a können Vereinbarungen über Kürzungen von Sondervergütungen getroffen werden (vgl. § 4 a Rn. 10 ff.).

3 Entscheidend für den Entgeltfortzahlungsanspruch nach § 9 Abs. 1 ist, dass es sich um **stationäre Maßnahmen der medizinischen Vorsorge oder Rehabilitation** handelt (Kuren), die von einem **Sozialversicherungsträger** bewilligt bzw. bei **Nichtmitgliedern einer gesetzlichen Kranken- oder Rentenversicherung ärztlich verordnet** worden sind (vgl. BAG v. 19. 2. 2000, NZA 00, 2279). Liegen diese Voraussetzungen vor, gelten für den Entgeltfortzahlungsanspruch während der Durchführung der Maßnahme grundsätzlich dieselben Vorschriften wie beim Vorliegen einer Arbeitsunfähigkeit (insbes. die §§ 3, 4, 4a, und 6 bis 8). **Besonderheiten** finden sich lediglich bei den **Mitteilungs- und Nachweispflichten** gem. § 9 Abs. 2 (vgl. Rn. 43 ff.).

Ebenso wie in der bis zum 31. 5. 1994 für Arbeiter in § 7 LFZG geltenden Regelung besteht **kein gesetzlicher** Anspruch auf Arbeitsentgelt bei **ambulanten Maßnahmen** der Vorsorge. Die Begrenzung auf stationäre Maßnahmen soll eine leichtere Abgrenzung zu Kuren ohne Entgeltfortzahlungsanspruch ermöglichen (vgl. BT-Drucks. 12/5263, S. 15).

Die Begriffe »Maßnahmen der medizinischen Vorsorge oder Rehabilitation« ersetzen für den Bereich der Entgeltfortzahlung die Begriffe »Vorbeugungs-, Heil- oder Genesungskur« (vgl. z. B. §§ 23 f., 40 f. SGB V, §§ 9 ff., 15 SGB VI). Eine materiell-rechtliche Änderung des »Kur«-Begriffes ist damit nicht verbunden.

Die Entgeltfortzahlung gem. Abs. 1 Satz 1 ist an das Vorliegen von **Maßnahmen der medizinischen Vorsorge** oder **Rehabilitation** gebunden. Für das Einsetzen des Entgeltfortzahlungsanspruchs **unerheblich** ist es, dass eine **Übernahme der** vollen oder überwiegenden **Kosten** der Maßnahme durch einen Sozialversicherungsträger erfolgt.

Ein ausdrücklicher Anspruch auf Inanspruchnahme ärztlich verordneter **Schonzeiten**, wie er im LFZG für Arbeiter normiert war, wurde bisher nicht in das EFZG aufgenommen. Deshalb bleibt diesbezüglich nur der Rückgriff auf die allgemeine zivilrechtliche Regelung des § 616 BGB. **Hiernach haben Arbeiter und Angestellte Anspruch auf Arbeitsentgelt bei Schonungszeiten, da sie aus persönlichen Gründen verhindert sind** (Leinemann, ArbuR 95, 83 f.; Schmitt, RdA 96, 10 f.). Auch wenn dieses Ergebnis nicht vom Gesetzgeber beabsichtigt war – nach dem geänderten § 7 Abs. 1 Satz 1 BUrlG kann der Arbeitnehmer im Anschluss an eine Kurmaßnahme Urlaub verlangen – ist der Wortlaut des § 616 BGB eindeutig. Die Anwendbarkeit dieser Vorschrift wird durch § 7 Abs. 1 Satz 2 BUrlG nicht ausgeschlossen (ebenso Leinemann, ArbuR 95, 83 f.; a. A. KDHK, Rn. 2; Schmitt, Rn. 92 m. w. N.).

II. Anspruchsvoraussetzungen

Nach Abs. 1 hat der Arbeitnehmer Anspruch auf Entgeltfortzahlung, wenn die Maßnahme der medizinischen Vorsorge oder Rehabilitation (vgl. Rn. 17 ff.) vom Sozialversicherungsträger bewilligt (vgl. Rn. 26 ff.) worden ist und stationär in einer Einrichtung der medizinischen Vorsorge oder Rehabilitation durchgeführt (vgl. Rn. 27 ff.) wird. Ist der Arbeitnehmer nicht Mitglied einer gesetzlichen Krankenkasse oder nicht in der Rentenversicherung versichert (vgl. Rn. 36), setzt der Anspruch auf Entgeltfortzahlung voraus, dass die Maßnahme ärztlich verordnet worden ist (vgl. Rn. 34) und stationär in einer Einrichtung der medizinischen Vorsorge oder Rehabilitation oder in einer vergleichbaren Einrichtung (vgl. Rn. 27 ff.) durchgeführt wird.

EFZG § 9

1. Räumlicher und persönlicher Anwendungsbereich

9 Der Anspruch auf Entgeltfortzahlung bei Maßnahmen der medizinischen Vorsorge und Rehabilitation besteht aufgrund der Bezugnahme auf § 3 **für alle in der BRD** beschäftigten Arbeitnehmer i. S. von § 1 (vgl. § 1 Rn. 7 ff.; zu Ansprüchen bei **grenzüberschreitender Tätigkeit** vgl. § 1 Rn. 8 ff.). Hierzu gehören Arbeiter, Angestellte und zur Berufsbildung Beschäftigte (vgl. § 1 Rn. 18 ff.). Eine weitere Differenzierung erfolgt gem. § 7 Abs. 1 Sätze 1 und 2 lediglich zwischen Mitgliedern einer gesetzlichen Kranken- und/oder Rentenversicherung und Nichtmitgliedern.

10 Die Vorschrift gilt ferner für **Besatzungsmitglieder auf Schiffen** (vgl. SeemG unter 6.). Der Anspruch auf Weiterzahlung der Heuer setzt jedoch grundsätzlich **Arbeitsunfähigkeit** voraus (Marburger, RdA 90, 149).

2. Arbeitsverhinderung infolge einer Maßnahme der medizinischen Vorsorge oder Rehabilitation (Abs. 1)

11 **Arbeitsverhinderung** gem. Abs. 1 liegt vor, wenn ein Arbeitnehmer an der Erbringung seiner Arbeitsleistung verhindert ist und diese ausfällt.

12 **Erste Voraussetzung** für den Entgeltfortzahlungsanspruch nach Abs. 1 Satz 1 ist, dass es sich um eine Maßnahme der medizinischen Vorsorge oder Rehabilitation handelt. Ausgeschlossen bleiben **Maßnahmen der beruflichen Rehabilitation** (vgl. BT-Drucks. 12/5263, S. 15 f.; Schmitt, Rn. 14).

13 Der Entgeltfortzahlungsanspruch nach Abs. 1 setzt weiter voraus, dass die Maßnahme **alleinige Ursache** und damit **kausal** für den Ausfall der Arbeitsleistung bzw. für den Verlust des Vergütungsanspruchs ist (Schmitt, Rn. 39; vgl. auch § 3 Rn. 53 ff.).

14 **Medizinische Vorsorgeleistungen sind normativ in § 23 SGB V geregelt.** Die Vorschrift setzt voraus, dass die Maßnahme **notwendig** ist, um eine **Schwächung der Gesundheit**, die in absehbarer Zeit voraussichtlich zu **einer Krankheit führen würde, zu beseitigen** (vgl. auch BAG v. 14. 11. 1979, AP Nr. 4 zu § 7 LohnFG). Die Maßnahme dient also der Abwendung einer drohenden, noch nicht ausgebrochenen Erkrankung, um letztlich eine Beeinträchtigung der Erwerbsfähigkeit zu verhindern (BAG v. 29. 11. 1973, AP Nr. 2 zu § 7 LohnFG).

15 Der Begriff der **medizinischen Vorsorgemaßnahme** entspricht dem im EFZG der »Vorbeugungskur« des § 7 Abs. 1 LFZG. Von Abs. 1 erfasst wird auch die so genannte **Vorsorgekur für Mütter** nach § 24 Abs. 4 SGB V, sofern sie aus medizinischen Gründen erforderlich ist und »in Form einer Vorsorge in einer Einrichtung des Müttergenesungswerkes oder einer gleichartigen Einrichtung« durchgeführt wird. Sie muss eine aus medizinischen Gründen erforderliche Maßnahme sein, um einer anderenfalls bevorstehenden Krankheit vorzubeugen (KDHK, § 9 Rn. 14 ff.; Schmitt, § 9 Rn. 15 ff.).

Auch die **Vorsorgekur der so genannten Kriegsopferversorgung** nach **16**
§ 11 Abs. 2 Satz 1 BVG kommt als Maßnahme in Betracht, wenn sie
notwendig ist, um einer »zu erwartenden Verschlechterung des Gesundheitszustandes oder dem Eintritt der Arbeitsunfähigkeit vorzubeugen«
(Boecken, Münch. Hdb. Bd. I, § 86 Rn. 10).

Medizinische Rehabilitationsmaßnahmen i.S. von § 9 sind in **§ 40** **17**
SGB V geregelt. Sie kommen in Betracht, wenn sie geeignet sind, eine
Krankheit zu erkennen, zu heilen, ihre **Verschlimmerung zu verhüten
oder Krankheitsbeschwerden zu lindern oder Pflegebedürftigkeit zu
vermeiden** (§ 40 Abs. 1 i.V. m. § 27 Satz 1 SGB V). Arbeitsunfähigkeit
muss nicht damit verbunden sein (Boecken, Münch. Hdb. Bd. I, § 86
Rn. 5). Medizinische Rehabilitationsmaßnahmen sind beispielsweise
Müttergenesungskuren (§ 41 SGB V), **Rehabilitationskuren** der Berufsgenossenschaften (§ 33 Abs. 1 SGB VII), der Versorgungsämter (§ 11
Abs. 2 BVG), **Entziehungskuren bei Suchterkrankungen** wie Alkohol-
oder Drogenabhängigkeit usw. (vgl. Schmitt, § 9 Rn. 16; zum Verschulden
der Sucht siehe § 3 Rn. 98 ff.) und Kuren wegen der Folgen eines nicht
rechtswidrigen **Schwangerschaftsabbruchs** oder einer **Sterilisation**
(Schmitt, § 9 Rn. 36).

Nicht von Abs. 1 erfasst sind die sog. **Erholungskuren**. Sie dienen der **18**
allgemeinen Kräftigung der Gesundheit ohne akuten Krankheitsanlass. Es
besteht in diesen Fällen für die Kur keine **medizinische Notwendigkeit**
(vgl. Schulin, Münch. Hdb. Bd. I, § 84 Rn. 5; Schmitt, § 9 Rn. 16). **Gleiches** kann gelten, wenn zwischen der krankheitsbedingten Arbeitsunfähigkeit und der deswegen bewilligten Kur ein **außergewöhnlich langer
Zeitraum liegt** und daher für die Kur die medizinische Notwendigkeit
nicht mehr besteht (BAG v. 10. 5. 1978, AP Nr. 3 zu § 7 LohnFG; KDHK,
§ 9 Rn. 17; LAG Hamm v. 9. 9. 1987, LAGE § 7 LohnFG). Die Bezeichnung der Maßnahme ist jedoch unerheblich. Zur Abgrenzung kommt es
allein darauf an, ob sie als gezielte therapeutische Maßnahme in Bezug auf
ein konkretes Krankheitsgeschehen der Vorbeugung, Heilung oder Genesung dient (vgl. Schmatz/Fischwasser, § 7 LFZG Rn. 13). Dasselbe gilt bei
sog. **Badekuren** (Kleinsorge, NZA 94, 643). Kein Entgeltfortzahlungsanspruch besteht, wenn sie reinen Erholungscharakter haben (vgl. Marburger, RdA 90, 151). Sie können aber auch eine Maßnahme der medizinischen Vorsorge oder Rehabilitation sein (vgl. Boecken, Münch. Hdb.
Bd. I, § 86 Rn. 10).

3. Bewilligung durch einen Sozialleistungsträger

Der Entgeltfortzahlungsanspruch besteht, wenn die Maßnahme durch **19**
einen **Sozialleistungsträger bewilligt** wird (zur ärztlichen Verordnung
vgl. Rn. 33 f.). Die Aufzählung in Abs. 1 bezieht sich auf alle öffentlich-
rechtlichen Körperschaften, Anstalten und Behörden, die Leistungen nach
den Sozialgesetzen (SGB V, SGB VI, SGB VII, BVG usw.) gewähren

(vgl. Boecken, Münch. Hdb. Bd. I, § 86 Rn. 9; KDHK, § 9 Rn. 8; Schmitt, § 9 Rn. 27 ff.).

20 Zu den Trägern der **gesetzlichen Rentenversicherung** gehören gem. § 23 Abs. 2 SGB I beispielsweise die Landesversicherungsanstalten (Arbeiter), die Bundesversicherungsanstalt (Angestellte), die Landwirtschaftlichen Alterskassen, die Bundesknappschaft und die Seekasse.

21 Träger der **gesetzlichen Krankenversicherung** (vgl. § 21 Abs. 2 SGB I; §§ 23 ff., § 4 Abs. 2 SGB V) sind die Orts-, Betriebs-, Innungskrankenkassen, die landwirtschaftlichen Krankenkassen, die Bundesknappschaft, die See-Krankenkasse und die Ersatzkassen.

22 Träger der gesetzlichen Unfallversicherung (vgl. §§ 27 Abs. 1 und 33 Abs. 1 SGB VII) sind die Berufsgenossenschaften, die Feuerwehrunfallversicherungskassen, die Gemeindeversicherungsverbände, die Unfallkassen und die Ausführungsbehörden des Bundes, der Länder und Gemeinden (vgl. § 22 Abs. 2 SGB I), soweit sie medizinische Vorsorge- bzw. Rehabilitationsmaßnahmen gewähren.

23 Die **Verwaltungsbehörden der Kriegsopferversorgung** (vgl. §§ 10 ff. BVB) sind die Versorgungs- und Landesversorgungsämter. Sie sind Träger von Maßnahmen für Arbeitnehmer, die unter das Bundesversorgungs-, Soldatenversorgungs-, Bundesgrenzschutz-, Zivildienst-, Häftlingshilfe-, Opferentschädigungs- und Bundesseuchengesetz fallen.

24 Sonstige Sozialleistungsträger (vgl. § 28 Abs. 2 SGB I, §§ 36 ff. BSHG) sind nur öffentlich-rechtliche Sozialleistungsträger i. S. d. SGB (KDHK, § 9 Rn. 8; Schmitt, § 9 Rn. 32).

25 Nicht zu den **Sozialleistungsträgern** gehören die privaten Krankenversicherungen oder die Verbände der freien Wohlfahrtspflege wie Arbeiterwohlfahrt, Caritas, Innere Mission, Rotes Kreuz usw. (vgl. Schmitt, § 9 Rn. 34; KDHK, § 9 Rn. 9). Ihre Maßnahmen fallen unter Abs. 1 Satz 2 (vgl. Rn. 42 ff.) oder unter § 3 Abs. 1, wenn der Arbeitnehmer während der Maßnahme arbeitsunfähig krank ist.

26 Die **Maßnahme** (Kur) **muss** durch einen dieser Sozialleistungsträger **bewilligt sein** (»ausdrücklicher Bescheid«, vgl. Boecken, Münch. Hdb. Bd. I, § 86 Rn. 9 ff.). Für das Entstehen des Anspruchs ist es unerheblich, wann (etwa vor oder nach Kurdurchführung) die Bewilligung erfolgt ist (vgl. Marburger, RdA 82, 150; a. A. KDHK, § 9 Rn. 9; Schmitt, § 9 Rn. 25, jeweils m. w. N., die eine Bewilligung vor Beginn voraussetzen). Der Arbeitnehmer kann deshalb die Kur zunächst auf eigene Kosten durchführen und die nachträgliche Bewilligung dem Arbeitgeber vorlegen, ohne seinen Entgeltfortzahlungsanspruch zu verlieren. Der Arbeitgeber hat lediglich bis zur Vorlage ein Leistungsverweigerungsrecht. Die Begründung, mit der von der überwiegenden Literaturmeinung (vgl. statt vieler KDHK, § 9 Rn. 9; Boecken, Münch. Hdb. Bd. I, § 86 Rn. 11; Schmitt, § 9 Rn. 25) die Bewilligung **vor** Antritt der Maßnahme gefordert wird, um den

Entgeltfortzahlungsanspruch entstehen zu lassen, überzeugt nicht. Der Begriff »bewilligen« setzt **kein vorheriges Einverständnis voraus** (a. A. KDHK, § 9 Rn. 9), er ist nicht mit der »Einwilligung« im Sinne des bürgerlichen Rechts vergleichbar (so aber Marienhagen/Künzl, EFZG, § 9 Rn. 3). Die Bewilligung durch einen öffentlich-rechtlichen Sozialversicherungsträger hat öffentlich-rechtlichen Charakter, es ist daher auf den Zweck des Genehmigungserfordernisses abzustellen. Um den Entgeltfortzahlungsanspruch auszulösen, kommt es vorrangig darauf an, ob die Maßnahme medizinisch notwendig ist und stationär in einer entsprechenden Einrichtung durchgeführt wird. Liegen diese Voraussetzungen vor, steht der so definierte Zweck einer nachträglichen Bewilligung nicht entgegen.

4. Durchführung der Maßnahme

Im Rahmen der zum 19. Juni 2001 erfolgten **Zusammenfassung des gesamten Schwerbehindertenrechts im SGB IX** (BGBl. I S. 1045) wurde mit Wirkung zum 1. Juli 2001 in § 9 Abs. 1 Satz 1 die Beschränkung auf »stationäre« Behandlungen ersatzlos gestrichen. Damit werden nunmehr auch ambulante Maßnahmen von § 9 erfasst. 27

Auch nach der Novellierung muss die ambulante wie die stationäre Durchführung von Maßnahmen gemäß § 9 von Einrichtungen der medizinischen Vorsorge und Rehabilitation erbracht werden. Derartige Einrichtungen werden in **§ 107 SGB V definiert**. 28

Im Vordergrund entsprechender Maßnahmen steht die Vorbeugung und Verhütung drohender Krankheiten (Vorsorge) sowie Behandlung und Nachbehandlung bereits eingetretener Krankheiten (»Rehabilitation«). Besondere Merkmale sind die **fachlich-medizinische Betreuung** der Patienten durch geschultes Personal unter **ständiger ärztlicher Verantwortung** (§ 107 Abs. 2 Nr. 2 SGB V). Die stationäre Behandlung kommt immer dann in Betracht, wenn ambulante Maßnahmen nicht mehr ausreichen (Marburger, RdA 90, 151). 29

Von § 107 SGB V erfasst werden **nur** die **Einrichtungen** der Vorsorge und Rehabilitation, mit denen die Krankenkassen und die Verbände der Ersatzkassen einen **Versorgungsvertrag** für ihre Versicherten zur Durchführung der Kurmaßnahmen abgeschlossen haben (§ 111 Abs. 2 SGB V). 30

Der Entgeltfortzahlungsanspruch besteht nur, wenn Arbeitnehmer die bewilligte Kur auch durchführen (ausführlich KW, § 9 Rn. 76). Bleiben sie der Maßnahme fern, kann der Arbeitgeber das gezahlte Arbeitsentgelt **zurückfordern**. Das Gleiche gilt, wenn sich nachträglich herausstellt, dass die Kur einen **urlaubsmäßigen Zuschnitt** hatte oder dass der Arbeitnehmer **ärztliche Anordnungen missachtet** (vgl. BAG v. 14. 11. 1979, AP Nr. 4 zu § 7 LohnFG; Schmitt, § 9 Rn. 39). 31

EFZG § 9

5. Fehlende Mitgliedschaft in einer gesetzlichen Versicherung (§ 9 Abs. 1 Satz 2)

32 Nach Abs. 1 Satz 2 haben auch die **Arbeitnehmer, die nicht Mitglied einer gesetzlichen Krankenkasse** oder **Rentenversicherung sind**, einen **Entgeltfortzahlungsanspruch**, wenn die **Kur ärztlich verordnet** ist und stationär in einer Einrichtung der medizinischen Vorsorge oder Rehabilitation oder einer **vergleichbaren Einrichtung durchgeführt wird**. Der Anspruch gem. Abs. 1 Satz 2 ist **nachrangig** gegenüber dem aus Satz 1 (GKK, § 9 Rn. 52; KDHK, § 9 Rn. 10). Er entfällt, wenn Arbeitnehmer Mitglied in einer gesetzlichen Krankenversicherung oder in der gesetzlichen Rentenversicherung sind. Besteht ein solches gesetzliches Versicherungsverhältnis, scheidet ein Anspruch gem. Satz 2 aus (KDHK, a. a. O.; Schmitt, § 9 Rn. 49). Die Regelung des Satzes 1 richtet sich damit vorrangig an versicherte Beschäftigte, die aufgrund ihrer Einkommenshöhe gem. § 6 Abs. 1 Nr. 1 SGB V von der Sozialversicherungspflicht befreit sind, wenn sich für sie aus Abs. 1 Satz 1 kein Anspruch auf Entgeltfortzahlung für die Zeit der Durchführung von Maßnahmen der Vorsorge und Rehabilitation ableitet.

33 Anstelle der **Bewilligung der Maßnahme** durch einen Sozialleistungsträger tritt die **ärztliche Verordnung** der Maßnahme. Welchen Arzt der Arbeitnehmer konsultiert bzw. von welchem Arzt die Verordnung erfolgt, schreibt das Gesetz nicht vor (GKK, § 9 Rn. 55; Schmitt, § 9 Rn. 51). Es muss sich nicht um einen approbierten Kassenarzt handeln, die Verordnung eines »**Privatarztes**« reicht aus (vgl. BAG v. 17. 3. 1961, AP Nr. 23 zu § 63 HGB; ähnlich ErfK/Dörner, § 9 Rn. 16; KDHK, § 9 Rn. 10). Ein **Heilpraktiker** kann Maßnahmen **nicht** verordnen (Boecken, Münch. Hdb. Bd. I, § 86 Rn. 20).

34 Für die **ärztliche Verordnung** der Kur gelten sinngemäß die **gleichen Voraussetzungen** wie bei der **Bewilligung** der Vorsorge- oder Rehabilitationsmaßnahme durch einen Sozialversicherungsträger (vgl. Rn. 26 ff.). Die Kur **muss medizinisch notwendig** sein, um einer Krankheit des Arbeitnehmers vorzubeugen oder eine bereits eingetretene Krankheit zu heilen oder zu bessern (vgl. Boecken, Münch. Hdb. Bd. I, § 86 Rn. 21).

35 Bei **Zweifeln** an der **medizinischen Notwendigkeit** hat der Arbeitgeber die Umstände darzulegen und zu beweisen, die die Notwendigkeit der Kur in Frage stellen. Bei weitgehender Kostenübernahme der Kur durch einen Sozialleistungsträger ist davon auszugehen, dass dieser die medizinische Notwendigkeit hinreichend geprüft hat, so dass der Arbeitgeber dann »handgreifliche Zweifel« an der medizinischen Notwendigkeit der Maßnahme darzulegen und zu beweisen hat (vgl. BAG v. 10. 5. 1978, AP Nr. 3 zu § 7 LohnFG; a. A. Boecken, Münch. Hdb. Bd. 1, § 86 Rn. 21, der den »Beweis des ersten Anscheins« für ausreichend hält).

36 Die von Satz 2 erfassten Arbeitnehmer haben einen Entgeltfortzahlungsanspruch, wenn die ärztlich verordnete Kur in einer der medizinischen

EFZG § 9

Vorsorge oder Rehabilitation **vergleichbaren Einrichtung** durchgeführt wird. Hiermit sind die Kureinrichtungen der privaten Krankenkassen, der freien Wohlfahrtspflege, des Müttergenesungswerkes usw. (vgl. Rn. 25) gemeint, mit denen kein Versorgungsvertrag nach § 111 Abs. 2 SGB V besteht. Darüber hinaus sind unter vergleichbaren Einrichtungen die Einrichtungen zu verstehen, die **schwerpunktmäßig** – neben anderen Zwecken (z.B. Krankenbehandlung, Erholungskuren usw.) – medizinische Vorsorge- und Rehabilitationskuren durchführen. Allerdings müssen diese privaten Einrichtungsträger zur ordnungsgemäßen Durchführung des Kurverfahrens in der Lage sein, um die Erreichung des Kurzwecks zu ermöglichen (vgl. Göge, BB 86, 1774). Sie müssen also **prinzipiell den Anforderungen des § 107 Abs. 2 SGB V genügen** (vgl. Schmitt, § 9 Rn. 49).

6. Anwendbare Vorschriften (§§ 3–4a, 6–8)

Liegen die formellen und materiellen Voraussetzungen des § 9 Abs. 1 vor, so gelten für den Entgeltfortzahlungsanspruch des Arbeitnehmers während der Durchführung der Maßnahme grundsätzlich dieselben Vorschriften, die für den Entgeltfortzahlungsanspruch bei Vorliegen einer Arbeitsunfähigkeit maßgebend sind. Im Einzelnen sind dies die Regelungen über die Dauer (§ 3) und die Höhe (§ 4) der Entgeltfortzahlung, über die Kürzung von Sondervergütungen (§ 4a) sowie die Regelungen über den Forderungsübergang bei Dritthaftung (§ 6), das Leistungsverweigerungsrecht des Arbeitgebers (§ 7) und die besonderen Regelungen bei Beendigung des Arbeitsverhältnisses (§ 8). **Nicht entsprechend** anwendbar ist § 5, insoweit gilt die spezielle Regelung des § 9 Abs. 2. Darüber hinaus gelten besondere Vorschriften für den Krankheitsfall im Bereich der Heimarbeit (§ 10). Unabhängig von der Regelung des § 9 Abs. 2 Satz 2 gilt auch ohne ausdrückliche Erwähnung § 12 uneingeschränkt (ebenso ErfK/Dörner, § 9 Rn. 32; Schmitt, § 9 Rn. 36).

37

Im Einzelnen gilt Folgendes:

38

– **§ 3 EFZG**
 Der Anspruch auf Entgeltfortzahlung besteht für die Dauer bis zu **sechs Wochen**, § 3 Abs. 1. Er erfasst auch Kuren, die als Folge eines nicht rechtswidrigen Schwangerschaftsabbruchs oder einer nicht rechtswidrigen Sterilisation notwendig werden.

 Gem. § 3 Abs. 3 setzt der Anspruch gem. § 9 erst nach Bestehen einer vierwöchigen ununterbrochenen Tätigkeit ein. Wurde die Maßnahme vorher begonnen, entsteht der Entgeltfortzahlungsanspruch erst nach Ablauf der vierten Woche (ErfK/Dörner, § 9 Rn. 23; KDHK, § 9 Rn. 24).

 Handelt es sich um eine **Wiederholungserkrankung**, gilt im Anwendungsbereich des § 9 eine Besonderheit: Da der Gesetzgeber im EFZG anders als in § 7 Abs. 1 Satz 2 LFZG darauf verzichtet hat, die Zeiten der Arbeitsunfähigkeit einer Kur gleichzustellen, besteht der entsprechende Entgeltfortzahlungsanspruch unabhängig von der Dauer der vorausgegangenen Erkrankung (strittig, vgl. zur Gegenmeinung etwa KDHK, § 9 Rn. 24; Schmitt, § 9 Rn. 40; vgl. auch BAG v. 22. 8. 1984, AP Nr. 60 zu § 1 LohnFG). Etwas anderes gilt nur, wenn während einer Maßnahme zusätzlich **Arbeitsunfähigkeit** eintritt. Dann geht der Anspruch gem. § 3 dem nach § 9 vor (vgl. allgemein § 3 Rn. 38 ff.; für **Seeleute** unter 6.).

– **§ 4 EFZG**
Der konkrete **Anspruch auf Entgeltfortzahlung** bei Maßnahmen der medizinischen Vorsorge oder Rehabilitation berechnet sich nach den gleichen Grundsätzen wie bei Erkrankungen (hierzu § 4 Rn. 6 ff.). Besonderheiten können sich aus arbeitsvertraglichen Vereinbarungen sowie aufgrund der Anwendbarkeit der Tariföffnungsklausel des § 4 Abs. 4 auch aus tarifvertraglichen Regelungen ergeben.

– **§ 4 a EFZG**
Zahlt der Arbeitgeber seinen Arbeitnehmern zusätzlich zum Entgelt **Sondervergütungen**, können diese auch bezüglich Maßnahmen der Vorsorge oder Rehabilitation nach den gleichen Grundsätzen wie beim Eintritt einer Krankheit durch Tarifvertrag, Betriebsvereinbarung oder Arbeitsvertrag **gekürzt werden** (vgl. BT-Drucks. 13/4612, S. 16; KDHK, § 9 Rn. 26; ErfK/Dörner, § 9 Rn. 28; ausführlich unter § 4 a, Rn. 6 ff.).

– **§ 6–§ 8 EFZG**
Ferner gelten die Grundsätze für den Forderungsübergang bei Dritthaftung (§ 6 Rn. 8 ff.), die Regelungen über das Leistungsverweigerungsrecht des Arbeitgebers (§ 7 Rn. 4 ff.) und die Vorschriften über den Entgeltfortzahlungsanspruch über den Zeitpunkt der Beendigung des Arbeitsverhältnisses hinaus (§ 8 Rn. 4 ff.) entsprechend.

7. Anzeige- und Nachweispflicht (§ 9 Abs. 2)

39 Nach § 9 Abs. 2 ist der **Arbeitnehmer verpflichtet**, dem **Arbeitgeber unverzüglich** den **Zeitpunkt des Antritts der Maßnahme**, deren **voraussichtliche Dauer** und eine **eventuelle Verlängerung** der Maßnahme **mitzuteilen**. Die Mitteilung ist an keine bestimmte Form gebunden. Sie kann z. B. mündlich, telefonisch, per E-Mail usw. erfolgen. Aus Gründen der Beweisbarkeit ist eine schriftliche Mitteilung sinnvoll. Die Verpflichtung besteht auch bei Verlängerung der Kurmaßnahme.

40 Darüber hinaus ist der Arbeitnehmer entweder zur unverzüglichen **Vorlage** einer **Bescheinigung** des Sozialleistungsträgers über die Bewilligung der Maßnahme (Buchst. a) oder zur unverzüglichen Vorlage einer ärztlichen Bescheinigung über die Erforderlichkeit der Maßnahme (Buchst. b) beim Arbeitgeber verpflichtet. Diese Vorschrift regelt abweichend von den in § 5 festgelegten allgemeinen Anzeige- und Nachweispflichten im Krankheitsfall die Besonderheiten der Bewilligung oder ärztlichen Verordnung einer Kur (vgl. BT-Drucks. 12/5263, S. 15).

Die spezielle **Regelung** ist **notwendig**, weil ein Arbeitnehmer frühestens mit Bewilligung der Kur, häufig erst später den genauen Zeitpunkt des Kurbeginns erfährt. Die Kenntnis vom Zeitpunkt der Kurbewilligung und vom konkreten Kurbeginn fallen oft auseinander. Dennoch soll die Kenntnis beider Umstände unverzüglich an den Arbeitgeber weitergegeben werden, damit dieser entsprechend disponieren kann. 41

Der Arbeitnehmer hat, sofern die Kur **von einem Sozialleistungsträger nach § 9 Abs. 1 Satz 1 bewilligt** ist, dem Arbeitgeber die **Bewilligungsbescheinigung unverzüglich** vorzulegen. Unverzüglich bedeutet **ohne schuldhaftes Zögern** i. S. d. § 121 BGB. Bei **Arbeitsfähigkeit** kann üblicherweise die Bewilligung **am nächsten Arbeitstag** beim Arbeitgeber übergeben werden (vgl. im Einzelnen § 5 Rn. 9 f.). **Bei Arbeitsverhinderung** (Krankheit, Urlaub usw.) muss die Mitteilung je nach den Umständen des Einzelfalls per Brief, Telefon, E-Mail, durch Angehörige, Nachbarn usw. erfolgen (vgl. § 5 Rn. 10). Die Nachweispflicht ist **mit Zugang** (und nicht mit Absendung) der Bewilligungsmitteilung erfüllt. 42

Bei einer **ärztlichen Verordnung** der Kur nach Abs. 1 Satz 2 muss die unverzüglich vorzulegende **ärztliche Bescheinigung Angaben** über die **Erforderlichkeit** der Maßnahme enthalten. Neben der insoweit notwendigen Planung soll dem Arbeitgeber durch die Information über die Erforderlichkeit der Maßnahme Gelegenheit gegeben werden, eventuellen Zweifeln an der medizinischen Notwendigkeit der Kur nachzugehen (vgl. Boecken, Münch. Hdb. Bd. I, § 86 Rn. 31). Auch ohne ausdrückliche Erwähnung im Gesetz muss die Kurbewilligung oder die ärztliche Bescheinigung zusätzlich den Namen des betroffenen Arbeitnehmers und die Tatsache der Kur enthalten (vgl. Schmitt, § 9 Rn. 75). Entbehrlich sind Angaben darüber, ob es sich um eine Maßnahme der Vorsorge oder um eine Rehabilitationsmaßnahme handelt (Schmitt, § 9 Rn. 76). 43

Sobald dem Arbeitnehmer der **Zeitpunkt des Antritts** der Maßnahme und die **voraussichtliche Dauer** bzw. eine **eventuelle Verlängerung** bekannt sind, muss er diese **Informationen unverzüglich dem Arbeitgeber mitteilen**. Diese Mitteilung kann **formlos** erfolgen (vgl. BAG v. 15. 5. 1970, AP Nr. 1 zu § 1 LohnFG; zur Unverzüglichkeit vgl. Rn. 42). **Dauert die Kur länger** als ursprünglich angegeben, ist auch die Verlängerung dem Arbeitgeber unverzüglich – ggf. formlos – mitzuteilen und die **Folgebescheinigung** (schriftliche Bewilligung bzw. ärztliche Bescheinigung über die Erforderlichkeit) an ihn zu übersenden. 44

Solange ein Arbeitnehmer seinen Pflichten aus Abs. 2 nicht nachkommt, ist der Arbeitgeber in entsprechender Anwendung des § 7 Abs. 1 Nr. 1 berechtigt, die **Fortzahlung des Arbeitsentgelts** zu **verweigern** (vgl. § 7 Rn. 11). Dies gilt allerdings nur bis zur Vorlage der Bescheinigung über die Kurbewilligung (§ 9 Abs. 2 a) bzw. über die Erforderlichkeit (§ 9 Abs. 2 b). 45

EFZG §§ 9, 10

Bei nachträglicher Vorlage oder verspäteter Information über den Kurbeginn sowie deren Dauer ist der Arbeitgeber grundsätzlich verpflichtet, das Arbeitsentgelt – gegebenenfalls rückwirkend – fortzuzahlen (BAG v. 5. 5. 1972, AP Nr. 1 zu § 7 LohnFG; KDHK, § 9 Rn. 39; Schmitt, § 9 Rn. 85; Kass. Hdb.-Vossen, 2.2 Rn. 327).

46 Darüber hinaus sind bei schwer wiegenden Pflichtverletzungen Schadenersatzpflichten des Arbeitnehmers denkbar, wenn z. B. die Mitteilung des Kurbeginns unterbleibt und der Arbeitgeber für den überraschend weggebliebenen Arbeitnehmer keinen Ersatz besorgen bzw. keine anderweitigen Dispositionen treffen konnte (vgl. Schmitt, § 9 Rn. 86; KDHK, § 9 Rn. 42 m. w. N.).

§ 10
Wirtschaftliche Sicherung für den Krankheitsfall im Bereich der Heimarbeit

(1) In Heimarbeit Beschäftigte (§ 1 Abs. 1 des Heimarbeitsgesetzes) und ihnen nach § 1 Abs. 2 Buchstabe a bis c des Heimarbeitsgesetzes Gleichgestellte haben gegen ihren Auftraggeber oder, falls sie von einem Zwischenmeister beschäftigt werden, gegen diesen Anspruch auf Zahlung eines Zuschlags zum Arbeitsentgelt. Der Zuschlag beträgt

1. für Heimarbeiter, für Hausgewerbetreibende ohne fremde Hilfskräfte und die nach § 1 Abs. 2 Buchstabe a des Heimarbeitsgesetzes Gleichgestellten 3,4 vom Hundert,

2. für Hausgewerbetreibende mit nicht mehr als zwei fremden Hilfskräften und die nach § 1 Abs. 2 Buchstabe b und c des Heimarbeitsgesetzes Gleichgestellten 6,4 vom Hundert

des Arbeitsentgelts vor Abzug der Steuern, des Beitrags zur Bundesanstalt für Arbeit und der Sozialversicherungsbeiträge ohne Unkostenzuschläge und ohne die für Lohnausfall an gesetzlichen Feiertagen, den Urlaub und den Arbeitsausfall infolge Krankheit zu leistenden Zahlungen. Der Zuschlag für die unter Nr. 2 aufgeführten Personen dient zugleich zur Sicherung der Ansprüche der von ihnen Beschäftigten.

(2) Zwischenmeister, die den in Heimarbeit Beschäftigten nach § 1 Abs. 2 Buchstabe d des Heimarbeitsgesetzes gleichgestellt sind, haben gegen ihren Auftraggeber Anspruch auf Vergütung der von ihnen nach Absatz 1 nachweislich zu zahlenden Zuschläge.

(3) Die nach den Absätzen 1 und 2 in Betracht kommenden Zuschläge sind gesondert in den Entgeltbeleg einzutragen.

(4) Für Heimarbeiter (§ 1 Abs. 1 Buchstabe a des Heimarbeitsgesetzes) kann durch Tarifvertrag bestimmt werden, dass sie statt der in Absatz 1 Satz 2 Nummer 1 bezeichneten Leistungen die den Arbeitnehmern im Falle ihrer Arbeitsunfähigkeit nach diesem Gesetz zuste-

henden Leistungen erhalten. Bei der Bemessung des Anspruchs auf Arbeitsentgelt bleibt der Unkostenzuschlag außer Betracht.

(5) Auf die in den Absätzen 1 und 2 vorgesehenen Zuschläge sind die §§ 23 bis 25, 27 und 28, auf die in Absatz 1 dem Zwischenmeister gegenüber vorgesehenen Zuschläge außerdem § 21 Abs. 2 des Heimarbeitsgesetzes entsprechend anzuwenden. Auf die Ansprüche der fremden Hilfskräfte der in Abs. 1 unter Nummer 2 genannten Personen auf Entgeltfortzahlung im Krankheitsfall ist § 26 des Heimarbeitsgesetzes entsprechend anzuwenden.

Inhaltsübersicht Rn.

I.	Allgemeines	1–5
II.	Anspruchsberechtigte (Abs. 1)	6–17
III.	Ansprüche von Zwischenmeistern (Abs. 2)	18
IV.	Zahlungsnachweis in den Entgeltbelegen (Abs. 3)	19–20
V.	Tarifvertragliche Regelungen (Abs. 4)	21–26
VI.	Allgemeine Anwendbarkeit von Vorschriften des HAG (Abs. 5)	27–29

I. Allgemeines

Die Regelung zur Entgeltsicherung für die nach dem HAG Beschäftigten unterscheidet sich grundlegend von der für die in einem Arbeitsverhältnis stehenden Arbeiter und Angestellten. **Statt** einer **Entgeltfortzahlung** im Krankheitsfall erfolgt für den Geltungsbereich des HAG neben der Zahlung von Krankengeld (gem. §§ 44 ff. SGB V, soweit Mitgliedschaft in der Krankenversicherung besteht) die **Zahlung eines Zuschlags zum Arbeitsentgelt** durch den Auftraggeber, den die **Beschäftigten individuell und eigenverantwortlich zur wirtschaftlichen Sicherung** und zur **Vorsorge einsetzen sollen**. Der Arbeitgeber kauft sich damit durch eine maßvolle Erhöhung des gezahlten Entgelts von allen Ansprüchen der Heimarbeiter im Krankheitsfall frei. Begründet wird diese Abweichung vom Regelfall der Entgeltfortzahlung mit der besonderen Situation der Heimarbeit, die keine vom Arbeitgeber vorgegebenen und kontrollierbaren festen Arbeitszeiten und zumeist auch kein regelmäßiges und festes Arbeitsentgelt kennt (Schmitt, § 10 Rn. 1; vgl. insges. KW, § 10 Rn. 2 ff.). Zudem würde sich den in Heimarbeit tätigen Beschäftigten bei Anwendung des Entgeltfortzahlungsgesetzes im Einzelfall das Problem stellen, nachweisen zu müssen, dass Arbeit aufgrund der Erkrankung ausgefallen ist. Auch die Festsetzung der Höhe des fortzuzahlenden Entgelts trifft wegen der eigenständigen Arbeitsweise im Bereich der Heimarbeit auf Schwierigkeiten (vgl. KDHK, § 10 Rn. 2).

Die feststellbaren Probleme der Entgeltfortzahlung wären auch für den Bereich der Heimarbeit durch Zugrundelegung von Durchschnittsbezügen, analog zu den Regeln, die für Arbeitnehmer gelten, lösbar gewesen

EFZG § 10

(vgl. dazu § 4 Rn. 34 ff.). Damit hätte sich die volle Gleichbehandlung mit Arbeitnehmern erreichen lassen. Das EFZG belässt es jedoch in dieser Richtung, wie auch schon das LFZG, bei der Möglichkeit des Abs. 4, Heimarbeiter durch Tarifvertrag in den Genuss der vollen Entgeltfortzahlung gem. der §§ 3 ff. zu bringen.

3 Die **Zahlung von Krankengeld** im Bereich der Heimarbeit ergibt sich im Übrigen aus den §§ 44 ff. SGB V. Gem. § 47 Abs. 1 Satz 1 SGB V beträgt das Krankengeld 70 % des erzielten regelmäßigen Arbeitsentgelts. Es ist bei Krankenhausbehandlungen oder bei Behandlungen in Vorsorge- oder Rehabilitationseinrichtungen vom Beginn der Behandlung an (§§ 23 Abs. 4, 24, 40 Abs. 2, 41 SGB V) zu zahlen. In allen übrigen Fällen setzt die Zahlung mit dem auf die ärztliche Feststellung der Arbeitsunfähigkeit folgenden Tag ein (§ 46 Satz 1 SGB V, vgl. auch Schmitt, § 10 Rn. 3). Einen **uneingeschränkten Anspruch** auf Krankengeld haben allerdings **nur die Heimarbeiter** und die ihnen **Gleichgestellten**, da sie gem. § 5 Abs. 1 Satz 1 SGB V in der gesetzlichen Krankenversicherung pflichtversichert sind.

4 Nicht dieser **Pflichtversicherung** unterliegen die **Hausgewerbetreibenden** und die ihnen **Gleichgestellten** (KDHK, § 10 Rn. 15; KW, § 10 Rn. 11).

5 **Heimarbeiter** und evtl. freiwillig versicherte **Hausgewerbetreibende** sowie die den beiden Gruppen **Gleichgestellten** haben schon mit **Beginn ihrer Erkrankung** einen **Anspruch** auf Zahlung von Krankengeld. Bei der Behandlung im Krankenhaus oder in einer Vorsorge- bzw. Rehabilitationseinrichtung entsteht gem. §§ 23 Abs. 4, 24, 40 Abs. 2 und 41 SGB V der Anspruch mit Beginn derselben. Ansonsten setzt er gem. § 46 Satz 1 SGB V an dem Tag ein, der auf das Datum der ärztlichen Feststellung der Arbeitsunfähigkeit folgt.

II. Anspruchsberechtigte (Abs. 1)

6 **Anspruchsberechtigt** sind gem. Abs. 1 **alle Heimarbeiter und Hausgewerbetreibenden** sowie die diesen Beschäftigten gem. § 1 Abs. 2 a bis c HAG **Gleichgestellten** (vgl. ausführlich § 1 Rn. 53 ff.). Die **Aufzählung der Anspruchsberechtigten in Abs. 1 soll abschließend** sein. Damit bleiben Gleichgestellte, deren Gleichstellung sich gem. § 1 Abs. 2 Buchstaben a bis c HAG nicht auf die Entgeltfortzahlung bezieht, die sog. Zwischenmeister gem. § 1 Abs. 2 Buchstabe d HAG (vgl. Rn. 12), mithelfende Familienangehörige gem. § 2 Abs. 5 HAG und die fremden Hilfskräfte der Hausgewerbetreibenden gem. § 2 Abs. 6 HAG von einer Entgeltfortzahlung nach dem EFZG ausgeschlossen (vgl. KDHK, § 10 Rn. 21 ff.; Schmitt, § 10 Rn. 22 ff.).

7 Der Ausschluss **fremder Hilfskräfte** bleibt für diese **ohne praktische Konsequenz**, da sie aufgrund ihrer persönlichen Abhängigkeit wie Außenarbeitnehmer als Arbeitnehmer anzusehen und deshalb von § 1 Abs. 2

erfasst werden (vgl. § 1 Rn. 30 sowie KDHK, § 10 Rn. 22; Schmitt, § 10 Rn. 25).

Problematisch ist dieser **Ausschluss** hingegen **für mithelfende Familienangehörige** der Heimarbeiter und der ihnen Gleichgestellten, die weder von § 10 erfasst noch als Arbeitnehmer zu qualifizieren sind. Sie haben keinerlei Anspruch auf Entgeltfortzahlung.   **8**

Bezüglich der vorgenannten Beschäftigten kann der **Betriebsrat die Feststellung der Heimarbeitereigenschaft** über den Umweg einer **Feststellungsklage** erreichen, indem er vom Gericht überprüfen lässt, ob es sich bei den Familienangehörigen um Arbeitnehmer i. S. d. §§ 5 Abs. 1 und 6 Abs. 1 und 2 BetrVG handelt (vgl. Trümner in DKK, § 5 Rn. 276; KW, § 10 Rn. 44).   **9**

Problematisch ist das **Fehlen von Entgeltfortzahlungsansprüchen** weiterhin für die sog. **Zwischenmeister, die** gem. § 1 Abs. 2 Buchstabe d HAG gleichgestellt sind. Ohne echte Unternehmer zu sein, fehlt dieser Gruppe ebenfalls eine gesetzliche Vergütungssicherung für Krankheit und Feiertage.   **10**

Die **soziale Sicherung** im Rahmen von § 10 erfolgt **durch Zahlung eines Zuschlags** zum Arbeitsentgelt. Der Anspruch besteht gegen den Auftraggeber oder Zwischenmeister. Zahlt der Auftraggeber an den Zwischenmeister ein so geringes Entgelt, dass daraus keine Zuschläge mehr gezahlt werden können, oder zahlt er an einen Zwischenmeister, dessen Unzuverlässigkeit er kennt oder kennen muss, so haftet er t gegenüber dem Heimarbeiter gem. § 21 Abs. 2 HAG für die Entgelte mit (so auch Gola, § 10 Rn. 3.3; Schmitt, § 10 Rn. 35).   **11**

Auftraggeber ist, wer Heimarbeit vergibt. Gleichgestellte können Auftraggeber sein, wenn sie ihrerseits Heimarbeiter beschäftigen (vgl. Schmitt, § 10 Rn. 33). **Zwischenmeister** ist gem. § 2 Abs. 3 HAG, wer, ohne Arbeitgeber zu sein, die ihm von Gewerbetreibenden übertragene Arbeit an Heimarbeiter oder Hausgewerbetreibende weitergibt. Der Zwischenmeister des HAG ist **selbständiger Kleinunternehmer**. Die **Eigenschaft als Zwischenmeister entfällt** allerdings, **wenn er Arbeitnehmer des auftraggebenden Gewerbetreibenden ist**. Die Entgeltfortzahlung folgt dann aus §§ 3 ff. (so auch KDHK, § 10 Rn. 24; Schmitt, § 10 Rn. 34). Jede andere Qualifikation würde Umgehungsversuche des Auftraggebers begünstigen, Risiken der Beschäftigung von Heimarbeitern auf pro forma als Zwischenmeister bezeichnete abhängige Beschäftigte abzuwälzen.   **12**

Der **Zuschlag** ist **Teil des Arbeitsentgelts** und deshalb voll **zu versteuern**. Er ist mit Fälligkeit des normalen Entgelts an die Heimarbeiter auszuzahlen. Er unterliegt den Abs. 5 den besonderen Bestimmungen des HAG zur Entgeltüberwachung durch staatliche Stellen, ist jedoch nicht Teil des Arbeitsentgelts i. S. d. Sozialversicherungsrechts. Deshalb sind auf ihn keine Sozialversicherungsbeiträge zu entrichten (vgl. KDHK, § 10 Rn. 29;   **13**

EFZG § 10

SKTW, § 19 HAG Anh. Rn. 62; § 27 Rn. 1 ff.). Der Zuschlag ist wie Arbeitsentgelt abtretbar oder pfändbar (Schmitt, § 10 Rn. 28). Ein **freiwilliger Verzicht** der Anspruchsberechtigten auf die Zuschläge ist **zu keinem Zeitpunkt möglich** (BAG v. 22. 10. 1964; 28. 7. 1966, AP Nrn. 1, 2 zu § 25 HAG; KDHK, § 10 Rn. 28).

14 Der **Anspruch** auf den Zuschlag besteht **unabhängig** von einer eventuellen **Arbeitsunfähigkeit** des Beschäftigten (Schmitt, § 10 Rn. 29). Bedeutungslos ist weiterhin, ob eine Mitgliedschaft in einer gesetzlichen Krankenversicherung besteht (BAG v. 5. 11. 1957, AP Nr. 1 zu § 5 ArbKrankhG).

15 Die **Höhe des Zuschlags** ist für verschiedene Beschäftigtengruppen der Heimarbeit gem. Abs. 1 Ziff. 1 und 2 **unterschiedlich geregelt**. Der Zuschlag ist so berechnet, dass 17 Tage Arbeitsunfähigkeit ausgeglichen werden (Ausgleich der Differenz zwischen Krankengeld und Arbeitsverdienst; vgl. Rn. 4 und KDHK, § 10 Rn. 30). Durch diese Art der Berechnung werden arbeitsunfähige Heimarbeiter benachteiligt, weil nicht ausreichend berücksichtigt wird, dass die Einkommensverluste während der Krankheit sich auf die Höhe der Zuschläge für Urlaub, Feiertage und Krankheit auswirken (zutreffend GKK, § 10 Rn. 14).

16 Der **höhere Zuschlag** für die Hausgewerbetreibenden und die ihnen Gleichgestellten rechtfertigt sich daraus, dass sie **gegenüber ihren fremden Hilfskräften** zur Lohnfortzahlung verpflichtet sind. Ein Teil des Zuschlags dient damit zur eigenen Entgeltsicherung im Krankheitsfall, während der Rest zur Abdeckung möglicherweise entstehender Entgeltfortzahlungsansprüche ihrer Beschäftigten eingesetzt werden soll.

17 **Berechnungsgrundlage** des Zuschlags ist das **Bruttoarbeitsentgelt**. Abzuziehen sind eventuell anfallende Unkostenzuschläge sowie Feiertagsvergütungen, Urlaubsgeld, die bei Arbeitsausfall infolge von Krankheit zu leistenden Zahlungen sowie der Zuschlag nach § 10. Nicht abzuziehen sind hingegen die anfallenden Steuern und die zu zahlenden Beiträge für die Arbeitslosen- und Sozialversicherung (vgl. KDHK, § 10 Rn. 31; Schmitt, § 10 Rn. 31).

III. Ansprüche von Zwischenmeistern (Abs. 2)

18 **Zwischenmeister** (vgl. Rn. 12) haben wegen ihrer Qualifikation als selbständige Unternehmer gegen ihren Auftraggeber keinen Anspruch auf einen Vorsorgezuschlag. Dies gilt auch für die diesen nach § 1 Abs. 2 Buchstabe d HAG aufgrund ihrer sozialen Schutzbedürftigkeit Gleichgestellten (vgl. KDHK, § 10 Rn. 24; Schmitt, § 10 Rn. 36). Die **erhöhte Schutzbedürftigkeit** gleichgestellter Zwischenmeister wird aber vom EFZG insoweit berücksichtigt, als es ihnen gegenüber ihren Auftraggebern einen Anspruch auf Vergütung der Zuschläge einräumt, die sie ihrerseits an in Heimarbeit Beschäftigte auszahlen müssen. Für die nachweislich zu zahlenden Beiträge können sie vom Auftraggeber Vorauszahlungen ver-

langen (KDHK, § 10 Rn. 35). Damit tritt eine finanzielle Entlastung zugunsten der den Zwischenmeistern gleichgestellten und sozial besonders schutzbedürftigen Beschäftigten ein. Sie müssen aber die Zahlung selbst und deren Höhe nachweisen können. Deshalb ist es für gleichgestellte Zwischenmeister sinnvoll, vom Heimarbeiter gegengezeichnete Quittungsbelege oder Kopien der Entgeltbelege gem. § 9 HAG zu verwahren, um diese ggf. dem Auftraggeber vorlegen zu können.

IV. Zahlungsnachweis in den Entgeltbelegen (Abs. 3)

Durch den vorgeschriebenen **Nachweis der Zahlung** von Zuschlägen in den gem. § 9 HAG vom Auftraggeber oder vom Zwischenmeister auszugebenden und von den in Heimarbeit Beschäftigten zu verwahrenden Entgeltbüchern oder Entgeltbelegen soll eine **Kontrolle** der ordnungsgemäßen Zahlung durch die zuständigen staatlichen Aufsichtsbehörden gem. der §§ 23 ff. HAG ermöglicht werden. **19**

Die **Pflicht zur Eintragung** der Zuschläge **trifft die Auftraggeber** bzw. **Zwischenmeister.** Ihnen obliegt im Streitfall die Nachweispflicht (BAG v. 13. 3. 1963, AP Nr. 1 zu § 20 HAG; v. 21. 1. 1965, AP Nr. 1 zu § 1 HAG; KDHK, § 10 Rn. 43; Schmitt, § 10 Rn. 40). Können sie den **Nachweis nicht erbringen**, haben die Beschäftigten ihnen gegenüber einen **Anspruch auf Nachzahlung.** Letztere kann gem. § 24 HAG durch die zuständige staatliche Aufsichtsbehörde veranlasst werden (vgl. ausführlich Brecht, EFZG, § 10 Rn. 15). **20**

V. Tarifvertragliche Regelungen (Abs. 4)

Die **Tariföffnungsklausel** des Abs. 4 weist den **Weg hin zur Gleichstellung der Heimarbeiter** gem. §§ 1 Abs. 1 a und 2 Abs. 2 HAG mit Arbeitnehmern. Durch Tarifvertrag kann für diese Beschäftigten bestimmt werden, dass sie statt der in Abs. 1 Satz 2 Nr. 1 bezeichneten Zuschläge die vom Gesetz für Arbeitnehmer vorgesehene volle Entgeltfortzahlung erhalten. Dem Tarifvertrag sind schriftliche Vereinbarungen zwischen Gewerkschaften und Auftraggebern gem. § 17 HAG gleichgestellt (vgl. KDHK, § 10 Rn. 36; Schmitt, § 10 Rn. 43). **21**

Hausgewerbetreibende und Gleichgestellte bleiben von dieser tarifvertraglichen Möglichkeit nach dem Wortlaut der Vorschrift **ausgeschlossen** und werden damit unbillig benachteiligt. **22**

Wird ein entsprechender **Tarifvertrag nicht für allgemeinverbindlich erklärt**, soll keine Entgeltfortzahlung für die nicht tarifgebundenen Heimarbeiter einsetzen. Auch eine einzelvertragliche Vereinbarung der Einbeziehung des Tarifvertrags oder die Ausdehnung der Regelung durch Betriebsvereinbarungen wird für unzulässig erachtet (vgl. statt vieler KDHK, § 10 Rn. 36 und Schmitt, § 10 Rn. 43). Damit blieben die so **23**

EFZG § 10

Beschäftigten ohne einen erweiterten Entgeltzahlungsanspruch (zur Kritik an dieser Situation vgl. KW, § 10 Rn. 71 ff.).

24 Sieht ein **Tarifvertrag die Entgeltfortzahlung vor, entfällt der Anspruch auf Zuschlagszahlung**, da sich die beiden unterschiedlichen Ansprüche ausschließen (KDHK, § 10 Rn. 36). Wird in Tarifverträgen ausnahmsweise bestimmt, dass beide Ansprüche nebeneinander bestehen, entfällt die Sozialversicherungsfreiheit der Zuschlagszahlungen. Mit Blick auf die spezifischen Gegebenheiten der Heimarbeit kann die gem. § 4 Abs. 4 mögliche Festlegung eines festen Bezugszeitraums in einen Tarifvertrag nur ausdrücklich angeraten werden (so auch KDHK, § 10 Rn. 40 und Schmitt, § 10 Rn. 44).

25 Sind **Heimarbeiter** für **mehrere Auftraggeber** tätig, die nicht alle tarifgebunden sind, ist die Entgeltfortzahlung im Krankheitsfall differenziert zu betrachten. Von den Auftraggebern, die durch entsprechende tarifliche Regelungen zur vollen Entgeltfortzahlung verpflichtet sind, können sie die Entgeltfortzahlung gem. den §§ 3 ff. verlangen. Gegen die nicht durch Tarifvertrag verpflichteten Auftraggeber haben sie nur einen Anspruch auf Zahlung der Zuschläge. Daneben steht ihnen aus diesen Beschäftigungsverhältnissen ein Anspruch auf das gesetzliche Krankengeld zu (vgl. Rn. 3; Kehrmann/Pelikan, § 8 LFZG Rn. 18).

26 Kommt es zu **Streitigkeiten** über die **Höhe der Entgeltfortzahlung**, weil Heimarbeit in schwankendem Umfang ausgegeben wird, bleibt der Rückgriff auf die durchschnittliche Arbeitsleistung vor der Erkrankung nach den Grundsätzen, die auch für Arbeitnehmer gelten (vgl. § 4 Rn. 34 ff.). Im Streitfall ist es dabei ein Vorteil, wenn sich vom Auftraggeber unterschriebene Entgeltnachweise in den Händen der Beschäftigten befinden (vgl. Rn. 19).

VI. Allgemeine Anwendbarkeit von Vorschriften des HAG (Abs. 5)

27 Im Rahmen des EFZG werden durch Abs. 5 **Vorschriften des HAG** zum **Entgeltschutz** für **entsprechend anwendbar erklärt**. Damit unterliegen die Zuschläge im gleichen Umfang wie das eigentliche Entgelt für die Heimarbeit der staatlichen Aufsicht nach den §§ 23 bis 25 HAG. Damit können etwa zu niedrig angesetzte Beträge durch die staatlichen Aufsichtsbehörden gem. § 24 HAG nachgefordert werden. Gem. § 27 HAG besteht ein Pfändungsschutz.

28 Für die Fälle, in denen die **Auftragsvergabe durch Zwischenmeister** (vgl. Rn. 18 f.) erfolgt, stellt die Vorschrift durch den Verweis auf § 21 Abs. 2 HAG weiterhin klar, dass neben diesen auch die Auftraggeber für Entgelte und Zuschläge haften, wenn sie wissen oder den Umständen nach wissen müssen, dass das Entgelt, das sie an die Zwischenmeister zahlen, nach der Entgeltregelung nicht zur Sicherung der Einkommen der Beschäftigten ausreicht. Weiterhin haften die Auftraggeber für die Entgelte der nach dem HAG Beschäftigten mit, wenn sie an Zwischenmeister

zahlen, deren Unzuverlässigkeit sie kennen oder kennen müssen. Damit ergibt sich für die zuschlagsberechtigten Beschäftigten eine bessere Sicherung für den Fall der Zahlungsunfähigkeit der Zwischenmeister.

Der Verweis auf § 26 HAG dient dem **Entgeltschutz der fremden Hilfskräfte**, die von Hausgewerbetreibenden oder von diesen Gleichgestellten beschäftigt werden (vgl. § 1 Rn. 30; KDHK, § 10 Rn. 41). Gem. § 28 HAG sind die Auftraggeber bzw. Zwischenmeister auskunftspflichtig. Gleiches gilt, wenn die Bezahlung nicht nach einschlägigen tariflichen Regelungen erfolgt. **29**

§ 11
Feiertagsbezahlung der in Heimarbeit Beschäftigten

(1) Die in Heimarbeit Beschäftigten (§ 1 Abs. 1 des Heimarbeitsgesetzes) haben gegen den Auftraggeber oder Zwischenmeister Anspruch auf Feiertagsbezahlung nach Maßgabe der Absätze 2 bis 5. Den gleichen Anspruch haben die in § 1 Abs. 2 Buchstabe a bis d des Heimarbeitsgesetzes bezeichneten Personen, wenn sie hinsichtlich der Feiertagsbezahlung gleichgestellt werden; die Vorschriften des § 1 Abs. 3 Satz 3 und Abs. 4 und 5 des Heimarbeitsgesetzes finden Anwendung. Eine Gleichstellung, die sich auf die Entgeltregelung erstreckt, gilt auch für die Feiertagsbezahlung, wenn diese nicht ausdrücklich von der Gleichstellung ausgenommen ist.

(2) Das Feiertagsgeld beträgt für jeden Feiertag im Sinne des § 2 Abs. 1 Satz 2 0,72 vom Hundert des in einem Zeitraum von sechs Monaten ausgezahlten reinen Arbeitsentgeltes ohne Unkostenzuschläge. Bei der Berechnung des Feiertagsgeldes ist für die Feiertage, die in den Zeitraum vom 1. Mai bis 31. Oktober fallen, der vorhergehende Zeitraum vom 1. November bis 30. April und für Feiertage, die in den Zeitraum vom 1. November bis 30. April fallen, der vorhergehende Zeitraum vom 1. Mai bis 31. Oktober zugrunde zu legen. Der Anspruch auf Feiertagsgeld ist unabhängig davon, ob im laufenden Halbjahreszeitraum noch eine Beschäftigung in Heimarbeit für den Auftraggeber stattfindet.

(3) Das Feiertagsgeld ist jeweils bei der Entgeltzahlung vor dem Feiertag zu zahlen. Ist die Beschäftigung vor dem Feiertag unterbrochen worden, so ist das Feiertagsgeld spätestens drei Tage vor dem Feiertag auszuzahlen. Besteht bei der Einstellung der Ausgabe von Heimarbeit zwischen den Beteiligten Einvernehmen, das Heimarbeitsverhältnis nicht wieder fortzusetzen, so ist dem Berechtigten bei der letzten Entgeltzahlung das Feiertagsgeld für die noch übrigen Feiertage des laufenden sowie für die Feiertage des folgenden Halbjahreszeitraumes zu zahlen. Das Feiertagsgeld ist jeweils bei der Auszahlung in die Entgeltbelege (§ 9 Heimarbeitsgesetz) einzutragen.

(4) Übersteigt das Feiertagsgeld, das der nach Absatz 1 anspruchsberechtigte Hausgewerbetreibende oder im Lohnauftrag arbeitende Gewerbetreibende (Anspruchsberechtigter) für einen Feiertag auf Grund des § 2 seinen fremden Hilfskräften (§ 2 Abs. 6 des Heimarbeitsgesetzes) gezahlt hat, den Betrag, den er auf Grund der Absätze 2 und 3 für diesen Feiertag erhalten hat, so haben ihm auf Verlangen seine Auftraggeber oder Zwischenmeister den Mehrbetrag anteilig zu erstatten. Ist der Anspruchsberechtigte gleichzeitig Zwischenmeister, so bleibt hierbei das für die Heimarbeiter oder Hausgewerbetreibenden empfangene und weiter gezahlte Feiertagsgeld außer Ansatz. Nimmt ein Anspruchsberechtigter eine Erstattung nach Satz 1 in Anspruch, so können ihm bei Einstellung der Ausgabe von Heimarbeit die erstatteten Beträge auf das Feiertagsgeld angerechnet werden, das ihm auf Grund des Absatzes 2 und des Absatzes 3 Satz 3 für die dann noch übrigen Feiertage des laufenden sowie für die Feiertage des folgenden Halbjahreszeitraumes zu zahlen ist.

(5) Das Feiertagsgeld gilt als Entgelt im Sinne der Vorschriften des Heimarbeitsgesetzes über Mithaftung des Auftraggebers (§ 21 Abs. 2), über Entgeltschutz (§ 23 bis 27) und über Auskunftspflicht über Entgelte (§ 28); hierbei finden die §§ 24 bis 26 des Heimarbeitsgesetzes Anwendung, wenn ein Feiertagsgeld gezahlt ist, das niedriger ist als das in diesem Gesetz festgesetzte.

Inhaltsübersicht

		Rn.
I.	Allgemeines	1
II.	Anspruchsberechtigte (Abs. 1)	2–5
III.	Feiertagsgeld (Abs. 2)	6–12
IV.	Zeitpunkt der Auszahlung (Abs. 3)	13–19
V.	Ausgleichszahlungen des Auftraggebers (Abs. 4)	20–26
VI.	Entgelt im Sinne des HAG (Abs. 5)	27–28

I. Allgemeines

1 Das Textvolumen der Regelungen zur Entgeltfortzahlung an Feiertagen für den Bereich der Heimarbeit ist erheblich ausführlicher als das für den Bereich des Arbeitsverhältnisses. Inhaltlich ist die Regelung komplex und teilweise nur unter Einbeziehung einschlägiger Vorschriften des HAG verständlich. Hinzu kommen auslegungsbedürftige Inhalte der Norm. Dies alles erschwert die Feststellung bestehender Ansprüche erheblich. Eindeutig feststellen lässt sich auf den ersten Blick nur, dass die Zahlung des Feiertagsentgelts für den Anwendungsbereich des HAG auf **pauschalierter Basis** erfolgt. Den Beschäftigten werden **Durchschnittsbeträge** gezahlt, deren Höhe sich am Entgelt des zurückliegenden Auftragszeitraums orientiert.

II. Anspruchsberechtigte (Abs. 1)

Der Kreis der **Anspruchsberechtigten** entspricht dem des § 10 (vgl. § 10 Rn. 6ff.). Neben den nach § 1 Abs. 2 Buchstaben a bis c HAG Gleichgestellten werden allerdings auch die gem. § 1 Abs. 2 Buchstabe d HAG gleichgestellten Zwischenmeister (vgl. § 10 Rn. 18f.) in den Geltungsbereich dieser Vorschrift einbezogen. Keinen Anspruch haben Außenarbeitnehmer (vgl. § 1 Rn. 35), mithelfende Familienangehörige der Heimarbeiter, Gleichgestellte, soweit nicht die Gleichstellung die Feiertagsbezahlung beinhaltet, fremde Hilfskräfte gem. § 2 Abs. 6 HAG (Anspruch gem. § 2) sowie nicht gleichgestellte Zwischenmeister.

Der **Anspruch** auf Feiertagsbezahlung richtet sich **gegen** den **Auftraggeber** oder **Zwischenmeister** (vgl. § 10 Rn. 12ff.), der Heimarbeit ausgibt.

Werden **Zwischenmeister** gem. § 1 Abs. 2 Buchstabe d HAG **gleichgestellt**, bringt sie dies in eine Schuldnerrolle gegenüber den von ihnen in Heimarbeit Beschäftigten sowie einen eigenständigen Anspruch auf Feiertagsbezahlung gegenüber ihrem Auftraggeber. Im Zuschlag, den sie von ihren Auftraggebern erhalten, ist sowohl ihre eigene Feiertagsbezahlung als auch die ihrer Beschäftigten enthalten. Geben sie diesen Betrag nicht weiter, haben die Beschäftigten einen gesetzlichen Zahlungsanspruch gegen die gleichgestellten Zwischenmeister. Es kann sich im Einzelfall aber auch eine Mithaftung des Auftraggebers aus § 21 Abs. 1 HAG ergeben.

Erstreckt sich die **Gleichstellung** gem. § 1 Abs. 2 und 3 HAG auf die **Einbeziehung der Vorschriften über die Entgeltregelung** des 6. Abschnitts des HAG, beinhaltet sie auch die **Feiertagslohnzahlung**. Eine Ausnahme ist nur dann gegeben, wenn in der Gleichstellung dieser Bereich ausdrücklich ausgenommen wird (Schmitt, § 11 Rn. 24). Damit steht im Regelfall den in Heimarbeit beschäftigten Gleichgestellten, die einen Anspruch auf Entgeltfortzahlung gem. § 10 haben (vgl. § 10 Rn. 6), automatisch auch die Feiertagsbezahlung gem. § 11 zu.

III. Feiertagsgeld (Abs. 2)

Für jeden gesetzlichen Feiertag steht den in Heimarbeit Beschäftigten ein **Zuschlag** in **Höhe** von 0,72 v.H. des in einen Zeitraum von sechs Monaten ausgezahlten reinen Arbeitsentgelts ohne Unkostenzuschläge zu. Feiertage sind die des § 2 (vgl. § 2 Rn. 3ff.). Vom Arbeitsentgelt sind die Kosten für Roh- und Hilfsstoffe abzuziehen, die eingesetzt werden. Sozialversicherungsbeiträge und Steuern sind hingegen bei der Berechnung des Zuschlags zu berücksichtigen (vgl. KDHK, § 11 Rn. 16; Schmitt, § 11 Rn. 35).

Das Feiertagsgeld in Höhe von 0,72 v.H. steht den Beschäftigten für **jeden gesetzlichen Feiertag** einzeln zu. Beim Vorliegen mehrerer Feiertage ist

EFZG § 11

der Betrag mit deren Zahl zu multiplizieren. Handelt es sich um landesspezifische gesetzliche Feiertage, ist für das Entstehen des Anspruchs die Situation am Wohnort bzw. an der Arbeitsstätte des Beschäftigten maßgeblich (vgl. KDHK, § 11 Rn. 14; ErfK/Dörner, § 11 Rn. 6; Kass. Hdb.-Vossen, 2.2 Rn. 609).

8 Anders als Arbeitnehmer haben die in Heimarbeit Beschäftigten auch einen **Zahlungsanspruch für Feiertage**, die auf einen **Sonntag** oder in die Zeit von **Krankheit oder Urlaub** fallen, **ohne dass** gesondert **zu überprüfen** ist, ob ein **konkreter Entgeltausfall** vorliegt (vgl. KDHK, § 11 Rn. 12 ff.; SKTW, Anh. § 19 HAG Rn. 81; differenziert Gola, § 11 4.1, der darauf abstellt, ob in zulässiger Weise am Feiertag gearbeitet worden ist). § 2 ist als Anspruchsvoraussetzung nicht heranzuziehen (a. A. BAG v. 26. 7. 1979, AP Nr. 34 zu § 1 FeiertagslohnfortzahlungsG; Schmitt, § 11 Rn. 29; Boewer in Münch. Hdb., § 81 Rn. 20; Schaub, § 163 Rn. 30). Soweit gegen den generellen Zahlungsanspruch eingewandt wird, dass dadurch eine Besserstellung der nach dem HAG Beschäftigten gegeben ist, wird verkannt, dass diese in vielen Fällen an Sonn- und Feiertagen arbeiten und sich mithin in einer anderen Situation befinden als Arbeitnehmer im Sinne des § 1. Nur eine grundsätzliche Einbeziehung wahrt im Übrigen die zeitliche Unabhängigkeit der nach dem HAG Beschäftigten.

Ein generelles gesetzliches Verbot der Tätigkeit nach dem HAG an Sonn- und Feiertagen gibt es weder auf Bundes- noch auf Landesebene (a. A. Schmitt, § 11 Rn. 31, der aber übersieht, dass das ArbZG gem. § 2 Abs. 2 auf den Bereich der Heimarbeit nicht anwendbar ist). Würde man ihnen die Arbeit an Sonn- und Feiertagen im gesetzlich zulässigen Rahmen verwehren, folgte hieraus eine weitgehende zeitliche Festlegung an den übrigen Arbeitstagen mit dem Ergebnis persönlicher Abhängigkeit und der Anwendung des Arbeitsverhältnisses.

9 Für die **Berechnung** der **Höhe des Zuschlags** wird auf das Arbeitsentgelt in **Bezugszeiträumen aus der Vergangenheit** abgestellt, die ein **halbes** Jahr umfassen, mit dem Kalenderjahr aber nicht identisch sind. Pro Berechnungszeitraum ist von 139 Arbeitstagen auszugehen (vgl. BT-Drucks. 12/5798, S. 27). Fallen die Feiertage in die Zeit zwischen 1. Mai und 31. Oktober eines Jahres, wird auf die vorangegangenen Entgeltzahlungen in der Zeit vom 1. November bis zum 30. April zurückgegriffen. Für Feiertage in der Zeit vom 1. November bis zum 30. April ist der vorhergehende Zeitraum vom 1. Mai bis zum 31. Oktober maßgeblich. Ziel des Rückgriffs ist es, Vergütungsschwankungen auszugleichen. Durch die Methode der Berechnung auf der Basis von Bezugszeiträumen sollen die in Heimarbeit Beschäftigten bezüglich des Feiertagsentgelts Betriebsarbeitern gleichgestellt werden (BAG v. 26. 7. 1979, AP Nr. 34 zu § 1 FeiertagslohnzahlungsG).

10 Wird **erstmals Heimarbeit ausgegeben**, fehlen Entgeltzahlungen im vorausgehenden Bezugszeitraum. In diesen Fällen erfolgt **keine Zahlung**

EFZG § 11

von **Feiertagsgeld** an die Beschäftigten. Der damit entstehende Nachteil soll nach der Intention des Gesetzes durch eine zusätzliche Zahlung von Feiertagslohn bei Beendigung des Beschäftigungsverhältnisses ausgeglichen werden. Die Vorschrift bestimmt deshalb in Abs. 2 Satz 4, **dass der Anspruch auf Feiertagsgeld unabhängig davon** ist, **ob im laufenden Halbjahreszeitraum noch** eine **Beschäftigung** für den Auftraggeber stattfindet. In Abs. 3 Satz 3 wird hierzu weiter festgelegt, dass **bei** der **Beendigung** der Heimarbeit mit der letzten Entgeltzahlung das Feiertagsgeld für die übrigen Feiertage des noch laufenden sowie für die Feiertage des folgenden Halbjahreszeitraums zu zahlen ist (vgl. Rn. 13).

Zufriedenstellend ist diese Gesamtregelung **nur**, wenn jeweils eine **relativ gleichbleibende Auftragsvergabe** und entsprechende Entgeltzahlungen erfolgen. Dagegen würden die Beschäftigten benachteiligt, wenn sie nur im Zeitraum unmittelbar vor Beendigung der Heimarbeit eine hohe Arbeitslast erledigt haben und der Arbeitgeber ihnen bei Arbeitsende Feiertagsgeld auf Basis des vorherigen (schlechter bezahlten) Arbeitsentgelts auszahlte. Auftraggeber können damit durch geschickte Steuerung der Auftragsvergabe und der Beendigung der Beschäftigungsverhältnisse Teile der Feiertagsbezahlung einsparen. In derartigen Fällen kann zugunsten der Beschäftigten auf eine Durchschnittsbetrachtung der vorhergehenden Zeiträume zurückgegriffen werden. 11

Besteht ein **Betriebsrat**, kann dieser gem. **§ 87 Abs. 1 Ziff. 3 und 4 BetrVG** sowohl bei der Veränderung der Arbeitskontingente als auch bei der Zeit der Auszahlung des Arbeitsentgelts mitbestimmen, soweit eine Einbeziehung in den Wirkungsbereich des BetrVG gem. § 5 Abs. 1 BetrVG erfolgt (vgl. hierzu Trümner, DKK, § 5 Rn. 94 ff.). 12

IV. Zeitpunkt der Auszahlung (Abs. 3)

Das **Feiertagsgeld** ist **zeitnah vor** dem **Feiertag auszuzahlen**. Maßgeblicher Auszahlungstermin ist das **übliche Datum**, zu dem die Beschäftigten Zahlungen erhalten. Tarifvertragliche Regelungen des Auszahlungstermins sind möglich. Zahlungsschuldner ist der **Auftraggeber oder Zwischenmeister**. 13

Wird Heimarbeit unterbrochen, schreibt Satz 2 eine Auszahlung **spätestens drei Tage vor dem Feiertag** vor. Eine Arbeitsunterbrechung liegt vor, wenn die Ausgabe von Heimarbeit nur vorübergehend eingestellt wird. Diese Frist verlängert sich nach den allgemeinen Regeln der §§ 186 ff. BGB, wenn der Zahlungstermin auf einen Sonn- oder Feiertag fällt bzw. wenn auch am Samstag üblicherweise keine Arbeit ausgegeben wird. Fällt der Feiertag beispielsweise auf einen Mittwoch und erfolgt die Arbeitsausgabe immer nur von Montag bis Freitag, muss das Feiertagsgeld spätestens am Freitag der vorherigen Woche ausgezahlt werden. 14

Bei der einvernehmlichen **Beendigung der Heimarbeit** erfolgt gem. **Satz 3 eine Kompensation** des Feiertagsgeldes, das ein Beschäftigter im 15 ersten Halbjahreszeitraum seiner Tätigkeit mangels Bezugszeitraum nicht erhalten hat (vgl. Rn. 9 ff.). Ihm steht deshalb sowohl das Feiertagsgeld für die noch übrigen Feiertage des noch laufenden Zeitraums als auch das für die Feiertage des folgenden Halbjahreszeitraums zu. Maßgeblich sind nicht Kalenderhalbjahre, sondern die in § 11 Abs. 2 genannten Bezugszeiträume.

16 Voraussetzung für den Anspruch ist **Einvernehmen** zwischen Auftraggeber und Beschäftigten, dass das Heimarbeitsverhältnis nicht fortgesetzt wird. Das Einvernehmen ist in der Regel mit der **Kündigung** des Beschäftigungsverhältnisses gem. § 29 HAG gleichzusetzen. Als Kündigung kann auch in der Reduzierung oder der stillschweigenden Einstellung der Ausgabe von Heimarbeit qualifiziert werden. **Unterbricht der Auftraggeber die Arbeitsausgabe, ohne einen Termin für die Wiederaufnahme anzugeben, ist dieses Verhalten einer Kündigung gleichzusetzen,** die die Zahlungspflichten auslöst.

17 Mit **Beendigung** der Heimarbeit wird das **gesamte Feiertagsgeld mit der letzten Entgeltzahlung fällig**. Im Zweifel ist auf den **üblichen Auszahlungstermin** abzustellen. Bei Kündigung durch die Beschäftigten verbleibt dem Auftraggeber durch die Mindestkündigungsfristen des § 29 HAG von zwei Wochen ausreichend Zeit, das Feiertagsgeld zu berechnen.

18 Wird die **Heimarbeit im ersten Bezugshalbjahr beendet**, steht dem Beschäftigten nach Abs. 3 das **Feiertagsgeld nur für die Feiertage des folgenden Halbjahreszeitraums zu**. Zur Berechnung ist das Entgelt im tatsächlichen Beschäftigungszeitraum heranzuziehen und ggf. eine Durchschnittsbetrachtung vorzunehmen (vgl. Rn. 11).

19 Das **Feiertagsgeld** ist bei der Auszahlung vom Auftraggeber bzw. Zwischenmeister in die **Entgeltbücher** oder **-belege** der in Heimarbeit Beschäftigten **einzutragen**. Es gelten die gleichen Grundsätze wie für die Zuschläge zur sozialen Sicherung im Krankheitsfall gem. § 10 (vgl. § 10 Rn. 19 f.).

V. Ausgleichszahlungen des Auftraggebers (Abs. 4)

20 Die sprachlich komplizierte Regelung des Abs. 4 begrenzt die **finanzielle Vorleistungspflicht** von **Hausgewerbetreibenden** und von im **Lohnauftrag arbeitenden Gewerbetreibenden**, wenn sie ihren **fremden Hilfskräften** Feiertagsentgelt gem. § 2 zahlen müssen. Dies kann der Fall sein, wenn die fremden Hilfskräfte als Arbeitnehmer zu qualifizieren sind (vgl. hierzu § 2 Rn. 55 ff.).

21 Der **Anspruch** gem. Abs. 4 **entsteht,** wenn die eigenen Arbeitnehmern zu leistenden Zahlungen in der Gesamtsumme die Höhe des Feiertagsentgelts überschreiten, das ein Anspruchsberechtigter seinerseits gem. Abs. 2 erhält. Dieser Fall tritt beispielsweise ein, wenn Heimarbeit in dieser Form zum 1. Dezember beginnt. Der Anspruch von Arbeitnehmer auf Feiertagsentgelt für die Weihnachtsfeiertage und den Neujahrstag übersteigt hier die Höhe des Zuschlags, den Hausgewerbetreibende bzw. im Lohnauftrag arbeitende Gewerbetreibende erhalten.

Die Anspruchsberechtigten haben gegen ihre Auftraggeber oder Zwischenmeister einen **Anspruch auf Zahlung des Differenzbetrages** zwischen dem **Feiertagsgeld**, das sie gem. Abs. 2 erhalten, und dem **Feiertagsentgelt**, das sie gem. **§ 2** an ihre Arbeitnehmer zu zahlen haben (KDHK, § 11 Rn. 20). Er wird **ausgelöst** durch das **Verlangen des Anspruchsberechtigten**. Der Anspruch kann **mündlich, schriftlich, elektronisch** (vgl. Schneider/Wedde, DKK, Einleitung Rn. 162 a ff.) oder **in jeder anderen geeigneten Form** erhoben werden. 22

Das **Gesetz verzichtet auf** eine zwingende **Vorgabe zum Zahlungstermin** für den Erstattungsbetrag. Der Gesamtzusammenhang der Vorschrift und ihr Sinn und Zweck, unbotmäßige Belastungen der Anspruchsberechtigten zu vermeiden, legen allerdings den Rückgriff auf die in Abs. 3 genannten Zahlungszeitpunkte nahe (vgl. Rn. 13 ff.). 23

Handelt es sich um Beschäftigte i. S. des § 5 BetrVG, hat der Betriebsrat gem. § 87 Abs. 4 BetrVG bezüglich des Orts der Auszahlung von Arbeitsentgelten ein Mitbestimmungsrecht (vgl. Rn. 12). 24

Die Regelung des **Abs. 4** kommt **nur für die Beschäftigung fremder Hilfskräfte** gem. § 2 Abs. 6 HAG zur Anwendung. Dagegen bleibt die Beschäftigung von Heimarbeitern und Hausgewerbetreibenden unberücksichtigt (vgl. ausführlich KW, § 11 Rn. 40). Nach Abs. 4 anspruchsberechtigte Zwischenmeister können **für** die von ihnen beschäftigten **Heimarbeiter und Hausgewerbetreibenden** gem. Abs. 4 Satz 2 **keine Erstattungsansprüche** geltend machen, sondern nur die Erstattung der Entgeltdifferenz verlangen, die für fremde Hilfskräfte entsteht. 25

Überzahlungen des gem. Abs. 4 zu erstattenden Feiertagsgeldes durch Auftraggeber oder Zwischenmeister werden durch Satz 3 ausgeschlossen. Hat ein Anspruchsberechtigter Erstattungen in Anspruch genommen, können diese auf das Feiertagsgeld angerechnet werden, das ihm nach Beendigung der Tätigkeit gem. der Abs. 2 und 3 zusteht. 26

VI. Entgelt im Sinne des HAG (Abs. 5)

Das **Feiertagsgeld** gem. § 11 wird durch Abs. 5 bezüglich der Mithaftung des Auftraggebers (§ 21 HAG), des Entgeltschutzes (§§ 23 bis 27 HAG) und der Auskunftspflicht über Entgelte (§ 28 HAG) dem **Arbeitsentgelt nach dem HAG gleichgestellt.** Die Entgeltschutzvorschrift entspricht weitgehend der des § 10 (vgl. dort Rn. 27 ff.). 27

Durch den Verweis auf die §§ 23 ff. HAG wird der **heimarbeitstypische Entgeltschutz in vollem Umfang auf das Feiertagsgeld erstreckt.** Gem. § 24 HAG sind damit die Obersten Arbeitsbehörden der Länder oder die von ihnen bestimmten Stellen befugt, die Auftraggeber der Heimarbeit zur 28

Vorlage von Zahlungsbelegen bzw. bei zu niedrigen Zahlungen zur Nachzahlung aufzufordern. Die gleichen Überwachungs- und Nachforderungsbefugnisse bestehen auch, wenn überhaupt keine Feiertagsgelder gezahlt worden sind (vgl. Schmitt, § 11 Rn. 51). Gem. § 25 HAG haben die Länder, vertreten durch ihre Obersten Arbeitsbehörden oder die von ihnen bestimmten Stellen, auch bezüglich des Feiertagsgeldes das Recht, Nachzahlungen im eigenen Namen bei den Arbeitsgerichten geltend zu machen (vgl. KDHK, § 11 Rn. 25). Die Klagebefugnis bezüglich der Ansprüche auf Feiertagsgeld besteht auch dann fort, wenn die Beschäftigten gegenüber ihrem Auftraggeber auf Nachzahlungen verzichtet haben (vgl. in diesem Sinne BAG v. 22. 10. 1964).

§ 12
Unabdingbarkeit

Abgesehen von § 4 Abs. 4 kann von den Vorschriften dieses Gesetzes nicht zuungunsten des Arbeitnehmers oder der nach § 10 berechtigten Personen abgewichen werden.

Inhaltsübersicht
Rn.

I.	Allgemeines	1– 2
II.	Unabdingbarkeit	3–28
	1. Andere Regelungen	3– 8
	a) Tarifverträge	4– 5
	b) Betriebsvereinbarungen	6
	c) Bindende Festsetzung	7
	d) Einzelarbeitsverträge	8
	2. Günstigkeitsprinzip	9–14
	3. Verzicht auf Ansprüche nach dem EFZG	15–27
	4. Abweichende Berechnungsmethode (§ 4 Abs. 4)	28

I. Allgemeines

1 Nach § 12 kann abgesehen von § 4 Abs. 4 (vgl. § 4 Rn. 57 ff.) von den Vorschriften des EFZG **nicht zu ungunsten des Arbeitnehmers** abgewichen werden (vgl. BAG v. 16. 1. 2002, DB 02, 797). Die Unabdingbarkeit gilt ausdrücklich auch für Ansprüche der in Heimarbeit Beschäftigten bzw. ihnen Gleichgestellten (vgl. § 10). Zu den Arbeitnehmern zählen auch die Kapitäne und Besatzungsmitglieder auf Kauffahrteischiffen.

2 Aufgrund der im EFZG gesetzlich geschaffenen einheitlichen Regelung zur Fortzahlung der Arbeitsvergütung an gesetzlichen Feiertagen und bei Erkrankungen gilt die **Unabdingbarkeit** auch für den **Feiertagsentgeltfortzahlungsanspruch**. Andere Entgeltfortzahlungsregelungen (z. B. § 616 BGB) werden vom Verbot des § 12 nicht berührt.

II. Unabdingbarkeit
1. Andere Regelungen

Das gesetzliche **Abdingungsverbot** gilt für alle kollektiven und individuellen Vereinbarungen. In Betracht kommen vor allem Tarifverträge, Betriebsvereinbarungen, bindende Festsetzungen und Einzelarbeitsverträge.

a) Tarifverträge

Grundsätzlich darf auch durch Tarifverträge nicht zum Nachteil der Arbeitnehmer oder in Heimarbeit Beschäftigten bzw. ihnen Gleichgestellten von den Regelungen des § 1 bis 11 abgewichen werden. § 12 nennt als **Ausnahme** § 4 Abs. 4. Danach kann durch einen Tarifvertrag eine von § 4 Absätzen 1, 1 a und 3 **abweichende Bemessungsgrundlage** des fortzuzahlenden Arbeitsentgelts festgelegt werden (vgl. § 4 Rn. 57 ff.). Zudem kann im Rahmen eines solchen bestehenden Tarifvertrages zwischen nichttarifgebundenen Arbeitgebern und Arbeitnehmern die Anwendung der tarifvertraglichen Regelung über die Entgeltfortzahlung im Krankheitsfalle vereinbart werden (vgl. § 4 Rn. 63 ff.). Das **Abweichen von anderen Regelungen des EFZG zuungunsten** des Arbeitnehmers ist **unzulässig**. Tarifliche Ausschlussfristen für die Geltendmachung von Entgeltfortzahlungsansprüchen stellen keine Abweichung vom EFZG dar (vgl. BAG v. 16. 1. 2002, DB 02, 797).

Für **in Heimarbeit Beschäftigte** (aber nicht für Gleichgestellte oder Hausgewerbetreibende, vgl. § 10 Rn. 6 ff.) kann nach § 10 Abs. 4 durch Tarifvertrag an Stelle des laufenden Zuschlags gemäß § 10 Abs. 1 Satz 2 Nr. 1 Entgeltfortzahlung nach § 3 vereinbart werden (vgl. § 10 Rn. 21 ff.). Eine solche tarifliche Regelung ist selbst dann wirksam, wenn im Einzelfall die Gewährung des Zuschusses für den Heimarbeiter günstiger als eine Entgeltfortzahlung nach §§ 3, 9 wäre (vgl. KDHK, § 12 Rn. 41). Für die Frage was gilt, wenn günstigere und ungünstigere Regelungen in der Vereinbarung enthalten sind, vgl. Rn. 11.

b) Betriebsvereinbarungen

Durch **Betriebsvereinbarung**, die zwischen dem Arbeitgeber und dem Betriebsrat abgeschlossen wird, **kann nicht in die Rechte** der Arbeitnehmer aus dem EFZG **eingegriffen** werden. Es gibt **keine Ausnahmen**. Regelungen in Betriebsvereinbarungen, die zuungunsten von den §§ 1 bis 11 abweichen, sind deshalb unzulässig und unwirksam (vgl. GKK, § 12 Rn. 6; zum Verhältnis Gesetz – Betriebsvereinbarung vgl. DKK-Berg, § 77 Rn. 10; FKHES, § 77 Rn. 48 f.). Für die Frage was gilt, wenn günstigere und ungünstigere Regelungen in der Vereinbarung enthalten sind, vgl. Rn. 11 ff..

c) Bindende Festsetzung

7 Bindende Festsetzungen i. S. d. § 19 HAG sind die von den Heimarbeitsausschüssen (§ 4 HAG) getroffenen **verbindlichen Regelungen** und sonstigen Vertragsbedingungen für in Heimarbeit Beschäftigte oder ihnen Gleichgestellte. Dabei handelt es sich um **Rechtsregeln**, die wie die **normativen Bestimmungen** eines Tarifvertrages **wirken** (vgl. BVerfG v. 27. 2. 1973, BB 73, 987). Diese von Heimarbeitsausschüssen festgelegten Vertragsbedingungen dürfen **nicht zuungunsten** der in Heimarbeit Beschäftigten oder ihnen Gleichgestellten von § 10 **abweichen**. Es gibt keine Ausnahmen (GKK, § 12 Rn. 5).

d) Einzelarbeitsverträge

8 Einzelarbeitsverträge dürfen **keine Regelungen enthalten**, die **zuungunsten** des Arbeitnehmer oder für in Heimarbeit Beschäftigte oder ihnen Gleichgestellte vom EFZG **abweichen**. Es gibt **keine Ausnahmen**. Solche individualrechtlichen Regelungen sind unzulässig und deshalb unwirksam. Für die Frage was gilt, wenn günstigere und ungünstigere Regelungen in der Vereinbarung enthalten sind, vgl. Rn. 11 ff.

2. Günstigkeitsprinzip

9 Aus Art. 12 Abs. 1 GG folgt, dass der Arbeitnehmer nicht durch gesetzliche Regelungen gehindert sein darf, auf arbeitsvertraglicher Ebene für sich günstigere Regelungen auszuhandeln. Diesem am Grundgesetz und dem Prinzip der individuellen Privatautonomie orientierten Grundsatz trägt § 12 Rechnung. So ist es **zulässig**, wenn dem Arbeitnehmer vertraglich **vom ersten Tag des Arbeitsverhältnisses an Entgeltfortzahlung** zugesichert wird oder der **Arbeitgeber** auf die **Vorlage der ärztlichen Arbeitsunfähigkeitsbescheinigung** z. B. in der ersten Woche der Krankheit **verzichtet**. Allerdings hat der Arbeitgeber insoweit den **arbeitsrechtlichen Gleichbehandlungsgrundsatz** und ggf. Mitbestimmungsrechte des Betriebsrats zu beachten. So darf der Arbeitgeber z. B. nicht generell zwischen Arbeitern und Angestellten differenzieren.

10 Die Praxis zeigt, dass auch zahlreiche **Tarifverträge** Regelungen zur Entgeltfortzahlung, die **weit über die gesetzlichen Regelungen hinausgehen, enthalten** (z. B. Entgeltfortzahlungsansprüche je nach Dauer der Betriebszugehörigkeit bis zu einem Jahr und mehr, Zuschüsse zum Krankengeld usw.). Regelungen in Tarifverträgen, aber gegebenenfalls günstigere Bestimmungen auch in Betriebsvereinbarungen, sind zulässig, sofern nicht § 77 Abs. 3 BetrVG den Betriebsparteien eine Regelung verbietet (vgl. zum Günstigkeitsprinzip auch BAG v. 20. 4. 1999, DB 99, 1555).

11 Nach § 12 sind nur Regelungen ausgeschlossen, die ungünstiger als die Vorschriften des EFZG sind. Den Arbeitnehmer (in Heimarbeit Beschäftigte oder ihnen Gleichgestellte) besser stellende Regelungen, die **günstiger sind **als die gesetzlichen** Bestimmungen, sind jederzeit in vollem Umfang **möglich** (vgl. KDHK, § 12 Rn. 6).

Bei der Frage, ob eine ungünstigere Regelung vorliegt, ist die einzelne Vereinbarung, sei es ein Tarifvertrag, eine Betriebsvereinbarung oder aber ein Einzelarbeitsvertrag (vgl. Rn. 4 ff.) im **Einzelvergleich** mit der entsprechenden gesetzlichen Regelung zu vergleichen, denn jede der gesetzlichen Vorschriften ist mit Ausnahme des § 4 Abs. 4 unabdingbar (vgl. GKK, Rn. 8). Ein **Gesamtvergleich**, bei dem geprüft wird, welche der Regelungen insgesamt besser ist, **kommt** im Gegensatz zum Günstigkeitsvergleich im Tarifvertragsrecht § 4 Abs. 3 TVG **nicht in Betracht** (vgl. zum Günstigkeitsprinzip auch BAG v. 20. 4. 1999, DB 99, 1555; Feichtinger, Rn. 806; Müller/Berenz, Rn. 2; Worzalla/Süllwald, Rn. 16). Selbst wenn die vertragliche Regelung in der Summe besser ist als die Vorschriften des EFZG, so ist dennoch eine ungünstigere Abweichung in jedem einzelnen Punkt nach § 12 EFZG unzulässig und somit gemäß § 134 BGB rechtsunwirksam.

12

Unzulässige Regelungen, die ungünstiger sind als die gesetzlichen Regelungen, sind z. B:

13

- Abhängigmachen der Entgeltfortzahlung von einer Mindestbetriebszugehörigkeit (vgl. Schmitt, § 12 Rn. 27; zu berücksichtigen ist aber, dass für den Anspruch auf Entgeltfortzahlung nach § 3 die Wartezeit des § 3 Abs. 3 erfüllt sein muss).

- Abhängigmachen der Entgeltfortzahlung von der Durchführung einer weiteren ärztlichen Untersuchung (BAG v. 4. 10. 1978, DB 79, 577).

- Verkürzung des Entgeltfortzahlungszeitraums von 6 auf nur 5 Wochen.

- Eine Vereinbarung darüber, dass die auf den Feiertag fallende Arbeit vor- bzw. nachgearbeitet wird, lässt den Anspruch auf Feiertagsbezahlung nicht entfallen (BAG v. 3. 5. 1983, DB 83, 2784).

- Unzulässig ist eine arbeitsvertragliche oder kollektivrechtliche Regelung, nach der für die Dauer von **Betriebsferien** zwischen Weihnachten und Neujahr Arbeitnehmer, deren Urlaubsanspruch bereits erschöpft ist, unbezahlten Jahresurlaub nehmen müssen, was zum Wegfall der Feiertagsvergütung führt (BAG v. 27. 7. 1973, AP Nr. 36 zu § 1 Feiertagslohnzahlungsg).

- Des Weiteren ist es **unzulässig, Zeitgutschriften** aufgrund von **Gleitzeitvereinbarungen, Überstunden oder aufgrund einer tariflich vereinbarten Arbeitszeitverkürzung** mit dem Anspruch auf Entgeltfortzahlung zu verrechnen. Selbst wenn der Arbeitnehmer durch Verrechnung die krankheitsbedingten Fehlzeiten rechnerisch gering halten will, um z. B. bei häufigen Kurzerkrankungen eine Kündigung zu vermeiden, wird damit der gesetzliche Anspruch auf Entgeltfortzahlung rechtsunwirksam abbedungen (vgl. Schmitt, § 12 Rn. 28).

- Enthält ein **Tarifvertrag** oder eine **Betriebsvereinbarung teils günstigere und teils ungünstigere** Vorschriften als die gesetzlichen Regelungen, so ist die Vorschrift des § 139 BGB über die Teilnichtigkeit durch den Normcharakter von Kollektivverträgen nicht anwendbar (vgl. KDHK, § 12 Rn. 8). Die Nichtigkeit beschränkt sich grundsätzlich auf die dem EFZG entgegenstehenden ungünstigeren Regelungen des Kollektivvertrages. Nur wenn die übrigen Bestimmungen ohne die nichtigen Regelungen ihren Sinn verlieren oder aber offensichtlich ohne die nichtigen nicht vereinbart worden wären, erstreckt sich die Nichtigkeit auf den gesamten zusammenhängenden Regelungskomplex (vgl. KDHK, § 12 Rn. 8; Wiedemann/ Stumpf, § 1 Anm. 111; zur fehlenden selbständigen Bedeutung BVerfG v. 12. 11. 1958, BVerfGE 8, 274). Ist aufgrund von Teilnichtigkeit zwischen den Beteiligten streitig, ob der Kollektivvertrag nur in Teilen oder insgesamt nichtig ist, so obliegt derjenigen Partei die **Darlegungs- und Beweislast,** die sich auf die Geltung der umstrittenen Bestimmung beruft (vgl. KDHK, § 12 Rn. 8).

14 Besteht eine **einzelvertragliche Regelung** aus günstigeren und ungünstigeren Vorschriften als die Bestimmungen des EFZG, so stellt sich die Frage, ob gemäß § 139 BGB neben der Unwirksamkeit der ungünstigeren Regelungen des Vertrages auch die günstigeren rechtsunwirksam sind. Unproblematisch ist die Fallkonstellation, bei der nach dem mutmaßlichen Parteiwillen anzunehmen ist, dass die günstigeren Bestimmungen auch ohne die unwirksamen ungünstigeren Regelungen vereinbart worden wären. Dann haben diese **günstigeren Regelungen Bestand**. Ob anderenfalls die günstigeren Bestimmungen rechtsunwirksam sind, ist strittig. Vom Schutzzweck des § 12 ausgehend, ist aber § 139 BGB dahingehend anzuwenden, dass i. d. R. der Vertrag als voll wirksam anzusehen ist und lediglich die nichtige Vorschrift durch die entsprechende Regelung des EFZG ersetzt wird (vgl. Schmitt, § 12 Rn. 33; a. A. KDHK, § 12 Rn. 7; vgl. zu § 139 BGB insgesamt Palandt-Heinrichs, § 139 Anm. 1 ff.).

3. Verzicht auf Ansprüche nach dem EFZG

15 Von der Unabdingbarkeit ist der **Verzicht** des Arbeitnehmers und in Heimarbeit Beschäftigten bzw. Gleichgestellten auf Ansprüche nach dem EFZG zu unterscheiden. Wie schon in den vor dem EFZG geltenden Gesetzen zur Entgeltfortzahlung im Krankheitsfall soll durch das EFZG die Arbeitsvergütung als Existenzgrundlage des Arbeitnehmers auch im Krankheitsfall – zumindest zeitweise – gesichert werden (BAG v. 26. 4. 1978, AP Nr. 11 zu § 6 LFZG). Diesem **Schutzbedürfnis** trägt § 12 Rechnung. Dennoch kommt es in der Praxis immer wieder zu Vereinbarungen zwischen den Arbeitsvertragsparteien, in denen der Arbeitnehmer aufgrund der faktischen Machtposition des Arbeitgebers auf Entgeltfortzahlungsansprüche im Krankheitsfall verzichtet.

16 Auf schuldrechtliche Ansprüche, zu denen auch Forderungen nach dem EFZG gehören, **kann nicht einseitig verzichtet werden**. Eine solche einseitige Erklärung wäre rechtsunwirksam (vgl. KDHK, § 12 Rn. 13).

EFZG § 12

Verzichtserklärungen sind aber in der Form eines **Erlassvertrages** (§ 397 Abs. 1 Satz 1 BGB), eines **Vergleichs** (§ 797 Abs. 1 BGB) oder durch ein **negatives Schuldanerkenntnis** (§ 397 Abs. 2 BGB) möglich (Feichtinger, Rn. 810; KDHK, § 12 Rn. 14). Sie erfolgen in der Praxis häufig in Form einer sog. **Ausgleichsquittung** (vgl. auch BAG v. 20. 8. 1980, DB 81, 111). **17**

Ein **rechtswirksamer Verzicht** setzt auf jeden Fall voraus, dass der Verzichtende den ihm zustehenden Anspruch gekannt und seinen Verzichtswillen ausdrücklich erklärt hat oder dieser zumindest eindeutig aus den Umständen zu entnehmen ist (vgl. GKK, § 12 Rn. 14). Für einen wirksamen Verzicht muss dem Arbeitnehmer die Bedeutung seiner Erklärung eindeutig bewusst sein (BAG v. 20. 8. 1980, AP Nr. 3 zu § 9 Lohn-FG). Bei einem ausländischen Arbeitnehmer, der z. B. nur begrenzt der deutschen Sprache mächtig ist und eine Ausgleichsquittung unterschreibt, ohne dass diese übersetzt worden ist, wird man vom Arbeitgeber verlangen können, dass er dem ausländischen Arbeitnehmer einen Dolmetscher zur Verfügung stellt (LAG Berlin v. 7. 12. 1972, BB 73, 1030; etwas eingeschränkt LAG Frankfurt a. M. v. 7. 6. 1974, BB 75, 788; vgl. zum sog. Sprachrisiko ausländischer Arbeitnehmer Däubler AR 2, Rn. 1679 f.). Kommt der Arbeitgeber dieser Verpflichtung nicht nach, so wird man von der Unwirksamkeit des Verzichts ausgehen müssen (so Däubler AR 2, Rn. 1679; vgl. hierzu auch GKK, § 12 Rn. 14). **18**

Ob ein (vereinbarter) Verzicht auf die Ansprüche des EFZG (§§ 2, 3 und 8) möglich ist, beurteilt die Rechtsprechung und Literatur nach folgenden Fallgestaltungen: **19**

– Verzicht auf künftige Ansprüche während des Arbeitsverhältnisses

– Verzicht auf entstandene Ansprüche während des Arbeitsverhältnisses

– Verzicht auf künftige Ansprüche nach Beendigung des Arbeitsverhältnisses

– Verzicht auf entstandene Ansprüche nach Beendigung des Arbeitsverhältnisses.

Unumstritten ist ein **Verzicht auf künftige Ansprüche während des Arbeitsverhältnisses nicht mit § 12 zu vereinbaren** und somit gemäß § 134 BGB unwirksam (vgl. BAG v. 20. 8. 1980, DB 81, 111; GKK, § 12 Rn. 17; Schmitt, § 12 Rn. 18). Anderenfalls würde bereits nach §§ 3 und 9 die Entstehung der Entgeltfortzahlungsansprüche des Arbeitnehmers und damit seine Existenzsicherung in zukünftigen Krankheitsfällen gefährdet werden. **20**

Fraglich ist, ob ein **Verzicht auf entstandene Ansprüche während des Arbeitsverhältnisses** möglich ist. Das BAG lehnte dies zu Recht ab (BAG v. 28. 11. 1979, AP Nr. 10 zu § 6 LohnFG), da ein derartiger Verzicht im Widerspruch zu § 9 LFZG (heute § 12 EFZG) stehe, denn während des Bestehens des Arbeitsverhältnisses sei von einer fortdauernden Abhängigkeit des Arbeitnehmers von seinem Arbeitgeber auszugehen, der gerade **21**

EFZG § 12

der Unabdingbarkeit gesetzlicher Ansprüche entgegenwirken solle. Diese Entscheidung wurde kritisiert, weil damit zwischen allgemeinen – jederzeit verzichtbaren – Entgeltansprüchen und dem Entgeltfortzahlungsanspruch unterschieden werde. Im Übrigen sei ein Verbot des nachträglichen Verzichts nicht erforderlich, weil ein Arbeitnehmer zum Zeitpunkt der Fälligkeit bereits beurteilen könne, ob er das fortzuzahlende Entgelt für seinen Lebensunterhalt benötige (vgl. BAG v. 20. 8. 1980, AP Nr. 11 zu § 6 LohnFG mit Anm. Trieschmann; Schmitt, § 12 Rn. 19; vgl. zum Verzicht auch ausführlich Hoffmann in »25 Jahre BAG« 1979, 217). **Diese Ansicht verkennt** jedoch den klaren Wortlaut des § 12 und den Umstand, dass während des bestehenden Arbeitsverhältnisses eine **Verzichtserklärung** des Arbeitnehmers aufgrund seiner strukturellen Unterlegenheit **i. d. R. nicht freiwillig zustande kommt** (vgl. Kunz/Wedde, § 12 Rn. 25).

22 Nach Beendigung des Arbeitsverhältnisses kann **auf noch nicht entstandene Ansprüche** wegen des Schutzes der Gesundheit und der Sicherung der Heilungsmöglichkeiten ebenfalls **nicht wirksam verzichtet** werden (vgl. BAG v. 20. 8. 1980, DB 81, 111; Schmitt, § 12 Rn. 20). Allerdings unterscheidet das BAG in diesem Zusammenhang noch zwischen einer **Schlussabrechnung** nach Beendigung des Arbeitsverhältnisses und der **Fälligkeit** des Anspruchs im Falle des § 8 EFZG (»Anspruch auf Fortzahlung des Entgelts nach krankheitsbedingter Kündigung über den Beendigungszeitpunkt hinaus«). Durch die **Schlussabrechnung** soll der **Fälligkeitstermin** vor dem normalen Entgeltfortzahlungstermin auf die Beendigung des Arbeitsverhältnisses vorverlegt werden können. Geschieht das einverständlich, werden zukünftige Ansprüche auch so behandelt, als ob sie schon entstanden und fällig wären. In diesem Fall soll ein Schutzbedürfnis des Arbeitnehmers nicht mehr bestehen und der Verzicht zulässig sein (BAG v. 20. 8. 1980, DB 81, 111; KDHK, § 12 Rn. 28).

23 Ein Verzicht auf **entstandene** Ansprüche soll **nach** Beendigung des Arbeitsverhältnisses zulässig sein. Begründet wird diese Ansicht mit dem Umstand, dass der Arbeitnehmer in dieser Situation keinem wirklichen oder vermeintlichen Druck mehr ausgesetzt sei (BAG v. 11. 6. 1976, AP Nr. 2 zu § 9 LohnFG; BAG v. 16. 1. 2002, DB 02, 797; KDHK, § 12 Rn. 28 f.). Diese Ansichten, die einen Verzicht – in welcher Konstellation auch immer – zulassen, **verkennen zwei Gesichtspunkte:**

24 Zum einen verbietet der **klare Wortlaut** in **§ 12** eine abweichende Regelung **zuungunsten** des Arbeitnehmers. Die Ansicht des BAG (v. 11. 6. 1976, AP Nr. 2 zu § 9 LohnFG), dem »Wortlaut des § 9 LFZG« lasse »sich über die Reichweite der Unabdingbarkeit nichts entnehmen«, überzeugt nicht. § 9 LFZG bzw. § 12 EFZG lassen mit Ausnahme des § 4 Abs. 4 nur eine einzige Abweichung vom Gesetz zu, nämlich **für den Arbeitnehmer günstigere Regelungen**. Zum anderen wird die mehrfache **Funktion des Entgeltfortzahlungsgesetzes verkannt**. Es dient nämlich insbesondere auch der **Entlastung der Krankenkassen** (vgl. BAG v. 12. 12. 2001, DB 02, 1989; vgl. Boecken, Münch. Hdb. Bd. I, § 82 Rn. 32) und der **Effektivitätssicherung der sozialen Sicherungssysteme**. Zu berücksichtigen ist ferner die Rechtsprechung des BSG in diesem Zusammenhang, nach der das Krankengeld von den Krankenkassen dann nicht zu zahlen ist, wenn der Versicherte auf Entgeltfortzahlungsansprüche zum Schaden (bei grober Fahrlässigkeit) der Kasse verzichtet hat (vgl. ausführlich Marburger, BB 82, 2055 m. w. N.).

Berücksichtigt man daher den umfassenden Zweck des Entgeltfortzahlungsgesetzes im Krankheitsfall (Schutzfunktion gegenüber dem Arbeitnehmer und Entlastung der Krankenkasse), **so ist richtigerweise jeder Verzicht auf Entgeltfortzahlungsansprüche grundsätzlich unzulässig** (so im Ergebnis auch Boecken, Münch. Hdb. Bd. I, § 82 Rn. 34 und § 85 Rn. 75 ff.; Kunz/Wedde, § 12 Rn. 29). 25

Gem. § 12 kann nach allgemeiner Ansicht auch **nicht** auf den **Zuschlag nach § 10** verzichtet werden, und zwar **unabhängig davon, ob** das Heimarbeitsverhältnis der in Heimarbeit Beschäftigten oder ihnen Gleichgestellter bereits **beendet** worden ist oder ob es sich bereits um entstandene und fällige Ansprüche handelt (KDHK, § 12 Rn. 30). 26

Auf Ansprüche des Arbeitnehmers auf Entgeltfortzahlung aus einem **Tarifvertrag** kann nur dann verzichtet werden, wenn die Tarifvertragsparteien dies billigen (§ 4 Abs. 1 TVG; vgl. GKK, § 12 Rn. 32; KDHK, § 12 Rn. 37). Zum Verzicht des Arbeitnehmers zu Lasten der Krankenversicherung vgl. Kunz/Wedde, § 12 Rn. 31 ff. 27

4. Abweichende Berechnungsmethode (§ 4 Abs. 4)

Vom **Grundsatz der Unabdingbarkeit** in § 12 gibt es eine **gesetzliche Ausnahme**. Bei **tarifvertraglichen Regelungen** über die **Höhe des fortzuzahlenden Entgelts** kann nach **§ 4 Abs. 4** durch **eine abweichende Berechnungsgrundlage** vom gesetzlich vorgesehenen **Entgeltausfallprinzip abgewichen werden**. Auf der Grundlage des sog. **Referenzperiodenprinzips** kann z. B. für die Berechnung der Krankenvergütung tarifvertraglich ein längerer Zeitraum (z. B. drei Monate, sechs Monate und mehr) vereinbart werden (vgl. GKK, § 4 Rn. 57). Es kommen aber auch unterschiedliche Regelungen bei der Berücksichtigung von Mehrarbeit und Überstunden in Betracht (vgl. GKK, § 4 Rn. 58). Sinn dieser Regelung ist es, den Tarifvertragsparteien eine Berechnung der Entgeltfortzahlung zu ermöglichen, wie sie den praktischen Bedürfnissen des jeweiligen Wirtschaftszweiges entspricht, ohne in jedem Einzelfall einen Günstigkeitsvergleich anstellen zu müssen (vgl. auch § 4 Rn. 57 ff.) Allerdings ist eine tarifliche Regelung, die dem Arbeitgeber das Recht einräumt, für jeden Tag der Entgeltfortzahlung im Krankheitsfall den Arbeitnehmer 1,5 Stunden nacharbeiten zu lassen bzw., sofern ein Arbeitszeitkonto vorhanden ist, von diesem Zeitkonto 1,5 Stunden in Abzug zu bringen, eine Abweichung von § 4 Abs. 1 zuungunsten der Arbeitnehmer und deshalb nach § 12 unwirksam (vgl. BAG v. 26. 9. 2001, NZA 02, 387). 28

§ 13
Übergangsvorschrift

Ist der Arbeitnehmer von einem Tag nach dem 9. Dezember 1998 bis zum 1. Januar 1999 oder darüber hinaus durch Arbeitsunfähigkeit infolge Krankheit oder infolge einer Maßnahme der medizinischen Vorsorge oder Rehabilitation an seiner Arbeitsleistung verhindert, sind für diesen Zeitraum die seit dem 1. Januar 1999 geltenden Vorschriften maßgebend, es sei denn, dass diese für den Arbeitnehmer ungünstiger sind.

Inhaltsübersicht Rn.

I. Bedeutung der Vorschrift 1–2

I. Bedeutung der Vorschrift

1 Die Bestimmung des § 13 wurde **mit dem sog. Korrekturgesetz** (KorrG, vom 19. 12. 1998; BGBl. I S. 3849) **geändert**. Die Änderung wurde durch die am 1. 1. 1999 in Kraft getretene Neuregelung des Entgeltfortzahlungsrechts notwendig. Es gilt übergangsweise ab dem 10. Dezember 1998 das ab 1. 1. 1999 geltende Recht für die Wiederherstellung der 100%igen Entgeltfortzahlung im Krankheitsfall. § 13 regelt für die Übergangszeit, dass Maßnahmen der medizinischen Vorsorge oder Rehabilitation (§ 9) nicht mehr auf den Urlaub angerechnet werden dürfen, soweit ein Anspruch auf Fortzahlung des Arbeitsentgelts nach den gesetzlichen Vorschriften über die Entgeltfortzahlung im Krankheitsfall besteht (§ 10 BUrlG).

2 Die Übergangsbestimmung soll sicherstellen, dass die durch das KorrG eingeführten Änderungen auf jeden Fall ab dem 1. 1. 1999 gelten. Darüber hinaus finden die ab dem 1. 1. 1999 geltenden Bestimmungen auch in bestimmten Fällen ab dem 10. Dezember 1998 Anwendung, soweit die Neuregelung für die Arbeitnehmer nicht ungünstiger ist (vgl. für »Altfälle« Kunz/Wedde, § 13 Rn. 2 ff.).

2. Lohnfortzahlungsgesetz (LFZG)

Gesetz über die Fortzahlung des Arbeitsentgelts im Krankheitsfalle (Lohnfortzahlungsgesetz – LFZG) vom 27. Juli 1969 (BGBl. I S. 946), zuletzt geändert durch Gesetz vom 23. Dezember 2002 (BGBl. I 4621).

I. Einleitung

Die Aufwendungen, die Arbeitgeber als Folge ihrer Verpflichtung zur Entgeltfortzahlung erbringen müssen, können im konkreten Fall insbesondere für Kleinbetriebe zu einer erheblichen finanziellen Belastung werden. Diesem Sachverhalt sollen die auch nach Verkündung des EFZG weiter gültigen LFZG-Regelungen der §§ 10 bis 19 LFZG Rechnung tragen, die teilweise auch als »Lohnausfallversicherung« bezeichnet wurden (Schmitt, LFZG, Einleitung Rn. 1). **1**

Seit Verkündung des EFZG haben sich Veränderungen des LFZG durch das »Zweite Gesetz zur Änderung des Arbeitsförderungsgesetzes im Bereich des Baugewerbes« vom 15. 12. 1995 (BGBl. I S. 1809) und durch das »Gesetz zur Änderung des Mutterschutzrechts« vom 20. 12. 1996 (BGBl. I S. 2110) ergeben. Durch das Gesetz von 1995 wurde die Bezugnahme auf das Wintergeld in § 14 Abs. 2 Satz 3 LFZG einfügt. Das Gesetz von 1996 führte zu Änderungen in den §§ 10 Abs. 1 und 16 Abs. 2 LFZG (KDHK, Einführung LFZG; Schmitt, Einleitung LFZG, Rn. 4). Mit der zum 19. Juni 2001 erfolgten Überführung der Regelungen des Schwerbehindertenrechts in das SGB IX erfolgte eine sprachliche Anpassung in § 10 Abs. 2 LFZG. Durch die Ergänzung des § 10 Abs. 3 zum 23. Dezember 2002 wurde die Krankenkassenzuständigkeit für geringfügig Beschäftigte geregelt. Diese Ergänzung war Ausfluss der »Hartz-Vorschläge«. **2**

Der persönliche Anwendungsbereich der §§ 10 ff. LFZG ist bis heute unverändert geblieben. Dies führt (mit Blick auf den verfassungsrechtlichen Gleichbehandlungsgrundsatz nicht nachvollziehbar und bedenklich) dazu, dass trotz der ansonsten vollzogenen Gleichstellung zwischen Arbeitern und Angestellten die Aufwendungen, die Arbeitgeber für die Entgeltfortzahlung von Angestellten erbringen, nicht vom LFZG erfasst werden (KDHK, § 10 LFZG, Rn. 7). **3**

Im Hinblick auf ihren Schutzcharakter sind die §§ 10 ff. LFZG dem **Sozial-** **4**

LFZG § 10

versicherungsrecht zuzuordnen. Die **Regelungen sind zwingend** (KDHK, § 10 LFZG, Rn. 3).

5 Soweit das LFZG Verweisungen auf die aufgehobenen §§ 1 bis 9 LFZG enthält, werden in der folgenden Kommentierung die **entsprechenden Vorschriften** des **EFZG** genannt.

Zweiter Abschnitt – Ausgleich der Arbeitgeberaufwendungen
§ 10
Erstattungsanspruch

(1) Die Ortskrankenkassen, die Innungskrankenkassen, die Bundesknappschaft und die See-Krankenkasse erstatten den Arbeitgebern, die in der Regel ausschließlich der zu ihrer Berufsausbildung Beschäftigten nicht mehr als zwanzig Arbeitnehmer beschäftigen, achtzig vom Hundert

1. **des für den in § 1 Abs. 1 und 2 und den in § 7 Abs. 1 bezeichneten Zeitraum an Arbeiter fortgezahlten Arbeitsentgelts und der nach § 12 Abs. 1 Nr. 2 Buchstabe b des Berufsbildungsgesetzes an Auszubildende fortgezahlten Vergütung,**

2. **des vom Arbeitgeber nach § 14 Abs. 1 des Mutterschutzgesetzes gezahlten Zuschusses zum Mutterschaftsgeld,**

3. **des vom Arbeitgeber nach § 11 des Mutterschutzgesetzes bei Beschäftigungsverboten gezahlten Arbeitsentgelts,**

4. **der auf die Arbeitsentgelte und Vergütungen nach den Nummern 1 und 3 entfallenden von den Arbeitgebern zu tragenden Beiträge zur Bundesanstalt für Arbeit und Arbeitgeberanteile an Beiträgen zur gesetzlichen Kranken- und Rentenversicherung;**

in den Fällen der Nummern 2 und 3 und der Nummer 4 in Verbindung mit Nummer 3 werden die Aufwendungen der Arbeitgeber abweichend vom ersten Halbsatz voll erstattet. Am Ausgleich der Arbeitgeberaufwendungen nehmen auch die Arbeitgeber teil, die nur Auszubildende beschäftigen.

(2) Die Krankenkasse hat jeweils zum Beginn eines Kalenderjahres festzustellen, welche Arbeitgeber für die Dauer dieses Kalenderjahres an dem Ausgleich der Arbeitgeberaufwendungen teilnehmen. Ein Arbeitgeber beschäftigt in der Regel nicht mehr als zwanzig Arbeitnehmer, wenn er in dem letzten Kalenderjahr, das demjenigen, für das die Feststellung nach Satz 1 zu treffen ist, voraufgegangen ist, für einen Zeitraum von mindestens acht Kalendermonaten nicht mehr als zwanzig Arbeitnehmer beschäftigt hat. Hat ein Betrieb nicht während des ganzen nach Satz 2 maßgebenden Kalenderjahres bestanden, so nimmt der Arbeitgeber am Ausgleich der Arbeitgeberaufwendungen teil, wenn er während des Zeitraumes des Bestehens des Betriebes in der überwiegenden Zahl der Kalendermonate nicht mehr als zwan-

zig Arbeitnehmer beschäftigt hat. Wird ein Betrieb im Laufe des Kalenderjahres errichtet, für das die Feststellung nach Satz 1 getroffen ist, so nimmt der Arbeitgeber am Ausgleich der Arbeitgeberaufwendungen teil, wenn nach der Art des Betriebes anzunehmen ist, daß die Zahl der beschäftigten Arbeitnehmer während der überwiegenden Kalendermonate dieses Kalenderjahres zwanzig nicht überschreiten wird. Bei der Errechnung der Gesamtzahl der beschäftigten Arbeitnehmer bleiben Arbeitnehmer in einem Arbeitsverhältnis, in dem die regelmäßige Arbeitszeit wöchentlich zehn Stunden oder monatlich fünfundvierzig Stunden nicht übersteigt, sowie Schwerbehinderte im Sinne des Schwerbehindertengesetzes außer Ansatz. Arbeitnehmer, die wöchentlich regelmäßig nicht mehr als zwanzig Stunden zu leisten haben, werden mit 0,5 und diejenigen, die nicht mehr als dreißig Stunden zu leisten haben, mit 0,75 angesetzt.

(3) Die zu gewährenden Beträge werden dem Arbeitgeber von der Krankenkasse ausgezahlt, bei der die Arbeiter, die Auszubildenden oder die nach § 11 oder § 14 Abs. 1 des Mutterschutzgesetzes anspruchsberechtigten Frauen versichert sind oder versichert wären, wenn sie versicherungspflichtig wären oder wenn sie nicht nach § 183 Abs. 1 Satz 1 des Fünften Buches Sozialgesetzbuch die Mitgliedschaft bei einer Ersatzkasse gewählt hätten. Für geringfügig Beschäftigte nach dem Vierten Buch Sozialgesetzbuch ist zuständige Krankenkasse die Bundesknappschaft.

(4) Die Erstattung ist zu gewähren, sobald der Arbeitgeber Arbeitsentgelt nach § 1 Abs. 1 und 2 oder § 7 Abs. 1 an den Arbeiter, Vergütung nach § 12 Abs. 1 Nr. 2 Buchstabe b des Berufsbildungsgesetzes an den Auszubildenden, Arbeitsentgelt nach § 11 des Mutterschutzgesetzes oder Zuschuß zum Mutterschaftsgeld nach § 14 Abs. 1 des Mutterschutzgesetzes an die Frau gezahlt hat.

(5) Der Arbeitgeber hat der nach Absatz 3 zuständigen Krankenkasse die für die Durchführung des Ausgleichs erforderlichen Angaben zu machen.

Inhaltsübersicht   Rn.

I.	Voraussetzungen des Erstattungsanspruchs	1–16
	A. Beteiligte Arbeitgeber	1
	B. Mindestbeschäftigtenzahl	2–9
	C. Höhe des Erstattungsanspruchs	10–16
	1. Arbeitsentgelt und Ausbildungsvergütung (Abs. 1 Nr. 1)	11
	2. Zuschuss zum Mutterschutzgeld (Abs. 1 Nr. 2)	12
	3. Bei Beschäftigungsverbot fortzuzahlendes Arbeitsentgelt (Abs. 1 Nr. 3)	13

	4. Erstattung von Sozialversicherungsbeiträgen (Abs. 1 Nr. 4)	14, 15
	5. Nicht zu erstattende Aufwendungen	16
II.	Feststellungsverfahren und Beurteilungszeitraum (Abs. 2)	17–23
A.	Neugründung des Betriebes im vorangegangenen Kalenderjahr (Abs. 2 Satz 3)	21
B.	Neugründung des Betriebs im laufenden Kalenderjahr (Abs. 2 Satz 4)	22, 23
III.	Beginn und Ende der Teilnahme	24
IV.	Zuständige Krankenkasse (Abs. 3)	25, 26
V.	Fälligkeit der Ausgleichszahlung (Abs. 4)	27
VI.	Auskunftspflicht des Arbeitgebers (Abs. 5)	28, 29
VII.	Streitigkeiten	30

I. Voraussetzungen des Erstattungsanspruchs

A. Beteiligte Arbeitgeber

1 Der gesetzliche Ausgleichs- und Erstattungsanspruch kommt für alle **Arbeitgeber** (natürliche oder juristische Personen) zur Anwendung (KDHK, § 10 LFZG Rn. 15). Auf die Rechtsform des Betriebs kommt es dabei ebenso wenig an wie auf den konkreten Wirtschaftsbereich. Im Zweifelsfall ist derjenige Arbeitgeber, der nach dem Arbeitsvertrag zur Entgeltfortzahlung verpflichtet ist (Schmitt, § 10 LFZG, Rn. 25).

B. Mindestbeschäftigtenzahl

2 Voraussetzung für die Anwendbarkeit des LFZG ist gem. Abs. 1 die Beschäftigung von in der Regel nicht mehr als zwanzig Arbeitnehmern. Durch Satzung des Trägers kann diese Zahl auf dreißig heraufgesetzt werden (vgl. § 16 LFZG, Rn. 11). Wird die Zahl überschritten, entfällt die Anwendbarkeit der §§ 10 ff. LFZG und damit die Einbeziehung in das Ausgleichsverfahren.

3 Betreibt **ein Arbeitgeber** im Rahmen einer einheitlichen Unternehmensorganisation mehrere **juristisch abhängige Betriebe**, ist für die Berechnung auf die **Gesamtzahl** der Beschäftigten **abzustellen**. Etwas anderes gilt nur, wenn ein Arbeitgeber Inhaber mehrerer rechtlich selbstständiger Betriebe oder Unternehmen ist (KDHK, § 10 LFZG, Rn. 13).

4 Bei der Feststellung der Arbeitnehmerzahl ist auf alle im Betrieb tätigen Arbeiter und Angestellten abzustellen (KDHK, § 10 LFZG, Rn. 7; Schmitt, § 10 LFZG, Rn. 26). Nur wenn ein Arbeitgeber ausschließlich Angestellte beschäftigt, wird er vom gesetzlichen Ausgleichsverfahren und den sich hieraus ableitenden Zahlungsverpflichtungen (vgl. § 14

LFZG, Rn. 8) nicht erfasst. Er bleibt aber den zuständigen Krankenkassen gegenüber gem. Abs. 5 melde- und auskunftspflichtig (KDHK, § 10 LFZG, Rn. 7). Werden nur **Auszubildende** beschäftigt, besteht gem. Abs. 1 Satz 2 eine uneingeschränkte Einbeziehung des Arbeitgebers in die gesetzlichen Ausgleichsregelungen.

Werden ausschließlich Männer beschäftigt, besteht dennoch eine Verpflichtung zur Zahlung von Umlagebeträgen, die im Zusammenhang mit dem **Mutterschutz** stehen (Abs. 1 Satz 1 Nr. 2 und 3; ebenso KDHK, § 10 LFZG, Rn. 7). **5**

Uneingeschränkte Berücksichtigung bei der Berechnung der Beschäftigtenzahl finden Arbeitnehmer, die **erkrankt** sind, an **Maßnahmen der medizinischen Vorsorge oder Rehabilitation** gem. § 9 EFZG beteiligt sind oder die sich im **Urlaub** befinden (KDHK, § 10 LFZG, Rn. 11). **Mithelfende Familienangehörige** sind nur zu berücksichtigen, wenn sie in einem Arbeitsverhältnis mit dem Betrieb stehen (KDHK, § 10 LFZG, Rn. 8; Schmitt, § 10 LFZG, Rn. 31; zur Ausnahme für landwirtschaftliches Unternehmen vgl. § 18 LFZG). **6**

Bei der Feststellung der relevanten Zahl von Arbeitnehmern **nicht mitzurechnen** sind die zu ihrer **Berufsausbildung Beschäftigten** (zum Begriff ausführlich § 1 EFZG Rn. 42 ff.). Für die an diese Beschäftigten geleisteten Entgeltfortzahlungen haben die Arbeitgeber aber ebenfalls einen Erstattungsanspruch gem. § 12 Abs. 1 Satz 2 BBiG i. V. m. § 1 Abs. 2 EFZG (vgl. die Erläuterungen zu § 12 BBiG unter 3.). **7**

Nicht zu berücksichtigen sind weiterhin auf Basis des **HAG** tätige Personen, **Wehr- und Zivildienstleistende**, Beschäftigte, deren **Arbeitsverhältnisse längerfristig ruhen**, Bezieher von Vorruhestandsleistungen sowie **Leiharbeitnehmer** im Betrieb des **Entleihers** (vgl. insgesamt KDHK, § 10 LFZG, Rn. 8 ff; Schmitt, § 10 LFZG, Rn. 30 ff.). **8**

Nicht berücksichtigt werden gem. Abs. 2 Satz 5 weiterhin **Teilzeitarbeitnehmer**, deren Arbeitszeit 10 Stunden in der Woche oder 45 Stunden im Monat nicht übersteigt, sowie **schwerbehinderte Menschen** im Sinne des SGB IX. Liegt **Teilzeittätigkeit mit einem höheren zeitlichen Umfang** vor, erfolgt gem. Abs. 2 Satz 5 eine **gestaffelte Berücksichtigung** im Rahmen der Feststellung der Gesamtbeschäftigtenzahl (vgl. Kunz/Wedde, § 10 Rn. 15 LFZG). **9**

C. Höhe des Erstattungsanspruchs

Der Erstattungsanspruch beträgt im Regelfall des Abs. 1 achtzig vom Hundert des gemäß den §§ 3 Abs. 1 und § 9 Abs. 1 EFZG fortzuzahlenden Arbeitsentgelts bzw. der fortzuzahlenden Ausbildungsvergütung. Zahlungen des Arbeitgebers nach dem MuSchG werden gem. der Abs. 1 Nr. 2 bis 4 voll erstattet (KDHK, § 10 LFZG, Rn. 49). **10**

LFZG § 10

1. Arbeitsentgelt und Ausbildungsvergütung (Abs. 1 Nr. 1)

11 Berechnungsgrundlage für das Ausgleichsverfahren ist das vom Arbeitgeber gem. der §§ 3 ff. EFZG fortzuzahlende Entgelt (vgl. ausführlich § 4 EFZG, Rn. 6 ff.). **Berechnungsbasis** ist das zu zahlende **Bruttoentgelt**. Dabei sind auch die Arbeitnehmeranteile der Beiträge zur gesetzlichen Kranken- und Rentenversicherung sowie zur Bundesanstalt für Arbeit ebenso zu berücksichtigen wie abgeführte Lohn- und Kirchensteuer, vermögenswirksame Leistungen oder im Lohn enthaltene Beiträge der Arbeitnehmer zu zusätzlichen betrieblichen oder überbetrieblichen Altersversorgungen. Gewährte **Naturalleistungen** sind auf Basis ihres Geldwertes ebenfalls erstattungsfähig (KDHK, § 10 LFZG, Rn. 4; Schmitt, § 10 LFZG, Rn. 8).

2. Zuschuss zum Mutterschutzgeld (Abs. 1 Nr. 2)

12 Arbeitnehmerinnen, die in einer gesetzlichen Krankenversicherung versichert sind, haben gem. der §§ 3 Abs. 2 und 6 Abs. 1 MuschG einen Anspruch auf **Mutterschaftsgeld**. Entsprechende Zahlungen der Arbeitgeber werden diesen gem. § 10 LFZG vollständig erstattet. Es erfolgt lediglich ein Abzug des von der gesetzlichen Krankenversicherung gezahlten Mutterschaftsgeldes. Es ist unerheblich, ob die Frau als Arbeiterin oder als Angestellte tätig ist (Schmitt, § 10 LFZG, Rn. 13).

3. Bei Beschäftigungsverbot fortzuzahlendes Arbeitsentgelt (Abs. 1 Nr. 3)

13 Liegen die Voraussetzungen des § 11 MuSchG vor, ist vom Arbeitgeber das in der Vergangenheit durchschnittlich geleistete Arbeitsentgelt fortzuzahlen. Voraussetzung des damit bestehenden Anspruchs ist, dass das Arbeitsentgelt wegen eines Beschäftigungsverbotes nach dem MuSchG fortgezahlt wird. Liegt hingegen infolge des besonderen Verlaufs der Schwangerschaft Arbeitsunfähigkeit vor, leitet sich der Entgeltzahlungsanspruch aus den Regeln des EFZG ab (vgl. § 3 EZFG, Rn. 40 ff.).

4. Erstattung von Sozialversicherungsbeiträgen (Abs. 1 Nr. 4)

14 Zu den erstattungsfähigen Aufwendungen des Arbeitgebers gehören die **von ihm zu tragenden Beiträge zur gesetzlichen Kranken- und Rentenversicherung** sowie zur **Bundesanstalt für Arbeit**. Ist er zur alleinigen Übernahme von Sozialversicherungsbeiträgen verpflichtet, hat er einen Anspruch auf Erstattung des Gesamtbetrages (Schmitt, § 10 LFZG, Rn. 18). Trägt der Arbeitgeber für **geringfügig Beschäftigte** Beiträge zur gesetzlichen Krankenversicherung oder zur gesetzlichen Rentenversicherung alleine, werden diese Zahlungen in die gesetzliche Erstattung einbezogen (KDHK, § 10 LFZG, Rn. 47).

15 **Nicht zu erstatten** sind Beiträge des Arbeitgebers zur gesetzlichen **Unfallversicherung** und zur **Pflegeversicherung** sowie von ihm übernommene

LFZG § 10

Zahlungen zu **zusätzlichen Alters- oder Hinterbliebenenversorgungen** (KDHK, § 10 LFZG, Rn. 47; Schmitt, § 10 LFZG, Rn. 19).

5. Nicht zu erstattende Aufwendungen

Nicht zu den gem. Abs. 1 **erstattungsfähigen Aufwendungen** gehören Leistungen, die nur zufällig in den Entgeltfortzahlungszeitraum fallen. Keine Erstattung erfolgt darüber hinaus für **ohne Rechtsgrund fortgezahltes Arbeitsentgelt, für Leistungen**, die über den gesetzlichen Rahmen des EFZG hinaus aufgrund **kollektiver oder einzelvertraglicher Regelungen** gewährt werden, für **einmalige Zuwendungen** wie **Gratifikationen oder Tantiemen**, für **Zahlungen** von Urlaubsgeld oder von **Urlaubsabgeltungen** sowie für Aufwendungen, bei denen es sich nicht um Arbeitsentgelt handelt **wie etwa Kosten einer Ersatzkraft** (KDHK, § 10 LFZG, Rn. 45; Schmitt, § 10 LFZG, Rn. 20). **16**

II. Feststellungsverfahren und Beurteilungszeitraum (Abs. 2)

Die zuständige Krankenkasse (zur Zuständigkeit vgl. Rn. 25 f.) hat gem. Abs. 2 Satz 1 jeweils **zu Beginn des Kalenderjahres** festzustellen, welche Arbeitgeber für die Dauer dieses Jahres am Ausgleichsverfahren teilnehmen. Relevanter **Bezugszeitraum** ist das **vorangehende Kalenderjahr**. Die Feststellung hat im Monat **Januar** zu erfolgen und wirkt für das gesamte Kalenderjahr. Wird die Feststellung erst zu einem späteren Zeitpunkt im Jahr getroffen, nimmt der Arbeitgeber dennoch am Ausgleichsverfahren teil (BSG v. 16. 12. 1980, SozR 7860, § 10 Nr. 4; GKK, Rn. 11). **17**

Die Feststellung ergeht durch Bescheid der zuständigen Krankenkassen. Der Bescheid ist als **Verwaltungsakt** selbständig mit den zulässigen Rechtsmitteln **anfechtbar** (KDHK, § 10 LFZG, Rn. 5; Schmitt, § 10 LFZG, Rn. 39). **18**

Die Teilnahme am Ausgleichsverfahren erfolgt gem. Abs. 2 Satz 2, wenn der Arbeitgeber in dem Kalenderjahr, das der Feststellung vorangegangen ist, in einem Zeitraum von acht vollen Kalendermonaten nicht mehr als zwanzig Arbeitnehmer beschäftigt hat (KDHK, § 10 LFZG, Rn. 17; Schmitt, § 10 LFZG, Rn. 34; a. A. GKK, § 10 LFZG, Rn. 14, die auf zusammenhängende Kalendermonate abstellen). **19**

Probleme bei der Feststellung können sich ergeben, wenn der Betrieb nicht im gesamten der Feststellung vorangehenden Kalenderjahr bestanden hat oder wenn er erst im laufenden Kalenderjahr neu gegründet wird. Für diese beiden Varianten sieht Abs. 2 in Satz 3 und Satz 4 Sonderregelungen vor. **20**

A. Neugründung des Betriebes im vorangegangenen Kalenderjahr (Abs. 2 Satz 3)

Wurde ein Betrieb im **vorangegangenen Kalenderjahr gegründet**, nimmt er nach Abs. 2 Satz 3 am Ausgleichsverfahren teil, wenn er im **21**

Gründungsjahr in der überwiegenden Zahl der Kalendermonate nicht mehr als zwanzig Arbeitnehmer beschäftigt hat. **Überwiegend** bedeutet mehr als die Hälfte (KDHK, § 10 LFZG, Rn. 18).

B. Neugründung des Betriebs im laufenden Kalenderjahr (Abs. 2 Satz 4)

22 Wird ein Betrieb im Laufe des Kalenderjahres, für das die Feststellung gem. Abs. 1 getroffen ist, neu gegründet, nimmt er nach Abs. 2 Satz 4 am Ausgleichsverfahren teil, wenn nach der Art des Betriebes **anzunehmen ist**, dass die Zahl Beschäftigten während der überwiegenden Zahl der Kalendermonate zwanzig Arbeitnehmer nicht überschreiten wird. Maßgeblich ist auch hier wiederum die Zahl der insgesamt vom Arbeitgeber beschäftigten Arbeitnehmer (vgl. ausführlich Rn. 2 ff.).

23 Die Einbeziehung in das gesetzliche Ausgleichsverfahren knüpft in diesen Fällen an eine zu treffende **Prognose** an. Es ist etwa darauf abzustellen, ob der Betrieb nach Einrichtung und Ausstattung auf mehr als zwanzig Arbeitnehmer eingerichtet ist (KDHK, § 10 LFZG, Rn. 19).

III. Beginn und Ende der Teilnahme

24 Das Gesetz stellt bei Vorliegen der zahlenmäßigen Voraussetzungen des Abs. 1 1. Hlbs. (Rn. 3 ff.) in Abs. 2 Satz 1 hinsichtlich der Dauer der Teilnahme am Ausgleichsverfahren auf das Kalenderjahr ab. **Beginn der Teilnahme** ist der 1. Januar und **Ende der Teilnahme** ist der 31. Dezember des Jahres, für das die Feststellung erfolgt. Maßgeblich ist insoweit allein die Zahl der Beschäftigten im Vorjahr (vgl. Rn. 17 ff). Im laufenden Kalenderjahr **endet die Teilnahme**, wenn der Betrieb endgültig (und nicht nur vorübergehend) stillgelegt oder aufgelöst wird (KDHK, § 10 LFZG, Rn. 21) oder wenn der Arbeitgeber einem freiwilligen Ausgleichsverfahren beitritt (vgl. § 19 LFZG Rn. 1 ff.).

IV. Zuständige Krankenkasse (Abs. 3)

25 Nach der **abschließenden** Aufzählung in Abs. 1 wird das Ausgleichsverfahren von den Ortskrankenkassen, den Innungskrankenkassen, der Bundesknappschaft und der See-Krankenkasse durchgeführt. **Nicht beteiligt** sind hingegen **Betriebskrankenkassen, Ersatzkassen** und **landwirtschaftliche Krankenkassen**. Die **konkrete Zuständigkeit** der jeweiligen Krankenkasse bestimmt sich durch das Versicherungsverhältnis der Arbeitnehmer, der Auszubildenden oder der von den Regelungen des MuSchG erfassten Frauen (KDHK, § 10 LFZG, Rn. 28 ff.; Schmitt, § 10 LFZG, Rn. 40 ff.).

26 Sind **anspruchsberechtigte Beschäftigte nicht Mitglieder einer der** in Abs. 1 **genannten Krankenkassen**, ist die Krankenkasse zuständig, bei der die Versicherung erfolgen würde, wenn sie versicherungspflichtig wären oder wenn sie die Mitgliedschaft in einer Ersatzkasse nicht gewählt hätten (Schmitt, § 10 LFZG, Rn. 44). Ist ein Arbeitnehmer im Rahmen mehrerer Teilzeittätigkeiten für unterschiedliche Arbeitgeber tätig, richtet sich die Zuständigkeit der Krankenkasse gem. § 178 SGB V nach der **überwiegenden Beschäftigung** (GKK, § 10 LFZG, Rn. 52; Schmitt, § 10 LFZG, Rn. 43).

V. Fälligkeit der Ausgleichszahlung (Abs. 4)

Die Ausgleichszahlung ist dem Arbeitgeber zu gewähren, sobald er Arbeitsentgelt nach den §§ 3 ff. EFZG an anspruchsberechtigte Beschäftigte gezahlt hat, nicht aber schon bei Entstehung des gesetzlichen Anspruchs (Schmitt, § 10 LFZG, Rn. 45). Leistet der Arbeitgeber **Abschlagzahlungen** an berechtigte Beschäftigte, lösen diese ebenfalls die Fälligkeit aus. Für den Eintritt der Fälligkeit sind hingegen andere Faktoren wie das Ende der Krankheit, die vollständige Abwicklung des konkreten Erstattungsfalls oder der Ablauf der jeweiligen Gehaltsabrechnungsperiode ohne Bedeutung. Die Satzung von Krankenkassen kann die Zahlung von **Vorschüssen** an Arbeitgeber vorsehen.   27

VI. Auskunftspflicht des Arbeitgebers (Abs. 5)

Arbeitgeber müssen den gem. Abs. 3 zuständigen Krankenkassen die für die Durchführung des Ausgleichs erforderlichen Angaben machen. Die Vorschrift begründet eine **umfassende Auskunftspflicht** (KDHK, § 10 LFZG, Rn. 47). Als erforderlich sind alle Angaben anzusehen, die für die Feststellung der Teilnahme am Ausgleichsverfahren gem. § 10 Abs. 2 LFZG, für die Erhebung der Umlage gem. § 14 LFZG und für die Berechnung der Erstattungsleistungen im Einzelfall benötigt werden (Schmitt, § 10 LFZG, Rn. 46). Für die Berechnung von Einzelleistungen sind der Krankenkasse z. B. die konkreten Informationen zum Beschäftigten mitzuteilen, an den Leistungen erbracht worden sind wie etwa Grund der Entgeltfortzahlung sowie Zeitraum und Höhe (Schmitt, § 10 LFZG, Rn. 54).   28

Unterlässt der Arbeitgeber die Mitteilung der Angaben gem. Abs. 5, kann die Krankenkasse gem. § 11 LFZG die Erstattung versagen und gezahlte Beträge zurückfordern (vgl. die Kommentierung zu § 11 LFZG). Weitere Sanktionen sieht das Gesetz nicht vor (GKK, § 10 LFZG, Rn. 58).   29

VII. Streitigkeiten

Da das Rechtsverhältnis zwischen den Trägern der gesetzlichen Krankenversicherungen und dem Arbeitgeber im Rahmen des Ausgleichsverfahrens nach dem LFZG öffentlich-rechtlicher Natur ist, sind für Streitigkeiten zwischen diesen Parteien die Sozialgerichte zuständig (§ 51 Abs. 3 SGG; vgl. ausführlich GKK, § 10 LFZG, Rn. 59; KDHK, § 10 LFZG, Rn. 54).   30

§ 11
Versagung und Rückforderung der Erstattung

(1) Die Erstattung kann im Einzelfall versagt werden, solange der Arbeitgeber die nach § 10 Abs. 5 erforderlichen Angaben nicht oder nicht vollständig macht.

(2) Die Krankenkasse hat Erstattungsbeträge vom Arbeitgeber insbesondere zurückzufordern, soweit der Arbeitgeber

1. schuldhaft falsche oder unvollständige Angaben gemacht hat oder
2. Erstattungsbeträge gefordert hat, obwohl er wußte oder wissen mußte, daß ein Anspruch nach § 1 oder § 7 dieses Gesetzes, § 12 Abs. 1 Nr. 2 Buchstabe b des Berufsbildungsgesetzes, § 11 oder § 14 Abs. 1 des Mutterschutzgesetzes nicht besteht.

Der Arbeitgeber kann sich nicht darauf berufen, daß er durch die zu Unrecht gezahlten Beträge nicht mehr bereichert sei. Von der Rückforderung kann abgesehen werden, wenn der zu Unrecht gezahlte Betrag gering ist und der entstehende Verwaltungsaufwand unverhältnismäßig groß sein würde.

Inhaltsübersicht

		Rn.
I.	Versagung der Erstattung (Abs. 1)	1– 3
II.	Rückforderung der Erstattung (Abs. 2)	4–10
A.	Schuldhaft falsche oder unvollständige Angaben (Abs. 2 Nr. 1)	5, 6
B.	Fehlender Anspruch des Arbeitgebers (Abs. 2 Nr. 2)	7
C.	Nichtanwendbarkeit des § 818 Abs. 3 BGB (Abs. 2 Satz 2)	8
D.	Verzicht auf Rückforderung (Abs. 2 Satz 3)	9, 10

I. Versagung der Erstattung (Abs. 1)

1 Die **Erstattung** kann von der zuständigen Krankenkasse **versagt werden**, solange der Arbeitgeber die gem. § 10 Abs. 5 LFZG erforderlichen Angaben **nicht** oder **nicht vollständig** macht.

2 Die Vorschrift gibt den Krankenkassen **kein dauerhaftes** oder **endgültiges Leistungsverweigerungsrecht**. Holt der Arbeitgeber die erforderlichen Angaben nach oder vervollständigt er sie, müssen Ausgleichszahlungen in der sich aus § 10 Abs. 1 LFZG ergebenden Höhe erfolgen (KDHK, § 11 LFZG, Rn. 5; Schmitt, § 11 LFZG, Rn. 8).

3 Die **Versagung** von Ausgleichszahlungen ist nur für den **Einzelfall zulässig**. Es besteht hingegen keine Möglichkeit für Krankenkassen, Ausgleichszahlungen generell zu verweigern (Schmitt, § 11 LFZG, Rn. 8). Die Versagung steht nach dem Wortlaut der Norm (»kann ... versagt werden«)

im **pflichtgemäßen Ermessen** der zuständigen Krankenkassen. Damit können sie in den Fällen, in denen fehlende Angaben des Arbeitgebers nur von geringer Bedeutung sind, von der Versagung der Erstattung absehen (KDHK, § 11 LFZG, Rn. 4; Schmitt, § 11 LFZG, Rn. 9).

II. Rückforderung der Erstattung (Abs. 2)

Die **Vorschrift kommt zur Anwendung**, wenn der Arbeitgeber schuldhaft falsche oder unvollständige Angaben gemacht hat (Abs. 2 Nr. 1) oder wenn er Erstattungsbeträge gefordert hat, obwohl er wusste oder wissen musste, dass ein Anspruch nach den §§ 3 und 9 EFZG (= §§ 1 und 7 LFZG) nicht besteht (Abs. 2 Nr. 2). Sie enthält **zwei Fallgestaltungen**, bei deren Vorliegen die zuständige Krankenkasse bereits gewährte Ausgleichsleistungen vom Arbeitgeber zurückfordern muss. Dabei steht den Krankenkassen im Regelfall (vgl. zum Sonderfall des Abs. 2 Satz 3 Rn. 9f.) **kein Ermessensspielraum** zu. Sie können deshalb auf Rückforderungen nicht verzichten, wenn der in Abs. 2 genannte gesetzliche Tatbestand erfüllt ist. 4

A. Schuldhaft falsche oder unvollständige Angaben (Abs. 2 Nr. 1)

Falsche Angaben macht ein Arbeitgeber, wenn diese nicht den objektiven Tatsachen entsprechen und rechtserheblich sind (KDHK, § 11 LFZG, Rn. 8). Weiterhin müssen die falschen Angaben für das Ausgleichsverfahren und die sich hieraus ergebende Erstattung von Bedeutung sein. Die falschen Angaben müssen **ursächlich** für die nicht rechtsgemäße Erstattung sein. Nicht einschlägig sind daher Fälle, in denen eine Erstattung auch bei wahrheitsgemäßer Mitteilung erfolgt wäre (KDHK, § 11 LFZG, Rn. 9; Schmitt, § 11 LFZG, Rn. 12). 5

Die falschen Angaben müssen **schuldhaft** gemacht worden sein. Der Arbeitgeber hat gem. § 276 BGB Vorsatz und Fahrlässig sowie gem. § 278 BGB auch das Verschulden von Erfüllungsgehilfen zu vertreten (KDHK, § 11 LFZG, Rn. 9; Schmitt, § 11 LFZG, Rn. 13). 6

B. Fehlender Anspruch des Arbeitgebers (Abs. 2 Nr. 2)

Eine Rückforderung von Ausgleichsbeträgen durch die Krankenkassen kann auch erfolgen, wenn Arbeitgeber Ausgleichsbeträge gefordert und erhalten haben, obwohl sie wussten, dass nach den Vorschriften des EFZG keine Ansprüche der Beschäftigten auf Entgeltfortzahlung bestanden. Voraussetzung für den Rückforderungsanspruch ist auch hier vorsätzliches oder fahrlässiges Handeln des Arbeitgebers (vgl. Rn. 6). Nimmt der Arbeitgeber hingegen irrigerweise an, dass einem Beschäftigten im konkreten Fall kein Verschulden i. S. von § 3 Abs. 1 Satz 1 EFZG (vgl. § 3 EFZG Rn. 82ff.) trifft und kann ihm dieser Irrtum nicht rechtserheblich vorgeworfen werden, löst dies für sich allein kein Rückforderungsrecht gem. Abs. 2 Nr. 2 aus (KDHK, § 11 LFZG, Rn. 11). 7

C. Nichtanwendbarkeit des § 818 Abs. 3 BGB (Abs. 2 Satz 2)

8 Gem. Abs. 2 Satz 2 kann der Arbeitgeber berechtigten Rückforderungen der Krankenkassen nach § 11 LFZG nicht die Einwendung entgegenhalten, dass er nicht mehr bereichert sei. Diese gesetzlich verschärfte Haftungsregelung zu Lasten des Arbeitgebers resultiert daraus, dass er die ungerechtfertigte Leistung aufgrund seines schuldhaften Verhaltens erhalten hat (KDHK, § 11 LFZG, Rn. 15; Schmitt, § 11 LFZG, Rn. 17).

D. Verzicht auf Rückforderung (Abs. 2 Satz 3)

9 Krankenkassen können im Rahmen von Abs. 2 von einer Rückforderung absehen, wenn der zuunrecht gezahlte Betrag **gering** ist und der bei einer Rückforderung entstehende Verwaltungsaufwand **unverhältnismäßig groß** wäre. Die Entscheidung über einen Verzicht liegt im **Ermessen** der Krankenkassen (KP, § 11 LFZG, Rn. 8; Schmitt, § 11 LFZG, Rn. 21).

10 Beide Voraussetzungen müssen nach dem Wortlaut (»und«) **kumulativ** vorliegen. Dies kann etwa der Fall sein, wenn die Erfolgsaussichten einer gerichtlichen Klärung ungewiss sind (ähnlich KDHK, § 11 LFZG, Rn. 14). Die Krankenkasse hat aber nach § 13 Abs. 2 Nr. 3 LFZG auch die Möglichkeit, gegen weitere Erstattungsansprüche des Arbeitgebers aufzurechnen (vgl. die Kommentierung zu § 13 LFZG).

§ 12
Abtretung

Ist auf den Arbeitgeber ein Anspruch auf Schadenersatz nach § 4 übergegangen, so ist die Krankenkasse zur Erstattung nur verpflichtet, wenn der Arbeitgeber den auf ihn übertragenen Anspruch bis zur anteiligen Höhe des Erstattungsbetrages an die Krankenkasse abtritt.

Inhaltsübersicht   Rn.

I. Abtretung übergegangener Ansprüche
    durch den Arbeitgeber   1–3
II. Leistungsverweigerungsrecht der Krankenkassen ...   4, 5

I. Abtretung übergegangener Ansprüche durch den Arbeitgeber

1 Gegenstand der Regelung sind nur im Zusammenhang mit Entgeltfortzahlungsleistungen stehende Ansprüche, die **gem. § 6 EFZG auf den Arbeitgeber übergegangen sind** (vgl. ausführlich § 6 EFZG, Rn. 8 ff.). Abzutreten sind nur gem. § 6 EFZG übergegangene Schadensersatzansprüche, die **denselben Inhalt** haben wie die Erstattungsleistung der Kasse (KDHK, § 12 LFZG, Rn. 6; ähnlich GKK, § 12 LFZG, Rn. 1).

2 Die Abtretung muss nur bis **zur anteiligen Höhe des Erstattungsbetrags** erfolgen. Wird von einer Satzung gem. § 16 Abs. 2 Nr. 1 LFZG ein

geringerer Erstattungsbetrag vorgesehen, reduziert sich auch die Höhe des abzutretenden Betrags (Schmitt, a. a. O.). Ist der an den Arbeitgeber gem. § 6 EFZG übergegangene **Anspruch geringer** als die tatsächlich geleistete Entgeltfortzahlung, ist ein **entsprechender Anteil** (vgl. Rn. 5) des an den Arbeitgeber übergegangenen Anspruchs abzutreten (KDHK, § 12 LFZG, Rn. 8; Schmitt, § 12 LFZG, Rn. 10).

Der **Forderungsübergang** gem. § 12 LFZG ist kein gesetzlicher, sondern ein **rechtsgeschäftlicher**. Die Regelungen der §§ 398 ff. BGB finden daher Anwendung (Schmitt, § 12 LFZG, Rn. 7). Krankenkassen sind damit gem. § 6 Abs. 3 EFZG auch daran gehindert, übergegangene Schadensersatzansprüche zum Nachteil von Arbeitnehmern geltend zu machen (vgl. § 6 EFZG, Rn. 53 ff.). 3

II. Leistungsverweigerungsrecht der Krankenkassen

Durch die Vorschrift wird den Krankenkassen ein Leistungsverweigerungsrecht, nicht aber einen **einklagbaren Anspruch** eingeräumt. Dieses besteht nur, wenn sich der gem. § 6 EFZG abgetretene Schadenersatzanspruch und der nach dem LFZG geltend gemachte Erstattungsanspruch auf denselben Arbeitnehmer bezieht (KDHK, § 12 LFZG, Rn. 2 ff.; Schmitt, § 12 LFZG, Rn. 13). Die Aufrechnung mit Leistungen oder Forderungen, die im Zusammenhang mit anderen Arbeitnehmer bestehen, ist daher nicht zulässig. 4

Das **Leistungsverweigerungsrecht** ist **zeitlich begrenzt** und **vorläufig**. Es besteht nur solange, bis der Arbeitgeber seinen gem. § 6 EFZG erworbenen Schadensersatzanspruch abtritt (KDHK, § 12 LFZG, Rn. 4; Schmitt, § 12 LFZG, Rn. 14). 5

§ 13
Verjährung und Aufrechnung

(1) Der Erstattungsanspruch verjährt in vier Jahren nach Ablauf des Kalenderjahres, in dem er entstanden ist.

(2) Gegen Erstattungsansprüche dürfen nur aufgerechnet werden Ansprüche auf

1. **Zahlung geschuldeter Umlagebeträge, der Beiträge zur gesetzlichen Krankenversicherung und solcher Beiträge, die der Träger der gesetzlichen Krankenversicherung für andere Träger der Sozialversicherung und die Bundesanstalt für Arbeit einzuziehen hat,**
2. **Rückzahlung von Vorschüssen,**
3. **Rückzahlung von zu Unrecht gezahlten Erstattungsbeträgen,**
4. **Erstattung von Verfahrenskosten,**
5. **Zahlung von Ordnungsstrafen oder Zwangsgeld,**
6. **Herausgabe einer von einem Dritten an den Berechtigten bewirkten Leistung, die der Krankenkasse gegenüber wirksam ist.**

LFZG §§ 13, 14

Inhaltsübersicht Rn.

I. Verjährung (Abs. 1) 1, 2
II. Aufrechnung (Abs. 2) 3, 4

I. Verjährung (Abs. 1)

1 Der Erstattungsanspruch nach den §§ 10 ff. LFZG verjährt vier Jahre nach Ablauf des Kalenderjahres, in dem er entstanden ist. Die Verjährungsfrist beginnt am 1. Januar und läuft am 31. Dezember des vierten Jahres ab. Für die Berechnung der Frist maßgeblich ist der Zeitpunkt, zu dem die Leistung vom Arbeitgeber erbracht wird (GKK, § 13 LFZG, Rn. 1; KDHK, § 13 LFZG, Rn. 1; Schmitt, § 13 LFZG, Rn. 4).

2 Der Ablauf der Verjährungsfrist kann nach allgemeinen zivilrechtlichen Bestimmungen (§§ 194 ff. BGB) gehemmt oder unterbrochen werden. Darüber hinaus kann die Verjährung gem. § 45 Abs. 3 SGB I durch schriftlichen Antrag auf Erstattungsleistung oder durch Widerspruch, etwa wegen Versagung der Erstattung, unterbrochen werden (GKK, § 13 LFZG, Rn. 3; KDHK, § 13 LFZG, Rn. 2).

II. Aufrechnung (Abs. 2)

3 Durch die Sonderregelung des Abs. 2 werden die **Aufrechnungsmöglichkeiten der Krankenkasse** gegenüber der allgemeinen zivilrechtlichen Regelung des § 387 BGB **eingeschränkt**. Die übrigen einschlägigen Bestimmungen des BGB (etwa §§ 388, 389 BGB) bleiben wirksam (Schmitt, § 13 LFZG, Rn. 8). Die sich aus der Vorschrift ergebenden Einschränkungen wirken nur gegen die Krankenkassen.

4 Die Aufzählung der in Abs. 2 Nr. 1 bis 6 genannten Aufrechnungsmöglichkeiten ist **abschließend** (Schmitt, § 13 LFZG, Rn. 8; im Ergebnis ebenso KDHK, § 13 LFZG, Rn. 4). Eine Aufrechnung der Krankenkasse gegen Erstattungsansprüche des Arbeitgebers ist damit nur in einer begrenzten Anzahl von Fällen möglich: Die Krankenkasse ist nicht gezwungen, die Aufrechnung vorzunehmen. Die Durchsetzung offener Forderungen kann auf anderem Wege betrieben werden (KDHK, § 13 LFZG, Rn. 13).

§ 14
Aufbringung der Mittel

(1) Die Mittel zur Durchführung des Ausgleichs der Arbeitgeberaufwendungen werden durch eine Umlage von den am Ausgleich beteiligten Arbeitgebern aufgebracht.

(2) In den Fällen des § 10 Abs. 1 Nr. 1 sind die Umlagebeträge in Vomhundertsätzen des Entgelts (Umlagesatz) festzusetzen, nach dem die Beiträge zu den gesetzlichen Rentenversicherungen für die im Betrieb beschäftigten Arbeiter und Auszubildenden bemessen wer-

den oder bei Versicherungspflicht in den gesetzlichen Rentenversicherungen zu bemessen wären. In den Fällen des § 10 Abs. 1 Nr. 2 und 3 sind die Umlagebeträge auch nach dem Entgelt festzusetzen, nach dem die Beiträge zu den gesetzlichen Rentenversicherungen für die im Betrieb beschäftigten Angestellten und Auszubildenden bemessen werden oder bei Versicherungspflicht in der gesetzlichen Rentenversicherung zu bemessen wären. Für die Zeit des Bezuges von Kurzarbeitergeld, Schlechtwettergeld oder Winterausfallgeld bemessen sich die Umlagebeträge nach dem tatsächlich erzielten Arbeitsentgelt bis zur Beitragsbemessungsgrenze in den gesetzlichen Rentenversicherungen. Von Entgelten der unter § 1 Abs. 2 Nr. 1 und 2 fallenden Arbeiter sind Umlagebeträge nicht zu erheben.

Inhaltsübersicht Rn.

I.	Mittelaufbringung (Abs. 1)	1, 2
II.	Berechnung der Umlage (Abs. 2)	3–14
	A. Entgeltbegriff	5
	B. Umlagebeträge in den Fällen des § 10 Abs. 1 Nr. 1 LFZG (Abs. 2 Satz 1)	6–8
	C. Umlagebeträge in den Fällen des § 10 Abs. 1 Nr. 2 und 3 LFZG (Abs. 2 Satz 2)	9–11
	D. Sonderfälle (Abs. 2 Satz 3)	12, 13
	E. Fälligkeit der Umlagebeträge	14

I. Mittelaufbringung (Abs. 1)

Die für das gesetzliche Ausgleichs- und Erstattungsverfahren im Rahmen des EFZG notwendigen Mittel werden gem. Abs. 1 durch eine **Umlage** der Arbeitgeber aufgebracht. Welche Arbeitgeber zur Zahlung der Umlage herangezogen werden, legt das Gesetz in § 10 Abs. 1 und 2 LFZG fest (vgl. dort Rn. 2 ff.). Mit der Umlage werden die Mittel aufgebracht, die zur Durchführung des gesetzlichen Ausgleichsverfahrens benötigt werden (KDHK, § 14 LFZG, Rn. 2). Diese dürfen gem. § 15 Satz 1 LFZG nur für die gesetzlich vorgeschriebenen oder zugelassenen Zwecke verwendet werden (GKK, § 14 LFZG, Rn. 2; KDHK, § 14 LFZG, Rn. 2). **1**

Zu den zulässigen Ausgaben zählen neben den Erstattungsleistungen alle Aufwendungen im Zusammenhang mit der Durchführung des Ausgleichsverfahrens einschließlich der entsprechenden Sach- und Personalkosten, einschließlich etwaiger Verfahrenskosten sowie der zur Bildung der Betriebsmittel notwendigen Beträge (GKK, a.a.O.; KDHK, a.a.O.; Schmitt, § 14 LFZG, Rn. 7). **2**

LFZG § 14

II. Berechnung der Umlage (Abs. 2)

3 Abs. 2 legt **Höhe** und **Berechnungsmodus** zur Ermittlung der vom Arbeitgeber konkret zu zahlenden Umlagebeträge fest. Der zu zahlende Gesamtbetrag ergibt sich nach Multiplikation des relevanten Umlagesatzes mit dem der Berechnung zu grunde zu legenden Arbeitsentgelt (KDHK, § 14 LFZG, Rn. 4; vgl. auch Rn. 5 ff.).

4 Die Vorschrift enthält **unterschiedliche Berechnungsvorgaben** für die Fälle des § 10 Abs. 1 Nr. 1 bzw. Nr. 2 und 3 LFZG und passt sich so an die unterschiedlichen Sachverhalte an, die gem. § 10 Abs. 1 LFZG Erstattungen in verschiedener Höhe auslösen können.

A. Entgeltbegriff

5 Die Aufbringung der Mittel des Ausgleichsverfahrens gem. der §§ 10 ff. LFZG orientiert sich am **sozialversicherungsrechtlichen Entgeltbegriff**, während für die Erstattungsleistung selbst der **arbeitsrechtliche Entgeltbegriff** zugrunde zu legen ist (KDHK, § 14 LFZG, Rn. 6). Das für die Berechnung der Umlagebeträge relevante Entgelt ist das des § 14 SGB IV (GKK, § 14 LFZG, Rn. 4). Für die konkrete Bemessung der Umlagebeträge ist das Entgelt maßgeblich, nach dem die Beiträge zu den gesetzlichen Rentenversicherungen bemessen werden. Bemessungsgrundlage sind damit die beitragspflichtigen Einnahmen der zu berücksichtigenden Arbeitnehmer (vgl. §§ 161 ff. SGB VI) bis zur jeweiligen Beitragsbemessungsgrenze gem. § 157 SGB VI (KDHK, § 14 LFZG, Rn. 8).

B. Umlagebeträge in den Fällen des § 10 Abs. 1 Nr. 1 LFZG (Abs. 2 Satz 1)

6 Abs. 2 Satz 1 legt für die Fälle des § 10 Abs. 1 Nr. 1 LFZG (vgl. § 10 LFZG, Rn. 18 ff.) fest, dass die Umlagebeträge in Vomhundertsätzen des Entgelts festzusetzen sind, nach dem sich die Beiträge zur gesetzlichen Rentenversicherung für die im Betrieb beschäftigten Arbeiter und Auszubildenden bemessen. Der maßgebliche Vomhundertsatz wird gem. § 16 Abs. 1 Nr. 1 LFZG von der jeweiligen Krankenkasse durch Satzung festgelegt (KDHK, § 14 LFZG, Rn. 5).

7 **Zu berücksichtigen** ist der **Bruttolohn aller Beschäftigten**, die einen gesetzlichen Anspruch auf Entgeltfortzahlung nach dem EFZG haben (KDHK, § 14 LFZG, Rn. 10). Der Umlagebetrag errechnet sich nach dem Bruttoarbeitsentgelt dieser Beschäftigten (GKK, § 14 LFZG, Rn. 13). Zu berücksichtigen sind auch die Arbeiter, die **kurzfristig oder geringfügig beschäftigt** sind. Sind Beschäftigte nicht versicherungspflichtig, ist darauf abzustellen, wie die Beiträge bei einer Mitgliedschaft zu bemessen wären (KDHK, § 14 LFZG, Rn. 110; Schmitt, § 14 LFZG, Rn. 13).

8 Ausgenommen von der Berücksichtigung ist das Gehalt der **Angestellten**, da der Arbeitgeber für sie gem. § 10 Abs. 1 LFZG keine Erstattungen erhält. Damit erfolgt auch keine Beteiligung am Ausgleichsverfahren, wenn nur Angestellte beschäftigt werden (Schmitt, § 14 LFZG, Rn. 12). **Nicht zu berücksichtigen** sind weiterhin die Entgelte der auf Grundlage des **HAG beschäftigten Personen** (vgl. § 10 EFZG, Rn. 14ff.) sowie die der **mitarbeitenden Familienangehörigen** im Bereich der Landwirtschaft (KDHK, § 14 LFZG, Rn. 16; vgl. § 18 LFZG, Rn. 11).

C. Umlagebeträge in den Fällen des § 10 Abs. 1 Nr. 2 und 3 LFZG (Abs. 2 Satz 2)

Abs. 2 S. 2 legt für die Fälle der gem. § 10 Abs. 1 Nr. 2 und 3 LFZG (vgl. § 10 LFZG, Rn. 20ff.) i.V.m. den §§ 14 Abs. 1 bzw. 11 MuSchG zu zahlenden Erstattungen fest, dass die entsprechenden Umlagebeträge auch nach dem Entgelt festzusetzen sind, nach dem die Beiträge zu den gesetzlichen Rentenversicherungen für die im Betrieb beschäftigten Angestellten und Auszubildenden bemessen werden oder bei Bestehen der Versicherungspflicht zu bemessen wären. **9**

Die Einbeziehung der Entgelte der Angestellten in diesen Fällen trägt der Tatsache Rechnung, dass Leistungen nach dem MuSchG nicht danach diffenziert werden, ob die anspruchsberechtigten Frauen Arbeiterinnen oder Angestellte sind. Die Umlageverpflichtung erfasst deshalb auch Betriebe, die ausschließlich Angestellte beschäftigten, selbst wenn unter ihnen keine Frau ist (BSG v. 24. 6. 1992, NZA 92, 1103; KDHK, § 14 LFZG, Rn. 12; Schmitt, § 14 LFZG, Rn. 17). **10**

Sind **Beschäftigte von der Versicherungspflicht befreit**, ist eine **fiktive Betrachtung** vorzunehmen. Es ist das Bruttoarbeitsentgelt zugrunde zu legen, das zu berücksichtigen wäre, als wenn sie in der gesetzlichen Rentenversicherung versicherungspflichtig seien (GKK, § 14 LFZG, Rn. 23). **11**

D. Sonderfälle (Abs. 2 Satz 3)

Beziehen Arbeitnehmer im Bemessungszeitraum Kurzarbeiter-, Schlechtwetter- oder Winterausfallgeld, sind die tatsächlichen Umlagebeträge gem. Abs. 2 Satz 3 nach dem **tatsächlich erzielten Arbeitsentgelt** bis hin zur Beitragsbemessungsgrenze in der gesetzlichen Rentenversicherung festzusetzen. **12**

In **Werkstätten für Behinderte** oder in **Blindenwerkstätten** gem. § 1 des Gesetzes über die Sozialversicherung Behinderter (SVGB) ist ebenfalls das tatsächlich erzielte Entgelt anzusetzen (KDHK, § 14 LFZG, Rn. 13). **13**

E. Fälligkeit der Umlagebeträge

Ist die Fälligkeit der Umlagebeträge nicht durch die Satzung der jeweiligen Krankenkasse festgelegt (zur Satzung vgl. § 16 LFZG), bestimmt sie sich gem. § 17 i.V.m. § 23 SGB VI nach den allgemeinen Vorschriften der **14** gesetzlichen Krankenversicherung. Die Fälligkeit entspricht damit der der vom Arbeitgeber an die Krankenkasse zu zahlenden Beiträge zur gesetzlichen Krankenversicherung (GKK, § 14 LFZG, Rn. 32 ff.; KDHK, § 14 LFZG, Rn. 17).

§ 15
Verwaltung der Mittel

Die Krankenkassen verwalten die Mittel für den Ausgleich der Arbeitgeberaufwendungen als Sondervermögen. Die Mittel dürfen nur für die gesetzlich vorgeschriebenen oder zugelassenen Zwecke verwendet werden.

Inhaltsübersicht   Rn.

I. Verwaltung der Ausgleichsmittel (Satz 1)   1
II. Verwendung der Ausgleichsmittel (Satz 2)   2

I. Verwaltung der Ausgleichsmittel (Satz 1)

1   Die von den Arbeitgebern für das Ausgleichsverfahren gezahlten Mittel werden von den Krankenkassen als **Sondervermögen** geführt. Sie sind bei den Trägern der gesetzlichen Krankenversicherungen vom übrigen Vermögen getrennt zu halten und zu verwalten (ErfK/Dörner, § 15 LFZG, Rn. 1; GKK, § 15 LFZG, Rn. 1; KDHK, § 15 LFZG, Rn. 1, 3).

II. Verwendung der Ausgleichsmittel (Satz 2)

2   Die Mittel des Sondervermögens dürfen nur für die gesetzlich vorgeschriebenen oder zugelassenen Zwecke verwendet werden. Satz 2 enthält insoweit den in § 30 Abs. 1 SGB IV enthaltenen allgemeinen Grundsatz. Die den Krankenkassen entstehenden Kosten sind von den Krankenkassen durch **Einzelabrechnungen** geltend zu machen. Es ist aber auch die Erstattung auf der Basis von **Pauschalsätzen** möglich (GKK, § 15 LFZG, Rn. 3; KDHK, a. a. O.).

§ 16
Satzung

(1) Die Satzung der Krankenkasse muß bestimmen über

1. Höhe der Umlagesätze,

2. Bildung von Betriebsmitteln,

3. Aufstellung des Haushaltes,

4. Prüfung und Abnahme des Rechnungsabschlusses.

(2) Die Satzung kann

1. die Höhe der Erstattung nach § 10 Abs. 1 Satz 1 Nr. 1 und 4 in Verbindung mit Nr. 1 beschränken,
1 a. eine pauschale Erstattung des von den Arbeitgebern zu tragenden Teils des Gesamtsozialversicherungsbeitrags für das nach § 11 des Mutterschutzgesetzes gezahlte Arbeitsentgelt vorsehen,
2. die Zahlung von Vorschüssen vorsehen,
3. die Festsetzung der Umlagebeträge nach dem für die Berechnung der Beiträge zur gesetzlichen Rentenversicherung geltenden Grundlohn zulassen,
4. die in § 10 Abs. 1 genannte Zahl von zwanzig Arbeitnehmern bis auf dreißig heraufsetzen.

(3) Die Betriebsmittel dürfen den Betrag der voraussichtlichen Ausgaben für drei Monate nicht übersteigen.

(4) In Angelegenheiten dieses Abschnitts wirken in den Organen der Selbstverwaltung nur die Vertreter der Arbeitgeber mit.

Inhaltsübersicht   Rn.

I.	Zwingender Satzungsinhalt (Abs. 1)	1– 6
	A. Höhe der Umlagesätze (Abs. 1 Nr. 1)	2, 3
	B. Bildung von Betriebsmitteln (Abs. 1 Nr. 2)	4
	C. Aufstellung des Haushalts (Abs. 1 Nr. 3)	5
	D. Prüfung und Abnahme des Rechnungsabschlusses (Abs. 1 Nr. 4)	6
II.	Freiwilliger Satzungsinhalt (Abs. 2)	7–11
	A. Beschränkung der Erstattungshöhe (Abs. 2 Nr. 1)	8
	B. Pauschale Erstattung der Arbeitgeberanteile gem. § 11 MuSchG (Abs. 2 Nr. 1 a)	9
	C. Vorschüsse auf Erstattungsleistungen (Abs. 2 Nr. 2)	10
	D. Erweiterung des Kreises der am Ausgleichsverfahren beteiligten Arbeitgeber (Abs. 2 Nr. 4)	11
III.	Betriebsmittel (Abs. 3)	12
IV.	Selbstverwaltung (Abs. 4)	13

I. Zwingender Satzungsinhalt (Abs. 1)

Nach der **abschließenden Aufzählung** des Abs. 1 muss die Satzung über die Höhe der Umlagesätze, die Bildung von Betriebsmitteln, die Aufstellung des Haushaltes sowie die Prüfung und Abnahme des Rechnungsabschlusses bestimmen. 1

LFZG § 16

A. Höhe der Umlagesätze (Abs. 1 Nr. 1)

2 Die durch Satzung festzusetzende **Höhe der Umlagesätze** wird durch den Mittelbedarf bestimmt, der sich aus § 10 Abs. 1 LFZG ergibt (Schmitt, § 16 LFZG, Rn. 8). Umlagesätze sind die Vomhundertsätze gem. § 14 Abs. 2. Unter Beachtung der Grundsätze des § 21 SGB IV sind die Umlagesätze so zu berechnen, dass durch sie der **voraussichtliche Mittelbedarf** für die Durchführung des Ausgleichsverfahrens gedeckt wird (KDHK, § 16 LFZG, Rn. 3). Weicht der tatsächliche Mittelbedarf von der Berechnung ab, die den Umlagesätzen zugrunde gelegt wurde, sind diese durch Satzungsänderung entsprechend zu erhöhen oder zu reduzieren (KDHK, § 16 LFZG, Rn. 3).

3 Im **Regelfall** sind die Umlagesätze für alle Arbeitgeber **einheitlich festzusetzen**. Liegt zwischen verschiedenen Arbeitgebern eine **erhebliche Abweichung vom durchschnittlichen Risiko** vor, ist eine Festsetzung von **unterschiedlichen Umlagesätzen zulässig**, die etwa nach dem konkreten betrieblichen Risiko differenzieren.

B. Bildung von Betriebsmitteln (Abs. 1 Nr. 2)

4 Bei den gem. Abs. 1 Nr. 2 als Satzungsinhalt vorgeschriebenen **Betriebsmitteln** handelt es sich um die kurzfristig verfügbaren Mittel, über die Krankenkassen im Rahmen des Ausgleichsverfahrens zur Bestreitung ihrer laufenden Aufgaben sowie zur Deckung von Einnahme- und Ausgabeschwankungen (vgl. § 81 SGB IV) oder für außergewöhnliche Ereignisse kurzfristig verfügen können (ErfK/Dörner, § 16 LFZG, Rn. 4; KDHK, § 16 LFZG, Rn. 4). Die **Höhe** der in der Satzung vorzusehenden Betriebsmittel wird gem. Abs. 3 gesetzlich auf den Bedarf von **drei Monaten limitiert** (vgl. Rn. 12).

C. Aufstellung des Haushalts (Abs. 1 Nr. 3)

5 Für das Ausgleichsverfahren muss gem. Abs. 1 Nr. 3 die Aufstellung eines **Haushalts** in der Satzung vorgesehen werden. Nach den Grundsätzen des § 67 Abs. 11 SGB IV sowie der Verordnung über das Haushaltswesen in der Sozialversicherung (SVHV v. 21. 12. 1977, BGBl. I S. 3147) handelt es sich hierbei im Wesentlichen um eine Gegenüberstellung der im Haushaltsjahr zu erwartenden Einnahmen und Ausgaben (ErfK/Dörner, § 16 LFZG, Rn. 5; KDHK, § 16 LFZG, Rn. 6).

D. Prüfung und Abnahme des Rechnungsabschlusses (Abs. 1 Nr. 4)

6 Die das Ausgleichsverfahren betreffende Satzung muss gem. Abs. 1 Nr. 4 Regelungen zur **Prüfung und Abnahme des Rechnungsabschlusses** enthalten. Dieser beinhaltet eine kontenmäßige Gegenüberstellung der Aktiva und Passiva sowie eine Gewinn- und Verlustrechnung, die den Grundsätzen einer **ordnungsgemäßen Buchführung** entsprechen müssen. In der Satzung ist das Verfahren der Prüfung (etwa Person des Prüfers, Zeitpunkt und Ende der Prüfung, Durchführung einer Vorprüfung usw.) festzulegen (KDHK, § 16 LFZG, Rn. 7; Schmitt, § 16 LFZG, Rn. 12 m. w. N.). Für die Abnahme des Rechnungsabschlusses ist das durch § 16 Abs. 4 LFZG bestimmte Gremium zuständig (vgl. Rn. 13).

II. Freiwilliger Satzungsinhalt (Abs. 2)

Über die in Abs. 2 genannten Inhalte hinaus können in der Satzung auch andere Fragen geregelt werden, die das Ausgleichsverfahren nach dem LFZG betreffen, sofern diese nicht im Widerspruch zu einschlägigen gesetzlichen Vorschriften oder dem Zweck des Verfahrens nach dem LFZG stehen (Brecht, § 16 LFZG, Rn. 13; KDHK, § 16 LFZG, Rn. 8). In Betracht kommen etwa Bestimmungen zur Zahlung von Vorschüssen der Arbeitgeber auf die gem. § 14 LFZG zu leistende Umlage, zur rechtlichen oder außergerichtlichen Vertretung des Trägers durch einzelne Vorstandsmitglieder oder zur Art der Beschlussfassung in der Vertreterversammlung (GKK, § 16 LFZG, Rn. 21). **Unzulässig** wäre die satzungsmäßige Einbeziehung der Angestellten, die Erweiterung des Kreises der einzubeziehenden Arbeitgeber, die Erhöhung der in § 10 Abs. 1 LFZG genannten Erstattungssätze sowie die Verringerung der dort genannten Beschäftigtenzahl (GKK, § 16 LFZG, Rn. 15).

7

A. Beschränkung der Erstattungshöhe (Abs. 2 Nr. 1)

Durch Abs. 2 Nr. 1 wird den Krankenkassen die Möglichkeit eingeräumt, die **Erstattungshöhe** gem. § 10 Abs. 1 LFZG zu **beschränken** oder **zu reduzieren** (KDHK, § 16 LFZG, Rn. 9; Schmitt, § 16 LFZG, Rn. 14). Neben einer Verringerung des gem. § 10 Abs. 1 Satz 1 1. Halbs. LFZG vorgesehenen Prozentsatzes kommt die Ausklammerung der vom Arbeitgeber zu tragenden Beträge zur Sozial- und Arbeitslosenversicherung in Betracht (Hess. LSG v. 25. 6. 1986, NZA 86, 728). **Nicht zulässig** ist hingegen eine **Veränderung der Erstattungshöhe**, die zu einer materiellrechtlichen Veränderung der Leistungsvoraussetzungen führen würde.

8

B. Pauschale Erstattung der Arbeitgeberanteile gem. § 11 MuSchG (Abs. 2 Nr. 1 a)

Die durch das Gesetz zur Änderung des Mutterschutzrechts v. 20. 12. 1996 (BGBl. I S. 2110) neu eingefügte Regelung ermöglicht die satzungsmäßige Verankerung einer **pauschalen Erstattung** der auf den Mutterschutzlohn gem. § 11 MuSchG entfallenen Arbeitgeberanteile (KDHK, § 16 LFZG, Rn. 9; Schmitt, § 16 LFZG, Rn. 15).

9

LFZG § 16

C. Vorschüsse auf Erstattungsleistungen (Abs. 2 Nr. 2)

10 Die Möglichkeit der Verankerung von **Vorschüssen** in der Satzung dient der Verwaltungsvereinfachung und ermöglicht zudem die Liquiditätssicherung von Kleinbetrieben (KDHK, § 16 LFZG, Rn. 11). Vorschüsse sind **Vorauszahlungen** auf die zu erwartenden Erstattungsleistungen vor deren Fälligkeit (GKK, § 16 LFZG, Rn. 16; Schmitt, § 16 LFZG, Rn. 16). Zuunrecht geleistete Vorschüsse sind an die Krankenkasse zurückzuerstatten (zur Möglichkeit der Aufrechnung vgl. § 13 Rn. 3f.).

D. Erweiterung des Kreises der am Ausgleichsverfahren beteiligten Arbeitgeber (Abs. 2 Nr. 4)

11 Durch Abs. 2 Nr. 4 wird die Möglichkeit eröffnet, den Kreis der am Ausgleichsverfahren beteiligten Arbeitgeber zu erweitern. Dies wird durch die Einräumung einer satzungsmäßigen Erhöhung der in § 10 Abs. 1 Satz 1 1. Halbs. genannten Höchstzahl von zwanzig Arbeitnehmern auf dreißig erreicht. Es ist nur eine einheitliche Erhöhung für alle am Ausgleichsverfahren beteiligten Arbeitgeber zulässig (GKK, § 16 LFZG, Rn. 20). Eine Erhöhung der Bezugsgröße über dreißig Arbeitnehmer hinaus ist ebenso wenig zulässig wie eine Reduzierung auf weniger als zwanzig Arbeitnehmer (Schmitt, § 16 LFZG, Rn. 18; ErfK/Dörner, § 16 LFZG, Rn. 11).

III. Betriebsmittel (Abs. 3)

12 Durch Abs. 3 wird die **Höhe der Betriebsmittel** der Krankenkassen auf das Volumen der voraussichtlichen Ausgaben für drei Monate **limitiert**. Eine **kurzfristige** oder **vorübergehende Über- oder Unterschreitung** des vorgegebenen Rahmens ist **unschädlich** (KDHK, § 16 LFZG, Rn. 4).

IV. Selbstverwaltung (Abs. 4)

13 Organe der Selbstverwaltung sind gem. § 31 Abs. 1 SGB IV die Vertreterversammlung und der Vorstand, die im Regelfall gem. § 44 Abs. 1 Nr. 1 SGB IV paritätisch von Arbeitgebern und Vertretern der Versicherten besetzt sind (zu abweichenden Regelungen für die Bundesknappschaft vgl. § 44 Abs. 1 Nr. 3 SGB IV). Von dieser Regel begründet Abs. 4 für das Ausgleichsverfahren gem. der §§ 10ff. LFZG insoweit eine Ausnahme, als die Vertreter der Versicherten von der Beratung und der Beschlussfassung in diesen Angelegenheiten ausgeschlossen sind. Gehört der Vorsitzende des Vorstandes oder der Vertreterversammlung zur Gruppe der Versichertenvertreter, wird für Angelegenheiten nach den §§ 10ff. LFZG sein Stellvertreter tätig (ErfK/Dörner, § 16 LFZG, Rn. 12; GKK, § 16 LFZG, Rn. 25; Schmitt, § 16 LFZG, Rn. 23).

§ 17
Anwendung sozialversicherungsrechtlicher Vorschriften

Die für die gesetzliche Krankenversicherung geltenden Vorschriften finden entsprechende Anwendung, soweit dieses Gesetz nichts anderes bestimmt.

Die praktische Bedeutung der Vorschrift ist aufgrund der zahlreichen spezialgesetzlichen Regelungen des LFZG und des Fehlens des thematischen Bezugs der Regelungen des SGB begrenzt (Schmitt, § 17 LFZG, Rn. 6).

Für die gesetzlichen Krankenversicherungen sind insbesondere der Allgemeine Teil des SGB I, die gemeinsamen Vorschriften für die Sozialversicherung im SGB IV, das SGB V sowie die Vorschriften über das Verwaltungsverfahren, den Schutz der Sozialdaten und die Zusammenarbeit der Leistungsträger und ihrer Beziehungen zu Dritten des SGB X im hier zu betrachtenden Zusammenhang von Bedeutung (vgl. ausführlich KW, § 17 LFZG Rn. 4)

§ 18
Ausnahmevorschriften

Die Vorschriften dieses Abschnitts sind nicht anzuwenden auf

1. **den Bund, die Länder, die Gemeinden und Gemeindeverbände sowie sonstige Körperschaften, Anstalten und Stiftungen des öffentlichen Rechts sowie die Vereinigungen, Einrichtungen und Unternehmungen, die hinsichtlich der für die Arbeiter des Bundes, der Länder oder der Gemeinden geltenden Tarifverträge tarifgebunden sind, und die Verbände von Gemeinden, Gemeindeverbänden und kommunalen Unternehmen einschließlich deren Spitzenverbände,**

2. **Dienststellen und diesen gleichgestellte Einrichtungen der in der Bundesrepublik stationierten ausländischen Truppen und der dort auf Grund des Nordatlantikpaktes errichteten internationalen militärischen Hauptquartiere,**

3. **Hausgewerbetreibende (§ 1 Abs. 1 Buchstabe b des Heimarbeitsgesetzes) sowie die in § 1 Abs. 2 Buchstaben b und c des Heimarbeitsgesetzes bezeichneten Personen, wenn sie hinsichtlich der Entgeltregelung gleichgestellt sind,**

4. **die Spitzenverbände der freien Wohlfahrtspflege (Arbeiterwohlfahrt-Hauptausschuß, Central-Ausschuß für die Innere Mission und Hilfswerk der Evangelischen Kirche in Deutschland, Deutscher Caritasverband, Deutscher Paritätischer Wohlfahrtsverband, Deutsches Rotes Kreuz und Zentralwohlfahrtsstelle der Juden in Deutschland) einschließlich ihrer Untergliederungen, Einrichtungen und Anstalten,**

LFZG §§ 18, 19

5. die nach § 2 Abs. 1 Nr. 3 des Gesetzes über die Krankenversicherung der Landwirte versicherten mitarbeitenden Familienangehörigen eines landwirtschaftlichen Unternehmers.

1 Die Aufzählung der nicht vom Ausgleichsverfahren erfassten Betriebe und Personen in § 18 LFZG ist **abschließend** (Schmitt, § 18 LFZG, Rn. 4). Darüber hinaus scheiden nur noch die Arbeitgeber aus, die an einem freiwilligen Ausgleichsverfahren gem. § 19 teilnehmen (vgl. § 19 LFZG, Rn. 3 ff.).

2 Vom Anwendungsbereich ausgenommen sind

- **Arbeitgeber im öffentlich-rechtlichen Bereich (Nr. 1).** Hierzu gehören Bund, Länder, Gemeinden und Gemeindeverbände sowie die Körperschaften, Anstalten und Stiftungen des öffentlichen Rechts, auch die von diesen Institutionen geschaffenen privatrechtlichen Vereinigungen, Einrichtungen und Unternehmen, soweit für diese die einschlägigen Tarifverträge maßgebend sind (KDHK, § 18 LFZG, Rn. 2).

- **Dienststellen ausländischer Truppen oder gleichgestellte Einrichtungen (Nr. 2).** Hierzu gehören Dienststellen und diesen gleichgestellte Einrichtungen der in der Bundesrepublik Deutschland stationierten ausländischen Truppen und der dort auf Grund des Nordatlantikpaktes errichteten internationalen militärischen Hauptquartiere.

- **Hausgewerbetreibende (Nr. 3)** gemäß § 1 Abs. 2 Buchstabe b HAG.

- **Spitzenverbände der freien Wohlfahrtspflege (Nr. 4).** Hierzu gehören neben Spitzenverbänden der freien Wohlfahrtspflege nach dem eindeutigen Wortlaut des Gesetzes auch deren Untergliederungen, Einrichtungen und Anstalten. Andere Wohlfahrtsverbände werden von der Nr. 4 nicht erfasst (GKK, § 18 LFZG, Rn. 7).

- **Mitarbeitende Familienangehörige in landwirtschaftlichen Unternehmen (Nr. 5)** werden nach § 2 Abs. 1 Nr. 3 KVLG 1989 vom Ausgleichsverfahren ausgenommen.

§ 19
Freiwillige Ausgleichsverfahren

(1) Für Betriebe eines Wirtschaftszweiges können Arbeitgeber Einrichtungen zum Ausgleich der Arbeitgeberaufwendungen errichten, an denen auch Arbeitgeber teilnehmen, die die Voraussetzungen des § 10 Abs. 1 und 2 nicht erfüllen. Die Errichtung und die Regelung des Ausgleichsverfahrens bedürfen der Genehmigung des Bundesministers für Gesundheit.

(2) Auf Arbeitgeber, deren Aufwendungen durch eine Einrichtung nach Absatz 1 ausgeglichen werden, finden die Vorschriften dieses Abschnittes keine Anwendung.

(3) Körperschaften, Personenvereinigungen und Vermögensmassen

LFZG § 19

im Sinne des § 1 Abs. 1 des Körperschaftsteuergesetzes, die als Einrichtung der in Absatz 1 bezeichneten Art durch den Bundesminister für Gesundheit genehmigt sind, sind von der Körperschaftsteuer, Gewerbesteuer und Vermögensteuer befreit.

Inhaltsübersicht

		Rn.
I.	Freiwillige Ausgleichsverfahren (Abs. 1)	1–4
II.	Nichtanwendbarkeit der §§ 10 bis 18 LFZG (Abs. 2)	5
III.	Steuerbefreiung (Abs. 3)	6

I. Freiwillige Ausgleichsverfahren (Abs. 1)

Durch Abs. 1 werden die Voraussetzungen normiert, unter denen ein freiwilliges Ausgleichsverfahren durchgeführt werden kann, das das zwingende Verfahren gem. §§ 10 ff. LFZG ersetzt. Arbeitgeber können demnach gem. Abs. 1 Satz 1 für die Betriebe eines Wirtschaftszweiges Einrichtungen zum Ausgleich ihrer Ausgleichsaufwendungen errichten, die auch solchen Arbeitgebern offen stehen, die weniger als zwanzig Arbeitnehmer beschäftigten. Die in Abs. 1 Satz 1 genannten Vorschriften müssen vollständig erfüllt sein, um die Genehmigungsfähigkeit zu erreichen (ErfK/Dörner, § 19 LFZG, Rn. 2; GKK, § 19 LFZG, Rn. 2; Worzalla/Süllwald, § 19 LFZG, Rn. 2). Die Einrichtung, die an die Stelle der gesetzlichen Krankenversicherungen tritt, muss **von Arbeitgebern errichtet werden.** Ausschließliches Ziel der Einrichtung muss der Ausgleich der Arbeitgeberaufwendungen sein, die ansonsten durch § 10 Abs. 1 LFZG abgedeckt würden (KDHK, § 19 LFZG, Rn. 5; Schmitt, § 19 LFZG, Rn. 6). Der **Beitritt** und auch der **Austritt** aus Einrichtungen gem. § 19 LFZG ist **freiwillig** und **jederzeit möglich** (KDHK, § 19 LFZG, Rn. 12; Schmitt, § 19 LFZG, Rn. 8).

1

Die Einrichtung muss **für die Betriebe eines Wirtschaftszweiges** geschaffen werden. Wegen des Fehlens einer Legaldefinition des Begriffs des Wirtschaftszweiges im EFZG/LFZG wird er in der Literatur als Gruppierung von fachlich zusammengehörigen Betriebseinheiten der Wirtschaft verstanden (GKK, § 18 LFZG, Rn. 3; KDHK, § 19 LFZG, Rn. 9). An Ausgleichseinrichtungen gem. Abs. 1 Satz 2 können sich Arbeitgeber aus dem gleichen Wirtschaftszweig beteiligen, die weniger als zwanzig Arbeitnehmer beschäftigten.

2

Keine Einrichtungen im Sinne des § 19 Abs. 1 LFZG sind freiwillige Ausgleichseinrichtungen, die Betriebe mehrerer Wirtschaftszweige erfassen (GKK, a. a. O.; KDHK, a. a. O.; Schmitt, a. a. O.).

3

Die Einrichtung eines freiwilligen Ausgleichsverfahrens bedarf gem. Abs. 1 Satz 2 der Genehmigung durch das Bundesministerium für Gesundheit. Innerhalb dieses Verfahrens wird von Amts wegen überprüft, ob die

4

Voraussetzungen des Abs. 1 Satz 1 vorliegen (KDHK, § 19 LFZG, Rn. 13 ff.; Schmitt, § 19 LFZG, Rn. 10).

II. Nichtanwendbarkeit der §§ 10 bis 18 LFZG (Abs. 2)

5 Auf Arbeitgeber, deren Ausgleichsaufwendungen im Rahmen eines freiwilligen Ausgleichsverfahrens gem. Abs. 1 ausgeglichen werden, finden die §§ 10 bis 18 LFZG keine Anwendung. Sie werden von der Teilnahme am gesetzlichen Ausgleichsverfahren befreit.

III. Steuerbefreiung (Abs. 3)

6 Die Genehmigung einer freiwilligen Ausgleichseinrichtung gem. Abs. 1 Satz 1 zieht gem. Abs. 3 eine Befreiung von der Körperschafts-, Gewerbe- und Vermögenssteuer nach sich. Durch diese Regelung wird eine steuerliche Gleichstellung dieser Einrichtungen mit den gesetzlichen Ausgleichsverfahren gem. der §§ 10 ff. LFZG erreicht (GKK, § 19 LFZG, Rn. 14; KDHK, § 19 LFZG, Rn. 19; Schmitt, § 19 LFZG, Rn. 13).

§ 20
Berlin-Klausel

Dieses Gesetz gilt nach Maßgabe des § 13 Abs. 1 des Dritten Überleitungsgesetzes auch im Land Berlin.

1 Die **Berlin-Klausel** ist nach dem Einigungsvertrag mit der ehemaligen DDR **gegenstandslos** geworden.

3. Berufsausbildungsgesetz (BBiG)

Gesetz vom 14. August 1969 (BGBl. I S. 1112), zuletzt geändert durch Art. 9 des Gesetzes vom 23. Dezember 2002 (BGBl. I S. 4621)

– Auszug –

§ 12
Fortzahlung der Vergütung

(1) Dem Auszubildenden ist die Vergütung auch zu zahlen

1. für die Zeit der Freistellung (§ 7),

2. bis zur Dauer von sechs Wochen, wenn er

   a) sich für die Berufsausbildung bereit hält, diese aber ausfällt, oder

   b) aus einem sonstigen, in seiner Person liegenden Grund unverschuldet verhindert ist, seine Pflichten aus dem Berufsausbildungsverhältnis zu erfüllen.

Wenn der Auszubildende infolge einer unverschuldeten Krankheit, einer Maßnahme der medizinischen Vorsorge oder Rehabilitation, einer Sterilisation oder eines Abbruchs der Schwangerschaft durch einen Arzt an der Berufsausbildung nicht teilnehmen kann, findet das Entgeltfortzahlungsgesetz Anwendung.

(2) Kann der Auszubildende während der Zeit, für welche die Vergütung fortzuzahlen ist, aus berechtigtem Grund Sachleistungen nicht abnehmen, so sind diese nach den Sachbezugswerten (§ 10 Abs. 2) abzugelten.

I. Allgemeines

Aufgrund der unterschiedslosen Einbeziehung der Auszubildenden in das EFZG ist eine gesonderte Regelung der Entgeltfortzahlungsansprüche für diese Personen im BBiG obsolet geworden. Für den Bereich der Entgeltfortzahlung ist damit lediglich § 12 Abs. 1 Satz 2 BBiG von besonderer Bedeutung, der die **Ansprüche auf Entgeltfortzahlung bei gesundheitlich bedingten Arbeitsversäumnissen** regelt. Hierauf beschränkt sich die folgende Kommentierung.

2 Auszubildenden ist Entgeltfortzahlung nach den Regeln des EFZG zu leisten, wenn einer der in Abs. 1 Satz 2 aufgeführten Sachverhalte vorliegt und sie kein Verschulden trifft. Sind diese Voraussetzungen gegeben, ist Auszubildenden ihre Vergütung ohne Rücksicht darauf fortzuzahlen, ob sie für einen Arbeiter- oder für einen Angestelltenberuf ausgebildet werden. Keine Anwendbarkeit besteht für Ausbildungen, die auf **Kauffahrtschiffen** erfolgen. Entsprechende Regelungen für diesen Bereich finden sich in den §§ 48 ff. SeemG.

3 Für die **konkrete Durchführung** der Entgeltfortzahlung gelten die gleichen Maßstäbe wie für Arbeitnehmer i. S. von § 1 EFZG. Insoweit wird **auf die** einschlägigen **Regelungen des EFZG verwiesen** (vgl. insbesondere die Kommentierung zu § 3 EFZG).

II. Anspruch auf Vergütung gem. Abs. 1 Satz 2

6 Ein **Anspruch auf Vergütungsfortzahlung** nach den Regeln des EFZG **besteht**, wenn Auszubildende **infolge unverschuldeter Krankheit**, einer Maßnahme der **medizinischen Vorsorge oder Rehabilitation**, einer **Sterilisation** oder eines **Abbruchs der Schwangerschaft** durch einen Arzt nicht an der Berufsausbildung teilnehmen können. Anspruchsberechtigt sind gem. § 3 Abs. 1 BBiG **Beschäftigte**, die **aufgrund eines Berufsausbildungsvertrags** mit einem Ausbildenden **für einen bestimmten Beruf ausgebildet werden**. Die Ausbildung muss gem. § 28 Abs. 1 für einen anerkannten Ausbildungsberuf erfolgen und nach einer Ausbildungsordnung geregelt sein (vgl. § 1 EFZG, Rn. 45; Schmitt, § 12 BBiG, Rn. 6; zu **Ausnahmen** § 28 Abs. 3 BBiG).

7 Neben den Fällen der unverschuldeten Krankheit besteht ein Entgeltfortzahlungsanspruch der Auszubildenden nach Abs. 1 Satz 2 weiterhin bei **Maßnahmen der medizinischen Vorsorge und Rehabilitation** (vgl. hierzu die Kommentierung zu § 9 EFZG), bei einer **Sterilisation** oder bei einem **Abbruch der Schwangerschaft**.

8 Unter **Sterilisation** ist die Ausschließung der Zeugungs- oder Empfängnisfähigkeit durch Unterbrechung des Samenstranges bzw. des Eileiters zu verstehen (vgl. § 3 EFZG, Rn. 142). Der Eingriff muss von einem **approbierten Arzt** vorgenommen werden (Schmitt, § 3 EFZG, Rn. 220). Unter **Abbruch der Schwangerschaft** ist die Entfernung der Leibesfrucht bei einer intakten Schwangerschaft zu verstehen (vgl. § 3 EFZG, Rn. 144). Anders als § 3 Abs. 2 EFZG schreibt § 12 Abs. 2 Satz 2 BBiG das Vorliegen eines **nicht rechtswidrigen Schwangerschaftsabbruchs** nicht ausdrücklich fest.

9 Die in § 12 BBiG gebrauchte Formulierung zum **Verschulden** (»infolge einer unverschuldeten Krankheit«) unterscheidet sich sprachlich von der des § 3 Abs. 1 EFZG (»ohne dass ihn ein Verschulden trifft«). Dennoch ist der Verschuldensbegriff in beiden Regelungen gleich zu verstehen (ebenso

BBiG § 12

Schmitt, § 12 BBiG, Rn. 36; vgl. auch BAG v. 19. 10. 1983, NJW 84, 1707).

Um Verschulden handelt es sich, wenn ein **gröblicher Verstoß gegen das von einem verständigen Menschen im eigenen Interesse zu erwartende Verhalten** vorliegt (BAG v. 5. 4. 1962, AP Nr. 28 zu § 63 HGB, v. 23. 11. 1971 und v. 7. 12. 1972, AP Nrn. 8, 25 und 26 zu § 1 LFZG). Es muss sich um ein **grob fahrlässiges** oder **vorsätzliches Verhalten** handeln (Schmitt, § 12 BBiG, Rn. 37). **10**

Da die Auszubildenden uneingeschränkt in den Anwendungsbereich des EFZG einbezogen werden, sind in der Frage des Verschuldens im konkreten Einzelfall die gleichen Maßstäbe zugrunde zu legen wie für Arbeiter und Angestellte (vgl. § 3 EFZG, Rn. 82 ff.). **11**

4. Bürgerliches Gesetzbuch (BGB)

Neugefasst durch Bekanntmachung vom 2. Januar 2002 (BGBl. I S. 42, 2909), zuletzt geändert durch Art. 4 des Gesetzes vom 24. August 2002 (BGBl. I S. 3412).

§ 616 BGB

Der zur Dienstleistung Verpflichtete wird des Anspruchs auf die Vergütung nicht dadurch verlustig, daß er für eine verhältnismäßig nicht erhebliche Zeit durch einen in seiner Person liegenden Grund ohne sein Verschulden an der Dienstleistung verhindert wird. Er muß sich jedoch den Betrag anrechnen lassen, welcher ihm für die Zeit der Verhinderung aus einer auf Grund gesetzlicher Verpflichtung bestehenden Kranken- oder Unfallversicherung zukommt.

Inhaltsübersicht

		Rn.
I.	Allgemeines	1–5
II.	Entgeltfortzahlung gem. § 616 BGB	6–20
	1. Anspruchsberechtigte	6
	2. Dienstverhinderung aus persönlichen Gründen	7–16
	3. Ohne Verschulden	17
	4. Nicht erhebliche Zeit	18–20
III.	Anrechnung anderer Leistungen	21

I. Allgemeines

1 Nach § 616 BGB behält der zur **Dienstleistung Verpflichtete (Arbeitnehmer und freier Mitarbeiter**; vgl. Schaub, § 97 Rn. 2) seinen **Vergütungsanspruch**, wenn er für eine **verhältnismäßig nicht erhebliche Zeit** durch einen in seiner Person liegenden Grund ohne sein Verschulden an der Dienstleistung verhindert wird. § 616 BGB gilt für unbefristete und befristete Arbeitsverhältnisse (Palandt-Putzo, § 616 BGB Rn. 1). Durch diese gesetzliche Regelung weicht der Gesetzgeber aus sozialpolitischen Gründen von dem Prinzip ab, dass der Arbeitnehmer während der Arbeitszeit dem Arbeitgeber die Arbeitskraft vollständig zur Verfügung zu stellen hat. Der Gesetzgeber trägt damit dem Umstand Rechnung, dass die Ar-

BGB § 616

beitsvergütung in der Regel die alleinige Existenzgrundlage des Arbeitnehmers ist und diese nicht bei zwangsläufig im Arbeitsleben eintretenden Arbeitsverhinderungen gefährdet werden darf. Der Arbeitnehmer hat die aus der Treuepflicht abgeleitete vertragliche Nebenpflicht, dem Arbeitgeber sobald als möglich die Arbeitsverhinderung mitzuteilen, damit sich der Arbeitgeber darauf einrichten kann (Schaub, § 97 Rn. 2).

Der **Anwendungsbereich** des § 616 BGB ist im Zusammenhang mit **Krankheitsfällen gering**, da bei krankheitsbedingter Arbeitsunfähigkeit die entsprechenden Sonderbestimmungen (EFZG, SeemG) vorgehen. Insoweit hat § 616 BGB im Wesentlichen Bedeutung bei **Arztbesuchen**, bei denen noch keine Arbeitsunfähigkeit vorliegt (Rn. 8 f.), und bei der **Pflege erkrankter Angehöriger** (Rn. 10 ff.). Allerdings kann sich – wie auch schon vor In-Kraft-Treten des EFZG a. F. – bei **ärztlich verordneten Schonungszeiten** für Arbeiter und Angestellte ein Anspruch auf Entgeltfortzahlung ergeben, nachdem § 7 Abs. 4 LFZG in das EFZG nicht übernommen worden ist (vgl. Leinemann, AuR 95, 83; Kunz/Wedde, § 616 BGB Rn. 5). Wegen der großen praktischen Bedeutung für das Arbeitsverhältnis werden auch die anderen Fälle der Dienstverhinderung, die einen Vergütungsanspruch auslösen, erläutert (Rn. 16). Die Vorschrift findet auf **Arbeiter und Angestellte** Anwendung. Für die Personen, die zu ihrer **Berufsausbildung** beschäftigt werden, gilt die Sonderregelung des § 12 Abs. 1 Nr. 2 b BBiG, die jedoch inhaltlich identisch ist. 2

Der Anspruch auf Vergütungsfortzahlung nach § 616 BGB ist nach vorherrschender Meinung durch Einzel- und Tarifvertrag **abdingbar** (BAG GS v. 18. 12. 1959, AP Nr. 22 zu § 616 BGB, v. 8. 12. 1982, AP Nr. 58 zu § 616 BGB).

Die **Tarifvertragspraxis** bringt für die Arbeitnehmer Vor- und Nachteile: Konkretisiert der Tarifvertrag die Verhinderungsfälle (z. B. bezahlte Freistellung bei Eheschließung, Tod von nahen Angehörigen, Umzug, Behördengängen, Arztbesuchen usw.), so besteht zwingend der Vergütungsanspruch, ohne dass der Arbeitnehmer die Unzumutbarkeit der Arbeitsleistung dem Grunde nach und im geregelten Umfang darlegen und beweisen muss (BAG v. 12. 12. 1973, AP Nr. 44 zu § 616 BGB). Andererseits zeigt die Erfahrung, dass die in den Tarifverträgen abschließend geregelten Fälle häufig hinter dem gesetzlichen Stand bzw. dem durch die Rechtsprechung entwickelten Standard zurückbleiben (vgl. Däubler, AR 2, S. 436). 3

Grundsätzlich ist nach der überwiegend vertretenen Auffassung auch ein **völliger tarifvertraglicher Ausschluss** der Ansprüche möglich, da von den Tarifvertragsparteien eine sachlich gerechtfertigte Differenzierung nach der Leistungsfähigkeit der einzelnen Wirtschaftszweige oder nach der Unternehmensgröße vermutet wird (BAG v. 20. 6. 1979, AP Nr. 49 zu § 616 BGB, vgl. aber die grundsätzlichen Bedenken bei Däubler AR 2, S. 436). Ob der Tarifvertrag eine **abschließende** Aufzählung enthält, ist 4 durch Auslegung zu ermitteln (BAG v. 7. 3. 1990, AP Nr. 83 zu § 616 BGB). Benennt der Tarifvertrag beispielhaft **einige Verhinderungsgründe**, werden im **Zweifel** weitere nicht ausdrücklich erwähnte Fälle nicht ausgeschlossen. Soll die tarifvertragliche Regelung **alle sonstigen** nicht erwähnten Verhinderungsfälle ausschließen, muss der Tarifvertrag dies eindeutig zum Ausdruck bringen (vgl. ausführlich Boewer, Münch. Hdb. Bd. I, § 80 Rn. 8; Schmitt, § 616 BGB Rn. 23).

5 Ein völliger Ausschluss des § 616 BGB durch Einzelarbeitsvertrag ist rechtlich zweifelhaft. Das BAG hat diese Frage bisher offen gelassen (BAG v. 20. 6. 1979, AP Nr. 49 zu § 616 BGB). In jedem Fall unterliegen derartige einzelvertragliche Abreden der Inhaltskontrolle und sind somit gerichtlich überprüfbar (Boewer, Münch. Hdb. Bd. I, § 80 Rn. 9).

II. Entgeltfortzahlung gem. § 616 BGB

1. Anspruchsberechtigte

6 **§ 616 BGB setzt voraus**, dass ein **Arbeitsverhältnis** besteht und der Arbeitnehmer im Rahmen dieses Arbeitsverhältnisses **aus persönlichen Gründen ohne Verschulden** für eine **verhältnismäßig nicht erhebliche Zeit** an der Erbringung der Arbeitsleistung gehindert ist. Da § 616 auf alle zur Dienstleistung Verpflichteten Anwendung findet, gelten nachfolgende Ausführungen auch für **freie Mitarbeiter** und **arbeitnehmerähnliche Personen** (Schmitt, § 616 BGB Rn. 5). Für **Auszubildende** geht die speziellere Regelung des § 12 Abs. 1 Nr. 2 b BBiG vor.

2. Dienstverhinderung aus persönlichen Gründen

7 Der Arbeitnehmer wird durch einen in seiner **Person** liegenden Grund an der Arbeitsleistung verhindert, wenn ihm nach Treu und Glauben die Arbeitsleistung nicht zugemutet werden kann. Diese Unzumutbarkeit muss sich aus den **persönlichen Verhältnissen** des Arbeitnehmers ergeben (BAG v. 25. 4. 1960, AP Nr. 23 zu § 616 BGB). **Nicht erforderlich** ist, dass der Arbeitnehmer zur Leistung außerstande ist, d. h., dass diese ihm unmöglich ist. Unzumutbarkeit liegt dann vor, wenn nach Abwägung der Interessen von Arbeitnehmer und Arbeitgeber, insbesondere unter Berücksichtigung sittlicher und moralischer Pflichten, die Arbeitsleistung vom Arbeitnehmer nicht abverlangt werden darf (BAG v. 25. 10. 1973, AP Nr. 43 zu § 616 BGB). Aus diesen unbestimmten Rechtsbegriffen folgt, dass die Gerichte im Einzelfall einen großen Ermessensspielraum haben. Die **Beweislast** für die Leistungsverhinderung und die Erforderlichkeit (und Vermeidbarkeit) der Dienstbefreiung trägt der Arbeitnehmer.

Objektive allgemeine Hindernisse, die ihren Grund weder in der Sphäre des Arbeitnehmers noch des Arbeitgebers haben, reichen für den Vergütungsanspruch nicht aus (siehe Rn. 14).

8 Besonderer Erörterung bedürfen die **Arztbesuche**. Voraussetzung für den

BGB § 616

Vergütungsanspruch des Arbeitnehmers bei Arztbesuchen ohne krankheitsbedingte Arbeitsunfähigkeit – anderenfalls besteht Anspruch nach § 3 EFZG – ist, dass der Arzttermin **nicht außerhalb der Arbeitszeit** erfolgen kann (BAG v. 23. 10. 1993, AP Nr. 37 zu § 616 BGB; Schmitt, § 616 Rn. 16). Kann der Arbeitnehmer den Arzt auch außerhalb der Arbeitszeit aufsuchen, weil keine medizinische Notwendigkeit für den kurzfristigen Besuch besteht oder der Arzt auch einen Termin außerhalb der Arbeitszeit zur Verfügung stellen kann, kommt ein Vergütungsanspruch nach § 616 BGB nicht in Betracht. Allerdings ist der Arbeitnehmer nicht verpflichtet, sich auf einen bestimmten Arzt verweisen zu lassen (Schmitt, § 616 BGB Rn. 16 m. w. N.).

Medizinische Notwendigkeit liegt dann vor, wenn der Besuch keinen Aufschub duldet oder der Arbeitnehmer aus medizinischen Gründen auf den Untersuchungszeitpunkt keinen Einfluss nehmen kann. Dies ist z. B. der Fall bei Vorsorgeuntersuchungen wie **Blutentnahme** im **nüchternen Zustand** (BAG v. 27. 6. 1990, DB 90, 2072) oder bei vom Arzt verordneten Behandlungen durch einen Dritten, z. B. Massagen, Bäder usw. (Schmitt, § 616 BGB Rn. 15). **9**

Die **Pflege erkrankter pflegebedürftiger Angehöriger** begründet nach allgemeiner Ansicht einen Anspruch nach § 616 BGB. Sie ist die Erfüllung einer rechtlichen und/oder sittlichen Pflicht (BAG v. 20. 6. 1979, AP Nr. 49 zu § 616 BGB). Im Einzelfall kann auch ein Krankenhausbesuch gerechtfertigt sein, sofern dieser nicht außerhalb der Arbeitszeit erfolgen kann. Da der Umfang des Anspruches immer wieder zu Auseinandersetzungen Anlass gab, hat der Gesetzgeber aus sozialpolitischen Gründen in § 45 SGB V einen gesetzlichen Anspruch auf Krankengeld gegen die Krankenkasse geschaffen. In Anlehnung an diese gesetzliche Regelung hat das BAG den Vergütungsanspruch bejaht, wenn ein Arbeitnehmer zur Pflege, Beaufsichtigung oder Betreuung eines im Haushalt lebenden **Kindes, das das 8. Lebensjahr noch nicht vollendet hat**, zu Hause bleiben muss (BAG v. 19. 4. 1978, AP Nr. 48 zu § 616 BGB, vom 20. 6. 1979, Nr. 51 zu § 616 BGB). Der Anspruch kann jedoch auch bei Erkrankung älterer Kinder oder anderer naher Angehöriger des Arbeitnehmers bestehen (Schmitt, § 616 BGB Rn. 11). Bei längerer Erkrankung muss der Arbeitnehmer für Pflege und Betreuung durch andere Personen sorgen bzw. rechtzeitig Vorsorge treffen (BAG v. 19. 4. 1978, AP Nr. 48 zu § 616 BGB). Wenn **beide Eltern** berufstätig sind und keine anderweitige Hilfe in Anspruch genommen werden kann, besteht ein Wahlrecht bei der Übernahme der häuslichen Pflege und Betreuung. Sind beide beim selben Arbeitgeber beschäftigt, müssen sie auf die Interessen des Arbeitgebers angemessen Rücksicht nehmen (vgl. Schaub, § 97 Rn. 12). Diese Grundsätze gelten auch neben der ab 1. 1. 1992 anzuwendenden Fassung des § 45 SGB V (vgl. Schmitt, § 616 BGB Rn. 11). **10**

§ 45 SGB V gibt in der gegenwärtigen Fassung einem versicherten Arbeitnehmer einen Krankengeldanspruch gegen die Krankenkasse für **11**

BGB § 616

längstens zehn Arbeitstage (für allein Erziehende längstens 20 Arbeitstage) in jedem Kalenderjahr, wenn **nach ärztlichem Zeugnis** die Beaufsichtigung, Betreuung oder Pflege des **erkrankten und versicherten Kindes** durch den Arbeitnehmer erforderlich ist und das Kind das **12. Lebensjahr** noch nicht vollendet hat. Da dieser Anspruch je Kind besteht, begrenzt § 45 Abs. 2 Satz 2 SGB V diesen Anspruch auf höchstens 25 Arbeitstage und für allein Erziehende auf höchstens 50 Arbeitstage.

12 Für die Dauer dieses Anspruches ist der Arbeitnehmer nach § 45 Abs. 3 SGB V vom Arbeitgeber unabdingbar **unbezahlt freizustellen**, unbezahlt jedoch nur insofern, als nicht ein Anspruch auf Bezahlung gegenüber dem Arbeitgeber besteht. Zahlt der Arbeitgeber trotz Vergütungspflicht nicht und leistet die Krankenkasse das Pflegegeld im Voraus, geht der Anspruch des Arbeitnehmers gegen den Arbeitgeber nach § 115 SGB X auf die Krankenkasse über.

13 Als subjektive persönliche Leistungshindernisse wurden darüber hinaus insbesondere folgende Fälle anerkannt:

Familienereignisse wie kirchliche und standesamtliche Trauung (eigene und die der Kinder), goldene Hochzeit der Eltern, Kommunion und Konfirmation der Kinder, Niederkunft der Ehefrau oder Lebensgefährtin, **Erfüllung staatsbürgerlicher Pflichten** wie Erscheinen bei Gericht als Zeuge, Sachverständiger, Behördenbesuche, **Ausübung von Ehrenämtern**, Schöffentätigkeit, ehrenamtlicher Richter, **dringende persönliche und berufliche Angelegenheiten** wie etwa **Umzug, Stellenbewerbung, Führerscheinprüfung** (vgl. dazu ausführlich Boewer, Münch. Hdb. Bd. I, § 80 Rn. 15; Schmitt, § 616 BGB Rn. 8 m. w. N.).

14 **Kein Vergütungsanspruch** besteht bei **objektiven Hindernissen**, weil der Arbeitgeber diese nicht einkalkulieren kann (vgl. Schaub, § 97 Rn. 14). Sie fallen weder in die Sphäre des Arbeitnehmers noch des Arbeitgebers und betreffen in der Regel einen größeren Personenkreis. Hierzu gehören z. B. **Straßenverkehrsprobleme** (Glatteis, Staus, Unfälle), **Fahrverbote bei Smog, Ausfall öffentlicher Verkehrsmittel, Demonstrationen** usw. (vgl. Boewer, Münch. Hdb. Bd. I, § 80 Rn. 15, Schaub, § 97 Rn. 14). Die reine Fingierung derartiger objektiver Hindernisse durch den Arbeitgeber (etwa ihr Vorliegen an einem Feiertag) führt allerdings nicht zum Wegfall des Vergütungsanspruchs, solange er hier nicht einen Beweis führen kann.

15 Darüber hinaus kann auch der **Vergütungsanspruch** bei **persönlichen Leistungshindernissen** entfallen, z. B. bei Ableistung des zweimonatigen Wehrdienstes eines ausländischen Arbeitnehmers in seinem Heimatland (BAG v. 20. 12. 1982, AP Nr. 23 zu § 123 BGB) oder bei einer achtwöchigen Ausbildung am Heimdialysegerät (BAG v. 20. 7. 1977, AP Nr. 47 zu § 616 BGB). In diesen Fällen ist zwar die Erbringung der Arbeitsleistung für den Arbeitnehmer unzumutbar, der Arbeitgeber ist jedoch aufgrund der erheblichen Dauer der Arbeitsverhinderung von der

Zahlung des Arbeitsentgelts nach den Grundsätzen des Schuldrechts befreit (Boewer, Münch. Hdb. Bd. I, § 80 Rn. 7).

In anderen Fällen wie **allgemeine Familienfeiern** (BAG v. 25. 10. 1973, AP Nr. 43 zu § 616 BGB), **Vereinsfeste, Sportveranstaltungen, TÜV-Fahrzeugabnahme** (BAG v. 16. 12. 1960, AP Nr. 30 zu § 616 BGB) entfällt der Vergütungsanspruch schon deswegen, weil dem Arbeitnehmer die Arbeitsleistung regelmäßig **zumutbar** ist. **16**

3. Ohne Verschulden

Weitere Voraussetzung für den Vergütungsanspruch aus § 616 BGB ist, dass der persönliche Grund der Arbeitsverhinderung **ohne Verschulden** des Arbeitnehmers entstanden sein muss (vgl. zum Verschulden § 3 EFZG Rn. 82 ff.). Verschulden ist dann anzunehmen, wenn die Inanspruchnahme des Arbeitnehmers gegen die Treuepflicht des Arbeitnehmers verstoßen würde, also eine grobe Verletzung der Sorgfalt vorliegt, die ein verständiger Mensch im eigenen Interesse anzuwenden pflegt (BAG v. 13. 11. 1974, AP Nr. 45 zu § 616 BGB). Das Verschulden muss sich auf den **Verhinderungsgrund** beziehen (Palandt-Putzo, § 616 BGB Rn. 10). Die **Beweislast** für das Verschulden trifft den Arbeitgeber (BAG v. 5. 4. 1962, AP Nr. 28 zu § 63 HGB). **17**

4. Nicht erhebliche Zeit

Die Arbeitsverhinderung darf nur **verhältnismäßig nicht erhebliche Zeit** gedauert haben. Die Ausfüllung dieses unbestimmten Rechtsbegriffs kann nur im konkreten Einzelfall erfolgen. Nach vorherrschender Meinung ist auf das Verhältnis zwischen **Verhinderungsdauer** zur **Gesamtdauer des Arbeitsverhältnisses** abzustellen (vgl. Schmitt, § 616 BGB Rn. 17; Boewer, Münch. Hdb. Bd. I, § 80 Rn. 17 m. w. N.). Bei langjährig Beschäftigten kommen demgemäß größere Zeiträume in Betracht. Teilweise haben die Tarifvertragsparteien in Tarifverträgen Kriterien entwickelt. Als Faustregel werden drei Tage bei einer Beschäftigungsdauer bis zu sechs Monaten, eine Woche bei Beschäftigungsdauer bis zu einem Jahr und zwei Wochen bei längerer Betriebszugehörigkeit angeführt (ablehnend Schaub, § 97 Rn. 16). Das BAG hat eine Dauer von acht Wochen (Ausbildung an einem Heimdialysegerät) nicht mehr als unerheblich angesehen (BAG v. 20. 7. 1977, AP Nr. 47 zu § 616 BGB). Die Grenze dürfte für langjährig Beschäftigte bei sechs Wochen liegen (vgl. BAG v. 20. 7. 1977, AP Nr. 47 zu § 616 BGB). **18**

Bei **mehrfachen Verhinderungen** ist danach zu unterscheiden, ob sie auf demselben Grund beruhen oder aber aus anderen Anlässen erfolgen. Während im ersten Fall eine **Zusammenrechnung** teilweise gebilligt wird (vgl. Schaub, § 97 Rn. 16), ist eine Zusammenrechnung insgesamt **abzulehnen**, da in der Regel keine ununterbrochenen zeitlichen Geschehensabläufe gegeben sind. So sollen auch nach der einschränkenden Ansicht mehrere **19**

BGB § 616

Arztbesuche »kaum jemals« zusammengerechnet werden können. Richtigerweise ist diese Frage dahingehend zu lösen, ob im Einzelfall der Arbeitnehmer rechtzeitig anderweitige Vorsorge treffen kann, z. B. durch Verlegung eines Arzt- bzw. Behandlungstermins außerhalb der Arbeitszeit (vgl. Boewer, Münch. Hdb. Bd. I, § 80 Rn. 22).

20 Liegen die Voraussetzungen des § 616 BGB vor, so hat der Arbeitnehmer einen Vergütungsanspruch, als wenn er gearbeitet hätte.

III. Anrechnung anderer Leistungen

21 Der Arbeitnehmer muss sich gem. § 616 Abs. 1 Satz 2 BGB den Betrag **anrechnen** lassen, welcher ihm für die Zeit der Verhinderung aus einer aufgrund gesetzlicher Verpflichtung bestehenden Kranken- oder Unfallversicherung zukommt. Von Bedeutung ist in diesem Zusammenhang insbesondere die Krankengeldzahlung der Krankenkasse gem. § 45 SGB V bei Erkrankung eines Kindes. Da § 616 Abs. 1 Satz 2 BGB eine abschließende Aufzählung enthält, kommen **andere Einkünfte** wie Leistungen der privaten Kranken- und Unfallversicherung, Entschädigung für die Tätigkeit als ehrenamtlicher Richter, als Zeuge, Sachverständiger oder für die unschuldig erlittene Untersuchungshaft nicht in Betracht (Schaub, § 97 Rn. 21). Allerdings kann auch insoweit einzel- oder tarifvertraglich anderes vereinbart werden.

Hat ein **Dritter** die Arbeitsverhinderung des Arbeitnehmers **schuldhaft verursacht**, so kann der Arbeitgeber die Abtretung des Schadenersatzanspruches verlangen (Boewer, Münch. Hdb. Bd. I, § 80 Rn. 24).

5. Bundesurlaubsgesetz (BUrlG)

vom 8. Januar 1963 (BGBl. I S. 2), zuletzt geändert
durch Gesetz vom 7. Mai 2002 (BGBl. I S. 1529)

Einleitung
In direktem **Zusammenhang mit der Entgeltfortzahlung** im Krankheitsfall bzw. bei Maßnahmen der medizinischen Vorsorge oder Rehabilitation stehen die Vorschriften **§ 9 und 10 BUrlG**. Im Vordergrund steht dabei nach § 9 BUrlG das Prinzip, dass der Arbeitnehmer bei Erkrankung während des Urlaubs seinen Urlaubsanspruch für die Tage der Arbeitsunfähigkeit nicht verliert.

§ 9
Erkrankung während des Urlaubs

Erkrankt ein Arbeitnehmer während des Urlaubs, so werden die durch ärztliches Zeugnis nachgewiesenen Tage der Arbeitsunfähigkeit auf den Jahresurlaub nicht angerechnet.

Inhaltsübersicht Rn.

I.	Allgemeines	1
II.	Erkrankung während des Urlaubs	2
III.	Arbeitsunfähigkeit	3–4
IV.	Ärztliches Zeugnis	5–6
V.	Rechtsfolgen	7

I. Allgemeines

Der Urlaub soll der Regeneration dienen. Dieser Sinn und Zweck wird regelmäßig vereitelt, wenn Arbeitsunfähigkeit infolge Krankheit vorliegt. Erkrankt der Arbeitnehmer vor oder während des Urlaubs, so wird die Erfüllung des Urlaubsanspruchs unmöglich (vgl. BAG v. 9. 6. 1988, NZA 89, 137). § 9 BUrlG regelt, dass dann (zu den Voraussetzungen vgl. Rn. 2 ff.) die Urlaubstage nachzugewähren sind (vgl. Kittner/Zwanziger-Litzig, § 68 Rn. 214 ff.). **1**

II. Erkrankung während des Urlaubs

Voraussetzung für die Nichtanrechnung des Urlaubs nach § 9 BUrlG ist **2** zunächst, dass der Arbeitnehmer **während des Urlaubs erkrankt**. § 9 BUrlG findet auch dann Anwendung, wenn der Arbeitnehmer bereits vor seinem Urlaub erkrankt und die Erkrankung zeitlich den (geplanten) Urlaub ganz oder teilweise über andauert. Denn der mit dem Urlaub bezweckte Erfolg, nämlich die Befreiung der Arbeitspflicht für die Dauer des Urlaubs zum Zwecke der Erholung, kann nicht eintreten, da die **Arbeitspflicht** bereits **aufgrund der Krankheit entfallen ist** (Leinemann/Link, § 9 BUrlG Rn. 1).

III. Arbeitsunfähigkeit

3   Der Arbeitnehmer muss während des Urlaubs nicht nur erkrankt sein, sondern diese Erkrankung muss auch zur **Arbeitsunfähigkeit** führen. Der Begriff der Arbeitsunfähigkeit in § 9 BUrlG ist dabei mit dem Begriff der Arbeitsunfähigkeit nach dem EFZG identisch (vgl. § 3 EFZG Rn. 42 ff.). Die Nichtanrechnung von Arbeitsunfähigkeitstagen auf den Erholungsurlaub kommt auch dann in Betracht, wenn der Arbeitnehmer die **Arbeitsunfähigkeit verschuldet** hat, da die Erfüllung des Urlaubsanspruchs auch durch die vom Arbeitnehmer verschuldete Arbeitsunfähigkeit unmöglich wird (Leinemann/Link § 9 BUrlG Rn. 7; vgl. Kunz/Wedde, § 9 BUrlG Rn. 3). Allerdings hat der Arbeitnehmer dann für diese Tage **keinen Entgeltfortzahlungsanspruch** nach § 3 EFZG (Leinemann/Link, § 9 BUrlG Rn. 7; Schaub, § 102 Rn. 45).

4   Voraussetzung für die Nichtanrechnung nach § 9 BUrlG ist allein, dass der Arbeitnehmer arbeitsunfähig erkrankt ist und dies dem Arbeitgeber durch ärztliches Zeugnis nachweist. Unerheblich ist, ob sich der Beschäftigte **trotz der Krankheit erholen** könnte oder nicht (Leinemann/Link, § 9 BUrlG Rn. 8).

IV. Ärztliches Zeugnis

5   Die Nichtanrechnung setzt den Nachweis der Arbeitsunfähigkeit durch ein ärztliches Zeugnis voraus. Erkrankt der Arbeitnehmer während des Urlaubs und erfüllt er die in § 5 EFZG festgelegten **Nachweispflichten,** so ist auch der Nachweispflicht des § 9 BUrlG genüge getan. Die Nachweispflicht bezieht sich auch hier auf die Arbeitsunfähigkeit (vgl. § 5 EFZG Rn. 19 ff.). Enthält eine Bescheinigung des Arztes lediglich einen Hinweis auf die Erkrankung, ohne dass hierauf eindeutig auf die Arbeitsunfähigkeit des Arbeitnehmers geschlossen werden kann, so genügt ein solches Attest den Anforderungen des § 9 BUrlG nicht (vgl. BAG v. 15. 12. 1987, AP Nr. 9 zu § 9 BUrlG; Leinemann/Link, § 9 BUrlG Rn. 12).

6   Im Gegensatz zu § 5 Abs. 1 Satz 1 EFZG enthält § 9 BUrlG **keine Frist** zur Vorlage der Bescheinigung. Eine Vorlage des ärztlichen Zeugnisses nach Ablauf der in § 5 Abs. 1 Satz 1 EFZG bestimmten Frist hat keine Folgen für die Nichtanrechnung des Urlaubs. Der Arbeitgeber kann von seinem Leis-

tungsverweigerungsrecht nach § 7 Abs. 1 Nr. 1 EFZG (vgl. § 7 EFZG Rn. 4 ff.) Gebrauch machen.

V. Rechtsfolgen

Ist der Arbeitnehmer während des Urlaubs arbeitsunfähig erkrankt und weist er dies durch ein ärztliches Zeugnis nach, so dürfen diese **Tage nicht auf den Urlaub angerechnet werden**. Der Arbeitgeber hat die Urlaubstage nachzugewähren. Diese Pflicht besteht für den Arbeitgeber dann, wenn der Arbeitnehmer wieder zur Erfüllung seiner Arbeitspflicht in der Lage und der Urlaubsanspruch noch nicht durch Fristablauf erloschen ist (vgl. BAG v. 9. 6. 1988, AP Nr. 10 zu § 9 BUrlG). Ein Recht des Arbeitnehmers, sich **selbst zu beurlauben, besteht nicht** (Leinemann/Link, § 9 BUrlG Rn. 15).

7

§ 10
Maßnahmen der medizinischen Vorsorge oder Rehabilitation

Maßnahmen der medizinischen Vorsorge oder Rehabilitation dürfen nicht auf den Urlaub angerechnet werden, soweit ein Anspruch auf Fortzahlung des Arbeitsentgelts nach den gesetzlichen Vorschriften über die Entgeltfortzahlung im Krankheitsfall besteht.

Inhaltsübersicht Rn.

I.	Allgemeines	1
II.	Maßnahmen der medizinischen Vorsorge und Rehabilitation	2

I. Allgemeines

Mit dem Gesetz zu Korrekturen in der Sozialversicherung und zur Sicherung der Arbeitnehmerrechte (sog. **Korrekturgesetz**, KorrG) v. 19. 12. 1998 (BGBl. I S. 3843) wurde § 10 BUrlG **wieder auf den Stand vom 30. 9. 1996 zurückgeführt**. Seit dem 1. 1. 1999 besteht das **gesetzliche Verbot**, dass Maßnahmen der medizinischen Vorsorge oder Rehabilitation **nicht auf den Urlaub angerechnet werden dürfen,** soweit ein Anspruch auf Fortzahlung des Arbeitsentgelts nach dem EFZG besteht.

1

II. Maßnahmen der medizinischen Vorsorge und Rehabilitation

Wegen des **Begriffs der Maßnahmen der medizinischen Vorsorge oder Rehabilitation** kann auf § 9 Abs. 1 EFZG Bezug genommen werden (vgl. § 9 EFZG). Nach § 9 Abs. 1 EFZG ist der Anspruch auf Entgeltfortzahlung im Wesentlichen davon abhängig, dass die Maßnahme von einem Sozialleistungsträger bewilligt oder, wenn der Arbeitnehmer nicht Mitglied in einer gesetzlichen Krankenkasse oder in der gesetzlichen Rentenversicherung versichert ist, von einem Arzt verordnet worden ist und in einer geeigneten Einrichtung durchgeführt wurde (vgl. Schmitt, § 9 Rn. 2).

2

6. Seemannsgesetz (SeemG)

vom 26. Juli 1957 (BGBl. II S. 713),
zuletzt geändert durch Gesetz vom 24. März 1999 (BGBl. I S. 946).

1 Die Regelungen zur Fortzahlung der Heuer im Krankheitsfall gehen zurück auf die Seemannsordnung vom 2. Juni 1902 (RGBl. S. 175). So hatte z. B. das **erkrankte oder verletzte Besatzungsmitglied** nach Ablegen des Schiffes einen Anspruch auf Heuer, bis er das Schiff verließ (vgl. zur geschichtlichen Entwicklung Schmitt, Einl. zum SeemG Rn. 1).

2 Durch die in Kraft getretenen Änderungen des Entgeltfortzahlungsgesetzes 1994 wurden die **Unterschiede** zwischen den Schiffsmännern einerseits und den Schiffsoffizieren und sonstigen seemännisch Angestellten andererseits **beseitigt**. Ebenso wurde die Sonderregelung für Kapitäne (§ 78 Abs. 2 SeemG) aufgehoben.

3 Dementsprechend bestimmt sich die **Heuerfortzahlung im Krankheitsfall** für alle Besatzungsmitglieder nunmehr nach den §§ 48 und 52 a SeemG (vgl. Kunz/Wedde, § 48 SeemG Rn. 1 ff.). Die Vorschriften entsprechen im Wesentlichen den Regelungen des Entgeltfortzahlungsgesetzes, indem sie darauf verweisen. Der speziellen Situation der auf einem Schiff tätigen Arbeitnehmer tragen die Regelungen des SeemG wegen der Besonderheiten zusätzlich Rechnung.

4 Die Vorschriften über die **Heuerzahlung an Feiertagen** gehen zurück auf das Seemannsgesetz vom 26. Juli 1957 (BGBl. II S. 713), die bisher nicht verändert wurden. Damit hat sowohl die Regelung über die Festlegung der Feiertage (§ 84 Abs. 4 SeemG) als auch über den Feiertagsausgleich (§ 91 SeemG) weiterhin Bestand.

§ 48
Weiterzahlung der Heuer im Krankheitsfall

(1) Das erkrankte oder verletzte Besatzungsmitglied hat Anspruch auf Weiterzahlung der Heuer mindestens bis zu dem Tage, am welchem es das Schiff verläßt. Im übrigen gelten die Vorschriften des Entgeltfortzahlungsgesetzes; solange das Besatzungsmitglied sich an Bord eines Schiffes auf See oder im Ausland aufhält, ist jedoch § 5 des Entgeltfortzahlungsgesetzes nur insoweit anzuwenden, als das Besat-

zungsmitglied zur Mitteilung seiner Arbeitsunfähigkeit und deren voraussichtlicher Dauer verpflichtet ist.

(2) Der Reeder hat einem erkrankten oder verletzten Besatzungsmitglied, das außerhalb des Geltungsbereichs des Grundgesetzes das Schiff verlassen (§ 45) und keinen Anspruch auf Weiterzahlung der Heuer nach Absatz 1 mehr hat, für die Dauer der Arbeitsunfähigkeit oder des Aufenthalts in einem Krankenhaus außerhalb des Geltungsbereichs des Grundgesetzes und solange es Anspruch auf kostenfreie Krankenfürsorge hat, die Beiträge zu zahlen, die dem Besatzungsmitglied nach dem Fünften Buch Sozialgesetzbuch oder nach der Reichsversicherungsordnung zustehen würden, wenn es innerhalb des Geltungsbereichs des Grundgesetzes erkrankt wäre.

§ 52a
Gleichstellung mit dem Krankheitsfall

Dem erkrankten oder verletzten Besatzungsmitglied im Sinne der §§ 42 bis 52 steht ein Besatzungsmitglied gleich, das infolge einer nicht rechtswidrigen Sterilisation oder eines nicht rechtswidrigen Abbruchs der Schwangerschaft an seiner Dienstleistung verhindert ist. Dasselbe gilt für einen Abbruch der Schwangerschaft, wenn die Schwangerschaft innerhalb von zwölf Wochen nach der Empfängnis durch einen Arzt abgebrochen wird, die schwangere Frau den Abbruch verlangt und dem Arzt durch eine Bescheinigung nachgewiesen hat, daß sie sich mindestens drei Tage vor dem Eingriff von einer anerkannten Beratungsstelle hat beraten lassen.

Stichwortverzeichnis

Die **fett** gedruckten Zahlen ohne Gesetzesangabe beziehen sich auf die jeweiligen Paragraphen des EFZG, die **fett** gedruckten Zahlen mit Gesetzesangabe auf den jeweiligen Paragraphen des angegebenen Gesetzes und die mager gedruckten Zahlen auf die jeweilige Randnummer.

Abdingbarkeit **12**, 3 ff.
- einzelvertragliche **12**, 8; **BGB 616**, 2
- tarifvertragliche **4**, 57; **12**, 1 ff.; **BGB 616**, 2

Abrufarbeit
- Betriebsrat **2**, 31
- Durchschnittsbetrachtung **2**, 28
- Feiertagsentgelt **2**, 28

Aids **3**, 94
- Blutgerinnungspräparate **3**, 94
- Bluttransfusion **3**, 94
- Injektionsbesteck **3**, 94
- ungeschützter Geschlechtsverkehr **3**, 94

Akkordlohn
- als Arbeitsentgelt **4**, 12, 43 f.
- Einzelakkord **4**, 44
- Feiertagsentgelt **2**, 41
- Geldakkord **4**, 43 f.
- Gruppenakkord **4**, 44
- Zeitakkord **4**, 43 f.

Alkoholismus **3**, 41, 98 f.; **9**, 16

Alkoholmissbrauch
- aufgrund Geisteskrankheit **3**, 126

Alkoholsucht
s. Alkoholismus

Amateurboxen **3**, 105

Ambulante Behandlung **3**, 46

Anfechtung
- arbeitgeberseitige **8**, 11

Anlernling **1**, 47, 50

Annahmeverzug
- des Arbeitgebers **3**, 56, 73

Anrechnung
- Anrechnungsverbote **BUrlG 10**, 1 f.

Anrechnung anderer Leistungen **BGB 616**, 21

Anrechnungsverbote **BUrlG 10**, 1 f.

Anspruchsberechtigte
- Arbeitsunfähigkeit **3**, 8 ff.
- Heimarbeit **10**, 6 ff.

Anspruchsübergang
s. Forderungsübergang

Anwendungsbereich **3**, 2 ff.
- Auslandstätigkeit **1**, 8
- Ausnahmen **1**, 23
- Familienangehörige **1**, 70
- persönlicher **1**, 18 ff.
- räumlicher **1**, 7

Anwesenheitsprämie **4**, 19; **4 a**, 4, 8

Anzeigepflicht **5**, 3 ff., 8 ff.
- Adressat der **5**, 16
- bei Arbeitsunfähigkeit im Ausland **5**, 2, 57 ff.; **7**, 10
- Entbehrlichkeit **5**, 8
- Form **5**, 11
- für alle Arbeitnehmer **5**, 3
- Inhalt **5**, 12 ff.
- Kündigung wegen Verletzung **8**, 23
- Kuren **7**, 11; **9**, 41 ff.
- Leistungsverweigerungsrecht **7**, 7
- Verletzung **5**, 17 f.; **9**, 45
- Verzicht **5**, 8
- Zeitpunkt **5**, 9 f.; **9**, 40 f.

Arbeitgeber
- Annahmeverzug **3**, 56, 73

Stichwortverzeichnis

- Anteile zur Sozialversicherung **4**, 12
- Beweislast **3**, 111 f.; **9**, 35
- Direktionsrecht **3**, 51
- Leistungsverweigerungsrecht **5**, 18, 38; **7**, 1 ff.
- verschiedene Arbeitsverhältnisse **3**, 136

Arbeitnehmer
- Abgrenzung **1**, 18 ff.
- Anteile zur Sozialversicherung **4**, 12
- Anwendungsbereich **1**, 18 ff.; **3**, 1
- Anzeigepflicht **5**, 8 ff.; **9**, 44 ff.
- Definition **1**, 19 ff.; **3**, 9 f.
- Einzelfälle **1**, 39 ff.
- Entgeltfortzahlung bei Krankheit **3**, 8 ff.
- Feiertagsentgelt **2**, 13
- Mitwirkungspflicht **3**, 139
- Nachweispflicht **5**, 19 ff.; **9**, 42 ff.

Arbeitsausfall
- durch Betriebsstörung **3**, 65
- Einzelfälle **3**, 55 ff.
- witterungsbedingt **2**, 39; **3**, 76

Arbeitsentgelt
- Akkordlohn **4**, 43 f.
- Anwesenheitsprämie **4**, 16, 19; **4a**, 4, 8
- Aufwendungen **4**, 8, 27 ff.
- Aufwendungsersatz **4**, 27 ff.
- Auslösungen **4**, 16, 29
- Bedienungsgelder **4**, 21
- Begriff **4**, 7 ff.
- Berechnung **4**, 32 ff; **12**, 28
- Bruttoverdienst **4**, 8
- Erschwerniszulagen **4**, 30
- Fehlzeiten **2**, 76
- Feiertagsentgelt **2**, 1 ff.; **4**, 44 ff.
- fortzuzahlendes **4**, 7 ff.
- Gewinnbeteiligungen **4**, 9
- Gratifikationen **4**, 9
- Grundvergütungen **4**, 12
- Kurzarbeit **4**, 25, 29 ff.
- Leistungsvergütungen **4**, 19 f., 41 ff.
- Monatsentgelt **4**, 36 f.
- Naturalvergütungen **4**, 22
- Prämien **4**, 9, 19, 45 f.
- Provisionen **4**, 9, 18, 46
- Reisekosten **4**, 31
- Schätzung **4**, 46
- Schmutzzulagen **4**, 16, 30
- Sonderzahlungen **4**, 9
- Sozialeinrichtungen **4**, 23
- Sozialzuschläge **4**, 13
- Tagegelder **4**, 16, 31
- Tantiemen **4**, 45
- Tariferhöhungen **4**, 11, 37
- Trennungsentschädigung **4**, 31
- Trinkgelder **4**, 21
- Übernachtungsgelder **4**, 16, 31
- Überstunden **4**, 2, 4, 26
- Umgruppierungen **4**, 11, 37
- vermögenswirksame Leistungen **4**, 24
- Verpflegungskosten **4**, 31
- Zeitvergütungen **4**, 12, 36 ff.
- Zuschläge **4**, 9, 13 ff.
- Zuschüsse **4**, 9, 13 ff.
- Zuwendungen **4**, 9 f.

Arbeitsgerichte
- Zuständigkeit **3**, 37; **6**, 57

Arbeitskampf **3**, 57 ff.
- Feiertagsentgelt **2**, 30
- heiße Aussperrung **3**, 58
- kalte Aussperrung **3**, 57
- mittelbare Betroffenheit **3**, 57
- ruhendes Arbeitsverhältnis **3**, 75, 118 ff.
- unmittelbare Betroffenheit **3**, 58
- Urlaub **2**, 46; **3**, 77

Arbeitsleistung
- vertraglich geschuldete **3**, 43, 51

Arbeitsort **2**, 8
Arbeitsstipendiaten **1**, 51
Arbeitsrechtliches Beschäftigungsförderungsgesetz
- Anwendbarkeit des Kündigungsschutzgesetzes **8**, 4

257

Stichwortverzeichnis

Arbeitsunfähigkeit **3,** 42 ff.; **10,** 14
- Aids **3,** 94
- alleinige Ursache der Arbeitsverhinderung **3,** 53 ff.
- ambulante Behandlung **3,** 46, 93
- andere Erkrankungen **3,** 137 f.
- andere Tätigkeit **3,** 51
- begrenzte **3,** 52
- Begriff **3,** 42 ff.
- Bescheinigung über die **5,** 1 ff., 19 ff.
- Beurteilung **5,** 13, 31 ff.
- Definition **3,** 42 f.
- durch neue andere Krankheit **3,** 137 f.
- durch Sport **3,** 104 ff.
- Epilepsie **3,** 126
- Erkältung **3,** 90, 127
- erneute **3,** 124 ff.
- Feiertag **4,** 47 f.
- Geisteskrankheit **3,** 126
- Heuschnupfen **3,** 127
- im Ausland **5,** 57 ff.
- im Urlaub **3,** 77 f.
- innerhalb von 6 Monaten **3,** 128 ff.
- innerhalb von 12 Monaten **3,** 132 ff.
- Kenntnis des Arbeitgebers **8,** 14 ff.
- krankheitsbedingte **3,** 42
- künstliche Befruchtung **3,** 93
- Kur **9,** 11 ff.
- Mitteilungspflicht s. Anzeigepflicht
- rückwirkende Feststellung der **5,** 34, 51
- Schwangerschaft **3,** 40, 126
- Schwangerschaftsabbruch **3,** 140 ff.
- stationäre Behandlung **3,** 46, 93
- Sterilisation **3,** 140 ff.
- Sucht **3,** 39, 98 f.
- Überstundenzuschläge s. dort
- unverschuldete **3,** 82 ff.
- Verschulden **3,** 82 ff.
- vertraglich geschuldete Arbeitsleistung **3,** 43, 51
- wiederholte **3,** 124 ff.

Arbeitsunfähigkeit nach Beendigung des Arbeitsverhältnisses
- Änderungskündigung **8,** 12
- Anfechtung **8,** 10 f.
- Arbeitgeberkündigung **8,** 4 ff.
- Aufhebungsvertrag **8,** 10
- Kenntnis des Arbeitgebers von der Arbeitsunfähigkeit **8,** 14 ff.
- Kündigung aus Anlass der Arbeitsunfähigkeit **3,** 13
- Wichtiger Grund des Arbeitnehmers **8,** 25 ff.

Arbeitsunfähigkeitsbescheinigung s. a. Nachweispflicht
- ausländischer Ärzte **5,** 29 f., 43 f. 60
- bei fortdauernder Krankheit **5,** 45 ff.
- betriebliche Regelung **5,** 27; **12,** 6, 9
- Beweislast **5,** 39 ff.; **7,** 24
- fehlende – und Anlasskündigung **8,** 14 f.
- fehlerhafte Ausfüllung durch den Arzt **7,** 23
- Folgebescheinigung **5,** 45 ff.; **8,** 17
- Form **5,** 29 f.
- Inhalt **5,** 31 ff., 60
- Kosten **5,** 35 ff., 59
- Mitbestimmungsrechte **5,** 27; **12,** 6, 9
- rückwirkende Feststellung der Krankheit **5,** 34, 51
- Vordruck **5,** 30
- Zeitpunkt der Vorlage **5,** 22 ff.

Arbeitsunterbrechung
- Heimarbeit **11,** 16
- witterungsbedingte **3,** 43

Arbeitsverhältnis
- Anfechtung **8,** 10 ff.
- Aufhebungsvertrag **8,** 10, 37

Stichwortverzeichnis

- Aushilfskräfte **2**, 15
- befristetes **3**, 4, 95; **8**, 37
- bestehendes **2**, 14
- Dauer **2**, 15
- faktisches **1**, 22; **8**, 5
- Kündigung **8**, 7 ff.
- neues **3**, 152 ff.
- ruhendes **3**, 75, 118 ff.
- verschiedene **3**, 136, 153
- Wechsel **3**, 153
- wirksames **8**, 5

Arbeitsverhinderung
 s. a. Arbeitsunfähigkeit
- aus persönlichen Gründen **BGB 616**, 6
- bei Maßnahmen der med. Vorsorge oder Rehabilitation **9**, 11 ff.
- Einzelfälle **3**, 55 ff.
- krankheitsbedingte **3**, 53 ff

Arbeitszeit
- Freischichtenmodell **3**, 79 f.
- Kurzarbeit **4**, 49 ff.
- regelmäßige **4**, 34 ff.
- Zeitentgelt **4**, 36 ff.

Arzt
- Arbeitsunfähigkeitsbescheinigung **5**, 29 ff.
- ausländischer **5**, 30
- Kassenarzt **5**, 29 f., 36 f., 49 ff.
- Mitwirkung des behandelnden Arztes **5**, 49 ff.
- Nichtkassenarzt **5**, 49 f.
- rückwirkende Feststellung der Krankheit **5**, 34, 51
- Schweigepflicht **3**, 139; **5**, 33
- Vertrauensarzt **5**, 43
- Werksarzt **5**, 29

Arztbesuch **BGB 616**, 8 f.
- AU-Bescheinigung **5**, 27

Arztwahl
- freie **5**, 49; **9**, 33

Attest
 s. Arbeitsunfähigkeitsbescheinigung

Aufhebungsvertrag **8**, 10

Auftraggeber
- Heimarbeit **10**, 12

Aufwendungen **4**, 8, 27

Aufwendungsersatz **4**, 27 ff.

Ausgleichquittung **12**, 17
- Unwirksamkeit **12**, 17
- Verzichtserklärung **12**, 15 ff.

Ausgleichszahlung
- Heimarbeit **11**, 20

Ausland
- Arbeitsunfähigkeit **5**, 57 ff.

Auslandstätigkeit **1**, 8
- Feiertag **2**, 12
- vorübergehende **2**, 12

Auslösungen **4**, 16, 29

Ausschlussfristen
- tarifvertragliche **3**, 15 ff.; **6**, 45

Außenarbeitnehmer **1**, 35
- Abgrenzung zum Heimarbeiter **1**, 62
- Arbeitsort **2**, 8

Aussperrung
 s. a. Arbeitskampf
- Feiertagsentgelt **2**, 41 ff.
- kalte **3**, 57
- Krankheit **3**, 57 f.
- unbezahlte Freistellung **2**, 52
- Urlaub **2**, 46 ff.

Auszubildende
- Anwendungsbereich **1**, 42 ff.
- Ausbildungsberuf **1**, 45
- Entgeltfortzahlung bei Krankheit **3**, 8
- Entgeltfortzahlung bei Kuren **9**, 15
- Feiertagsentgelt **2**, 13 ff.

Badekuren **9**, 19
Bauwirtschaft
- Entgeltfortzahlung **3**, 76
- Feiertagsentgelt **3**, 76

Beamte **1**, 23
Bedienungsgeld **4**, 21
Beendigung
- durch Arbeitgeberkündigung **8**, 4 ff.

Stichwortverzeichnis

- durch Aufhebungsvertrag **3**, 123
- Heimarbeit **11**, 17
- ohne Kündigung **8**, 37

Befruchtung
- künstliche **3**, 93

Beginn
- der Entgeltfortzahlung **3**, 113 ff.

Behandlung
- ambulante **3**, 46, 93
- stationäre **3**, 46, 93

Beifahrer **3**, 110

Bemessungsgrundlage **4**, 1 ff.
s. a. Arbeitsentgelt
- abweichende durch Tarifvertrag **4**, 57 f.; **12**, 4

Berechnungsgrundlage
- Zuschläge Heimarbeit **10**, 17

Berechnungsmethode
- andere durch Tarifvertrag **4**, 57 f.; **12**, 4
- Durchschnittsberechnung **4**, 62
- Entgeltausfallprinzip **4**, 3, 32 ff.
- Referenzprinzip **4**, 4
- tarifliche Gestaltung **4**, 57

Berufsausbildung **2**, 13

Berufsgenossenschaft
- als Sozialleistungsträger **9**, 22
- Kur **9**, 17

Beschäftigungsverbot
- gesetzliches **3**, 49, 62 ff.
- Schwangerschaft **3**, 64
- seuchenpolizeiliches **3**, 62
- und Kündigung **8**, 6

Betriebsrat
- Abrufarbeit **2**, 31
- Arbeitsunfähigkeit und Schulung **3**, 66
- andere Tätigkeiten **3**, 51
- Feststellungsklage **10**, 9
- Hinzuziehung **3**, 31
- Krankenentgelt **3**, 10
- Kurzarbeit **4**, 49
- Lohnabrechnung **3**, 31 f.
- Mehrarbeit **4**, 26
- Mitbestimmung **2**, 31; **3**, 27, 31, 51, 73; **4**, 23, 26, 49; **5**, 27

- Schichtarbeit **2**, 36
- Überstunden **4**, 26

Betriebsrisiko
- Krankheit **3**, 65

Betriebssitz **2**, 8

Betriebsstilllegung
- Krankheit **3**, 65

Betriebsstörung
- Krankheit **3**, 65

Betriebsurlaub **3**, 67

Betriebsvereinbarung
- Kürzung Sondervergütung **49**, 12
- Unzulässigkeit der Regelung in **4**, 58
- Verhältnis zu Tarif- und Arbeitsvertrag **4**, 58

Beweislast
- bei Arbeitsunfähigkeit **3**, 111 f., 139; **5**, 39 ff.
- Erforderlichkeit der Kur **9**, 45

Bildungsurlaub
- Krankheit **3**, 69

Blut
- Gerinnungspräparate **3**, 94
- Transfusion **3**, 94

Boxen **3**, 105 f.

Bruttoverdienst **4**, 8, 12

Bundesanstalt für Arbeit
- Leistungen der – bei Kurzarbeit **4**, 50 f.

BUrlG
- Erkrankung während des Urlaubs **BUrlG 9**
- Maßnahmen der medizinischen Vorsorge, Rehabilitation **BUrlG 10**

Buß- und Bettag **2**, 6

Darlegungs- und Beweislast
- bei Leistungsverweigerungsrecht **7**, 24
- bei Kündigung **8**, 21 ff., 31
- bei der Arbeitsunfähigkeit **3**, 111 f., 139

Darlegungs- und Beweislast

Stichwortverzeichnis

- bei der Arbeitsunfähigkeitsbescheinigung **5,** 39 ff.

Dauer
- der Entgeltfortzahlung **3,** 117

Dauerndes Leistungsverweigerungsrecht **7,** 16 ff.
- Begrenzung des Umfangs **7,** 18 f.
- Nichtanzeige der Kur **7,** 11 f.
- Rückforderungsanspruch des Arbeitgebers **7,** 20
- Verhinderung des Übergangs des Schadensersatzanspruchs **7,** 16

Dienstverhinderung aus objektiven Gründen
- Demonstrationen **BGB 616,** 14
- Fahrverbote **BGB 616,** 14
- Straßenverkehrsprobleme **BGB 616,** 14

Dienstverhinderung aus persönlichen Gründen
- Abdingbarkeit des Vergütungsanspruches **BGB 616,** 2
- Allgemeines **BGB 616,** 1 ff.
- Arbeitsverhinderung ohne Vergütungsanspruch **BGB 616,** 14 ff.
- Arztbesuch **BGB 616,** 8 f.
- Ehrenamt **BGB 616,** 13
- erkrankte Angehörige **BGB 616,** 2, 10
- Familienereignisse **BGB 616,** 13, 16
- Führerscheinprüfung **BGB 616,** 13
- Pflege erkrankter Angehöriger **BGB 616,** 2, 10
- Sportereignisse **BGB 616,** 16
- staatsbürgerliche Pflichten **BGB 616,** 13
- Stellenbewerbung **BGB 616,** 13
- tarifvertragliche Regelungen **BGB 616,** 2, 4
- TÜV-Fahrzeugabnahme **BGB 616,** 16
- Umzug **BGB 616,** 13
- Vereinsfeste **BGB 616,** 16

Direktionsrecht
- des Arbeitgebers **3,** 51

Drachenfliegen **3,** 105
Drogensucht **3,** 39, 98 f.

Eignungsübung **3,** 119
Einmalige Zuwendung **4,** 10
Einheit des Verhinderungsfalles **3,** 137
Einsatzort **2,** 11

Elternzeit
- Krankheit **3,** 70 f.

Ende der Entgeltfortzahlung **3,** 122 f.

Entbindung **3,** 40
 s. a. Schwangerschaft

Entgeltarten **4,** 12 ff.
 s. a. Arbeitsentgelt

Entgeltausfallprinzip **4,** 3, 32 ff.
- Durchbrechung durch Tarifvertrag **4,** 57 f.; **12,** 4
- Feiertagsentgelt **2,** 55 ff.

Entgeltbelege **10,** 22

Entgeltfortzahlung
- Medizinische Maßnahmen **9,** 11 ff.
- Rehabilitation **9,** 17
- Vorsorge **9,** 14

Entgeltfortzahlung bei Krankheit
 s. a. Krankenentgelt; Maßnahmen der medizinischen Vorsorge und Rehabilitation
- Arbeitszeitverkürzung **3,** 79 f.
- Ausschlussfristen **3,** 15 ff.; **6,** 45
- Aussperrung **3,** 57 ff.
- beendetes Arbeitsverhältnis **8,** 1 ff.
- Beschäftigungsverbot **3,** 62 ff.
- Betriebsstilllegung **3,** 65
- Betriebsstörung **3,** 65
- Bildungsurlaub **3,** 69
- Entstehung des Anspruchs **3,** 113 f.
- Erfüllungsort **3,** 27

261

Stichwortverzeichnis

- Freischichtmodelle **3**, 79 f.
- fremde Hilfskräfte **10**, 9
- Gleichgestellte **10**, 5
- Hausgewerbetreibende **10**, 5
- Heimarbeit **10**, 1
- Krankheit **3**, 39 ff.
- Kurzarbeit **3**, 73
- Pfändbarkeit **3**, 33
- Rechtsnatur des Anspruchs **3**, 12 ff.
- ruhendes Arbeitsverhältnis **3**, 75
- Sonderurlaub **3**, 78
- Sonntag **2**, 40
- Streik **2**, 41; **3**, 41
- Urlaub **3**, 77
- Verjährung **3**, 34
- Witterung **3**, 76
- Zeitraum der **3**, 113 ff.

Entgeltfortzahlungszeitraum
- Beginn **3**, 113 ff.
- Dauer **3**, 117
- Ende **3**, 122 f.
- ruhendes Arbeitsverhältnis **3**, 75

Entwicklungshelfer **1**, 23
Epilepsie **3**, 126
Erfüllungsgehilfe
- Abgabe der Arbeitsunfähigkeitsbescheinigung durch Dritte **7**, 22
- Arzt beim Ausfüllen der Arbeitsunfähigkeitsbescheinigung **7**, 23

Erfüllungsort
- Krankenentgelt **3**, 27

Erholungskuren **9**, 17
Erholungsurlaub
s. Urlaub
Erkranktes Kind **BGB 616**, 10
Erkrankung
s. Krankheit
Erlassvertrag **12**, 17
Erschwerniszulage **4**, 30
Erwerbsunfähigkeit
- und Arbeitsunfähigkeit **8**, 6

Fahrlässigkeit

- beim Verschulden **3**, 84, 91
- grobe **3**, 84, 91
- Mitverschulden **6**, 87
- Verspätung des Nachweises **7**, 21

Faktisches Arbeitsverhältnis **1**, 22; **8**, 5
Fälligkeit
- Forderungsübergang **6**, 39
- Krankenentgelt **3**, 28
- nach Beendigung des Arbeitsverhältnisses **8**, 32

Fallschirmspringen **3**, 105
Familienangehörige
- Entgeltfortzahlung **1**, 70
- Forderungsübergang **6**, 18
- Pflege **BGB 616**, 10

Fehlzeiten **2**, 69 ff.
- unentschuldigt **2**, 70
- unverzügliche Mitteilung **2**, 83
- Ursächlichkeit **2**, 82

Feiertag **2**, 3 ff.
- Arbeitsort **2**, 8
- Arbeitsunfähigkeit **4**, 44 ff.
- Auslandstätigkeit **2**, 12
- Betriebssitz **2**, 8
- bundesweite **2**, 5
- Einsatzort **2**, 8
- Kurzarbeit **4**, 49 ff.
- landesweite **2**, 6

Feiertagsentgelt
s. a. Feiertagsgeld (HAG)
- Abrufarbeit **2**, 27
- Akkordlohn **2**, 60
- Arbeitnehmer **2**, 13 ff.
- Arbeitsunfähigkeit **4**, 47 f.
- Aushilfskräfte **2**, 15
- Auszubildende **2**, 14
- Aussperrung **2**, 45
- Berechnung **2**, 55 ff.
- Entschuldigung **2**, 82
- Fehlen **2**, 69
- Fehlzeiten **2**, 76
- feste Bezüge **2**, 55
- flexible Arbeitszeit **2**, 62
- Gelegenheitsarbeiter **2**, 16

Stichwortverzeichnis

- Höhe **2,** 55
- Insolvenz **3,** 29 ff.
- KAPOVAZ **2,** 27
- Kausalität **2,** 21
- Krankheit **2,** 34, 68
- Kündigung **2,** 19
- Kurzarbeit **2,** 66, 48; **4,** 49 ff.
- Kürzung **2,** 84
- Lohnabrechnung **3,** 32
- Nacharbeit **2,** 63
- Pauschalierung **2,** 65
- persönliche Arbeitsverhinderung **2,** 26
- Pfändbarkeit **3,** 33
- Provisionen **2,** 61
- rollierende Arbeitszeit **2,** 31
- Schichtarbeit **2,** 36
- Schichtmodell **2,** 62
- schwankendes Einkommen **2,** 58
- Sonderurlaub **2,** 33
- Teilzeitarbeit **2,** 17
- Überstundenzuschlag **2,** 63; **4,** 26
- Unabdingbarkeit **2,** 86
- unbezahlter Urlaub **2,** 33
- Urlaub **2,** 32
- Ursächlichkeit **2,** 82
- Verjährung **3,** 17, 87
- Verschulden **2,** 81
- Vertragsverletzung **2,** 79
- Vorarbeit **2,** 63
- Wegfall **2,** 23, 84
- witterungsbedingter Arbeitsausfall **2,** 39
- Zuständigkeit der Arbeitsgerichte **3,** 37

Feiertagsgeld (HAG)
- Anspruchsberechtigte **11,** 2
- Auszahlung **11,** 13
- Beendigung der Heimarbeit **11,** 15
- Berechnung **11,** 9
- Entgeltschutz **11,** 27
- Fälligkeit **11,** 17
- Gleichstellung **11,** 5
- Sonntage **11,** 8
- Verantwortlichkeit **11,** 13

Fixum **4,** 21

Flexible Arbeitszeit
- Feiertagsentgelt **2,** 62

Folgebescheinigung **5,** 45 ff.
s. a. Arbeitsunfähigkeitsbescheinigung

Forderungsübergang **6,** 8 ff.
- Absenkung der Entgeltfortzahlung **6,** 30
- Arbeitskollegen **6,** 17, 25 ff.
- auf die Krankenkasse **8,** 33
- Befriedigungsvorrecht **6,** 54
- Entgeltcharakter **6,** 30 ff.
- Familienangehörige **6,** 17 ff.
- Haftungsbeschränkungen **6,** 54
- häusliche Gemeinschaft **6,** 23
- Mitverschulden **6,** 13, 36 ff.
- Mitwirkungspflichten **6,** 46
- Schadensersatzanspruch des Arbeitnehmers **6,** 9 ff.
- Schädiger **6,** 17 ff.
- Sozialkassen des Baugewerbes **6,** 32
- Sozialversicherung **6,** 31 ff.
- Umfang **6,** 40
- Verzicht des Arbeitnehmers und Arbeitgebers **7,** 16
- Verzicht des Arbeitnehmers **8,** 34

Fortgesetzte Krankheit **3,** 125 ff.
Fortgesetzte Kur **9,** 39 ff.
Freischichtmodelle **3,** 79 ff.; **4,** 39

Freistellung
- unbezahlte **2,** 52

Fremde Hilfskräfte **1,** 36
- Entgeltfortzahlung **10,** 5

Fristberechnung **3,** 115 f.
- beim 6-Monats-Zeitraum **3,** 131
- beim 12-Monats-Zeitraum **3,** 132

Fristenregelung
- mit Beratungspflicht **3,** 147

Fußball
- gefährliche Sportart **3,** 82

Fußgänger **3,** 110

263

Stichwortverzeichnis

Gehaltsabrechnung
- Hinzuziehung des Betriebsrats **3**, 32
- Erläuterung der **3**, 32
- schriftliche **3**, 32

Gehaltsausfallprinzip
s. Entgeltausfallprinzip

Geisteskrankheit **3**, 126

Genesungskur **9**, 16

Gesetzliche Feiertage
s. Feiertage

Gewinnbeteiligungen **4**, 9

Gleichbehandlung
- Feiertagsentgelt **2**, 34
- Heimarbeit **10**, 2
- Krankheit **2**, 34
- Nachweispflicht **5**, 25

Gleichgestellte **1**, 54, 66
- Entgeltregelung **11**, 6
- Feiertagsgeld **11**, 6
- Krankengeld **10**, 5
- Schutzrahmen **1**, 68
- wirtschaftliche Abhängigkeit **1**, 69
- Zuschlag **10**, 18

Grasbahnrennen **3**, 105

Gratifikationen **4**, 9
s. Sondervergütung

Grundleiden **3**, 125 f.

Grundwehrdienst
s. Wehrdienst

Günstigere Regelungen
- durch Arbeitsvertrag **12**, 8, 14
- durch Tarifvertrag **12**, 9 ff., 13
- Gesamtschau **12**, 9 ff.

Haftung
- Befriedigungsvorrecht des Arbeitnehmers **6**, 54
- culpa in contrahendo **6**, 10
- deliktische **6**, 10
- Dritthaftung und Forderungsübergang **6**, 1 ff.
- Gefährdungshaftung **6**, 10
- Haftungsausschluss bei Schädigung von Arbeitskollegen **6**, 25
- Haftungsbeschränkungen **6**, 54
- Haftungsprivileg des Staates **6**, 11
- positive Vertragsverletzung **6**, 10
- Zuschläge **10**, 27

Hausgewerbetreibende **1**, 45
- Abgrenzung zum Heimarbeiter **1**, 64
- Krankengeld **10**, 5
- Zuschlag **10**, 11

Heiligabend **3**, 79

Heimarbeit
- Anspruchsberechtigte **1**, 53 ff.; **10**, 6 ff.
- Anwendbarkeit von Vorschriften **10**, 27
- Arbeitsunfähigkeit **10**, 14
- Arbeitsunterbrechung **11**, 13
- Auftraggeber **10**, 12
- Ausgleichszahlung **11**, 20
- Definition **11**, 53 ff.
- Direktionsrecht **1**, 60
- Durchschnittsbezüge **10**, 2
- Entgeltsicherung **10**, 1; **11**, 28
- erstmalige Ausgabe **11**, 10
- Familienangehörige **1**, 70
- Feiertagsgeld **2**, 13; **11**, 4 ff.
- fremde Hilfskräfte **1**, 36
- Gleichgestellte **1**, 54, 66
- Haftung für Zuschläge **10**, 28
- mithelfende Familienangehörige **1**, 56
- schriftliche Lohnabrechnung **3**, 32
- selbstgewählte Arbeitsstätte **1**, 59
- Tarifverträge **10**, 21
- Überzahlung **11**, 28
- wirtschaftliche Sicherung **1**, 53; **10**, 1
- Zuschlag zum Entgelt **10**, 1
- Zwischenmeister **10**, 18

Heimarbeiter **1**, 53 ff.

Stichwortverzeichnis

- Abgrenzung **1**, 62
- Anwendungsbereich **3**, 1
- Definition **1**, 54 ff.
- Direktionsrecht **1**, 60
- Feiertagsentgelt **2**, 13
- Heuschnupfen **3**, 127
- Zuschlag **10**, 11 ff.

Höhe der Entgeltfortzahlung
- Feiertag **4**, 47 f.
- Kurzarbeit **4**, 49 ff.

Infektion **3**, 90
Injektionsschutzgesetz **3**, 62
Insolvenz **3**, 29 f.

Jahresarbeitszeit **3**, 80

Kantine **4**, 23
KAPOVAZ **2**, 20
Karate **3**, 105
Kassenarzt
   s. Arzt
Kausalität
- Arbeitsausfall **2**, 23; **3**, 53 ff.
- betriebliche Gründe **2**, 21 ff.
- Einzelfälle **2**, 27 ff.
- Kündigung aus Anlass der Arbeitsunfähigkeit **8**, 13 ff.

Kindergarten **4**, 23
Kindergeld **4**, 14
Konkurs
   s. Insolvenz
Kontoführungsgebühren **3**, 27
Kosten
- der Arbeitsunfähigkeitsbescheinigung **5**, 35 ff., 59

Krankenentgelt
- ambulante Behandlung **3**, 46, 93
- Arbeitskampf **3**, 57 ff.
- Arbeitsunfähigkeit **3**, 42 ff.
- Arbeitszeitverlegung **3**, 79 f.
- begrenzte Arbeitsunfähigkeit **3**, 52
- Erfüllungsort **3**, 27
- Fälligkeit **3**, 28
- Feiertag **4**, 47 f.

- Freischichtmodell **3**, 79 f.
- Insolvenz **3**, 29 f.
- Kurzarbeit **3**, 73 f.; **4**, 49 ff.
- Lohnabrechnung **3**, 32
- Pfändbarkeit **3**, 33
- Streik **3**, 57 ff.
- Verjährung **3**, 34
- Verschulden **3**, 82 ff.; **7**, 21 ff.
- Wegfall **3**, 122
- Zuständigkeit der Arbeitsgerichte **3**, 37

Krankengeld **4**, 52 ff.
- Arbeitskampf **3**, 59
- bei Kurzarbeit **3**, 73 ff.; **4**, 49 ff.
- Beitragsentlastungsgesetz (WFG) **4**, 51
- Höhe **4**, 54
- Heimarbeit **10**, 3

Krankenhauspflege
- ambulante **3**, 46, 93
- stationäre **3**, 46, 93

Krankenkasse
- Anzeige an die **5**, 61 f., 64
- Arbeitsunfähigkeitsbescheinigung **5**, 32 ff., 36 f.
- Bewilligung einer Kur **9**, 19
- fehlende Mitgliedschaft **9**, 32 ff.
- Forderungsübergang **8**, 33
- gesetzliche **5**, 32 ff.
- Krankengeld **4**, 52 ff.
- Merkblätter der **5**, 63
- Mitwirkung der **5**, 52 ff.
- Schweigepflicht **3**, 139
- Überwachungsaufgabe der **5**, 43

Krankenschwestern **1**, 26
Krankheit
- Aids **3**, 94
- Alkoholsucht **3**, 41, 98 f.
- allgemeine Erkrankungen **3**, 90
- andere **3**, 137 f.
- Anwendungsbereich **3**, 38
- Arbeitsunfähigkeit **3**, 42
- begrenzte Arbeitsunfähigkeit **3**, 52
- defekte Prothese **3**, 49
- Definition **1**, 6; **3**, 39

Stichwortverzeichnis

- die gleiche **3**, 127
- dieselbe **3**, 125 ff.
- Drogensucht **3**, 39, 98 f.
- einheitlicher Verhinderungsfall **8**, 24
- Einzelfälle **3**, 39 ff., 89 ff.
- Epilepsie **3**, 126
- Erkältungen **3**, 90, 127
- erneute **3**, 124 ff.
- Feiertagsentgelt **2**, 26, 47
- fortgesetzte **3**, 124 ff.
- Geisteskrankheit **3**, 126
- Grundleiden **3**, 125
- Heuschnupfen **3**, 127
- Infektionen **3**, 90
- innerhalb von 6 Monaten **3**, 128 ff.
- innerhalb von 12 Monaten **3**, 132 ff.
- Kenntnis des Arbeitgebers **8**, 14 ff.
- Kurzerkrankungen **8**, 2
- Langzeiterkrankungen **8**, 2
- neue, andere **3**, 125 ff.
- Nikotinsucht **3**, 39, 98 f.
- Schlaganfall **3**, 45
- Schlägerei **3**, 41
- Schönheitsoperation **3**, 40, 45
- Schuppenflechte **3**, 46
- Schwangerschaft **3**, 40, 126
- Sucht **3**, 39, 98 f.
- Tuberkulose **3**, 49
- Unfall **3**, 41
- Unfruchtbarkeit **3**, 39
- Urlaub **3**, 77 f.
- Ursachen **3** 41
- Verschulden **3**, 41, 82 ff.
- Wiederholungskrankheit **3**, 124 ff.
- Zeugungsunfähigkeit **3**, 39

Krankenversicherungsträger **9**, 20

Kündigung
- aus Anlass der Arbeitsunfähigkeit **8**, 13 ff.
- durch den Arbeitgeber **8**, 4 ff.
- durch den Arbeitnehmer **8**, 25 ff.
- wichtiger Grund **8**, 25 ff.

Kündigungsfristen **8**, 9

Kuren
s. a. Maßnahmen der medizinischen Vorsorge und Rehabilitation
- Entgeltfortzahlung **9**, 38
- medizinische Notwendigkeit **9**, 17

Kurzarbeit **3**, 73 f.; **4**, 49 ff.
- Arbeitsentgelt **4**, 49 ff.
- Arbeitskampf **2**, 54
- Betriebsrat **3**, 73; **4**, 49
- Betriebsvereinbarungen **3**, 73
- Definition **3**, 73
- Entgeltfortzahlung **3**, 74
- Feiertagsentgelt **2**, 66 ff.; **4**, 51 f.
- Krankengeld **3**, 74
- Krankheit **2**, 68
- Kurzarbeitergeld **4**, 25, 49 ff.
- Streik **2**, 54

Kurzerkrankung
- personenbedingte Kündigung **8**, 2

Langzeiterkrankung
- personenbedingte Kündigung **8**, 2

Leistungsvergütungen **4**, 12, 41 ff.
- Akkordlohn **4**, 43 f.
- Prämien **4**, 9, 19 f., 45 f.
- Provisionen **4**, 45 f.
- Tantiemen **4**, 45

Leistungsverweigerungsrecht
- Begrenzung **7**, 13, 18 f.
- dauerndes **7**, 16 ff.
- des Arbeitgebers **7**
- rückwirkendes Erlöschen des **7**, 5, 13
- Verpflichtungen des Arbeitnehmers **7**, 6 ff., 16; **9**, 39 ff.
- zeitweiliges **7**, 4 ff.

Lohnabrechnung
- Erläuterung der **3**, 31 f.
- Heimarbeit **3**, 31 f.

Stichwortverzeichnis

- Hinzuziehung des Betriebsrats **3**, 31 f.
- schriftliche **3**, 31 f,
Lohnausfallprinzip
  s. Entgeltausfallprinzip
Lohnersatzleistung
- Kurzarbeitergeld **4**, 25, 49
Lohnfortzahlung nach dem LFZG
- Abtretung **LFZG 12**, 1 ff.
- Arbeitgeberanteile **LFZG 16**, 9
- Aufrechnung **LFZG 13**
- Ausgleichsverfahren **LFZG 16**, 11
- Ausgleichsverfahren, freiwilliges **LFZG 19**
- Auskunftspflicht **LFZG 10**, 28
- Ausnahmeregelungen **LFZG 18**
- Beschäftigungsverbot **LFZG 10**, 13
- Betriebsneugründung **LFZG 10**, 21
- Erstattung **LFZG 16**, 9
- Erstattungsanspruch **LFZG 10**, 1 ff.
- Feststellungsverfahren **LFZG 10**, 17
- Höhe des Anspruchs **LFZG 10**, 10 ff.
- Krankenkasse, zuständige **LFZG 10**, 25
- Mindestbeschäftigtenzahl **LFZG 10**, 2 ff.
- Mittelaufbringung **LFZG 14**
- Mittelverwaltung **LFZG 15**
- Mutterschutzgeld **LFZG 10**, 12
- Rückforderungen **LFZG 11**, 4
- Satzung **LFZG 16**, 1 ff.
- Satzungsinhalt, zwingender **LFZG 16**, 1 ff.
- Selbstverwaltung **LFZG 16**, 13
- Sozialrechtliche Vorschriften **LFZG 18**
- Sozialversicherungsbeiträge **LFZG 10**, 14
- Teilnahmedauer **LFZG 10**, 24
- Umlagebeiträge **LFZG 14**, 6 ff.
- Verjährung **LFZG 13**
- Versagung der Erstattung **LFZG 11**, 1
- Verzicht auf Rückforderung **LFZG 11**, 9

Masseschulen **3**, 30
Maßnahmen der medizinischen Vorsorge und Rehabilitation
- ambulante Maßnahmen **9**, 4
- Anspruchsvoraussetzungen **9**, 8 ff.
- anwendbare Vorschriften **9**, 37 ff.
- Anzeigepflichten **9**, 39 ff.
- Arbeitsunfähigkeit **9**, 1, 11
- ärztliche Verordnung **9**, 33 ff.
- Begriff **9**, 14 ff.
- Bescheinigung über die Bewilligung **9**, 43 ff.
- Bewilligung **9**, 19, 25, 34
- Dauer **9**, 44
- Einrichtung der Vorsorge und Rehabilitation **9**, 9, 27 ff.
- Entziehungskur **9**, 18
- Erforderlichkeit **9**, 18
- Erholungskur **9**, 18
- Kostenübernahme **9**, 6
- Kriegsopferversorgungskur **9**, 16, 23
- Leistungsträger **9**, 20 ff.
- Leistungsverweigerungsrecht **9**, 45
- medizinische Notwendigkeit **9**, 14 f., 18, 35 f.
- Mitteilungspflicht **9**, 39 ff.
- Rehabilitationsmaßnahme **9**, 18
- Schonzeit **9**, 7
- Schwangerschaftsabbruch **9**, 17
- Sozialleistungsträger **9**, 19 ff.
- Sterilisation **9**, 17
- Verlängerung **9**, 43
- Vorsorgekur **9**, 14
Materialmangel **3**, 57
Medikamentensucht **3**, 98 f.
  s. a. Sucht

Stichwortverzeichnis

Medizinische Maßnahmen
- Entgeltfortzahlung **9**, 1

Medizinische Notwendigkeit der Kur **9**, 35 f.

Medizinische Vorsorge
s. Maßnahmen der medizinischen Vorsorge und Rehabilitation

Medizinischer Dienst
- Begutachtung durch **5**, 52 ff.

Mehrarbeit
s. Überstunden

Mitbestimmung des Betriebsrats
s. a. Betriebsrat
- Arbeitsunfähigkeitsbescheinigungen **5**, 27
- Auszahlung des Arbeitsentgelts **3**, 27, 31
- Kontoführungsgebühren **3**, 27
- Kurzarbeit **3**, 73; **4**, 49
- Mehrarbeit **4**, 26

Mithelfende Familienangehörige **1**, 70

Mitteilungspflicht
s. Anzeigepflicht

Mitverschulden
- des Arbeitnehmers **6**, 57
- Entgeltfortzahlungsanspruch **3**, 82 ff.
- Forderungsübergang **6**, 13, 36 ff.

Monatsentgelt **4**, 36 f.

Montage **4**, 29 ff.

Moto-Cross-Rennen **3**, 105

Muttergenesungskuren **9**, 14, 16

Nachweisgesetz **1**, 21

Nachweispflicht **5**, 2 ff., 19 ff.
- bei Arbeitsunfähigkeit im Ausland **5**, 57 ff.
- bei fortdauernder Arbeitsunfähigkeit **5**, 45 ff.
- bei Maßnahmen der medizinischen Vorsorge und Rehabilitation **9**, 46 ff.
- Entbehrlichkeit **5**, 20 ff.
- Form der **5**, 29 f.

- für alle Arbeitnehmer **5**, 2 f.
- Inhalt **5**, 31 ff.; **9**, 8 ff.
- keine **5**, 20 ff.
- Kosten **5**, 35 ff., 59
- Verletzung **5**, 38; **9**, 50 f.
- Verzicht **5**, 20
- Zeitpunkt **5**, 22 ff.; **9**, 47

Naturalvergütung **4**, 22

Nikotinsucht **3**, 39, 98 f.

Organ
- Spende **3**, 92
- Verpflanzung **3**, 92

Pauschalierung
- Feiertagsentgelt **2**, 65

Personalabteilung
- Adressat der Arbeitsunfähigkeitsanzeige **5**, 16

Persönliche Abhängigkeit **1**, 31 ff.

Persönliche Arbeitsverhinderung
- Feiertagsentgelt **2**, 26

Pfändbarkeit
- Arbeitsentgelt **3**, 33

Pflege erkrankter Angehöriger **BGB 616**, 210

Prämien **4**, 9, 19, 45 f.

Praktikant **1**, 48

Prothese
- defekte **3**, 49

Provisionen
- als Arbeitsentgelt **4**, 9, 18, 46
- Feiertagsentgelt **2**, 61

Rauchen **3**, 39, 91, 98 f.

Rauchverbot
- Verschulden **3**, 91

Rechtsform
- Wahlfreiheit **1**, 16

Referenzperiodenprinzip **4**, 4, 62; **12**, 31

Regelmäßige Arbeitszeit **4**, 34 ff.

Rehabilitation **9**, 17

Reisekosten **4**, 31

Rollierende Arbeitszeit
- Betriebsrat **2**, 31

Stichwortverzeichnis

– Feiertagsentgelt **2**, 30
Rückforderungsanspruch
– bei dauerndem Leistungsverweigerungsrecht **7**, 20
Ruhendes Arbeitsverhältnis **3**, 75, 118 ff.

Schadenersatzanspruch
– Arbeitgeber gegen Arbeitnehmer **6**, 51
– Arbeitnehmer gegen Arbeitgeber **8**, 32, 34, 39
– Arbeitnehmer gegen Dritte **6**, 9 ff.
– Mitverschulden **6**, 1
Schätzung
– Arbeitsentgelt **4**, 46
Scheinselbständigkeit **1**, 37
Schichtarbeit
– Betriebsrat **2**, 31
– Feiertagsentgelt **2**, 31
Schichtmodell
– Entgeltfortzahlung **3**, 79 f.
– Feiertagsentgelt **2**, 62
Schiffsbesatzungen **3**, 7; **SeemG**
Schlaganfall **3**, 45
Schlägerei **3**, 41, 95
– Beleidigung **3**, 95
– provokatives Verhalten **3**, 95
Schlechtes Wetter
– Arbeitsausfall **3**, 76
Schmutzzulagen **4**, 16, 30
Schönheitsoperation **3**, 45
Schulung
– des BR **3**, 66
Schuppenflechte **3**, 46
Schutzkleidung **3**, 103
Schwangerschaft
– Abbruch **3**, 140 ff.
– als Krankheit **3**, 40, 126
– Beschäftigungsverbote **3**, 64
– Entgeltfortzahlung **3**, 40
Schweigepflicht **3**, 139; **5**, 33
Selbstmordversuch **3**, 97
Sicherheitsgurt
– Nichtanlegen **3**, 108

Sicherheitskleidung **3**, 103
Ski-Sport **3**, 105
Sonderurlaub
– Krankheit **3**, 78
Sondervergütung **4**, 9
– Betriebsvereinbarung **4a**, 12
– Einzelvereinbarung **4a**, 13 f.
– Kürzungsumfang **4a**, 17 ff.
– Tarifvertrag **4a**, 11
– Voraussetzung für Kürzung **4a**, 6 ff.
Sonderzahlungen **4**, 9
Sonntag
– Feiertagsentgelt **2**, 29
Sozialeinrichtungen
– betriebliche **4**, 23
Sozialleistungsträger **9**, 20 ff.
Sozialversicherung
– Anteile **4**, 13
Sozialversicherungsabkommen **5**, 63
Sozialzuschläge **4**, 14
Sportart
– gefährliche **3**, 105 ff.
Sportplatz **4**, 23
Sportunfall **3**, 105 ff.
– Amateurboxen **3**, 105 f.
– Drachenfliegen **3**, 105
– Fallschirmspringen **3**, 105
– Fußball **3**, 105
– Grasbahnrennen **3**, 105
– Karate **3**, 105
– Moto-Cross-Rennen **3**, 105
– Ski-Sport **3**, 105
Sterilisation **3**, 140 ff.; **9**, 16
Streik **3**, 57 ff.
s. a. Arbeitskampf
– Feiertagsentgelt **2**, 41
– Krankheit **3**, 59
– unbezahlte Freistellung **2**, 52
– Urlaub **2**, 46; **3**, 41
Sucht **3**, 39, 98 f.; **9**, 16
Suizidhandlung
s. Selbstmordversuch

Tagegelder **4**, 16, 31

Stichwortverzeichnis

Tantiemen **4**, 45
Tariferhöhung **4**, 11, 37
Tariföffnungsklausel **4**, 59 ff.; **12**, 4 f.
Tarifvertrag
– Abweichungen **4**, 57 ff.; **12**, 4 f.; **BGB 616**, 2 ff.
– andere Bemessungsgrundlage **4**, 57
– Ausschlussfristen **3**, 23 f.; **6**, 45
– Berechnungsmethode **4**, 59 ff.
– Betriebsvereinbarung **4**, 58, 65
– einzelvertragliche Einbeziehung **4**, 63 ff.
– Heimarbeit **10**, 21
– Tarifautonomie **4**, 57 f.; **8**, 35
– Tariföffnungsklausel **4**, 59 ff.
– Übernahme **4**, 64 ff.
– Verhältnis zum EFZG **4**, 57 ff.
– Verlängerung des Entgeltfortzahlungszeitraums **8**, 20; **12**, 28
Technisches Hilfsmittel
– Arbeitsunfähigkeit **3**, 49
Teilarbeitsunfähigkeit **3**, 52
Teilzeitarbeit **2**, 17
Telearbeit **1**, 23, 34
Territorialitätsprinzip
s. Auslandstätigkeit
Trennungsentschädigung **4**, 31
Trinkgeld **4**, 21
Trone **4**, 21
Trunkenheit
– Verkehrsunfall **3**, 109 f.
Trunksucht
s. Alkoholismus
Tuberkulose **3**, 49

Übernachtungsgelder **4**, 16, 31
Überstunden **3**, 80; **4**, 17, 26 ff.
Überstundenzuschläge **2**, 63
Überzahlung
– Heimarbeit **11**, 28
Umgruppierungen **4**, 11
Unabdingbarkeit
– Ausnahme **12**, 28

– Auswirkung von Betriebsvereinbarungen **12**, 3
– Auswirkung von Tarifverträgen **12**, 3
– Entgeltfortzahlungsanspruch bei Krankheit **12**, 9 ff.
– Feiertagsentgeltfortzahlungsanspruch **2**, 86
– Verzicht **12**, 15 ff.
Unfall **3**, 41, 101 ff.
– Arbeitsunfall **3**, 103
– Sportunfall **3**, 104 ff.
– Verhütungsvorschriften **3**, 103
– Verkehrsunfall **3**, 107 ff.
Unfallversicherungsträger **9**, 22 ff.
Unfruchtbarkeit **3**, 39
Ungerechtfertigte Bereicherung
– Arbeitnehmer bei Drittschädigung **6**, 1 ff., 45
– Entgeltfortzahlung ohne Rechtsgrund **6**, 36 ff.
– Verjährung **6**, 45
Ungleichbehandlung
– keine zwischen Arbeitern und Angestellten **1**, 19 ff.; **3**, 9
– keine zwischen alten und neuen Bundesländern **3**, 1
Urlaub
s. Erholungsurlaub; **BUrlG**
– Arbeitsunfähigkeit **3**, 50
– Betriebsurlaub **3**, 67
– Bildungsurlaub **3**, 69
– Elternzeit **3**, 70, 119
– Entgeltfortzahlung **3**, 77
– Feiertagsentgelt **2**, 32
– Krankheit **3**, 77
– Sonderurlaub **2**, 33; **3**, 78, 119
– Streik **2**, 46; **3**, 57 ff.
– unbezahlter **2**, 33, 52; **3**, 78

Veränderung des Arbeitsentgelts **4**, 37
Vergleich **12**, 17
Vergütung
s. Arbeitsentgelt
Verhinderungsfall

Stichwortverzeichnis

- Einheit **3**, 137
- einheitlicher **8**, 19
- selbständiger **8**, 19

Verjährung
- Feiertagsentgelt **2**, 98
- Forderungsübergang **6**, 16
- Krankenentgelt **3**, 34
- ungerechtfertigte Bereicherung **6**, 45

Verkehrsunfall **3**, 107 ff.
- infolge Missachtung der Vorfahrt **3**, 108
- infolge Trunkenheit **3**, 109

Verletztengeld
- Berufsgenossenschaft **3**, 37

Vermögenswirksame Leistungen **4**, 24

Verpflegungskosten **4**, 31

Verrechnung
- Gleitzeitvereinbarungen **12**, 13
- tariflich vereinbarte Arbeitszeitverkürzung **12**, 13
- Überstunden **12**, 13
- Urlaub **4**, 2
- Zeitgutschriften **12**, 13

Verschulden
- Arbeitsunfähigkeit **3**, 82 ff.
- Begriff **3**, 83
- bei allgemeinen Erkrankungen **3**, 90
- Dritter **3**, 87
- Einzelfälle **3**, 89 ff.
- Fahrlässigkeit **3**, 84, 91, 99
- Feiertagsentgelt **2**, 79
- Mitverschulden **3**, 95
- Organspende **3**, 92
- Schlägerei **3**, 95
- Schwangerschaftsabbruch **3**, 140 ff.
- Sterilisation **3**, 140 ff.
- Verstoß gegen Nachweispflicht **7**, 24
- vertraglich geschuldete Arbeitsleistung **3**, 50
- Vorsatz **3**, 84, 91

Vertragsverletzung
- Feiertagsentgelt **2**, 80

Verwaltungsbehörde der Kriegsopferversorgung **9**, 23

Verzicht **12**, 15 ff.
- Abdingbarkeit **8**, 35
- auf bereits fällig gewordene Entgeltfortzahlungsansprüche **8**, 35
- auf zukünftige Entgeltfortzahlungsansprüche **8**, 34
- und Forderungsübergang auf die Krankenkasse **8**, 33

Volontär **1**, 49

Vorsorge **9**, 14

Vorbeugungskur **9**, 15 f.

Vorgesetzte
- Adressat der Arbeitsunfähigkeitsanzeige **5**, 16

Vorsatz
- Verschulden **3**, 84, 91

Vorsorgekuren **9**, 15 f.

Wegstrecke zur Arbeit
- Unmöglichkeit **3**, 48

Wehrdienst **3**, 75, 119

Weihnachtsgeld
s. Sondervergütung

Weihnachtsgratifikation **4**, 9

Werkstudenten **1**, 51

Wichtiger Grund
- Arbeitnehmerkündigung **8**, 25 ff.
- ordentliche Kündigung **8**, 28
- zur Kündigung **8**, 25 ff.

Wiederholungserkrankungen **3**, 124 ff.

Wirtschaftliche Abhängigkeit **1**, 69

Zahlungstermin
- Krankenentgelt **3**, 28

Zeitgutschriften **12**, 13
- Verrechnung **12**, 13

Zeitraum
- 6-Monats-Zeitraum **3**, 128 ff.
- 12-Monats-Zeitraum **3**, 132 ff.

Stichwortverzeichnis

- Verhältnis 6-/12-Monats-Zeitraum **3**, 135
- Zeitvergütungen **4**, 12, 36 ff.
- Zeitweiliges Leistungsverweigerungsrecht
- Anzeigepflicht der Arbeitsunfähigkeit **7**, 7
- Anzeigepflicht der Arbeitsunfähigkeit im Ausland **7**, 10
- Nachweispflicht der Arbeitsunfähigkeit **7**, 7
- Rückforderungsanspruch des Arbeitgebers **7**, 20
- rückwirkende Erlöschung **7**, 5
- Zeugungsunfähigkeit **3**, 39
- Zivildienst **3**, 75, 119
- Zulagen
  s. a. Zuschlag
- Erschwerniszulage **4**, 15 f.
- Gefahrenzulage **4**, 15
- Nachtdienstzulage **4**, 15
- Schmutzzulage **4**, 16

Zuschlag
- Arbeitsentgelt **4**, 14, 17
- Berechnungsgrundlage **10**, 15 ff.
- Feiertagsgeld **11**, 7
- Haftung **10**, 28
- Heimarbeit **10**, 3
- Höhe **10**, 15
- Nachweis **10**, 19
- Steuer **10**, 13

Zuschüsse **4**, 13 f.

Zuwendungen
- einmalige **4**, 9 f.

Zwischenmeister **10**, 20